2024 경찰시험대비용

황남기 편저

출제교수가 선정한
헌법기본권

판례문제 160선

| 한국공법학회 의뢰 | 23개교 법학전문대학원 교수 참여 | 개발된 연구결과물(판례) 문제화 | 모의고사 자료집 |

해커스경찰
police.Hackers.com

멘토링

PREFACE

7월 12일 공유. 변호사시험의 자격시험을 위한 헌법 표준판례연구 〈표준판례 334선〉 자료/ 판례 문제

어제부터 변호사시험의 자격시험을 위한 헌법 표준판례연구를 기준으로 판례 문제를 만들고 있습니다. 23개교 법학전문대학원 교수들이 작성한 연구물이므로 공신력도 있고 또한 저자들이 출제자가 가능성이 높습니다. 어제 오늘 5분의 1정도 만들었는데 꾸준히 만들어 다음주까지 완성할 예정입니다. 출간은 시일이 걸릴듯하고 8월 회원제반 모의고사로 일단 나갈 예정입니다. 8월 회원제반 수험생들은 실전으로 테스트해보시기 바랍니다. 행정법도 작업해서 출간할 예정입니다.

- 변호사시험의 자격시험을 위한 헌법 표준판례연구 〈표준판례 334선〉 본 과제는 법학전문대학원협의회에서 변호사시험의 자격시험화를 위한 방안의 일환으로 교육 및 시험용 표준판례 선정작업을 시행하기로 함에 따라 "한국공법학회"에 의뢰하여 23개교 법학전문대학원 교수가 참여하여 개발된 연구결과물입니다.

황남기 헌법 행정법 공식카페-5급, 7급, 9급 공무원, 경찰, 스파르타 : 네이버 카페
https://cafe.naver.com/highbest/11239

수험생들이 시험이 어렵다고 느끼는 이유는 무엇일까요?
내가 공부할 때 보지 않은 곳에서 선지가 출제되면 어렵게 느낍니다. 소위 말하는 'Legal mind'가 뛰어나서, 문제 확장능력이 뛰어나서, 공부하지 않은 부분에서 출제가 되더라도 응용해서 맞출 수 있는 학생들이 있을 수 있습니다.
그렇지만 그런 학생들은 굉장히 극소수입니다. 그런 능력을 갖추고 있다고 해도, 시험장에서 주는 압박으로 인해 공부했던 것도 틀리는 실수를 하는데, 공부하지 않았던 것을 응용하여 문제를 맞출 수 있는 능력을 제대로 발휘하는 것이란 굉장히 어려운 일일 것입니다.

출제교수가 선정한
헌법기본권
판례문제 160선

수험은 결국 나 자신을 정확하게 파악하는 것에서부터 시작됩니다. 내가 어떤 사람의 유형인지 냉정하게 잘 판단해야 합니다. 기출에 나왔던 선지이지만 표현을 조금만 다르게 바꾸면 우수수 틀리는 유형도 있으며, 나오지 않은 것들은 다 틀리는 유형도 있습니다.

결국 이를 극복할 수 있는 것은 기출의 양을 남들보다 많이 가져가고, 남들보다 모의고사를 많이 푸는 수 밖에 없습니다. 또한, 기출에 나오지 않은 것들은 '모의고사'에서 보충해야 합니다. 결국, 시험장에서 시험이 상대적으로 쉽게 느껴지기 위해서는 시험장에서 새롭게 보는 문제가 없도록 하는 것이 단기간에 합격해서 나가는 유일한 방법입니다.

여러분이 할 일은 기출과 모의고사를 많이 푸는 것입니다. 제가 해야할 일은 기출과 양질의 모의고사를 많이 만들고, 여러분께 제공하는 일입니다. 그렇다면, 시험을 분석해서 기출에 나오지 않은 선지의 비율과 어떻게 모의고사를 구성해야 하는지는 제 몫입니다.

기출에서 나오지 않은 선지는 20~30%입니다. 기출에서 나오지 않은 선지에서 많은 부분을 차지하는 것이 최신판례입니다.
판례는 특히 기출에 많이 반영되어있지 않지만, 출제가능성이 매우 높습니다.

기본강의 수강, 기출문제 회독, 모의고사 응시 이 3가지만 열심히 따라오신다면 불합격이 어려울 단계에 이를 것이라 생각합니다. 본서를 통해 시험장에서 낯선 선지를 마주치는 것이 아닌, 전부 다 공부했던 선지여서 합격하시길 바랍니다.

2023년 9월
황남기

출제교수가 선정한
헌법기본권
판례문제 160선

CONTENTS

제1편 헌법총론

제1장 헌법의 개념 … 8

제2장 헌법의 기본원리 … 12

제3장 국민, 영토, 통일, 국제평화주의 … 44

제2편 기본권

제1장 기본권 총론 … 56

제2장 개별 기본권 … 80

출제교수가 선정한
헌법기본권
판례문제 160선

PART

01

헌법총론

CHAPTER 01

헌법의 개념

CHAPTER 02

헌법의 기본원리

CHAPTER 03

국민, 영토, 통일, 국제평화주의

제1장 헌법의 개념

제1편 헌법총론

001 관습헌법에 대한 설명으로 옳지 않은 것은?

① 성문헌법이라고 하여도 그 속에 모든 헌법사항을 빠짐없이 완전히 규율하는 것은 불가능하고 또한 헌법은 국가의 기본법으로서 간결성과 함축성을 추구하기 때문에 형식적 헌법전에는 기재되지 아니한 사항이라도 이를 불문헌법(不文憲法) 내지 관습헌법으로 인정할 소지가 있다.
② 국민이 대한민국의 주권자이며, 국민은 최고의 헌법제정권력이기 때문에 성문헌법의 제·개정에 참여할 뿐만 아니라 헌법전에 포함되지 아니한 헌법사항을 필요에 따라 관습의 형태로 직접 형성할 수 있다.
③ 관습헌법은 일반적인 헌법사항에 해당하는 내용 중에서도 특히 국가의 기본적이고 핵심적인 사항으로서 일반적인 헌법사항 중 과연 어디까지가 이러한 기본적이고 핵심적인 헌법사항에 해당하는지 여부는 일반추상적인 기준을 설정하여 확정하여야 한다.
④ 관습헌법이 성립하기 위하여서는 기본적 헌법사항에 관하여 어떠한 관행, 관행의 반복성, 항상성, 명료성, 국민적 합의를 요한다.
⑤ 관습헌법은 성문헌법과 동일한 효력을 가지므로 관습헌법사항은 하위규범형식인 법률에 의하여 개정될 수 없고 헌법개정의 대상이 된다.

정답 및 해설

①[O] 성문헌법이라고 하여도 그 속에 모든 헌법사항을 빠짐없이 완전히 규율하는 것은 불가능하고 또한 헌법은 국가의 기본법으로서 간결성과 함축성을 추구하기 때문에 형식적 헌법전에는 기재되지 아니한 사항이라도 이를 불문헌법(不文憲法) 내지 관습헌법으로 인정할 소지가 있다. 특히 헌법제정 당시 자명(自明)하거나 전제(前提)된 사항 및 보편적 헌법원리와 같은 것은 반드시 명문의 규정을 두지 아니하는 경우도 있다(헌재 2004. 10. 21. 2004헌마554등).

②[O] 헌법 제1조 제2항은 '대한민국의 주권은 국민에게 있고, 모든 권력은 국민으로부터 나온다.'고 규정한다. 이와 같이 국민이 대한민국의 주권자이며, 국민은 최고의 헌법제정권력이기 때문에 성문헌법의 제·개정에 참여할 뿐만 아니라 헌법전에 포함되지 아니한 헌법사항을 필요에 따라 관습의 형태로 직접 형성할 수 있다. 그렇다면 관습헌법도 성문헌법과 마찬가지로 주권자인 국민의 헌법적 결단의 의사의 표현이며 성문헌법과 동등한 효력을 가진다고 보아야 한다(헌재 2004. 10. 21. 2004헌마554등).

③[X] 관습헌법은 이와 같은 일반적인 헌법사항에 해당하는 내용 중에서도 특히 국가의 기본적이고 핵심적인 사항으로서 법률에 의하여 규율하는 것이 적합하지 아니한 사항을 대상

으로 한다. 일반적인 헌법사항 중 과연 어디까지가 이러한 기본적이고 핵심적인 헌법사항에 해당하는지 여부는 일반추상적인 기준을 설정하여 재단할 수는 없고, 개별적 문제사항에서 헌법적 원칙성과 중요성 및 헌법원리를 통하여 평가하는 구체적 판단에 의하여 확정하여야 한다(헌재 2004. 10. 21. 2004헌마554등).

④ [○] 관습헌법이 성립하기 위하여서는 관습법의 성립에서 요구되는 일반적 성립 요건이 충족되어야 한다. 첫째, 기본적 헌법사항에 관하여 어떠한 관행 내지 관례가 존재하고, 둘째, 그 관행은 국민이 그 존재를 인식하고 사라지지 않을 관행이라고 인정할 만큼 충분한 기간 동안 반복 내지 계속되어야 하며(반복·계속성), 셋째, 관행은 지속성을 가져야 하는 것으로서 그 중간에 반대되는 관행이 이루어져서는 아니 되고(항상성), 넷째, 관행은 여러 가지 해석이 가능할 정도로 모호한 것이 아닌 명확한 내용을 가진 것이어야 한다(명료성). 또한 다섯째, 이러한 관행이 헌법관습으로서 국민들의 승인 내지 확신 또는 폭넓은 컨센서스를 얻어 국민이 강제력을 가진다고 믿고 있어야 한다(국민적 합의).

⑤ [○] 우리나라와 같은 성문의 경성헌법 체제에서 인정되는 관습헌법사항은 하위규범형식인 법률에 의하여 개정될 수 없다. 영국과 같이 불문의 연성헌법 체제에서는 법률에 대하여 우위를 가지는 헌법전이라는 규범형식이 존재하지 아니하므로 헌법사항의 개정은 일반적으로 법률개정의 방법에 의할 수밖에 없을 것이다. 그러나 우리 헌법의 경우 헌법 제10장 제128조 내지 제130조는 일반법률의 개정절차와는 다른 엄격한 헌법개정절차를 정하고 있으며, 동 헌법개정절차의 대상을 단지 '헌법'이라고만 하고 있다. 따라서 관습헌법도 헌법에 해당하는 이상 여기서 말하는 헌법개정의 대상인 헌법에 포함된다고 보아야 한다(헌재 2004. 10. 21. 2004헌마554등).

[정답] ③

002 헌법에 대한 설명으로 옳지 않은 것은?

① 법률의 합헌적 해석은 법률의 조항 문구가 간직한 말의 뜻을 넘어서 말의 뜻이 완전히 다른 의미로 변질하지 아니하는 범위 안이어야 한다는 문의적 한계와 입법권자가 그 법률을 제정하여 추구하고자 하는 입법자의 명백한 의지와 입법 목적을 헛되게 하는 내용으로 해석할 수 없다는 법목적에 따른 한계가 있다.

② 헌법의 전문과 각 개별규정은 이념적·논리적으로는 규범 상호 간의 우열을 인정할 수 있는 것이 사실이다.

③ 헌법의 전문과 각 개별규정상 이념적·논리적으로는 규범 상호 간의 우열은 헌법의 어느 특정규정이 다른 규정의 효력을 전면 부인할 수 있는 정도의 개별적 헌법규정 상호 간에 효력상 차등을 뜻한다.

④ 상위규범은 하위규범의 효력근거가 되는 동시에 해석근거가 되는 것이므로, 헌법은 법률에 대하여 형식적인 효력의 근거가 될 뿐만 아니라 내용적인 합치를 요구한다.

⑤ 헌법재판소의 헌법해석은 헌법이 내포하고 있는 특정한 가치를 탐색·확인하고 이를 규범적으로 관철하는 작업인 점에 비추어, 헌법재판소가 행하는 구체적 규범통제의 심사기준은 원칙적으로 헌법재판을 할 당시에 규범적 효력을 가지는 헌법이다.

정답 및 해설

① [O] 법률의 합헌적 해석은 법률의 조항 문구가 간직한 말의 뜻을 넘어서 말의 뜻이 완전히 다른 의미로 변질하지 아니하는 범위 안이어야 한다는 문의적 한계와 입법권자가 그 법률을 제정하여 추구하고자 하는 입법자의 명백한 의지와 입법 목적을 헛되게 하는 내용으로 해석할 수 없다는 법목적에 따른 한계가 있다(헌재 1989. 7. 14. 88헌가5등).

② [O] 헌법의 전문과 각 개별규정은 서로 밀접한 관련을 맺어서 헌법의 모든 규정 가운데는 헌법의 근본가치를 더 추상적으로 선언한 것도 있고, 이를 더 구체적으로 표현한 것도 있어서 이념적·논리적으로는 규범 상호 간의 우열을 인정할 수 있는 것이 사실이다(헌재 1995. 12. 28. 95헌바3).

③ [X] 이때 인정되는 규범 상호 간의 우열은 추상적 가치규범의 구체화에 따른 것으로 헌법의 통일적 해석에서는 유용하지만, 그것이 헌법의 어느 특정규정이 다른 규정의 효력을 전면 부인할 수 있는 정도의 개별적 헌법규정 상호 간에 효력상 차등을 뜻하는 것은 아니다(헌재 1995. 12. 28. 95헌바3).

④ [O] 상위규범은 하위규범의 효력근거가 되는 동시에 해석근거가 되는 것이므로, 헌법은 법률에 대하여 형식적인 효력의 근거가 될 뿐만 아니라 내용적인 합치를 요구하고 있기 때문이다(헌재 1989. 7. 21. 89헌마38).

⑤ [O] 헌법재판소가 행하는 구체적 규범통제의 심사기준은 원칙적으로 헌법재판을 할 당시에 규범적 효력을 가지는 현행헌법이다(2013.3.1, 2010헌바132 등).

[정답] ③

003 헌법에 대한 설명으로 옳지 않은 것은?

① 만약 계속 재판을 하였더라면 무죄판결이 나올 것이 명백하였으나 공소기각재판을 한 경우를 무죄선고에 포함하여 소급적으로 봉급을 받도록 하는 법률해석은 입법자의 취지에 반하지 않으므로 합헌적 법률해석으로 정당화될 수 있다.

② 헌법정신에 맞도록 법률의 내용을 해석·보충하거나 정정하는 '헌법합치적 법률해석' 역시 '유효한' 법률조항의 의미나 문구를 대상으로 하는 것이지, 이를 넘어 이미 실효된 법률조항을 대상으로 하여 헌법합치적인 법률해석을 할 수 있다.

③ 대통령과 국무총리가 서울이라는 하나의 도시에 소재하고 있어야 한다는 관습헌법의 존재를 인정할 수 없다.

④ 국가보위입법회의가 제정한 법률과 이에 따라 행하여진 재판 및 예산 기타 처분 등은 그 효력을 지속하며, 이 헌법 기타의 이유로 제소하거나 이의를 할 수 없다고 규정한 1980년 헌법 부칙 제6조 제3항은 승계하지 않았다고 봐야 할 것이어서 모든 국민은 아무런 제약이 따르지 않는 기본권에 의하여 언제 어떤 절차로 만들어졌느냐에 관계없이 모든 법률에 대하여 법정절차에 의해서 그 위헌성 유무를 따질 수 있다.

⑤ 저항권이 헌법이나 실정법에 규정이 있는지를 가려볼 필요도 없이 국회법 소정의 협의 없는 개의시간의 변경과 회의일시를 통지하지 아니한 입법과정의 하자는 저항권 행사의 대상이 아니다.

정답 및 해설

① [O] 「군인사법」 제48조 제4항 후단의 '무죄의 선고를 받은 때'의 의미와 관련하여, 형식상 무죄판결뿐 아니라 공소기각재판을 받았다 하더라도 그와 같은 공소기각의 사유가 없었더라면 무죄가 선고될 현저한 사유가 있는 이른바 <u>내용상 무죄재판의 경우도 이에 포함된다고 확대해석함이 법률의 문의적 한계 내의 합헌적 법률해석에 부합한다</u>(대판 2004.8.20, 2004다22377).

② [×] 헌법정신에 맞도록 법률의 내용을 해석·보충하거나 정정하는 '헌법합치적 법률해석' 역시 '유효'한 법률조항의 의미나 문구를 대상으로 하는 것이지, 이를 넘어 이미 실효된 법률조항을 대상으로 하여 헌법합치적인 법률해석을 할 수는 없는 것이어서, 유효하지 않은 법률조항을 유효한 것으로 해석하는 결과에 이르는 것은 '헌법합치적 법률해석'을 이유로도 정당화될 수 없다 할 것이다(2012. 5.31, 2009헌바123).

③ [O] 국무총리제도가 채택된 이후 대통령과 국무총리가 서울이라는 하나의 도시에 소재하는 것은 관습헌법에 해당하지 않는다(2005. 11.24, 2005헌마579 등).

④ [O] 1980년 헌법 부칙 제6조 제3항은 "국가보위입법회의가 제정한 법률과 이에 따라 행하여진 재판및 예산 기타 처분 등은 그 효력을 지속하며, 이 헌법 기타의 이유로 제소하거나 이의를 할 수 없다."라고 규정한다. 그런데 이 규정은 1980년 헌법의 기본권 보장 규정과도 모순·충돌되는 것이었던 만큼 현행 헌법에서는 국민의 민주화 요구에 부응하여 반성적 견지에서 제소금지 조항을 승계하지 않았다고 봐야 할 것이어서 모든 국민은 아무런 제약이 따르지 않는 기본권에 의하여 언제 어떤 절차로 만들어졌느냐에 관계없이 모든 법률에 대하여 법정절차에 의해서 그 위헌성 유무를 따질 수 있다(헌재 1989. 12. 18. 89헌마32등).

⑤ [O] 저항권은 국가권력이 헌법의 기본원리를 중대하게 침해하고 그 침해가 헌법 존재 자체를 부인하는 것으로서 다른 합법적인 구제수단으로는 목적을 달성할 수 없을 때 국민이 자기의 권리·자유를 지키기 위해서 실력으로 저항하는 권리이다. 따라서 저항권이 헌법이나 실정법에 규정이 있는지를 가려볼 필요도 없이 국회법 소정의 협의 없는 개의시간의 변경과 회의일시를 통지하지 아니한 입법과정의 하자는 저항권 행사의 대상이 아니다(헌재 1997. 9. 25. 97헌가4).

[정답] ②

제2장 헌법의 기본원리

제1편 헌법총론

제1절 | 민주주의 원리

004 위헌정당해산에 대한 설명 중 옳은 것(○)과 옳지 않은 것(×)을 올바르게 조합한 것은? (다툼이 있는 경우 판례에 의함)

> ㄱ. 강제적 정당해산을 결정을 할 때 헌법 제37조 제2항이 규정하고 있는 비례원칙이 적용되지 않으므로 헌법 제8조 제4항의 명문규정상 요건이 구비된 경우에도 해당 정당의 위헌적 문제성을 해결할 수 있는 다른 대안적 수단이 있는 경우, 정당해산결정이 헌법적으로 정당화될 수 있다.
> ㄴ. 어떤 정당이 민주적 기본질서를 부정하고 이를 적극적으로 공격하는 것으로 보인다면 행정부의 통상적인 처분에 의해서는 해산될 수 있다.
> ㄷ. 헌법 제8조 제4항의 정당의 활동은 정당 기관의 행위나 주요 정당관계자, 당원 등의 행위로서 그 정당에게 귀속시킬 수 있는 활동 일반을 의미한다.
> ㄹ. 헌법 제8조 제4항은 정당해산심판의 사유를 "정당의 목적이나 활동이 민주적 기본질서에 위배될 때"로 규정하고 있는데, 여기서 말하는 민주적 기본질서의 '위배'란, 민주적 기본질서에 대한 단순한 위반이나 저촉을 의미한다.
> ㅁ. 헌법재판소의 해산결정으로 정당이 해산되는 경우에 그 정당 소속 국회의원이 의원직을 상실하는지에 대하여 명문의 규정은 없으나 헌법재판소의 정당해산결정이 있는 경우 그 정당 소속 국회의원의 의원직은 당선 방식을 불문하고 모두 상실되어야 한다.

① ㄱ(○), ㄴ(○), ㄷ(×), ㄹ(○), ㅁ(○)
② ㄱ(×), ㄴ(×), ㄷ(○), ㄹ(×), ㅁ(○)
③ ㄱ(○), ㄴ(×), ㄷ(×), ㄹ(×), ㅁ(×)
④ ㄱ(×), ㄴ(○), ㄷ(○), ㄹ(○), ㅁ(×)
⑤ ㄱ(×), ㄴ(○), ㄷ(×), ㄹ(○), ㅁ(×)

정답 및 해설

ㄱ. [×] 강제적 정당해산은 헌법상 핵심적인 정치적 기본권인 정당활동의 자유에 대한 근본적 제한이므로, 헌법재판소는 이에 관한 결정을 할 때 헌법 제37조 제2항이 규정하고 있는 비례원칙을 준수해야만 한다. 따라서 헌법 제8조 제4항의 명문규정상 요건이 구비된 경우에도 해당 정당의 위헌적 문제성을 해결할 수 있는 다른 대안적 수단이 없고, 정당해산결정을 통하여 얻을 수 있는 사회적 이익이 정당해산결정으로 인해 초래되는 정당활동 자유 제한으로 인한 불이익과 민주주의 사회에 대한 중대한 제약이라는 사회적 불이익을 초과할 수 있을 정도로 큰 경우에 한하여 정당해산결정이 헌법적으로 정당화될 수 있다(헌재 2014. 12. 19. 2013헌다1).

ㄴ. [×] 정당해산심판제도는 정부의 일방적인 행정처분에 의해 진보적 야당이 등록취소되어 사라지고 말았던 우리 현대사에 대한 반성의 산물로서 제3차 헌법개정을 통해 헌법에 도입된 것이다. 우리나라의 경우 이 제도는 발생사적 측면에서 정당을 보호하기 위한 절차로서의 성격이 부각된다. 따라서 모든 정당의 존립과 활동은 최대한 보장되며, 설령 어떤 정당이 민주적 기본질서를 부정하고 이를 적극적으로 공격하는 것으로 보인다 하더라도 국민의 정치적 의사형성에 참여하는 정당으로서 존재하는 한 헌법에 의해 최대한 두텁게 보호되므로, 단순히 행정부의 통상적인 처분에 의해서는 해산될 수 없고, 오직 헌법재판소가 그 정당의 위헌성을 확인하고 해산의 필요성을 인정한 경우에만 정당정치의 영역에서 배제된다. 그러나 한편 이 제도로 인해서, 정당활동의 자유가 인정된다 하더라도 민주적 기본질서를 침해해서는 안 된다는 헌법적 한계 역시 설정된다(헌재 2014. 12. 19. 2013헌다1).

ㄷ. [○] '정당의 활동'이란, 정당 기관의 행위나 주요 정당관계자, 당원 등의 행위로서 그 정당에게 귀속시킬 수 있는 활동 일반을 의미한다(헌재 2014. 12. 19. 2013헌다1).

ㄹ. [×] 헌법 제8조 제4항은 정당해산심판의 사유를 "정당의 목적이나 활동이 민주적 기본질서에 위배될 때"로 규정하고 있는데, 여기서 말하는 민주적 기본질서의 '위배'란, 민주적 기본질서에 대한 단순한 위반이나 저촉을 의미하는 것이 아니라, 민주사회의 불가결한 요소인 정당의 존립을 제약해야 할 만큼 그 정당의 목적이나 활동이 우리 사회의 민주적 기본질서에 대하여 실질적인 해악을 끼칠 수 있는 구체적 위험성을 초래하는 경우를 가리킨다(헌재 2014. 12. 19. 2013헌다1).

ㅁ. [○] 헌법재판소의 해산결정으로 정당이 해산되는 경우에 그 정당 소속 국회의원이 의원직을 상실하는지에 대하여 명문의 규정은 없으나, 정당해산심판제도의 본질은 민주적 기본질서에 위배되는 정당을 정치적 의사형성과정에서 배제함으로써 국민을 보호하는 데에 있는데 해산정당 소속 국회의원의 의원직을 상실시키지 않는 경우 정당해산결정의 실효성을 확보할 수 없게 되므로, 이러한 정당해산제도의 취지 등에 비추어 볼 때 헌법재판소의 정당해산결정이 있는 경우 그 정당 소속 국회의원의 의원직은 당선 방식을 불문하고 모두 상실되어야 한다.

[정답] ②

005 선거제도에 대한 설명으로 옳지 않은 것은?

① '선거운동'을 법집행자의 자의를 허용할 소지를 제거할 수 있고, 건전한 상식과 통상적인 법감정을 가진 사람이면 누구나 그러한 표지를 갖춘 선거운동과 단순한 의견개진을 구분할 수 있으므로 선거운동기간을 제한하여 그 기간 외의 선거운동을 처벌하는 것은 헌법 제12조 제1항이 요구하는 죄형법정주의의 명확성의 원칙에 위배된다고 할 수 없다.

② 국회를 구성함에 있어 국회의원의 지역대표성이 고려되어야 한다고 할지라도 이것이 국민주권주의의 출발점인 투표가치의 평등보다 우선시 될 수는 없으며 지방자치제도가 정착되어 지역대표성을 이유로 헌법상 원칙인 투표가치의 평등을 현저히 완화할 필요성이 예전에 비해 크지 아니하다.

③ 지역구 국회의원선거구구역표 중 인구편차 상하33⅓%의 기준을 넘어서는 선거구에 관한 부분은 위 선거구가 속한 지역에 주민등록을 마친 청구인들의 선거권 및 평등권을 침해한다.

④ 자치구·시·군의원 선거구 획정에 있어서는 행정구역, 지역대표성 등 2차적 요소도 인구비례의 원칙 못지않게 함께 고려해야 할 필요성이 크다.

⑤ 자치구·시·군의원의 지역대표성과 각 분야에 있어서의 지역 간 불균형 등 2차적 요소를 고려하여 자치구·시·군의원 선거구 획정과 관련하여 헌법이 허용하는 인구편차의 기준을 인구편차 상하 33⅓%(인구비례 2 : 1)로 변경하는 것이 타당하다.

정답 및 해설

① [O] 선거운동이라 함은 특정 후보자의 당선 내지 이를 위한 득표에 필요한 모든 행위 또는 특정후보자의 낙선에 필요한 모든 행위 중 당선 또는 낙선을 위한 것이라는 목적의사가 객관적으로 인정될 수 있는 능동적, 계획적 행위를 말하는 것으로 풀이할 수 있다. 즉, 단순한 의견개진 등과 구별되는 가벌적 행위로서의 선거운동의 표지로 당선 내지 득표(반대후보자의 낙선)에의 목적성, 그 목적성의 객관적 인식가능성, 능동성 및 계획성이 요구된다 할 것이다. '선거운동'을 위와 같이 풀이한다면 법집행자의 자의를 허용할 소지를 제거할 수 있고, 건전한 상식과 통상적인 법감정을 가진 사람이면 누구나 그러한 표지를 갖춘 선거운동과 단순한 의견개진을 구분할 수 있으므로 헌법 제12조 제1항이 요구하는 죄형법정주의의 명확성의 원칙에 위배된다고 할 수 없다(헌재 2008. 10. 30. 2005헌바32).

② [O] 인구편차 상하 33⅓%를 넘어 인구편차를 완화하는 것은 지나친 투표가치의 불평등을 야기하는 것으로, 이는 대의민주주의의 관점에서 바람직하지 아니하고, 국회를 구성함에 있어 국회의원의 지역대표성이 고려되어야 한다고 할지라도 이것이 국민주권주의의 출발점인 투표가치의 평등보다 우선시 될 수는 없다. 특히, 현재는 지방자치제도가 정착되어 지역대표성을 이유로 헌법상 원칙인 투표가치의 평등을 현저히 완화할 필요성이 예전에 비해 크지 아니하다(헌재 2014. 10. 30. 2012헌마192등).

③ [O] 지역구 국회의원선거에서 현재의 시점에서 헌법이 허용하는 인구편차의 기준을 인구편차 상하33⅓%를 넘어서지 않는 것으로 봄이 타당하다. 따라서 심판대상 선거구구역표 중 인구편차 상하33⅓%의 기준을 넘어서는 선거구에 관한 부분은 위 선거구가 속한 지역에 주

민등록을 마친 청구인들의 선거권 및 평등권을 침해한다(헌재 2014. 10. 30. 2012헌마192등).
④ [O] 자치구·시·군의원은 주로 지역적 사안을 다루는 지방의회의 특성상 지역대표성도 겸하고 있고, 우리나라는 도시와 농어촌 간의 인구격차가 크고 각 분야에 있어서의 개발불균형이 현저하므로, 자치구·시·군의원 선거구 획정에 있어서는 행정구역, 지역대표성 등 2차적 요소도 인구비례의 원칙 못지않게 함께 고려해야 할 필요성이 크다[2018. 6. 28. 2014헌마166].
⑤ [X] 인구편차 상하 33⅓%(인구비례 2 : 1)의 기준을 적용할 경우 자치구·시·군의원의 지역대표성과 각 분야에 있어서의 지역 간 불균형 등 2차적 요소를 충분히 고려하기 어려운 반면, 인구편차 상하 50%(인구비례 3 : 1)를 기준으로 하는 방안은 2차적 요소를 보다 폭넓게 고려할 수 있다. 인구편차 상하 60%의 기준에서 곧바로 인구편차 상하 33⅓%의 기준을 채택하는 경우 선거구를 조정하는 과정에서 예기치 않은 어려움에 봉착할 가능성이 크므로, 현재의 시점에서 자치구·시·군의원 선거구 획정과 관련하여 헌법이 허용하는 인구편차의 기준을 인구편차 상하 50%(인구비례 3 : 1)로 변경하는 것이 타당하다[2018. 6. 28. 2014헌마166].

[정답] ⑤

006 국회의원선거에서 비례대표의석배분방식으로서 1인 1표제를 도입하여 정당투표를 인정하지 않고 지역구 후보자에 대한 지지를 정당에 대한 지지로 환산하여 비례대표 국회의원 당선을 결정하는 공직선거법에 대한 설명으로 옳은 것은?

① 1인 1표제를 채택하여 유권자에게 별도의 정당투표를 인정하지 않고 있으며, 지역구 선거에서 표출된 유권자의 의사를 그대로 정당에 대한 지지의사로 의제하여 비례대표의석을 배분토록 하는 것은 국민의 의사를 제대로 반영하고, 국민의 자유로운 선택권을 보장할 것 등을 요구하는 민주주의원리에 부합하지 않는다.
② 비례대표제를 채택하는 경우 직접선거의 원칙은 의원의 선출을 요구하나 정당의 비례적인 의석확보도 선거권자의 투표에 의하여 직접 결정될 것을 요구하는 것은 아니다.
③ 비례대표의원의 선거는 지역구의원의 선거와는 별도의 선거이나 이에 관한 유권자의 별도의 의사표시, 즉 정당명부에 대한 별도의 투표가 있어야 하는 것은 아니다.
④ 비례대표의원의 선출에 있어서는 정당의 명부작성행위가 최종적·결정적인 의의를 가지게 되면 평등선거의 원칙에 위배된다.
⑤ 현행 1인1표제하에서의 비례대표의석배분방식에서, 지역구후보자에 대한 투표는 지역구의원의 선출에 기여함과 아울러 그가 속한 정당의 비례대표의원의 선출에도 기여하는 2중의 가치를 지니게 되는데 반하여, 무소속후보자에 대한 투표는 그 무소속후보자의 선출에만 기여할 뿐 비례대표의원의 선출에는 전혀 기여하지 못하므로 보통선거원칙에 위배된다.

정답 및 해설

① [O] 공직선거 및 선거부정방지법(이하 "공선법")은 이른바 1인 1표제를 채택하여(제146조 제2항) 유권자에게 별도의 정당투표를 인정하지 않고 있으며, 지역구선거에서 표출된 유권자의 의사를 그대로 정당에 대한 지지의사로 의제하여 비례대표의석을 배분토록 하고 있는바(제189조 제1항), 이러한 비례대표제 방식에 의하면, 유권자가 지역구후보자나 그가 속한 정당 중 어느 일방만을 지지할 경우 지역구후보자 개인을 기준으로 투표하든, 정당을 기준으로 투표하든 어느 경우에나 자신의 진정한 의사는 반영시킬 수 없으며, 후보자든 정당이든 절반의 선택권을 박탈당할 수밖에 없을 뿐만 아니라, 신생정당에 대한 국민의 지지도를 제대로 반영할 수 없어 기존의 세력정당에 대한 민의 실제 지지도를 초과하여 그 세력정당에 의석을 배분하여 주게 되는바, 이는 선거에 있어 국민의 의사를 제대로 반영하고, 국민의 자유로운 선택권을 보장할 것 등을 요구하는 민주주의원리에 부합하지 않는다[2018. 6. 28. 2014헌마166].

② [X] 비례대표제를 채택하는 경우 직접선거의 원칙은 의원의 선출뿐만 아니라 정당의 비례적인 의석확보도 선거권자의 투표에 의하여 직접 결정될 것을 요구하는바, 비례대표의원의 선거는 지역구의원의 선거와는 별도의 선거이므로 이에 관한 유권자의 별도의 의사표시, 즉 정당명부에 대한 별도의 투표가 있어야 함에도 현행제도는 정당명부에 대한 투표가 따로 없으므로 결국 비례대표의원의 선출에 있어서는 정당의 명부작성행위가 최종적·결정적인 의의를 지니게 되고, 선거권자들의 투표행위로써 비례대표의원의 선출을 직접·결정적으로 좌우할 수 없으므로 직접선거의 원칙에 위배된다[2018. 6. 28. 2014헌마166].

③ [X] 비례대표제를 채택하는 경우 직접선거의 원칙은 의원의 선출뿐만 아니라 정당의 비례적인 의석확보도 선거권자의 투표에 의하여 직접 결정될 것을 요구하는바, 비례대표의원의 선거는 지역구의원의 선거와는 별도의 선거이므로 이에 관한 유권자의 별도의 의사표시, 즉 정당명부에 대한 별도의 투표가 있어야 함에도 현행제도는 정당명부에 대한 투표가 따로 없으므로 결국 비례대표의원의 선출에 있어서는 정당의 명부작성행위가 최종적·결정적인 의의를 지니게 되고, 선거권자들의 투표행위로써 비례대표의원의 선출을 직접·결정적으로 좌우할 수 없으므로 직접선거의 원칙에 위배된다[2018. 6. 28. 2014헌마166].

④ [X] 비례대표의원의 선출에 있어서는 정당의 명부작성행위가 최종적·결정적인 의의를 지니게 되고, 선거권자들의 투표행위로써 비례대표의원의 선출을 직접·결정적으로 좌우할 수 없으므로 직접선거의 원칙에 위배된다[2018. 6. 28. 2014헌마166].

⑤ [X] 현행 1인1표제하에서의 비례대표의석배분방식에서, 지역구후보자에 대한 투표는 지역구의원의 선출에 기여함과 아울러 그가 속한 정당의 비례대표의원의 선출에도 기여하는 2중의 가치를 지니게 되는데 반하여, 무소속후보자에 대한 투표는 그 무소속후보자의 선출에만 기여할 뿐 비례대표의원의 선출에는 전혀 기여하지 못하므로 투표가치의 불평등이 발생하는바, 자신이 지지하는 정당이 자신의 지역구에 후보자를 추천하지 않아 어쩔 수 없이 무소속후보자에게 투표하는 유권자들로서는 자신의 의사에 반하여 투표가치의 불평등을 강요당하게 되는바, 이는 합리적 이유없이 무소속 후보자에게 투표하는 유권자를 차별하는 것이라 할 것이므로 평등선거의 원칙에 위배된다[2018. 6. 28. 2014헌마166].

[정답] ①

007 선거운동금지에 대한 설명으로 옳지 않은 것을 모두 조합한 것은?

> ㄱ. 대통령령이 정한 언론인의 선거운동을 금지한 공직선거법은 다양한 언론매체 중에서 어느 범위로 한정될지, 어떤 업무에 어느 정도 관여하는 자까지 언론인에 포함될 것인지 등을 예측하기 어려우므로 포괄위임금지원칙을 위반한다.
> ㄴ. 한국철도공사의 상근직원에 대하여 선거운동을 금지하고 이를 위반한 경우 처벌하도록 규정한 공직선거법 제60조 제1항 제5호 중 제53조 제1항 제4호는 선거와 관련된 모든 행위태양을 금지하는 것이 아니라 정치적 의사표현 중 선거와 직접 관련성이 있는 선거운동만을 금지하므로, 선거운동의 자유를 침해하지 아니한다.
> ㄷ. 경선운동은 원칙적으로 공직선거에서의 당선 또는 낙선을 위한 행위인 선거운동에 해당하지 않으나 당내경선의 형평성과 공정성을 담보하기 위해서 국가가 개입하여야 하는 정도가 공직선거와 동등하다고 보기 어려우므로, 광주광역시 광산구 시설관리공단의 상근직원이 당원이 아닌 자에게도 투표권을 부여하는 당내경선에서 경선운동을 할 수 없도록 금지·처벌하는 공직선거법이 과잉금지원칙에 반하는지 여부를 판단할 때에는 엄격한 심사기준이 적용되어야 한다.
> ㄹ. 농업협동조합법·수산업협동조합법에 의하여 설립된 조합의 상근직원에 대하여 선거운동을 금지하는 구 공직선거법 제60조 제1항 제5호 중 제53조 제1항 제5호는 일률적으로 모든 상근직원에 대하여 일체의 선거운동을 원칙적으로 금지하는 것은 선거운동의 자유를 과도하게 제한하는 것이어서 과잉금지원칙에 반하여 청구인들의 선거운동의 자유를 침해한다.
> ㅁ. 보호영역으로서의 '선거운동'의 자유가 문제되는 경우 표현의 자유 및 선거권과 일반적 행동자유권으로서의 행복추구권은 서로 특별관계에 있어 기본권의 내용상 특별성을 갖는 표현의 자유 및 선거권이 우선 적용된다.

① ㄱㄴㄷ ② ㄴㄹ
③ ㄷㄹㅁ ④ ㄴㄹㅁ
⑤ ㄱㅁ

정답 및 해설

ㄱ. [O] 금지조항은 '대통령령으로 정하는 언론인'이라고만 하여 '언론인'이라는 단어 외에 대통령령에서 정할 내용의 한계를 설정하지 않았다. 관련조항들을 종합하여 보아도 방송, 신문, 뉴스통신 등과 같이 다양한 언론매체 중에서 어느 범위로 한정될지, 어떤 업무에 어느 정도 관여하는 자까지 언론인에 포함될 것인지 등을 예측하기 어렵다. 그러므로 금지조항은 포괄위임금지원칙을 위반한다(헌재 2016. 6. 30. 2013헌가1).

ㄴ. [X] 심판대상조항은 한국철도공사에서 상근직원으로 근무하는 자가 선거에 직·간접적으로 영향력을 행사하는 행위를 금지하여 선거의 형평성과 공정성을 확보하기 위한 것이므로 입법목적의 정당성을 인정할 수 있고, 한국철도공사의 상근직원에 대하여 선거운동을 금지하고 이를 위반한 경우 처벌하는 것은 위와 같은 목적의 달성에 적합한 수단으로 인정된다.

그러나 한국철도공사 상근직원의 지위와 권한에 비추어볼 때, 특정 개인이나 정당을 위한 선거운동을 한다고 하여 그로 인한 부작용과 폐해가 일반 사기업 직원의 경우보다 크다고 보기 어려우므로, 직급이나 직무의 성격에 대한 검토 없이 일률적으로 모든 상근직원에게 선거운동을 전면적으로 금지하고 이에 위반한 경우 처벌하는 것은 선거운동의 자유를 지나치게 제한하는 것이다. 또한, 한국철도공사의 상근직원은 공직선거법의 다른 조항에 의하여 직무상 행위를 이용하여 선거운동을 하거나 하도록 하는 행위를 할 수 없고, 선거에 영향을 미치는 전형적인 행위도 할 수 없다. 더욱이 그 직을 유지한 채 공직선거에 입후보할 수 없는 상근임원과 달리, 한국철도공사의 상근직원은 그 직을 유지한 채 공직선거에 입후보하여 자신을 위한 선거운동을 할 수 있음에도 타인을 위한 선거운동을 전면적으로 금지하는 것은 과도한 제한이다. 따라서 심판대상조항은 선거운동의 자유를 침해한다[2018. 2. 22. 2015헌바124].

ㄷ. [O] 당내경선은 공직선거 자체와는 구별되는 정당 내부의 자발적인 의사결정에 해당하고, 경선운동은 원칙적으로 공직선거에서의 당선 또는 낙선을 위한 행위인 선거운동에 해당하지 않는다. 따라서 당내경선의 형평성과 공정성을 담보하기 위해서 국가가 개입하여야 하는 정도가 공직선거와 동등하다고 보기 어려우므로, 심판대상조항이 과잉금지원칙에 반하는지 여부를 판단할 때에는 엄격한 심사기준이 적용되어야 한다[2021. 4. 29. 2019헌가11].

ㄹ. [X] 재판관 이선애, 재판관 이은애, 재판관 이종석, 재판관 이영진의 기각의견
심판대상조항이 협동조합 상근직원의 선거운동을 원칙적으로 금지하는 것은 선거의 형평성과 공정성을 확보하려는 것으로서, 입법목적의 정당성 및 수단의 적합성이 인정된다. 농협동조합이 가지는 공법인적 특성과 기능적 공공성에 더하여, 협동조합의 상근직원이 각 지역 주민들의 생활에 매우 밀접한 직무를 수행하고 있는 점 등을 고려해볼 때, 협동조합의 상근직원이 그 직을 그대로 유지한 채 선거운동을 할 경우에는 선거의 공정성·형평성이 저해될 우려가 있다. 한편, 공직선거법과 농업협동조합법·수산업 협동조합법에는 협동조합의 상근직원이 그의 지위와 권한을 선거운동에 남용하지 못하도록 제한하는 규정들이 일부 존재하나, 그러한 규정들만으로 선거의 공정성·형평성이 충분히 확보될 수 있는지 불분명하고, 달리 입법목적을 달성할 수 있는 효과적인 대안을 상정하기도 어렵다. 심판대상조항은 정치적 의사표현 중 당선 또는 낙선을 위한 직접적인 활동만을 금지할 뿐이므로, 협동조합의 상근직원은 여전히 선거와 관련하여 일정 범위 내에서는 자유롭게 자신의 정치적 의사를 표현하면서 후보자에 대한 정보를 충분히 교환할 수 있다. 따라서 심판대상조항은 침해의 최소성 및 법익의 균형성을 충족한다. 결국 심판대상조항은 과잉금지원칙에 반하여 청구인들의 선거운동의 자유를 침해하지 않는다[2022. 11. 24. 2020헌마417].

재판관 유남석, 재판관 이석태, 재판관 김기영, 재판관 문형배, 재판관 이미선의 인용의견
협동조합은 일부 공법인적 특성을 가지고 있기는 하지만, 그 존립목적이나 설립·관리의 측면에서 볼 때 자주적 단체로서 기본적으로 사법인에 가깝다고 할 수 있다. 또한 협동조합의 상근직원이 수행하는 직무 내용은 일반 사기업 직원의 직무와 크게 다르지 않으며, 이들에게 정치적 중립성이 요구된다거나, 선거운동에 부당하게 동원할 우려가 있는 권력적 요소 내지 영향력이 있다고 볼 수도 없다. 이러한 점을 종합하여 볼 때, 특별히 협동조합의 상근직원에 대하여 선거운동을 원칙적으로 금지할 필요가 있다고 보기 어렵다.

게다가 공직선거법과 농업협동조합법·수산업협동조합법은 이미 협동조합의 상근직원이 그의 지위와 권한을 선거운동에 남용하지 못하도록 제한하는 규정들을 충분히 마련하고 있다. 설령 이러한 제반 규정들만으로 선거의 공정성을 담보하기 부족하다고 하더라도, 협동조합 상근직원 중 선거운동이 제한되는 주체의 범위를 최소화하거나, 제한되는 선거운동의 범위를 최소화하려는 노력 없이, 일률적으로 모든 상근직원에 대하여 일체의 선거운동을 원칙

적으로 금지하는 것은 선거운동의 자유를 과도하게 제한하는 것이다. 따라서 심판대상조항은 과잉금지원칙에 반하여 청구인들의 선거운동의 자유를 침해한다.
ㅁ. [○] 보호영역으로서의 '선거운동'의 자유가 문제되는 경우 표현의 자유 및 선거권과 일반적 행동자유권으로서의 행복추구권은 서로 특별관계에 있어 기본권의 내용상 특별성을 갖는 표현의 자유 및 선거권이 우선 적용된다(2004. 4. 29. 2002헌마467).

[정답] ②

008 선거제도에 대한 설명으로 옳지 않은 것은?

① 지역구국회의원선거에서 유효투표총수의 100분의 15 이상인 때에는 후보자가 지출한 선거비용의 전액을, 100분의 10 이상 100분의 15 미만인 때에는 후보자가 지출한 선거비용의 반액을 각 보전하도록 규정하고 있는 공직선거법 제122조의2 제1항 제1호 청구인의 평등권을 침해한다고 할 수 없다.

② 지역구국회의원선거예비후보자의 기탁금 반환 사유로 예비후보자가 당의 공천심사에서 탈락하고 후보자등록을 하지 않았을 경우를 규정하지 않은 공직선거법 제57조 제1항 제1호는 과잉금지원칙에 반하여 청구인의 재산권을 침해한다.

③ 대구교육대학교 총장임용후보자선거 후보자가 제1차 투표에서 최종 환산득표율의 100분의 15 이상을 득표한 경우에만 기탁금의 반액을 반환하도록 하고 반환하지 않는 기탁금은 대학 발전기금에 귀속되도록 규정한 '대구교육대학교 총장임용후보자 선정 규정' 제24조 제2항이 과잉금지원칙에 위배되어 청구인의 재산권을 침해한다.

④ 제1차 투표에서 유효투표수의 100분의 15 이상을 득표한 경우에는 기탁금 전액을, 100분의 10 이상 100분의 15 미만을 득표한 경우에는 기탁금 반액을 반환하고, 반환되지 않은 기탁금은 경북대학교발전기금에 귀속하도록 정한 '경북대학교 총장임용후보자 선정 규정' 제20조 제2항 및 제3항이 청구인의 재산권을 침해한다고 할 수 없다.

⑤ 경북대학교 총장임용후보자선거의 후보자로 등록하려면 3,000만 원의 기탁금을 납부하고 후보자등록신청 시 기탁금납부영수증을 제출하도록 정한 '경북대학교 총장임용후보자 선정 규정' 제20조 제1항 및 제26조 제2항 제7호는 기본권 제한이 과도하여 후보자로서의 성실성을 갖춘 사람도 출마를 포기하게 할 가능성이 있으므로 청구인의 공무담임권을 침해한다.

정답 및 해설

① [○] 국가예산의 효율적 집행을 도모하고 후보자 난립 등으로 인한 부작용을 방지하기 위하여 일정 득표율을 기준으로 일정 선거비용만을 보전하여 주도록 하는 것은 그 목적이 정당하고 수단 역시 적정하다고 할 것이다. 또한, 득표율을 기준으로 보전 여부를 결정하는 것이 가장 합리적이고, 득표율이 10% 미만인 자는 당선가능성이 거의 없는 자이며, 지난 18대 지

역구국회의원 선거에서 절반에 이르는 후보자가 선거비용을 보전 받았을 뿐 아니라 국가가 후보자들이 개인적으로 부담하는 선거비용 외에도 상당한 부분의 선거비용을 부담하고 있는 점 등을 고려하면, 이 사건 법률조항이 입법재량권의 한계를 일탈하여 자의적으로 청구인의 평등권을 침해한다고 할 수 없다(헌재 2010. 5. 27. 2008헌마491).

② [O] 정당의 추천을 받고자 공천신청을 하였음에도 정당의 후보자로 추천받지 못한 예비후보자는 소속 정당에 대한 신뢰·소속감 또는 당선가능성 때문에 본선거의 후보자로 등록을 하지 아니할 수 있다. 이를 두고 예비후보자가 처음부터 진정성이 없이 예비후보자 등록을 하였다거나 예비후보자로서 선거운동에서 불성실하다고 단정할 수 없다. 심판대상조항으로 인해 정당 공천관리위원회의 심사에서 탈락한 예비후보자가 소속 정당을 탈당하고 본선거의 후보자로 등록한다면 오히려 무분별한 후보자 난립의 결과가 발생할 수도 있다. 예비후보자가 본선거에서 정당후보자로 등록하려 하였으나 자신의 의사와 관계없이 정당 공천관리위원회의 심사에서 탈락하여 본선거의 후보자로 등록하지 아니한 것은 후보자 등록을 하지 못할 정도에 이르는 객관적이고 예외적인 사유에 해당한다. 따라서 이러한 사정이 있는 예비후보자가 납부한 기탁금은 반환되어야 함에도 불구하고, 심판대상조항이 이에 관한 규정을 두지 아니한 것은 입법형성권의 범위를 벗어난 과도한 제한이라고 할 수 있다. 이러한 예비후보자에게 그가 납부한 기탁금을 반환한다고 하여 예비후보자의 성실성과 책임성을 담보하는 공익이 크게 훼손된다고 할 수 없으므로, 그 공익은 심판대상조항이 이러한 예비후보자에게 기탁금을 반환하지 아니하도록 함으로써 그가 입게 되는 기본권 침해의 불이익보다 크다고 단정할 수 없다. 그러므로 심판대상조항은 과잉금지원칙에 반하여 청구인의 재산권을 침해한다[2018. 1. 25. 2016헌마541].

③ [O] 이 사건 기탁금귀속조항에 따르면, 선거를 완주하여 성실성을 충분히 검증 받은 후보자는 물론, 최다 득표를 하여 총장임용후보자로 선정된 사람조차도 기탁금의 반액은 반환 받지 못하게 된다. 이는 난립후보라고 할 수 없는 성실한 후보자들을 상대로도 기탁금의 발전기금 귀속을 일률적으로 강요함으로써 대학의 재정을 확충하는 것과 다름없다. 기탁금 반환 조건을 현재보다 완화하더라도 충분히 후보자의 난립을 방지하고 후보자의 성실성을 확보할 수 있음에도, 이 사건 기탁금귀속조항은 후보자의 성실성이나 노력 여하를 막론하고 기탁금의 절반은 반드시 대학 발전기금에 귀속되도록 하고 나머지 금액의 반환 조건조차 지나치게 까다롭게 규정하고 있다. 그러므로 이 사건 기탁금귀속조항은 과잉금지원칙에 위반되어 청구인의 재산권을 침해한다[2021. 12. 23. 2019헌마825].

④ [O] 이 사건 기탁금귀속조항이 적용된 총장임용후보자선거에서 9명에 이르는 적지 않은 후보자가 후보자로 등록하였고, 이 중 3명의 후보자가 납부한 기탁금 전액 내지 반액을 반환 받았다. 기탁금 반환 요건을 완화하면 기본권 제한은 완화되지만, 기탁금 납부 부담 또한 줄게 되어 후보자 난립 방지 및 후보자의 성실성 확보라는 목적은 달성하기 어려울 수 있다. 기탁금 반환 요건을 충족하지 못한 후보자들을 모두 불성실하다고 평할 수 없지만, 이러한 반환 요건을 둔 것은 이를 완화할 경우 우려되는 폐해를 막기 위한 불가피한 선택이자 후보자의 진지성과 성실성을 담보하기 위한 최소한의 제한이다. 따라서 이 사건 기탁금귀속조항은 청구인의 재산권을 침해하지 않는다[2022. 5. 26. 2020헌마1219].

⑤ [X] 이 사건 기탁금납부조항은 후보자 난립에 따른 선거의 과열을 방지하고 후보자의 성실성을 확보하기 위한 것이다. 경북대학교는 총장임용후보자 선정 방식으로 직선제를 채택하고, 전화, 정보통신망을 이용한 지지 호소 등 다양한 방식의 선거운동을 허용하고 있으므로, 선거가 과열되거나 혼탁해질 위험이 인정된다. 기탁금 제도를 두는 대신에 피선거권자의 자격 요건을 강화하면 공무담임권이 더 크게 제한될 소지가 있고, 추천인 요건을 강화하는 경우 사전 선거운동이 과열될 수 있으며, 선거운동 방법의 제한 및 이에 관한 제재를 강화하

면 선거운동의 자유가 위축될 우려도 있다. 3,000만 원의 기탁금액은 경북대학교 전임교원의 급여액 등을 고려하면 납부할 수 없거나 입후보 의사를 단념케 할 정도로 과다하다고 할 수 없다. 따라서 이사건 기탁금납부조항은 청구인의 공무담임권을 침해하지 아니한다. 따라서 이 사건 기탁금귀속조항은 청구인의 재산권을 침해하지 않는다[2022. 5. 26. 2020헌마1219].
재판관 유남석, 재판관 이선애, 재판관 이은애의 반대의견
경북대학교는 총장임용후보자선거의 피선거권을 10년 이상 재직한 전임교원 등으로 제한하고 있다. 전임교원으로 임용되려면 교육공무원법상의 임용 결격사유가 없어야 하고, 교육, 연구 등에 관한 객관적 사유에 근거한 심사를 통과하여야 하므로, 위 요건을 갖춘 후보자 중 최소한의 성실성을 갖추지 못하였다고 단언할 수 있는 경우가 얼마나 될지 의문이다. 그럼에도 후보자 난립의 우려가 있다면 피선거권 및 선거운동 규제에 관한 기존 규정을 충실히 집행하거나 규제를 더욱 강화함으로써 목적을 달성할 수 있을 것이다. 또한 이 사건 기탁금납부조항은 기탁금액의 측면에서도 기본권 제한이 과도하여 후보자로서의 성실성을 갖춘 <u>사람도 출마를 포기하게 할 가능성이 있다.</u> 따라서 이 사건 기탁금납부조항은 청구인의 공무담임권을 침해한다. 이 사건 기탁금납부조항이 청구인의 공무담임권을 침해하므로, 이를 전제로 삼아 설계된 이 사건 기탁금귀속조항 또한 청구인의 재산권을 침해한다.

[정답] ⑤

009 정당등록과 취소에 대한 설명 중 옳은 것(○)과 옳지 않은 것(×)을 올바르게 조합한 것은? (다툼이 있는 경우 판례에 의함)

> ㄱ. 정당으로 등록되기에 필요한 요건으로서 5개 이상의 시·도당 및 각 시·도당마다 1,000명 이상의 당원을 갖출 것을 요구하는 것은 "상당한 기간 또는 계속해서", "상당한 지역에서" 국민의 정치적 의사형성 과정에 참여해야 한다는 헌법상 정당의 개념표지를 구현하기 위한 합리적인 제한이다.
> ㄴ. 정당등록수리행위로 정당법상의 정당임을 법적으로 확인받는 것 외에 기존에 등록된 정당들에게 곧바로 어떠한 법적 불이익이 발생한다고 보기 어렵다.
> ㄷ. 정당의 시·도당은 1천인 이상의 당원을 가져야 한다고 규정한 정당법 제18조 제1항은 헌법 제8조 제1항의 정당의 자유 자체를 처음부터 전면 부정하는 결과를 초래한다는 점에서 입법목적의 정당성 및 수단의 적합성을 인정하기 어렵다.
> ㄹ. 입법자는 정당설립의 자유를 최대한 보장하는 방향으로 입법하여야 하고, 헌법재판소는 정당설립의 자유를 제한하는 국회의원선거에 참여하여 의석을 얻지 못하고 유효투표총수의 100분의 2 이상을 득표하지 못한 정당에 대해 그 등록을 취소하도록 한 정당법 제44조 제1항 제3호의 합헌성을 심사할 때에 헌법 제37조 제2항에 따라 엄격한 비례심사를 하여야 한다.
> ㅁ. 국회의원선거에 참여하여 의석을 얻지 못하고 유효투표총수의 100분의 2 이상을 득표하지 못한 정당에 대해 그 등록을 취소하도록 한 정당법 제44조 제1항 제3호는 과잉금지원칙에 위반되어 청구인들의 정당설립의 자유를 침해한다.

① ㄱ(○), ㄴ(○), ㄷ(×), ㄹ(○), ㅁ(○)
② ㄱ(×), ㄴ(×), ㄷ(○), ㄹ(×), ㅁ(○)
③ ㄱ(○), ㄴ(×), ㄷ(×), ㄹ(×), ㅁ(×)
④ ㄱ(×), ㄴ(○), ㄷ(○), ㄹ(○), ㅁ(×)
⑤ ㄱ(×), ㄴ(○), ㄷ(×), ㄹ(○), ㅁ(×)

정답 및 해설

ㄱ. [○] 이 사건 법률조항이 비록 정당으로 등록되기에 필요한 요건으로서 5개 이상의 시·도당 및 각 시·도당마다 1,000명 이상의 당원을 갖출 것을 요구하고 있기 때문에 국민의 정당설립의 자유에 어느 정도 제한을 가하는 점이 있는 것은 사실이나, 이러한 제한은 "상당한 기간 또는 계속해서", "상당한 지역에서" 국민의 정치적 의사형성 과정에 참여해야 한다는 헌법상 정당의 개념표지를 구현하기 위한 합리적인 제한이라고 할 것이므로, 그러한 제한은 헌법적으로 정당화된다고 할 것이다(헌재 2006. 3. 30. 2004헌마246).

ㄴ. [○] 정당등록제도는 정당과 그 외 정치적 결사를 구분하여 법적 관계를 명확하게 하는 취지의 제도이므로, 이 사건 수리행위로 인하여 더불어시민당이 정당법상의 정당임을 법적으로 확인받는 것 외에 기존에 등록된 정당들에게 곧바로 어떠한 법적 불이익이 발생한다고 보기 어렵다. 청구인이 주장하는 선거에서의 불공정한 경쟁이나 정당보조금 등의 불이익은 공직선거법이나 정치자금법 등 별도의 법률 규정에 의하여 결정되는 것이므로, 설령 청구인이 그러한 불이익을 입었다고 하더라도 이는 이 사건 수리행위로 인한 직접적인 법적 효과로 보기 어렵고, 단지 간접적·사실적·경제적 불이익에 불과하다. 따라서 청구인은 이 사건 수리행위에 대하여 기본권침해의 자기관련성을 갖추었다고 보기 어렵다(2023. 3. 23. 2020헌마56).

ㄷ. [×] 우리나라에 현존하는 정당의 수, 각 시·도의 인구 및 유권자수, 인구수 또는 선거인수 대비 당원의 비율, 당원의 자격 등을 종합하여 보면, 시·도당은 1,000명 이상의 당원을 가져야 한다고 규정한 법정당원수 조항이 신생정당의 창당이나 기성정당의 추가적인 시·도당 창당을 현저히 어렵게 하여 시·도당창당준비위원회의 대표자들에게 지나치게 과도한 부담을 지운 것이라고 보기 어렵다. 당원수가 시·도당을 창당하기에 부족한 경우에는 기초자치단체나 국회의원지역구에서 기초조직인 당원협의회를 통해 국민의 정치적 의사형성에 참여하는 활동을 하는 것도 가능하다. 그밖에 홈페이지, 블로그, 사회관계망 서비스(SNS) 등을 활용하여 시·도당 창당 지연으로 인한 정당활동의 위축을 최소화할 방법도 널리 열려 있다. 각 시·도당창당준비위원회의 대표자들은 법정당원수 조항으로 인해 당원이 1,000명 이상이 될 때까지 시·도당 창당이 지연되는 불이익을 입을 뿐이므로, 이들이 제한받는 사익의 정도가 공익에 비하여 크다고 보기도 어렵다. 따라서 법정당원수 조항은 과잉금지원칙을 위반하여 각 시·도당창당준비위원회의 대표자들의 정당조직의 자유와 정당활동의 자유를 포함한 정당의 자유를 침해하지 아니한다[2022. 11. 24. 2019헌마445].

재판관 이석태, 재판관 김기영, 재판관 이미선의 반대의견

법정당원수 조항은 헌법 제8조 제1항의 정당의 자유 자체를 처음부터 전면 부정하는 결과를 초래한다는 점에서 입법목적의 정당성 및 수단의 적합성을 인정하기 어렵다. 설령 '당원수'를 정당이 헌법적 과제를 이행하기 위하여 필요한 최소한의 견고하고 지속적인 조직요건을 판단하는 유일한 기준으로 삼을 수 있다고 보더라도, 새로운 정책이념을 가진 신생정당이나 군소정당의 진입과 활동이 어렵지 않도록 당원의 수를 상대적으로 정하는 것이 정당설립의 자유와 복수정당제를 규정한 헌법 제8조 제1항의 취지에 부합한다. 나아가 정당법상 당원협의

회는 그 활동을 위한 사무소 등을 일체 둘 수 없도록 규정하고 있으므로 당원협의회를 통해 국민의 정치적 의사형성에 참여하는 활동이 충분히 가능하다거나, 당원협의회가 시·도당을 대신할 수 있다고 보기도 어렵다. 신생정당과 기성정당을 구분하여 시·도당의 조직요건을 달리 정하는 방안 등 법정당원수 조항으로 인한 기본권 침해가 최소화될 수 있는 방안을 강구하는 것이 어려워 보이지도 않는다. 법정당원수 조항은 과잉금지원칙을 위반하여 각시·도당창당준비위원회의 대표자인 나머지 청구인들의 정당조직의 자유와 정당활동의 자유를 포함한 정당의 자유를 침해한다.

ㄹ. [○] 정당은 국민과 국가의 중개자로서 정치적 도관의 기능을 수행하여 주체적·능동적으로 국민의 다원적 정치의사를 유도·통합함으로써 국가정책의 결정에 직접 영향을 미칠 수 있는 규모의 정치적 의사를 형성하고 있다. 오늘날 대의민주주의에서 차지하는 정당의 이러한 의의와 기능을 고려하여, 헌법 제8조 제1항은 국민 누구나가 원칙적으로 국가의 간섭을 받지 아니하고 정당을 설립할 권리를 기본권으로 보장함과 아울러 복수정당제를 제도적으로 보장하고 있다. 따라서 입법자는 정당설립의 자유를 최대한 보장하는 방향으로 입법하여야 하고, 헌법재판소는 정당설립의 자유를 제한하는 법률의 합헌성을 심사할 때에 헌법 제37조 제2항에 따라 엄격한 비례심사를 하여야 한다(헌재 2014. 1. 28. 2012헌마431등).

ㅁ. [○] 일정기간 동안 공직선거에 참여할 기회를 수 회 부여하고 그 결과에 따라 등록취소 여부를 결정하는 등 덜 기본권 제한적인 방법을 상정할 수 있고, 정당법에서 법정의 등록요건을 갖추지 못하게 된 정당이나 일정 기간 국회의원선거 등에 참여하지 아니한 정당의 등록을 취소하도록 하는 등 현재의 법체계 아래에서도 입법목적을 실현할 수 있는 다른 장치가 마련되어 있으므로, 정당등록취소조항은 침해의 최소성 요건을 갖추지 못하였다. 나아가, 정당등록취소조항은 어느 정당이 대통령선거나 지방자치선거에서 아무리 좋은 성과를 올리더라도 국회의원선거에서 일정 수준의 지지를 얻는 데 실패하면 등록이 취소될 수밖에 없어 불합리하고, 신생·군소정당으로 하여금 국회의원선거에의 참여 자체를 포기하게 할 우려도 있어 법익의 균형성 요건도 갖추지 못하였다. 따라서 정당등록취소조항은 과잉금지원칙에 위반되어 청구인들의 정당설립의 자유를 침해한다(헌재 2014. 1. 28. 2012헌마431등).

[정답] ①

010 정당제도에 대한 설명으로 옳지 않은 것은?

① 초·중등학교 교원에 대하여는 정당가입을 금지하면서 대학교원에게는 허용하는 것은 합리적 차별이므로 평등원칙에 반하지 아니한다.
② 정당의 자유를 규정하는 헌법 제8조 제1항이 기본권의 규정형식을 취하고 있지 아니하고 또한 '국민의 기본권에 관한 장'인 제2장에 위치하고 있지 아니하므로, '정당의 설립과 가입의 자유'의 근거규정이 될 수 없다.
③ 오늘날의 의회민주주의가 정당의 존재없이는 기능할 수 없다는 점에서 심지어 '위헌적인 정당을 금지해야 할 공익'도 정당설립의 자유에 대한 입법적 제한을 정당화하지 못하도록 규정한 것이 헌법의 객관적인 의사라면, 입법자가 그외의 공익적 고려에 의하여 정당설립금지조항을 도입하는 것은 원칙적으로 헌법에 위반된다.
④ 경찰청장은 퇴직일부터 2년 이내에는 정당의 발기인이 되거나 당원이 될 수 없도록 한 경찰법은 공무담임권과 직업의 자유를 제한하지 않는다.
⑤ 경찰청장은 퇴직일부터 2년 이내에는 정당의 발기인이 되거나 당원이 될 수 없도록 한 경찰법은 목적은 정당하나 정당의 자유를 제한함에 있어서 갖추어야 할 적합성의 엄격한 요건을 충족시키지 못한 것으로 판단되므로 정당설립 및 가입의 자유를 침해한다.

> **정답 및 해설**
>
> ① [O] 초·중등학교 교원에 대하여는 정당가입을 금지하면서 대학교원에게는 허용하는 것은, 기초적인 지식전달, 연구기능 등 직무의 본질이 서로 다른 점을 고려한 합리적 차별이므로 평등원칙에 반하지 아니한다 (헌재 2014. 3. 27. 2011헌바42).
> ② [X] 이 사건 법률조항은 '누구나 국가의 간섭을 받지 아니하고 자유롭게 정당을 설립하고 가입할 수 있는 자유'를 제한하는 규정이다. 정당에 관한 한, 헌법 제8조는 일반결사에 관한 헌법 제21조에 대한 특별규정이므로, 정당의 자유에 관하여는 헌법 제8조 제1항이 우선적으로 적용된다. 그러나 정당의 자유를 규정하는 헌법 제8조 제1항이 기본권의 규정형식을 취하고 있지 아니하고 또한 '국민의 기본권에 관한 장'인 제2장에 위치하고 있지 아니하므로, 이 사건 법률조항으로 말미암아 침해된 기본권은 '정당의 설립과 가입의 자유'의 근거규정으로서, '정당설립의 자유'를 규정한 <u>헌법 제8조 제1항과 '결사의 자유'를 보장하는 제21조 제1항에 의하여 보장된 기본권이라 할 것이다</u>(1999. 12. 23. 99헌마135).
> ③ [O] 민주적 의사형성과정의 개방성을 보장하기 위하여 정당설립의 자유를 최대한으로 보호하려는 헌법 제8조의 정신에 비추어, 정당의 설립 및 가입을 금지하는 법률조항은 이를 정당화하는 사유의 중대성에 있어서 적어도 '민주적 기본질서에 대한 위반'에 버금가는 것이어야 한다고 판단된다. 다시 말하면, 오늘날의 의회민주주의가 정당의 존재없이는 기능할 수 없다는 점에서 심지어 '위헌적인 정당을 금지해야 할 공익'도 정당설립의 자유에 대한 입법적 제한을 정당화하지 못하도록 규정한 것이 헌법의 객관적인 의사라면, 입법자가 그외의 공익적 고려에 의하여 정당설립금지조항을 도입하는 것은 원칙적으로 헌법에 위반된다(1999. 12. 23. 99헌마135).
> ④ [O] 청구인들은 정당가입을 금지하는 이 사건 법률조항으로 말미암아 결과적으로 퇴직

후 2년간은 정당의 추천이 아닌 무소속으로만 각종 공직선거에 입후보할 수밖에 없게 되었다. 그러나 이 사건 법률조항이 규율하는 것은 국민 누구나가 공직선거에 입후보하여 당선될 수 있는 피선거권, 즉 선거직 공무원을 포함한 모든 공직에 취임할 수 있는 권리로서 공무담임권이 아니라, 정당의 설립과 가입에 관한 자유이다. 물론 이 사건 법률조항이 규정하는 정당가입의 금지로 인하여 청구인들이 정당의 공천을 받을 수 없다는 결과가 발생하고 이로써 공직선거에 입후보할 수 있는 기회를 사실상 잃게 되는 경우도 있을 수 있을 것이다. 그러나 그렇다고 하여 공직선거에 출마하여 당선될 수 있는 권리 그 자체가 침해받는 것은 아니다. 청구인들이 공무담임권에 대한 제약을 받는 것은 단지 정당공천을 받는 경우에 일반적으로 기대할 수 있는 보다 높은 선출의 가능성일 뿐이다. 따라서 피선거권에 대한 제한은 이 사건 법률조항이 가져오는 간접적이고 부수적인 효과에 지나지 아니하므로 헌법 제25조의 공무담임권(피선거권)은 이 사건 법률조항에 의하여 제한되는 청구인들의 기본권이 아니다. 또한 청구인들은 직업의 자유도 침해되었다고 주장하나, 공무원직에 관한 한 공무담임권은 직업의 자유에 우선하여 적용되는 특별법적 규정이고, 위에서 밝힌 바와 같이 공무담임권(피선거권)은 이 사건 법률조항에 의하여 제한되는 청구인들의 기본권이 아니므로, 직업의 자유 또한 이 사건 법률조항에 의하여 제한되는 기본권으로서 고려되지 아니한다(1999. 12. 23. 99헌마135).

⑤ [O] 경찰청장의 직무의 독립성과 정치적 중립의 확보'라는 입법목적이 입법자가 추구할 수 있는 헌법상 공익이라는 점에서는 의문의 여지가 없고, 이러한 공익은 매우 중요한 것이라고 보아야 하며, 이러한 공익을 실현해야 할 현실적 필요성도 존재하므로 이 사건 법률조항의 입법목적의 정당성은 인정된다. 1980년 이래 현재까지(1999. 11. 1.) 퇴직한 총 18명의 경찰총수 중에서 퇴임 후 2년 이내에 정당공천을 통하여 국회의원이나 지방자치단체의 장으로서 선출된 경우가 한번도 없다는 사실, 본질적으로 경찰청장의 정치적 중립성은 그의 직무의 정치적 중립을 존중하려는 집권세력이나 정치권의 노력이 선행되지 않고서는 결코 실현될 수 없다는 사실 등에 비추어 볼 때, 경찰청장이 퇴임후 공직선거에 입후보하는 경우 당적취득 금지의 형태로써 정당의 추천을 배제하고자 하는 이 사건 법률조항이 어느 정도로 입법목적인 '경찰청장 직무의 정치적 중립성'을 확보할 수 있을지 그 실효성이 의문시된다. 따라서 이 사건 법률조항은 정당의 자유를 제한함에 있어서 갖추어야 할 적합성의 엄격한 요건을 충족시키지 못한 것으로 판단되므로 이 사건 법률조항은 정당설립 및 가입의 자유를 침해하는 조항이다(1999. 12. 23. 99헌마135).

[정답] ②

제2절 | 법치국가원리

011 텔레비전방송수신료에 대한 헌법소원 사건에 대한 설명으로 옳지 않은 것을 모두 조합한 것은?

> ㄱ. 수신료 징수업무를 한국방송공사가 직접 수행할 것인지 제3자에게 위탁할 것인지, 위탁한다면 누구에게 위탁하도록 할 것인지, 위탁받은 자가 자신의 고유업무와 결합하여 징수업무를 할 수 있는지는 징수업무 처리의 효율성 등을 감안하여 결정할 수 있는 사항으로서 국민의 기본권제한에 관한 본질적인 사항이므로 텔레비전방송수신료의 부과와 그 징수업무의 위탁을 규정한 방송법 제64조 및 제67조 제2항은 법률유보의 원칙에 위반된다.
>
> ㄴ. 오늘날 법률유보원칙은 단순히 행정작용이 법률에 근거를 두기만 하면 충분한 것이 아니라, 국가공동체와 그 구성원에게 기본적이고도 중요한 의미를 갖는 영역, 특히 국민의 기본권실현과 관련된 영역에 있어서는 국민의 대표자인 입법자가 그 본질적 사항에 대해서 스스로 결정하여야 한다는 요구까지 내포하고 있다.
>
> ㄷ. 한국방송공사법의 수신료는 조세도 아니나 공사의 서비스에 대한 대가나 수익자부담금이다.
>
> ㄹ. 수신료는 국민의 재산권보장의 측면에서나 공사에게 보장된 방송자유의 측면에서나 국민의 기본권실현에 관련된 영역에 속하는 것이고, 수신료금액의 결정은 납부의무자의 범위, 징수절차 등과 함께 수신료에 관한 본질적이고도 중요한 사항이므로, 수신료금액의 결정은 입법자인 국회가 스스로 행하여야 할 것이다.
>
> ㅁ. 텔레비전방송수신료의 금액에 대하여 국회가 스스로 결정하거나 결정에 관여함이 없이 한국방송공사로 하여금 결정하도록 한 한국방송공사법 제36조 제1항은 헌법 제59조의 조세법률주의에 위반된다.

① ㄱㄴㄷ ② ㄴㄹㅁ
③ ㄷㄹㅁ ④ ㄱㄷㅁ
⑤ ㄱㄷ

정답 및 해설

> ㄱ. [X] 수신료 징수업무를 한국방송공사가 직접 수행할 것인지 제3자에게 위탁할 것인지, 위탁한다면 누구에게 위탁하도록 할 것인지, 위탁받은 자가 자신의 고유업무와 결합하여 징수업무를 할 수 있는지는 징수업무 처리의 효율성 등을 감안하여 결정할 수 있는 사항으로서 국민의 기본권제한에 관한 본질적인 사항이 아니라 할 것이다. 따라서 텔레비전 방송수신료의 부과와 그 징수업무의 위탁을 규정한 방송법 제64조 및 제67조 제2항은 법률유보의 원칙에 위반되지 아니한다(2008. 2. 28. 2006헌바70).
>
> ㄴ. [O] 오늘날 법률유보원칙은 단순히 행정작용이 법률에 근거를 두기만 하면 충분한 것이

아니라, 국가공동체와 그 구성원에게 기본적이고도 중요한 의미를 갖는 영역, 특히 국민의 기본권실현과 관련된 영역에 있어서는 국민의 대표자인 입법자가 그 본질적 사항에 대해서 스스로 결정하여야 한다는 요구까지 내포하고 있다(의회유보원칙). 그런데 텔레비전방송수신료는 대다수 국민의 재산권 보장의 측면이나 한국방송공사에게 보장된 방송자유의 측면에서 국민의 기본권실현에 관련된 영역에 속하고, 수신료금액의 결정은 납부의무자의 범위 등과 함께 수신료에 관한 본질적인 중요한 사항이므로 국회가 스스로 행하여야 하는 사항에 속하는 것임에도 불구하고 한국방송공사법 제36조 제1항에서 국회의 결정이나 관여를 배제한 채 한국방송공사로 하여금 수신료금액을 결정해서 문화관광부장관의 승인을 얻도록 한 것은 법률유보원칙에 위반된다(1999. 5. 27. 98헌바70).

ㄷ. [×] 이 법에 의해 부과·징수되는 수신료는 조세도 아니고 서비스의 대가로서 지불하는 수수료도 아니다. 당해사건법원이 위헌제청신청 기각이유에서 밝힌 바와 같이 수신료는 공영방송사업이라는 특정한 공익사업의 소요경비를 충당하기 위한 것으로서 일반 재정수입을 목적으로 하는 조세와 다르다. 또, 텔레비전방송을 수신하기 위하여 수상기를 소지한 자에게만 부과되어 공영방송의 시청가능성이 있는 이해관계인에게만 부과된다는 점에서도 일반 국민·주민을 대상으로 하는 조세와 차이가 있다. 그리고 '공사의 텔레비전방송을 수신하는 자'가 아니라 '텔레비전방송을 수신하기 위하여 수상기를 소지한 자'가 부과대상이므로 실제 방송시청 여부와 관계없이 부과된다는 점, 그 금액이 공사의 텔레비전방송의 수신정도와 관계없이 정액으로 정해져 있는 점 등을 감안할 때 이를 공사의 서비스에 대한 대가나 수익자부담금으로 보기도 어렵다. 따라서 수신료는 공영방송사업이라는 특정한 공익사업의 경비조달에 충당하기 위하여 수상기를 소지한 특정집단에 대하여 부과되는 특별부담금에 해당한다고 할 것이다(1999. 5. 27. 98헌바70).

ㄹ. [O] 수신료는 국민의 재산권보장의 측면에서나 공사에게 보장된 방송자유의 측면에서나 국민의 기본권실현에 관련된 영역에 속하는 것이고, 수신료금액의 결정은 납부의무자의 범위, 징수절차 등과 함께 수신료에 관한 본질적이고도 중요한 사항이므로, 수신료금액의 결정은 입법자인 국회가 스스로 행하여야 할 것이다. 물론 여기서 입법자의 전적인 자의가 허용되는 것은 아니어서, 입법자는 공사의 기능이 제대로 수행될 수 있으며 방송프로그램에 관한 자율성이 보장될 수 있도록 적정한 규모의 수신료를 책정하여야 하고, 공사에게 보장된 방송의 자유를 위축시킬 정도의 금액으로 결정하여서는 아니된다.
국회가 수신료금액을 법률로써 직접 규정하는 것에 어려움이 있다면 적어도 그 상한선만이라도 정하고서 공사에 위임할 수도 있고, 공사의 예산을 국회에서 승인토록 하는 절차규정을 둘 수도 있을 것이며, 또 수신료금액의 1차적인 결정권한을 전문성과 중립성을 갖춘 독립된 위원회에 부여하고서 국회가 이를 확정하는 방안도 있을 수 있다. 그런데 이 법 제36조 제1항은 국회의 결정 내지 관여를 배제한 채 공사로 하여금 수신료의 금액을 결정하도록 맡기고 있다. 공사가 전적으로 수신료금액을 결정할 수 있게 되면 공영방송사업에 필요한 정도를 넘는 금액으로 정할 수 있고, 또 일방적 수신자의 처지에 놓여 있는 국민의 경제적 이해관계가 무시당할 수도 있다. 이 조항은 공사의 수신료금액 결정에 관하여 공보처장관의 승인을 얻도록 규정하고 있으나, 이는 행정기관에 의한 방송통제 내지 영향력 행사를 초래할 위험을 내포하는 것이어서 위와 같은 문제점에 대한 하등의 보완책이 되지 못한다. 이상과 같은 이유로 이 법 제36조 제1항은 법률유보원칙(의회유보원칙)에 어긋나는 것이어서, 헌법 제37조 제2항과 법치주의원리 및 민주주의원리에 위반된다 아니할 수 없다. (1999. 5. 27. 98헌바70).

ㅁ. [×] 한국방송공사법제36조 제1항은 법률유보원칙(의회유보원칙)에 어긋나는 것이어서, 헌법 제37조 제2항과 법치주의원리 및 민주주의원리에 위반된다 아니할 수 없다. (1999. 5. 27. 98헌바70).

[정답] ④

012 법률유보원칙에 대한 설명으로 옳지 않은 것을 모두 조합한 것은?

> 「경찰관 직무집행법」제2조(직무의 범위) 경찰관은 다음 각 호의 직무를 수행한다.
> 7. 그 밖에 공공의 안녕과 질서 유지
> 제10조(경찰장비의 사용 등) ① 경찰관은 직무수행 중 경찰장비를 사용할 수 있다. 다만, 사람의 생명이나 신체에 위해를 끼칠 수 있는 경찰장비(이하 이 조에서 '위해성 경찰장비'라 한다)를 사용할 때에는 필요한 안전교육과 안전검사를 받은 후 사용하여야 한다.
> ② 제1항 본문에서 '경찰장비'란 무기, 경찰장구, 최루제와 그 발사장치, 살수차, 감식기구, 해안 감시기구, 통신기기, 차량·선박·항공기 등 경찰이 직무를 수행할 때 필요한 장치와 기구를 말한다.
> ④ 위해성 경찰장비는 필요한 최소한도에서 사용하여야 한다.
> ⑥ 위해성 경찰장비의 종류 및 그 사용기준, 안전교육·안전검사의 기준 등은 대통령령으로 정한다.

> ㄱ. 집회나 시위 해산을 위한 살수차 사용은 중요한 기본권에 대한 중대한 제한이므로, 살수차 사용요건이나 기준은 법률에 근거를 두어야 한다.
> ㄴ. 위해성 경찰장비 사용의 위험성과 기본권 보호 필요성에 비추어 볼 때, 「경찰관 직무집행법」과 대통령령에 규정된 위해성 경찰장비의 사용방법은 법률유보원칙에 따라 엄격하게 제한적으로 해석하여야 한다.
> ㄷ. 최루액을 섞은 혼합살수행위는 집회·시위의 현장에서 최루제를 실제로 분사할 때 그 분사하는 구체적 방법에 관한 것일 뿐 새로운 위해성 경찰장비에 해당하지 않을 뿐 아니라 「경찰관 직무집행법」제10조 제2항에 근거를 두고 있으므로 법률유보원칙에 위배된다고 할 수 없다.
> ㄹ. 직사살수행위로 시위참가자를 사망케 이르게 한 것은 직사살수행위는 「경찰관 직무집행법」등에 근거하고 있지 않은 바, 법률유보원칙에 위배된다.
> ㅁ. 경찰권 발동의 근거가 되는 일반조항을 인정하더라도 경찰권 발동에 관한 조리상의 원칙이나 법원의 통제에 의해 그 남용이 억제될 수 있다는 점을 종합해 보면, 경찰 임무의 하나로서 '기타 공공의 안녕과 질서유지'를 규정한 구 「경찰법」제3조 및 「경찰관 직무집행법」제2조는 일반적 수권조항으로서 경찰권 발동의 법적 근거가 될 수 있다고 할 것이므로, 위 조항들에 근거한 이 사건 통행제지행위는 법률유보원칙에 위배된 것이라고 할 수 없다.

① ㄱ, ㄴ, ㄹ
② ㄱ, ㄹ, ㅁ
③ ㄴ, ㄷ, ㅁ
④ ㄷ, ㄹ, ㅁ

정답 및 해설

ㄱ. [O] 신체의 자유는 다른 기본권 행사의 전제가 되는 핵심적 기본권이고, 집회의 자유는 인격 발현에 기여하는 기본권이자 표현의 자유와 함께 대의민주주의 실현의 기본 요소다. 집회나 시위 해산을 위한 살수차 사용은 이처럼 중요한 기본권에 대한 중대한 제한이므로, 살수차 사용요건이나 기준은 법률에 근거를 두어야 한다(2018. 5.31, 2015헌마476).

ㄴ. [O] 위해성 경찰장비 사용의 위험성과 기본권 보호 필요성에 비추어 볼 때,「경찰관 직무집행법」과 이 사건 대통령령에 규정된 위해성 경찰장비의 사용방법은 법률유보원칙에 따라 엄격하게 제한적으로 해석하여야 한다. 위해성 경찰장비는 본래의 사용방법에 따라 지정된 용도로 사용되어야 하며 다른 용도나 방법으로 사용하기 위해서는 반드시 법령에 근거가 있어야 한다(2018.5.31, 2015헌마476).

ㄷ. [X] 국민의 기본권과 관련 있는 중요한 법규적 사항은 최소한 법률의 구체적 위임을 받은 법규명령에 규정되어야 한다. 그럼에도 불구하고「경찰관 직무집행법」이나 이 사건 대통령령 등 법령의 구체적 위임 없이 국민의 생명과 신체에 심각한 위험을 초래할 수 있는 살수차를 이용한 혼합살수방식을 규정하고 있는 이 사건 지침은 법률유보원칙에 위배된다. 따라서 이 사건 지침만을 근거로 한 이 사건 혼합살수행위 역시 법률유보원칙에 위배하여 청구인들의 신체의 자유와 집회의 자유를 침해한 공권력 행사로 헌법에 위반된다(2018.5.31, 2015헌마476).

ㄹ. [X] 법령에 근거를 두고 있으나 과잉금지원칙 위반으로 보고 있다.

> 이 사건 근거조항들은 살수차의 사용요건 등을 정한 것으로서 집회·시위 현장에서 경찰의 살수행위라는 구체적 집행행위를 예정하고 있다. 경찰관은 이 사건 근거조항들에 의하여 직사살수를 할 것인지 여부를 개별적·구체적 집회 또는 시위 현장에서 재량적 판단에 따라 결정하므로, 기본권에 대한 침해는 이 사건 근거조항들이 아니라 구체적 집행행위인 '직사살수행위'에 의하여 비로소 발생하는 것이다.
> 이 사건 직사살수행위를 통하여 청구인 백▽▽가 홀로 경찰 기동버스에 매여 있는 밧줄을 잡아당기는 행위를 억제함으로써 얻을 수 있는 공익은 거의 없거나 미약하였던 반면, 청구인 백▽▽는 이 사건 직사살수행위로 인하여 사망에 이르렀으므로, 이 사건 직사살수행위는 법익의 균형성도 충족하지 못하였다(2020.4.23, 2015헌마1149).

ㅁ. [X] 선지는 반대의견이다. 헌법재판소의 법정의견은 과잉금지원칙 위반 여부만 심리했다. 그러나 보충의견은 법률유보원칙에도 위반된다고 보았다.

> 법정의견 : 대규모의 불법·폭력 집회나 시위를 막아 시민들의 생명·신체와 재산을 보호한다는 공익은 중요한 것이지만, 당시의 상황에 비추어 볼 때 이러한 공익의 존재 여부나 그 실현 효과는 다소 가상적이고 추상적인 것이라고 볼 여지도 있고, 비교적 덜 제한적인 수단에 의하여도 상당 부분 달성될 수 있었던 것으로 보여 일반 시민들이 입은 실질적이고 현존하는 불이익에 비하여 결코 크다고 단정하기 어려우므로 법익의 균형성 요건도 충족하였다고 할 수 없다. 따라서 이 사건 통행제지행위는 과잉금지원칙을 위반하여 청구인들의 일반적 행동자유권을 침해한 것이다(2011.6.30, 2009헌마406).

> 보충의견 : 경찰의 임무 또는 경찰관의 직무 범위를 규정한 「경찰법」 제3조, 「경찰관 직무집행법」 제2조는 그 성격과 내용 및 아래와 같은 이유로 '일반적 수권조항'이라 하여 국민의 기본권을 구체적으로 제한 또는 박탈하는 행위의 근거조항으로 삼을 수는 없으므로 위 조항 역시 이 사건 통행제지행위 발동의 법률적 근거가 된다고 할 수 없다. 따라서 경찰청장의 이 사건 통행제지행위는 법률적 근거를 갖추지 못한 것이므로 법률유보원칙에도 위반하여 청구인들의 일반적 행동자유권을 침해한 것이다.
>
> 반대의견 : 시의적절하고 효율적인 경찰권 행사를 위한 현실적 필요성이 있다는 점과 경찰권 발동의 근거가 되는 일반조항을 인정하더라도 경찰권 발동에 관한 조리상의 원칙이나 법원의 통제에 의해 그 남용이 억제될 수 있다는 점을 종합해 보면, 경찰 임무의 하나로서 '기타 공공의 안녕과 질서유지'를 규정한 「경찰법」 제3조 및 「경찰관 직무집행법」 제2조는 일반적 수권조항으로서 경찰권 발동의 법적 근거가 될 수 있다고 할 것이므로, 위 조항들에 근거한 이 사건 통행제지행위는 법률유보원칙에 위배된 것이라고 할 수 없다.
>
> [정답] ④

013 신뢰보호원칙에 대한 설명으로 옳은 것은?

① 헌법상의 민주주의의 파생원칙인 신뢰보호의 원칙은 국민이 법률적 규율이나 제도가 장래에도 지속할 것이라는 합리적인 신뢰를 바탕으로 이에 적응하여 개인의 법적 지위를 형성해 왔을 때에는 국가로 하여금 그와 같은 국민의 신뢰를 되도록 보호할 것을 요구한다.

② 신뢰보호원칙은 법률이나 그 하위법규뿐만 아니라 국가관리의 입시제도와 같이 국·공립대학의 입시전형을 구속하여 국민의 권리에 직접 영향을 미치는 제도운영지침의 개폐에도 적용된다.

③ 종합생활기록부에 의하여 절대평가와 상대평가를 병행, 활용하도록 한 교육부장관 지침이 교육개혁위원회의 교육개혁방안에 따라 절대평가가 이루어질 것으로 믿고 특수목적고등학교에 입학한 학생들의 신뢰이익을 침해한다.

④ 만일 법률에 따른 개인의 행위가 단지 법률이 반사적으로 부여하는 기회의 활용을 넘어서 국가에 의하여 일정 방향으로 유인된 것이라면 특별히 보호가치가 있는 신뢰이익이 인정될 수 없고, 원칙적으로 개인의 신뢰보호가 국가의 법률개정이익에 우선된다고 볼 여지가 없다.

⑤ 법원조직법이 종전에는 사법연수원 수료만으로 판사임용자격을 부여하였던 것을 판사임용에 단계적으로 3년, 5년, 7년, 10년 이상의 법조경력을 요하는 것으로 개정하면서, 법 개정 당시 이미 사법연수원에 입소한 사람들에 대해서도 이 개정법을 적용하도록 한 것이 종전 규정에 대한 청구인들의 신뢰를 침해한다고 할 수 없다.

정답 및 해설

① [X] 헌법상의 법치국가원리의 파생원칙인 신뢰보호의 원칙은 국민이 법률적 규율이나 제도가 장래에도 지속할 것이라는 합리적인 신뢰를 바탕으로 이에 적응하여 개인의 법적 지위를 형성해 왔을 때에는 국가로 하여금 그와 같은 국민의 신뢰를 되도록 보호할 것을 요구한다(헌재 1997. 7. 16. 97헌마38).

② [O] 이 원칙은 법률이나 그 하위법규뿐만 아니라 국가관리의 입시제도와 같이 국·공립대학의 입시전형을 구속하여 국민의 권리에 직접 영향을 미치는 제도운영지침의 개폐에도 적용되는 것이다(헌재 1997. 7. 16. 97헌마38).

③ [X] 청구인들이 이른바 특수목적고등학교인 외국어고등학교에 입학하기 위하여 원서를 제출할 당시 시행되었던 종합생활기록부 제도는 처음부터 절대평가와 상대평가를 예정하고 있었고, 대학입학전형에 있어서 학생부를 절대평가방법으로 활용할 것인가 상대평가방법으로 활용할 것인가 등 그 반영방법도 대학의 자율에 일임되어 있었다. 따라서 그 이후 공표된 이 사건 제도개선보완시행지침은 1999학년도까지 대입전형자료로 절대평가와 상대평가를 병행하도록 하고 다만 종전 종합생활기록부제도의 문제점을 보완하기 위하여 과목별 석차의 기록방법 등 세부적인 사항을 개선, 변경한 데 불과하므로 이로인하여 청구인들의 헌법상 보호할 가치가 있는 신뢰가 침해되었다고 볼 수 없다(헌재 1997. 7. 16. 97헌마38).

④ [X] 개인의 신뢰이익에 대한 보호가치는 ① 법령에 따른 개인의 행위가 국가에 의하여 일정방향으로 유인된 신뢰의 행사인지, ② 아니면 단지 법률이 부여한 기회를 활용한 것으로서 원칙적으로 사적 위험부담의 범위에 속하는 것인지 여부에 따라 달라진다. 만일 법률에 따른 개인의 행위가 단지 법률이 반사적으로 부여하는 기회의 활용을 넘어서 <u>국가에 의하여 일정 방향으로 유인된 것이라면 특별히 보호가치가 있는 신뢰이익이 인정될 수 있고, 원칙적으로 개인의 신뢰보호가 국가의 법률개정이익에 우선된다고 볼 여지가 있다</u>(헌재 1997. 7. 16. 97헌마38).

⑤ [X] 이 사건에서 청구인들의 신뢰이익에 대비되는 공익이 중대하고 장기적 관점에서 필요한 것이라 하더라도, 이 사건 심판대상조항을 이 사건 법원조직법 개정 당시 이미 사법연수원에 입소한 사람들에게도 반드시 시급히 적용해야 할 정도로 긴요하다고는 보기 어렵고, 종전 규정의 적용을 받게 된 사법연수원 2년차들과 개정 규정의 적용을 받게 된 사법연수원 1년차들인 청구인들 사이에 위 공익의 실현 관점에서 이들을 달리 볼 만한 합리적인 이유를 찾기도 어려우므로, 이 사건 심판대상 조항이 개정법 제42조 제2항을 법 개정 당시 이미 사법연수원에 입소한 사람들에게 적용되도록 한 것은 신뢰보호원칙에 반한다고 할 것이다(헌재 2012. 11. 29. 2011헌마786등).

[정답] ②

014 다음 심판대상에 대한 헌법재판소 결정과 일치하는 것은 모두 몇 개인가?

> 「형법」 제70조(노역장유치) ② 선고하는 벌금이 1억 원 이상 5억 원 미만인 경우에는 300일 이상, 5억 원 이상 50억 원 미만인 경우에는 500일 이상, 50억 원 이상인 경우에는 1,000일 이상의 유치기간을 정하여야 한다.
>
> 부칙 제2조(적용례 및 경과조치) ① 제70조 제2항의 개정규정은 이 법 시행 후 최초로 공소가 제기되는 경우부터 적용한다.

ㄱ. 노역장유치조항은 경제적 능력 유무에 따른 차별이라고 볼 수 있다.
ㄴ. 선고하는 벌금이 1억 원 이상 5억 원 미만인 경우에는 300일 이상, 5억 원 이상 50억 원 미만인 경우에는 500일 이상, 50억 원 이상인 경우에는 1,000일 이상의 유치기간의 하한을 정한 「형법」은 신체의 자유를 침해한다.
ㄷ. 형벌불소급원칙이 적용되는 '처벌'의 범위는 「형법」이 정한 형벌의 종류에 한정된다.
ㄹ. 노역장유치조항을 소급적용함으로써 달성할 수 있는 공익은 그리 크다고 볼 수 없다. 강화된 제재의 경고 기능이 작동되지 않은 상태에서 행한 행위에 대해 사후 입법으로 무겁게 책임을 묻는 것은, 기존 법질서에 대한 신뢰보호와 법적 안정성을 위해 소급입법을 금지하는 정신에 부합하지 않는다. 따라서 부칙조항은 헌법상 제13조 제2항의 소급입법금지원칙에 위반된다.
ㅁ. 노역장유치란 벌금납입의 대체수단이자 납입강제기능을 갖는 벌금형의 집행방법이며, 벌금형에 대한 환형처분이라는 점에서 형벌과는 구별된다. 따라서 노역장유치기간의 하한을 정한 것은 벌금형을 대체하는 집행방법을 강화한 것에 불과하며, 이를 소급적용한다고 하여 형벌불소급의 문제가 발생한다고 보기는 어렵고 소급입법금지원칙의 문제일 뿐이다.
ㅂ. 甲에 대해 1억 원 이상의 벌금을 선고하는 경우 노역장유치기간의 하한을 법률에 정해두게 되면 벌금의 납입을 심리적으로 강제할 수 있고 1일 환형유치금액 사이의 지나친 차이를 좁혀 형평성을 도모할 수 있으므로, 노역장유치조항은 입법목적 달성에 적절한 수단이다.
ㅅ. 노역장유치는 벌금을 납입하지 않는 경우를 대비한 것으로 벌금을 납입한 때에는 집행될 여지가 없고, 노역장유치로 벌금형이 대체되는 점 등을 고려하면, 甲이 입게 되는 불이익이 노역장유치조항으로 달성하고자 하는 공익에 비하여 크다고 할 수 없다.
ㅇ. 甲에 대해 위 「형법」 부칙 조항에 의하여 노역장유치조항을 적용할 수 있으며, 이는 형벌불소급원칙에 위반되지 않는다.

① 없음
② 1개
③ 2개
④ 3개
⑤ 4개

정답 및 해설

ㄱ. [X] 청구인들은 노역장유치조항이 벌금을 납입할 자력이 있는 자와 없는 자를 차별한다고 주장하나, 이 조항은 경제적 능력의 유무와 상관없이 모든 벌금미납자에게 적용되고, 벌금의 납입능력에 따른 노역장유치가능성의 차이는 이 조항이 예정하고 있는 차별이 아니라 벌금형이라는 재산형이 가지고 있는 본질적인 성격에서 비롯된 것일 뿐이므로, 노역장유치조항이 경제적 능력이 있는 자와 없는 자를 차별한다고 볼 수 없다(2017.10.26, 2015헌바239 등).

ㄴ. [X] 노역장유치는 그 실질이 신체의 자유를 박탈하는 것으로서 <u>징역형과 유사한 형벌적 성격을 가지고 있으므로 형벌불소급원칙의 적용대상이 된다</u>(2017.10.26, 2015헌바239 등).

ㄷ. [X] 형벌불소급원칙이 적용되는 '처벌'의 범위를 「형법」이 정한 형벌의 종류에만 한정되는 것으로 보게 되면, 「형법」이 정한 형벌 외의 형태로 가해질 수 있는 형사적 제재나 불이익은 소급적용이 허용되는 결과가 되어, 법적 안정성과 예측가능성을 보장하여 자의적 처벌로부터 국민을 보호하고자 하는 형벌불소급원칙의 취지가 몰각될 수 있다. 형벌불소급원칙에서 의미하는 '처벌'은 단지 「형법」에 규정되어 있는 형식적 의미의 형벌 유형에 국한되지 않는다(2017.10.26, 2015헌바239).

ㄹ. [X] 별개의견으로 제시된 의견이다. 헌법재판소의 법정의견은 형벌불소급원칙 위반이라고 한다.

ㅁ. [X] 형벌불소급원칙에서 의미하는 '처벌'은 「형법」에 규정되어 있는 형식적 의미의 형벌 유형에 국한되지 않으며, 범죄행위에 따른 제재의 내용이나 실제적 효과가 형벌적 성격이 강하여 신체의 자유를 박탈하거나 이에 준하는 정도로 신체의 자유를 제한하는 경우에는 형벌불소급원칙이 적용되어야 한다.

ㅂ. [O] 노역장유치조항은 노역장유치가 고액 벌금의 납입을 회피하는 수단으로 이용되는 것을 막고 1일 환형유치금액에 대한 형평성을 제고하기 위한 것으로, 이러한 입법목적은 정당하다. 1억 원 이상의 벌금을 선고하는 경우 노역장유치기간의 하한을 법률에 정해 두게 되면, 벌금의 납입을 심리적으로 강제할 수 있고 1일 환형유치금액 사이의 지나친 차이를 좁혀 형평성을 도모할 수 있으므로, 노역장유치조항은 입법목적 달성에 적절한 수단이다.

ㅅ. [O] 형벌불소급원칙이 적용되는 '처벌'의 범위를 형법이 정한 형벌의 종류에만 한정되는 것으로 보게 되면, 「형법」이 정한 형벌 외의 형태로 가해질 수 있는 형사적 제재나 불이익은 소급적용이 허용되는 결과가 되어, 법적 안정성과 예측가능성을 보장하여 자의적 처벌로부터 국민을 보호하고자 하는 형벌불소급원칙의 취지가 몰각될 수 있다. 형벌불소급원칙에서 의미하는 '처벌'은 단지 「형법」에 규정되어 있는 형식적 의미의 형벌 유형에 국한되지 않는다. … 노역장유치는 집행방법이 징역형과 동일하다. 또한 「형법」은 판결선고 전의 구금일수 전부를 유치기간에 산입하고, 구금일수의 1일을 유치기간의 1일로 계산하는 등(「형법」제57조), 노역장유치의 실질을 징역형과 같은 것으로 규정하고 있다. 따라서 노역장유치는 벌금형에 부수적으로 부과되는 환형처분으로서, 그 실질은 신체의 자유를 박탈하여 징역형과 유사한 형벌적 성격을 가지고 있으므로, 형벌불소급원칙의 적용대상이 된다.

ㅇ. [X] 부칙조항은 노역장유치조항의 시행 전에 행해진 범죄행위에 대해서도 공소제기의 시기가 노역장유치조항의 시행 이후이면 이를 적용하도록 하고 있는바, 부칙조항은 범죄행위 당시 보다 불이익한 법률을 소급하여 적용하도록 하는 것이라고 할 수 있으므로, 헌법상 형벌불소급원칙에 위반된다.

[정답] ③

015 형벌불소급원칙에 대한 헌법재판소 또는 대법원 판례와 일치하는 것은?

① 형벌불소급의 원칙은 좁은 의미에서는 소급적인 범죄의 설정과 형벌의 가중을 금지하는 것이지만, 넓은 의미에서는 형사소추가 가능한 기간을 연장하여 상대방의 법적 지위를 현저히 불리하게 하는 것도 포함하므로 공소시효기간을 연장하는 것은 형벌불소급의 원칙에 반한다.

② 전자장치 부착명령은 비형벌적 보안처분으로서 소급효금지원칙이 적용되지 않으므로 전자장치부착법 시행 당시 대상자에 포함되지 않았던 사람들까지 부착명령의 대상자로 포함시켰더라도 소급효금지원칙에 위배된다고 할 수 없다.

③ 형벌불소급의 원칙은 '행위의 가벌성'에 관한 것이기 때문에 소추가능성뿐 아니라 가벌성에는 영향을 미치지 않는 공소시효에 관한 규정은 원칙적으로 그 효력범위에 포함된다.

④ 「디엔에이신원확인정보의 이용 및 보호에 관한 법률」 시행 당시 디엔에이감식시료 채취대상범죄로 이미 징역이나 금고 이상의 실형을 선고받아 그 형이 확정되어 수용 중인 사람에 대하여 디엔에이신원확인정보를 수집 이용하는 것은 보안처분의 성격을 지니므로 소급입법금지원칙이 적용된다.

⑤ 2012. 12. 18. 법률 제11556호로 전부개정된 '성폭력범죄의 처벌 등에 관한 특례법' 시행 전 행하여진 성폭력범죄로 아직 공소시효가 완성되지 아니한 것에 대하여도 공소시효에 관한 특례의 개정규정을 적용하도록 한 '성폭력범죄의 처벌 등에 관한 특례법' 부칙 제3조 중 제21조 제1항 및 제3항 제1호 가운데 형법 제298조(강제추행)에 관한 부분은 신뢰보호의 원칙에 반한다.

> **정답 및 해설**
>
> ① [X] 행위의 가벌성은 행위에 대한 소추가능성의 전제조건이지만 소추가능성은 가벌성의 조건이 아니므로 공소시효의 정지규정을 과거에 이미 행한 범죄에 대하여 적용하도록 하는 법률이라 하더라도 그 사유만으로 헌법 제12조 제1항 및 제13조 제1항에 규정한 죄형법정주의의 파생원칙인 형벌불소급의 원칙에 언제나 위배되는 것으로 단정할 수는 없다(1996.2.16, 96헌가2 등).
>
> ② [O] 이 사건 부착명령은 범죄행위를 한 사람에 대한 응보를 주된 목적으로 그 책임을 추궁하는 사후적 처분인 형벌과 구별되는 비형벌적 보안처분으로서 소급효금지원칙이 적용되지 아니한다. … 따라서 이 사건 부칙조항에 따른 전자장치 부착명령은 비형벌적 보안처분으로서 소급효금지원칙이 적용되지 아니하므로 전자장치부착법 시행 당시 대상자에 포함되지 않았던 사람들까지 부착명령의 대상자로 포함시켰다고 하여 소급효금지원칙에 위배되는 것은 아니다(헌재 2012. 12. 27. 2010헌가82등).
>
> ③ [X] 형벌불소급의 원칙은 '행위의 가벌성'에 관한 것이기 때문에 소추가능성에만 연관될 뿐이고 가벌성에는 영향을 미치지 않는 공소시효에 관한 규정은 원칙적으로 그 효력범위에 포함되지 않는다. 따라서 공소시효의 정지규정을 과거에 이미 행한 범죄에 대하여 적용하도록 하는 법률이라 하더라도 그 사유만으로 헌법 제12조 제1항 및 제13조 제1항에 규정한 죄

형법정주의의 파생원칙인 형벌불소급의 원칙에 언제나 위배되는 것으로 단정할 수는 없다 (2021. 6.24, 2018헌바457).

④ [×] 디엔에이신원확인정보의 수집·이용은 수형인 등에게 심리적 압박으로 인한 범죄예방효과를 가진다는 점에서 보안처분의 성격을 지니지만, 처벌적인 효과가 없는 비형벌적 보안처분으로서 소급입법금지원칙이 적용되지 않는다. 이 사건 법률의 소급적용으로 인한 공익적 목적이 당사자의 손실보다 더 크므로, 이 사건 부칙조항이 법률 시행 당시 디엔에이감식시료 채취 대상범죄로 실형이 확정되어 수용 중인 사람들까지 이 사건 법률을 적용한다고 하여 소급입법금지원칙에 위배되는 것은 아니다. (2014.8.28, 2011헌마28 등).

⑤ [×] 대처능력이 현저히 미약하여 범행대상이 되기 쉽고 범행에 따른 피해의 정도도 더 큰 13세 미만의 사람에 대한 강제추행 등 죄질이 매우 나쁜 성폭력범죄에 대해서는 가해자가 살아있는 한 처벌할 수 있도록 하고, 미성년자에 대한 성폭력범죄에 대해서도 그 특수성을 고려하여 피해자인 미성년자가 성년이 되었을 때부터 공소시효를 진행하게 하는 조항을 그 시행 전에 이루어진 사건에도 적용하여 형사처벌의 가능성을 연장함으로써, 그 범죄로 인해 훼손된 불법적인 상태를 바로잡아 실체적 정의를 실현하는 것을 그 목적으로 한다. 제2심판대상조항이 형사소송법의 공소시효에 관한 조항의 적용을 배제하고 새롭게 규정된 조항을 적용하도록 하였다고 하더라도, 이로 인하여 제한되는 성폭력 가해자의 신뢰이익이 공익에 우선하여 특별히 헌법적으로 보호해야 할 가치나 필요성이 있다고 보기 어렵다. 따라서 제2심판대상조항은 신뢰보호원칙에 반한다고 할 수 없다[2021. 6. 24. 2018헌바457].

[정답] ②

016 1979년 12월 12일과 1980년 5월 18일을 전후하여 발생한 헌정질서파괴범죄의공소시효등에관한특별법 제2조의 헌정질서파괴범죄행위에 대하여 국가의 소추권행사에 장애사유가 존재한 기간은 공소시효의 진행이 정지된 것으로 본다고 규정한 5·18민주화운동등에 관한 특별법 제2조에 대한 위헌법률심판에 관한 설명으로 옳은 것은?

① 개별사건법률은 원칙적으로 평등원칙에 위배되는 자의적 규정이라는 강한 의심을 불러 일으키는 것이므로 특정규범이 개별사건법률에 해당한다 하여 곧바로 헌법에 위반된다.

② 공소시효가 이미 완성된 경우에 그 뒤 다시 소추할 수 있도록 법률로써 규정하는 것은 헌법 제12조 제1항 후단의 적법절차의 원칙과 제13조 제1항의 형벌불소급의 원칙 정신에 비추어 헌법적으로 받아들일 수 없는 위헌적인 것이다.

③ 진정소급입법이라 하더라도 기존의 법을 변경하여야 할 공익적 필요는 심히 중대한 반면에 그 법적 지위에 대한 개인의 신뢰를 보호하여야 할 필요가 상대적으로 적어 개인의 신뢰이익을 관철하는 것이 객관적으로 정당화될 수 없는 경우에는 예외적으로 허용될 수 있다.

④ 공소시효가 아직 완성되지 않은 경우 위 법률조항은 단지 진행중인 공소시효를 연장하는 법률로서 이른바 진정소급효를 가진다.

⑤ 부진정소급입법이 허용되는 예외적인 경우로는 일반적으로, 국민이 소급입법을 예

상할 수 있었거나, 법적 상태가 불확실하고 혼란스러웠거나 하여 보호할 만한 신뢰의 이익이 적은 경우와 소급입법에 의한 당사자의 손실이 없거나 아주 경미한 경우, 그리고 신뢰보호의 요청에 우선하는 심히 중대한 공익상의 사유가 소급입법을 정당화하는 경우를 들 수 있다.

정답 및 해설

① [×] 개별사건법률은 원칙적으로 평등원칙에 위배되는 자의적 규정이라는 강한 의심을 불러일으키는 것이지만, 개별법률금지의 원칙이 법률제정에 있어서 입법자가 평등원칙을 준수할 것을 요구하는 것이기 때문에 특정규범이 개별사건법률에 해당한다 하여 곧바로 위헌을 뜻하는 것은 아니며, 이러한 차별적 규율이 합리적인 이유로 정당화될 수 있는 경우에는 합헌적일 수 있다. 이른바 12·12 및 5·18 사건의 경우 그 이전에 있었던 다른 헌정질서파괴범과 비교해 보면, 공소시효의 완성 여부에 관한 논의가 아직 진행중이고, 집권과정에서의 불법적 요소나 올바른 헌정사의 정립을 위한 과거청산의 요청에 미루어 볼 때 비록 특별법이 개별사건법률이라고 하더라도 입법을 정당화할 수 있는 공익이 인정될 수 있으므로 위 법률조항은 헌법에 위반되지 않는다(헌재 1996. 2. 16. 96헌가2등).

② [×] 형벌불소급의 원칙은 "행위의 가벌성" 즉 형사소추가 "언제부터 어떠한 조건하에서" 가능한가의 문제에 관한 것이고, "얼마동안" 가능한가의 문제에 관한 것은 아니므로, 과거에 이미 행한 범죄에 대하여 공소시효를 정지시키는 법률이라 하더라도 그 사유만으로 헌법 제12조 제1항 및 제13조 제1항에 규정한 죄형법정주의의 파생원칙인 형벌불소급의 원칙에 언제나 위배되는 것으로 단정할 수는 없다(헌재 1996. 2. 16. 96헌가2등).

③ [○] 진정소급입법이라 하더라도 기존의 법을 변경하여야 할 공익적 필요는 심히 중대한 반면에 그 법적 지위에 대한 개인의 신뢰를 보호하여야 할 필요가 상대적으로 적어 개인의 신뢰이익을 관철하는 것이 객관적으로 정당화될 수 없는 경우에는 예외적으로 허용될 수 있다. … 진정소급입법이 허용되는 예외적인 경우로는 일반적으로, 국민이 소급입법을 예상할 수 있었거나, 법적 상태가 불확실하고 혼란스러웠거나 하여 보호할 만한 신뢰의 이익이 적은 경우와 소급입법에 의한 당사자의 손실이 없거나 아주 경미한 경우, 그리고 신뢰보호의 요청에 우선하는 심히 중대한 공익상의 사유가 소급입법을 정당화하는 경우를 들 수 있다. … 우리 헌정사에 다시는 그와 같은 불행한 사태가 반복되지 않도록 자유민주적 기본질서의 확립을 위한 헌정사적 이정표를 마련하여야 할 공익적 필요는 매우 중대한 반면, 이 사건 반란행위자들 및 내란행위자들의 군사반란죄나 내란죄의 공소시효완성으로 인한 법적 지위에 대한 신뢰이익이 보호받을 가치가 별로 크지 않다는 점에서, 이 법률조항은 위 행위자들의 신뢰이익이나 법적 안정성을 물리치고도 남을 만큼 월등히 중대한 공익을 추구하고 있다고 평가할 수 있어, 이 법률조항이 위 행위자들의 공소시효완성에 따르는 법적 지위를 소급적으로 박탈하고, 그들에 대한 형사소추를 가능하게 하는 결과를 초래하여 그 합헌성 인정에 있어서 엄격한 심사기준이 적용되어야 한다고 하더라도, 이 법률조항은 헌법적으로 정당화된다고 할 것이다(헌재 1996. 2. 16. 96헌가2등).

④ [×] 공소시효가 아직 완성되지 않은 경우 위 법률조항은 단지 진행중인 공소시효를 연장하는 법률로서 이른바 부진정소급효를 갖게 되나, 공소시효제도에 근거한 개인의 신뢰와 공시시효의 연장을 통하여 달성하려는 공익을 비교형량하여 공익이 개인의 신뢰보호이익에 우선하는 경우에는 소급효를 갖는 법률도 헌법상 정당화될 수 있다(헌재 1996. 2. 16. 96헌가2등).

⑤ [X] 진정소급입법이 허용되는 예외적인 경우로는 일반적으로, 국민이 소급입법을 예상할 수 있었거나, 법적 상태가 불확실하고 혼란스러웠거나 하여 보호할 만한 신뢰의 이익이 적은 경우와 소급입법에 의한 당사자의 손실이 없거나 아주 경미한 경우, 그리고 신뢰보호의 요청에 우선하는 심히 중대한 공익상의 사유가 소급입법을 정당화하는 경우를 들 수 있다(헌재 1996. 2. 16. 96헌가2등).

[정답] ③

017 소급입법금지원칙에 대한 설명으로 옳은 것은?

① 친일재산을 그 취득·증여 등 원인행위시에 국가의 소유로 하도록 규정한 친일재산귀속법 제3조 제1항 본문이 부진정소급입법으로서 헌법 제13조 제2항에 반하지 않는다.

② 2009. 12. 31. 개정된 이 사건 감액조항을 2009. 1. 1.까지 소급하여 적용하도록 규정한 사립학교교직원 연금법 부칙 제1조 단서 중 공무원연금법 제64조 제1항 제1호 부분이 소급입법금지원칙에 위배된다.

③ 부당환급받은 세액을 징수하는 근거규정인 개정조항을 개정된 법 시행 후 최초로 환급세액을 징수하는 분부터 적용하도록 규정한 「법인세법」 부칙조항은 이미 완성된 사실·법률관계를 규율하는 진정소급입법에 해당하나, 이를 허용하지 아니하면 위 개정조항과 같이 법인세 부과처분을 통하여 효율적으로 환수하지 못하고 부당이득반환 등 복잡한 절차를 거칠 수밖에 없어 중대한 공익상 필요에 의하여 예외적으로 허용된다.

④ 2009.12.31. 공무원이거나 공무원이었던 자가 재직 중의 사유로 금고 이상의 형을 받은 경우(직무와 관련이 없는 과실로 인한 경우 및 소속 상관의 정당한 직무상의 명령에 따르다가 과실로 인한 경우는 제외한다), 대통령령으로 정하는 바에 따라 퇴직급여 및 퇴직수당의 일부를 감액하여 지급하도록 한 「공무원연금법」 조항을 2010.1.1.부터 적용하도록 규정한 「공무원연금법」 부칙 본문은 진정소급입법에 해당하므로 신뢰보호원칙에 위배되어 헌법에 위반된다.

⑤ 「언론중재 및 피해구제 등에 관한 법률」 시행 전의 언론보도로 인한 정정보도청구에 대하여도 언론중재법을 적용하도록 규정한 언론중재법 부칙 제2조는 소위 부진정소급입법에 해당한다.

정답 및 해설

① [X] 이 사건 귀속조항은 진정소급입법에 해당하지만, 진정소급입법이라 할지라도 예외적으로 국민이 소급입법을 예상할 수 있었던 경우와 같이 소급입법이 정당화되는 경우에는 허용될 수 있다(헌재 2011. 3. 31. 2008헌바141등).

② [O] 청구인이 2009. 4.부터 2009. 12. 31.까지 퇴직연금을 전부 지급받았는데 이는 전적으로 또는 상당 부분 국회가 개선입법을 하지 않은 것에 기인한 것이다. 그럼에도 이미 받은 퇴직연금 등을 환수하는 것은 국가기관의 잘못으로 인한 법집행의 책임을 퇴직교원들에게 전가시키는 것이며, 퇴직급여를 소급적으로 환수당하지 않을 것에 대한 청구인의 신뢰이익이 적다고 할 수도 없다. 이 사건 부칙조항으로 달성하려는 교원범죄의 예방, 원의 성실 근무 유도, 교원에 대한 국민의 신뢰 제고, 제재의 실효성 확보 등은 범죄를 저지른 교원을 당연퇴직시키거나, 장래 지급될 퇴직연금을 감액하는 방법으로 충분히 달성할 수 있고, 이 사건 부칙조항으로 보전되는 사립학교교직원연금의 재정규모도 그리 크지 않을 것으로 보이는 반면, 헌법불합치결정에 대한 입법자의 입법개선의무의 준수, 신속한 입법절차를 통한 법률관계의 안정 등은 중요한 공익상의 사유라고 볼 수 있다. 또한 이 점에 대한 신뢰는 사법기관과 입법기관 전체에 대한 객관적인 신뢰라는 면에서, 신뢰보호의 요청이 공익상의 사유에 우선한다고 볼 수 있다. … 따라서 이 사건 부칙조항은 헌법 제13조 제2항에서 금지하는 소급입법에 해당하며 예외적으로 소급입법이 허용되는 경우에도 해당하지 아니하므로, 소급입법금지원칙에 위반하여 청구인의 재산권을 침해한다(헌재 2013. 9. 26. 2013헌바170).

③ [X] 심판대상조항은 개정조항이 시행되기 전 환급세액을 수령한 부분까지 사후적으로 소급하여 개정된 징수조항을 적용하는 것으로서 헌법 제13조 제2항에 따라 원칙적으로 금지되는 이미 완성된 사실·법률관계를 규율하는 진정소급입법에 해당한다. 법인세를 부당 환급받은 법인은 소급입법을 통하여 이자상당액을 포함한 조세채무를 부담할 것이라고 예상할 수 없었고, 환급세액과 이자상당액을 법인세로서 납부하지 않을 것이라는 신뢰는 보호할 필요가 있다. 나아가 개정 전 「법인세법」 아래에서도 환급세액을 부당이득반환청구를 통하여 환수할 수 있었으므로, 신뢰보호의 요청에 우선하여 진정소급입법을 하여야 할 매우 중대한 공익상 이유가 있다고 볼 수도 없다(2014.7.24, 2012헌바105).

④ [X] 소급입법에 의한 재산권 침해 여부: 이 사건 감액조항에 따라 퇴직연금의 일부가 감액하여 지급되지만, 이는 이 사건 부칙조항의 시행일인 2010.1.1.이후에 지급받는 퇴직연금부터 적용된다. 즉 이 사건 부칙조항은 이미 발생하여 이행기에 도달한 퇴직연금수급권의 내용을 변경함이 없이 이 사건 부칙조항의 시행 이후의 법률관계, 다시 말해 장래에 이행기가 도래하는 퇴직연금 수급권의 내용을 변경함에 불과하므로, 이미 종료된 과거의 사실관계 또는 법률관계에 새로이 법률이 소급적으로 적용되어 과거를 법적으로 새로이 평가하는 진정소급입법에는 해당하지 아니한다. 위와 같이 보호해야 할 퇴직연금 수급자의 신뢰는 합리적이고 정당한 것이라고 보기 어려운 반면, 이 사건 부칙조항에 의하여 보호되는 공익은 매우 중대하다고 할 것이므로, 이 사건 부칙조항이 헌법상 신뢰보호의 원칙에 위반된다고 볼 수도 없다(2016.6.30, 2014헌바365).

⑤ [X] 「언론중재 및 피해구제 등에 관한 법률」(이하 '언론중재법'이라 한다) 시행 전의 언론보도로 인한 정정보도청구에 대하여도 언론중재법을 적용하도록 규정한 언론중재법 부칙 제2조는 이미 종결된 과거의 법률관계를 소급하여 새로이 규율하는 것이기 때문에 소위 진정소급입법에 해당한다(2006.6.29, 2005헌마165 등).

[정답] ②

018 1945.8.9. 이후 성립된 거래를 전부 무효로 한 재조선미국육군사령부군정청 법령 제2호 제4조 본문과 1945.8.9. 이후 일본 국민이 소유하거나 관리하는 재산을 1945.9.25.자로 전부 미군정청이 취득하도록 정한 재조선미국육군사령부군정청 법령 제33호 제2조에 대한 헌법재판소의 결정에 대한 설명으로 옳지 않은 것은?

① 이 사건 법령들은 1945.9.25. 1945.12.6. 공포되었음에도 이 사건 무효조항은 1945. 8.9.을 기준으로 하여 일본인 소유의 재산에 대한 거래를 전부 무효로 하고 있으므로 진정소급입법으로서의 성격을 갖는다.

② 이 사건 법령들은 1945.9.25. 1945.12.6. 공포되었고 공포될 당시에는 "모든 국민은 소급입법에 의하여 … 재산권을 박탈당하지 아니한다."라는 헌법 제13조 제2항와 같은 헌법규정이 존재하지 아니하였으므로 현행헌법에 따라 소급입법금지원칙에 위반되는지 여부에 따라 헌법 위반을 심사할 수 없다.

③ 이 사건 법령들은 진정소급입법에 해당하나, 소급입법금지원칙에 위반되지 아니한다.

④ 한국인이 일본인으로부터 취득한 재산임에도 심판대상조항에 따라 귀속재산으로 인정되어 재산권이 제한될 수도 있으나, 이는 소급입법으로 인한 부수적인 결과에 불과하다. 결국 청구인들의 위 주장은 소급입법에 의하여 재산권이 박탈당하였다는 주장에 다름 아니므로, 이에 대하여는 별도로 판단하지 아니한다.

⑤ 1945.8.9. 이후 성립된 거래를 전부무효로 한 재조선미국육군사령부군정청 법령 제2호 제4조 본문과 1945. 8.9. 이후 일본 국민이 소유하거나 관리하는 재산을 1945.9.25.자로 전부 미군정청이 취득하도록 정한 재조선미국육군사령부군정청 법령은 법률로서의 효력을 가지므로 위헌법률심판의 대상이 된다.

> **정답 및 해설**
>
> ① [O] 이 사건 법령들은 1945.9.25. 1945.12.6. 각 공포되었음에도 이 사건 무효조항은 1945.8.9.을 기준으로 하여 일본인 소유의 재산에 대한 거래를 전부 무효로 하고 있고, 이 사건 귀속조항은 이 사건 무효조항의 적용대상이 되는 일본인 재산을 1945.9.25.로 소급하여 전부 미군정청의 소유가 되도록 정하고 있어서, 진정소급입법으로서의 성격을 갖는다 (2021.1.28, 2018헌바88).
>
> ② [X] 헌법 제13조 제2항은 '모든 국민은 소급입법에 의하여 … 재산권을 박탈당하지 아니한다'고 하여 소급입법을 금지하고 있다. 이 사건 법령들이 제정·공포될 당시에는 위 조항과 같은 헌법규정이 존재하지 아니하였으나, 앞서 살펴 본 바와 같이 이 사건 법령들은 제헌 헌법 제100조에 의하여 대한민국 법질서 내로 편입되었고, 「구 법령 정리에 관한 특별조치법」 제1조 내지 제3조에 따라 1962.1.20. 폐지되었음에도 귀속재산의 처리와 관련하여 여전히 유효한 재판규범으로서 실질적 규범력을 갖추고 있으므로, 현행헌법에 따라 소급입법금지원칙에 위반되는지 여부를 살펴 볼 필요가 있다(2021.1.28, 2018헌바88).
>
> ③ [O] 일본인들이 불법적인 한일병합조약을 통하여 조선 내에서 축적한 재산을 1945.8.9. 상태 그대로 일괄 동결시키고 그 산일과 훼손을 방지하여 향후 수립될 대한민국에 이양한다는 공익은, 한반도 내의 사유재산을 자유롭게 처분하고 일본 본토로 철수하고자 하였던 일본

인이나, 일본의 패망 직후 일본인으로부터 재산을 매수한 한국인들에 대한 신뢰보호의 요청보다 훨씬 더 중대하다. 심판대상조항은 소급입법금지원칙에 대한 예외로서 헌법 제13조 제2항에 위반되지 아니한다(2021.1.28, 2018헌바88).

④ [○] 한국인이 일본인으로부터 취득한 재산임에도 심판대상조항에 따라 귀속재산으로 인정되어 재산권이 제한될 수도 있으나, 이는 소급입법으로 인한 부수적인 결과에 불과하다. 결국 청구인들의 위 주장은 소급입법에 의하여 재산권이 박탈당하였다는 주장에 다름 아니므로, 이에 대하여는 별도로 판단하지 아니한다(2021.1.28., 2018헌바88).

⑤ [○] 당시 군정장관이 제정한 법령 기타 법규의 공포방식에 관하여는 이를 규율하는 법규가 없었고, 그로 인하여 오늘날 법률로 제정되어야 할 사항 중 많은 부분이 '법령 기타 법규'의 형식으로 제정되었으며, 그 공포절차에 있어서는 관보게재의 방식에 의하거나 관보게재 외의 방식에 의하기도 하였다. '법령 기타의 법규'의 형식을 가졌다고 하여 반드시 '법률'보다 하위의 규범인 것은 아니었고, 그 내용이 입법사항에 관한 것이라면 법률과 같은 효력을 가지는 것으로 이해되었다. 이 사건 법령들은 1945.9.25., 1945.12.6. 각 군정장관의 명의로 공포된 것으로 법령(Ordinance)의 형식을 가졌지만, 각 '패전국 정부 등의 재산권 행사 등의 금지에 관한 사항', '재산권 이전 조치에 관한 사항'과 같이 오늘날 법률로 제정되어야 할 입법사항을 규율하고 있으므로 <u>법률로서의 효력을 가진다고 볼 수 있다.</u> 심판대상조항은 법률로서의 효력을 가지고 시행되었고 이후 폐지된 조항이지만 계쟁 토지가 귀속재산인지 여부와 관련하여 현재까지도 여전히 유효한 재판규범으로서 적용되고 있고, 당해 사건 재판에서도 이 사건 토지가 심판대상조항에 따라 귀속재산에 해당하는지 여부가 당해 사건 재판의 결론에 결정적인 영향을 미치므로, 심판대상조항은 헌법소원대상성 및 재판의 전제성이 모두 인정된다(헌재 2021.1.28., 2018헌바88).

[정답] ②

019 형벌의 적정성에 대한 설명으로 옳지 않은 것은?

① 반국가적 범죄를 반복하여 저지른 자에 대한 법정형의 최고를 사형으로 하도록 규정한 국가보안법 제13조 중 다시 범한 죄가 찬양·고무등죄인 경우에도 법정형의 최고를 사형으로 하도록 규정한 부분이 비례의 원칙에 반한다.

② 밀수범에 있어서 예비한 자를 본죄에 준하여 처벌하도록 한 '특정범죄 가중처벌 등에 관한 법률'은 가혹한 형벌로서 책임과 형벌 사이의 비례성의 원칙에 위배된다.

③ 단순매수나 단순판매목적소지의 마약사범에 대하여도 사형·무기 또는 10년 이상의 징역에 처하도록 특정범죄가중처벌등에 관한 법률은 마약의 판매목적소지 행위에 대하여까지 영리범과 동일하게 가중처벌하고 있는데 이는 국가형벌권의 지나친 남용이라 할 것이다.

④ 수뢰액이 5천만 원 이상 1억 원 미만인 경우에는 7년 이상의 유기징역에 처하도록 한 '특정범죄 가중처벌 등에 관한 법률'은 책임과 형벌 간 비례원칙이나 평등원칙에 위배된다.

⑤ 주거침입강제추행죄와 주거침입준강제추행죄에 대하여 무기징역 또는 7년 이상의

징역에 처하도록 한 '성폭력범죄의 처벌 등에 관한 특례법'이 제3조 제1항이 책임과 형벌 간의 비례원칙에 위배된다.

> **정답 및 해설**
>
> ① [O] 반국가적 범죄를 반복하여 저질렀다는 이유만으로 다시 범한 죄가 국가보안법 제7조 제5항, 제1항과 같이 비교적 경미한 범죄라도 사형까지 선고할 수 있도록 한 것은 그 법정형이 형벌체계상의 균형성을 현저히 상실하여 정당성을 잃은 것이고, 이러한 형의 불균형은 반국가적 범죄로부터 국가 및 국민을 보호한다는 위와 같은 입법목적으로도 극복할 수는 없는 것이다. 그러므로 이 사건 법률조항은 법정형의 종류와 범위를 정할 때는 인간의 존엄과 가치를 존중하고, 형벌이 죄질과 책임에 상응하도록 정하여야 한다는 실질적 법치국가의 이념에 반한다(헌재 2002. 11. 28. 2002헌가5).
>
> ② [O] 예비행위란 아직 실행의 착수조차 이르지 아니한 준비단계로서, 실질적인 법익에 대한 침해 또는 위험한 상태의 초래라는 결과가 발생한 기수와는 그 행위태양이 다르고, 법익침해가능성과 위험성도 다르므로, 이에 따른 불법성과 책임의 정도 역시 다르게 평가되어야 한다. 그럼에도 예비행위를 본죄에 처벌하도록 하고 있는 심판대상조항은 그 불법성과 책임의 정도에 비추어 지나치게 과중한 형벌을 규정하고 있는 것이다. 따라서 심판대상조항은 구체적 행위의 개별성과 고유성을 고려한 양형판단의 가능성을 배제하는 가혹한 형벌로서 책임과 형벌 사이의 비례성의 원칙에 위배된다(2019. 2. 28. 2016헌가13).
>
> ③ [O] 마약의 판매목적소지는 마약의 매도행위에 대한 예비죄를 독립된 구성요건으로 한 것인바, 마약의 매도행위는 영리의 추구를 그 핵심적 성질로 하므로 비영리의 단순판매목적소지는 그 행위의 발생 개연성 및 마약확산에 기여하는 정도가 극히 미미하다 할 것인데, 위 특가법 조항은 이러한 행위에 대하여까지 영리범과 동일하게 가중처벌하고 있는데 이는 국가형벌권의 지나친 남용이라 할 것이다(2003. 11. 27. 2002헌바24).
>
> ④ [×] 가중처벌조항은 형법의 규정만으로는 공무원 등의 수뢰행위를 예방하고 척결하기에 미흡하다는 고려에 따라 도입된 것이다. 뇌물죄의 병폐는 수뢰액이 많을수록 가중되므로 수뢰액이 많은 사람을 엄하게 처벌할 필요성이 있고, 공무원 등이 그 직무에 관하여 5천만 원 이상을 수수·요구 또는 약속한 경우 그 죄질과 법정이 무겁고 비난가능성이 크므로, 7년 이상의 징역형이라는 중한 법정형을 정하여 작량감경을 하더라도 집행유예를 선고할 수 없게 한 데에는 합리적 이유가 있다. 그리고 비록 수뢰액의 다과가 뇌물죄의 경중을 가늠하는 유일한 기준은 아니라 할지라도 가장 중요한 기준이 되므로, 수뢰액만으로 가중처벌 조건을 정한 데에는 합리적인 이유가 있다. 따라서 가중처벌조항이 책임과 형벌 간 비례원칙이나 평등원칙에 위배된다고 볼 수 없다(2017.7.27. 2015헌바301).
>
> ⑤ [O] 주거침입강제추행죄의 법정형을 '무기징역 또는 5년 이상의 징역'으로 정한 규정에 대하여 2006. 12. 28. 2005헌바85 결정부터 2018. 4. 26. 2017헌바498 결정에 이르기까지 여러 차례 합헌으로 판단하였고, 동일한 법정형을 규정한 주거침입준강제추행죄에 관한 조항에 대해서도 2020. 9. 24. 2018헌바171 결정에서 합헌으로 판단하였다. 심판대상조항은 법정형의 하한을 '징역 5년'으로 정하였던 2020. 5. 19. 개정 이전의 구 성폭력처벌법 제3조 제1항과 달리 그 하한을 '징역 7년'으로 정함으로써, 주거침입의 기회에 행해진 강제추행 및 준강제추행의 경우에는 다른 법률상 감경사유가 없는 한 법관이 정상참작감경을 하더라도 집행유예를 선고할 수 없도록 하였다. 이에 따라 주거침입의 기회에 행해진 강제추행 또는 준강제추행의 불법과 책임의 정도가 아무리 경미한 경우라고 하더라도, 다른 법률상 감경사유가 없으면 일률적으로 징역 3년 6월 이상의 중형에 처할 수밖에 없게 되어, 형벌개별화의 가능

성이 극도로 제한된다. 심판대상조항은 법정형의 '상한'을 무기징역으로 높게 규정함으로써 불법과 책임이 중대한 경우에는 그에 상응하는 형을 선고할 수 있도록 하고 있다. 그럼에도 불구하고 법정형의 '하한'을 일률적으로 높게 책정하여 경미한 강제추행 또는 준강제추행의 경우까지 모두 엄하게 처벌하는 것은 책임주의에 반한다. 심판대상조항은 그 법정형이 형벌 본래의 목적과 기능을 달성함에 있어 필요한 정도를 일탈하였고, 각 행위의 개별성에 맞추어 그 책임에 알맞은 형을 선고할 수 없을 정도로 과중하므로, 책임과 형벌 간의 비례원칙에 위배된다[2023. 2. 23. 2021헌가9].

[정답] ④

제3절 | 사회국가 원리

020 사회국가 원리에 대한 설명 중 옳은 것(○)과 옳지 않은 것(×)을 올바르게 조합한 것은? (다툼이 있는 경우 판례에 의함)

> ㄱ. 장애인의 복지를 향상해야 할 국가의 의무가 다른 다양한 국가과제에 대하여 최우선적인 배려를 요청할 수 있으므로 헌법의 규범으로부터는 '장애인을 위한 저상버스의 도입'과 같은 구체적인 국가의 행위의무를 도출할 수 있다.
> ㄴ. 과실책임의 원리를 기본원칙으로 특수한 불법행위책임에 관하여 위험책임의 원리를 수용하는 것은 입법정책에 관한 사항으로서 입법자의 재량에 속한다고 할 수 없으므로 자유시장 경제질서에 위반된다.
> ㄷ. 헌법 제15조의 직업의 자유 또는 헌법 제32조의 근로의 권리, 사회국가원리 등에 근거하여 실업방지 및 부당한 해고로부터 근로자를 보호하여야 할 국가의 의무를 도출할 수는 있을 것이나, 국가에 대한 직접적인 직장존속보장청구권을 근로자에게 인정할 헌법상의 근거는 없다.
> ㄹ. 우리 헌법은 사회국가원리를 명문으로 규정하고 있고 헌법의 전문, 사회적 기본권의 보장(헌법 제31조 내지 제36조), 경제 영역에서 적극적으로 계획하고 유도하고 재분배하여야 할 국가의 의무를 규정하는 경제에 관한 조항(헌법 제119조 제2항 이하) 등과 같이 사회국가원리의 구체화하고 있다.
> ㅁ. 조세나 보험료와 같은 공과금의 부과에 있어서 사회국가원리는 입법자의 결정이 자의적인가를 판단하는 하나의 중요한 기준을 제공하며, 일반적으로 입법자의 결정을 정당화하는 헌법적 근거로서 작용한다.

① ㄱ(O), ㄴ(O), ㄷ(×), ㄹ(O), ㅁ(O)
② ㄱ(×), ㄴ(×), ㄷ(O), ㄹ(×), ㅁ(O)
③ ㄱ(O), ㄴ(×), ㄷ(×), ㄹ(×), ㅁ(×)
④ ㄱ(×), ㄴ(O), ㄷ(O), ㄹ(O), ㅁ(×)
⑤ ㄱ(×), ㄴ(O), ㄷ(×), ㄹ(O), ㅁ(×)

정답 및 해설

ㄱ. [×] 장애인의 복지를 향상해야 할 국가의 의무가 다른 다양한 국가과제에 대하여 최우선적인 배려를 요청할 수 없을 뿐 아니라, 나아가 헌법의 규범으로부터는 '장애인을 위한 저상버스의 도입'과 같은 구체적인 국가의 행위의무를 도출할 수 없는 것이다. 국가에게 헌법 제34조에 의하여 장애인의 복지를 위하여 노력을 해야 할 의무가 있다는 것은, 장애인도 인간다운 생활을 누릴 수 있는 정의로운 사회질서를 형성해야 할 국가의 일반적인 의무를 뜻하는 것이지, 장애인을 위하여 저상버스를 도입해야 한다는 구체적 내용의 의무가 헌법으로부터 나오는 것은 아니다(헌재 2002. 12. 18. 2002헌마52).

ㄴ. [×] 과실책임의 원리를 기본원칙으로 하면서 이 사건 법률조항과 같은 특수한 불법행위책임에 관하여 위험책임의 원리를 수용하는 것은 입법정책에 관한 사항으로서 입법자의 재량에 속한다고 할 것이므로, 이 사건 법률조항이 위험책임의 원리에 기하여 무과실책임을 지운 것만으로 자유시장 경제질서에 위반된다고 할 수 없다(헌재 1998. 5. 28. 96헌가4등).

ㄷ. [O] 헌법 제15조의 직업의 자유 또는 헌법 제32조의 근로의 권리, 사회국가원리 등에 근거하여 실업방지 및 부당한 해고로부터 근로자를 보호하여야 할 국가의 의무를 도출할 수는 있을 것이나, 국가에 대한 직접적인 직장존속보장청구권을 근로자에게 인정할 헌법상의 근거는 없다(2002. 11. 28. 2001헌바50).

ㄹ. [×] 우리 헌법은 사회국가원리를 명문으로 규정하고 있지는 않지만, 헌법의 전문, 사회적 기본권의 보장(헌법 제31조 내지 제36조), 경제 영역에서 적극적으로 계획하고 유도하고 재분배하여야 할 국가의 의무를 규정하는 경제에 관한 조항(헌법 제119조 제2항 이하) 등과 같이 사회국가원리의 구체화된 여러 표현을 통하여 사회국가원리를 수용하였다(헌재 2002. 12. 18. 2002헌마52)

ㅁ. [O] 조세나 보험료와 같은 공과금의 부과에 있어서 사회국가원리는 입법자의 결정이 자의적인가를 판단하는 하나의 중요한 기준을 제공하며, 일반적으로 입법자의 결정을 정당화하는 헌법적 근거로서 작용한다. 특히 경제적 약자나 중소기업에 대한 조세감면혜택 등과 같이 사회 정책적 고려에 기초한 차별대우가 자의적인가를 판단하는 경우에 사회국가원리는 입법자의 형성권을 정당화하는 하나의 헌법적 가치결정을 의미한다(헌재 2000. 6. 29. 99헌마289).

[정답] ②

제3장 국민, 영토, 통일, 국제평화주의

021 국적에 대한 설명으로 옳지 않은 것은?

① 부계혈통주의원칙을 채택한 「국적법」은 모가 한국인인 자녀와 그 모에게 불리한 영향을 끼치므로 헌법 제11조 제1항의 남녀평등원칙에 어긋난다.

② 구법상 부가 외국인이기 때문에 대한민국 국적을 취득할 수 없었던 한국인 모의 자녀 중에서 신법(부모양계혈통주의조항) 시행 전 10년 동안에 태어난 자에게만 대한민국 국적을 취득하도록 하는 경과규정은 평등원칙에 위배된다.

③ 1978.6.14.부터 1998.6.13. 사이에 태어난 모계출생자가 대한민국 국적을 취득할 수 있도록 특례를 두면서 2004.12.31.까지 국적취득신고를 한 경우에만 대한민국 국적을 취득하도록 한 「국적법」 조항은 평등원칙에 위배된다고 할 수 없다.

④ 병역법 제8조에 따라 병역준비역에 편입된 자는 편입된 때부터 3개월 이내에 하나의 국적을 선택하도록 한 국적법은 국적이탈의 자유를 침해한다고 할 수 없다.

⑤ 법무부장관으로 하여금 거짓이나 그 밖의 부정한 방법으로 귀화허가를 받은 자에 대하여 그 허가를 취소할 수 있도록 규정하면서도 그 취소권의 행사기간을 따로 정하고 있지 아니한 「국적법」 조항은 귀화허가 취소권의 행사기간의 제한이 없고, 시행령에 그 행사기간이 위임된 바도 없으므로, 명확성원칙 및 포괄위임입법금지원칙은 문제되지 않는다.

정답 및 해설

① [O] 부계혈통주의원칙을 채택한 구법조항은 출생한 당시의 자녀의 국적을 부의 국적에만 맞추고 모의 국적은 단지 보충적인 의미만을 부여하는 차별을 하고 있다. 이렇게 한국인 부와 외국인 모 사이의 자녀와 한국인 모와 외국인 부 사이의 자녀를 차별취급하는 것은, 모가 한국인인 자녀와 그 모에게 불리한 영향을 끼치므로 헌법 제11조 제1항의 남녀평등원칙에 어긋난다(2000.8.31, 97헌가12).

② [O] 구법상 부가 외국인이기 때문에 대한민국 국적을 취득할 수 없었던 한국인 모의 자녀 중에서 신법(부모양계혈통주의조항) 시행 전 10년 동안에 태어난 자에게만 대한민국 국적을 취득하도록 하는 경과규정은 구법조항의 위헌적인 차별로 인하여 불이익을 받은 자를 구제하는 데 신법 시행 당시의 연령이 10세가 되는지 여부는 헌법상 적정한 기준이 아닌 또 다른 차별취급이므로, 부칙조항은 헌법 제11조 제1항의 평등원칙에 위배된다(2000.8.31, 97헌가12).

③ [O] 개정된 부칙조항은 「국적법」이 부모양계혈통주의원칙을 도입함에 따라 개정된 「국적법」 시행 이전에 태어난 모계출생자에게 대한민국 국적을 취득할 기회를 부여함으로써 모계출

생자가 받았던 차별을 해소하기 위한 특례를 규정한 것이다. 심판대상조항이 모계출생자에게 신고의무를 부여한 것은 그동안 대한민국 국적자가 아니었던 모계출생자의 국적관계를 조기에 확정하여 법적 불확실성을 조기에 제거하고, 불필요한 행정 낭비를 줄이면서도, 위 모계출생자가 대한민국 국적을 취득할 의사가 있는지 여부를 확인하기 위한 것으로서 합리적인 이유가 있다. 심판대상조항은 특례의 적용을 받는 모계출생자가 그 권리를 조속히 행사하도록 하여 위 모계출생자의 국적·법률관계를 조속히 확정하고, 국가기관의 행정상 부담을 줄일 수 있도록 하며, 위 모계출생자가 권리를 남용할 가능성을 억제하기 위하여 특례기간을 2004.12.31.까지로 한정하고 있는바, 이를 불합리하다고 볼 수 없다(2015.11.26, 2014헌바211).

④ [×] 심판대상 법률조항의 존재로 인하여 복수국적을 유지하게 됨으로써 대상자가 겪어야 하는 실질적 불이익은 구체적 사정에 따라 상당히 클 수 있다. 국가에 따라서는 복수국적자가 공직 또는 국가안보와 직결되는 업무나 다른 국적국과 이익충돌 여지가 있는 업무를 담당하는 것이 제한될 가능성이 있다. 현실적으로 이러한 제한이 존재하는 경우, 특정 직업의 선택이나 업무 담당이 제한되는 데 따르는 사익 침해를 가볍게 볼 수 없다. 심판대상 법률조항은 과잉금지원칙에 위배되어 청구인의 국적이탈의 자유를 침해한다(2020. 9.24, 2016헌마889).

⑤ [○] 청구인은 이 사건 법률조항이 귀화허가 취소권의 행사기간을 따로 정하고 있지 않아 당사자로서는 귀화허가를 언제까지 취소할 수 있는지 예측할 수 없어 명확성원칙 및 포괄위임입법금지원칙에 위반된다고 주장한다. 그러나 청구인의 주장 자체에 의하더라도 이 사건 법률조항에는 귀화허가 취소권의 행사기간의 제한이 없고, <u>시행령에 그 행사기간이 위임된 바도 없으므로, 명확성원칙 및 포괄위임입법금지원칙은 문제되지 않고</u>, 청구인의 위 주장은 결국 이 사건 법률조항이 기간의 제한 없이 귀화허가를 취소할 수 있도록 규정한 것이 과잉금지원칙에 위반하여 청구인의 거주·이전의 자유 및 행복추구권을 침해하였다는 것이므로, 그에 대한 판단 외에는 별도로 살피지 아니한다(2015.9.24., 2015헌바26).

[정답] ④

022 북한 주민에 대한 설명으로 옳은 것은?

① 조선인을 부친으로 하여 출생한 자는 남조선과도정부법률 제11호 국적에 관한 임시조례의 규정에 따라 조선국적을 취득하였다가 제헌헌법의 공포와 동시에 대한민국의 국적을 취득하였다 할 것이나 북한 주민이 북한 국적이나 공민증을 발급받았다면 대한민국 국적을 상실한다.

② 외국환거래에 있어서 아태위원회나 북한 주민이 국내 거주자인지 비거주자인지 또는 「남북교류협력에 관한 법률」상 '북한의 주민'에 해당하는지 여부는 법률해석의 문제가 아니라 헌법 제3조의 영토조항에 따라 결정할 문제이다.

③ 마약거래범죄자인 북한이탈주민을 보호대상자로 결정하지 않을 수 있도록 규정한 「북한이탈주민의 보호 및 정책지원에 관한 법률」 제9조 제1항은 마약거래범죄자인 북한이탈주민의 인간다운 생활을 할 권리를 침해한다.

④ 우리 헌법이 '대한민국의 영토는 한반도와 그 부속도서로 한다'는 영토조항을 두고 있는 이상 북한지역은 당연히 대한민국의 영토가 되며, 개별 법률의 적용에서 북한지

역을 외국에 준하는 지역으로, 북한의 주민 또는 법인 등을 외국인에 준하는 지위에 있는 자로 규정하는 것은 헌법상 영토조항에 위반되어 허용될 수 없다.

⑤ 북한 주민은 「대일항쟁기 강제동원 피해조사 및 국외강제동원 희생자 등 지원에 관한 특별법」상 위로금 지급 제외대상인 '대한민국 국적을 갖지 아니한 사람'에 해당하지 않는다.

정답 및 해설

① [×] 조선인을 부친으로 하여 출생한 자는 남조선과도정부법률 제11호 국적에 관한 임시조례의 규정에 따라 조선국적을 취득하였다가 제헌헌법의 공포와 동시에 대한민국의 국적을 취득하였다 할 것이고, 설사 그가 북한법의 규정에 따라 북한 국적을 취득하여 중국주재 북한대사관으로부터 북한의 해외공민증을 발급받은 자라 하더라도 북한지역 역시 대한민국의 영토에 속하는 한반도의 일부를 이루는 것이어서 대한민국의 주권이 미칠 뿐이고 대한민국의 주권과 부딪치는 어떠한 국가단체의 주권을 법리상 인정할 수 없는 점에 비추어 볼 때 그러한 사정은 그가 대한민국 국적을 취득하고 이를 유지함에 있어 아무런 영향을 끼칠 수 없다(대판 1996.11.12, 96누1221).

② [×] 당해 사건과 같이 남한과 북한 주민 사이의 외국환 거래에 대하여는 법 제15조 제3항에 규정되어 있는 '거주자 또는 비거주자' 부분 즉 대한민국 안에 주소를 둔 개인 또는 법인인지 여부가 문제되는 것이 아니라, 「남북교류협력에 관한 법률」(이하 '남북교류법'이라 한다) 제26조 제3항의 '남한과 북한' 즉 군사분계선 이남지역과 그 이북지역의 주민인지 여부가 문제되는 것이다. 즉, 외국환거래의 일방 당사자가 북한의 주민일 경우 그는 이 사건 법률조항의 '거주자' 또는 '비거주자'가 아니라 남북교류법의 '북한의 주민'에 해당하는 것이다. 그러므로 당해 사건에서 아태위원회가 법 제15조 제3항에서 말하는 '거주자'나 '비거주자'에 해당하는지 또는 남북교류법상 '북한의 주민'에 해당하는지 여부는 법률해석의 문제에 불과한 것이고, 헌법 제3조의 영토조항과는 관련이 없다(2005.6.30, 2003헌바114).

③ [×] 마약거래범죄자라는 이유로 보호대상자로 결정되지 못한 북한이탈주민도 「북한이탈주민의 보호 및 정착지원에 관한 법률」에 따른 정착지원시설 보호, 거주지 보호, 학력 및 자격인정, 국민연금 특례 등의 보호 및 지원을 받을 수 있고, 일정한 요건 아래 「국민기초생활보장법」에 따른 급여 등을 받을 수 있는 등으로 인간다운 생활을 위한 객관적인 최소한의 보장을 받고 있으므로, 이 사건 법률조항이 마약거래범죄자인 북한이탈주민의 인간다운 생활을 할 권리를 침해한다고 볼 수 없다(2014.3.27, 2012헌바192).

④ [×] 우리 헌법이 '대한민국의 영토는 한반도와 그 부속도서로 한다'는 영토조항(제3조)을 두고 있는 이상 대한민국의 헌법은 북한지역을 포함한 한반도 전체에 그 효력이 미치고 따라서 북한지역은 당연히 대한민국의 영토가 되므로, 북한을 법 소정의 '외국'으로, 북한의 주민 또는 법인 등을 '비거주자'로 바로 인정하기는 어렵지만, 개별 법률의 적용 내지 준용에 있어서는 남북한의 특수관계적 성격을 고려하여 북한지역을 외국에 준하는 지역으로, 북한주민 등을 외국인에 준하는 지위에 있는 자로 규정할 수 있다고 할 것이다(2005.6.30, 2003헌바114).

⑤ [○] 북한 주민은 「대일항쟁기 강제동원 피해조사 및 국외강제동원 희생자 등 지원에 관한 특별법률」상 위로금 지급 제외대상인 '대한민국 국적을 갖지 아니한 사람'에 해당하지 않는다(대판 2016.1.28., 2011두24675).

[정답] ⑤

023 재외국민과 재외동포에 대한 설명으로 옳지 않은 것은?

① 재외동포법의 적용대상에서 정부수립이전이주동포, 즉 대부분의 중국동포와 구 소련 동포 등을 제외한 재외동포의출입국과 법적지위에 관한 법률에 대해 수혜범위에서 제외된 재외동포가 평등권 침해를 주장할 수 없다.

② 국내에 주소를 두지 아니한 피상속인의 국내 소재 재산에 대하여 상속세를 부과함에 있어 인적 공제를 하지 않도록 한 구「상속세법」제11조 제1항은 헌법 제2조의 재외국민 보호조항에 위반되지 아니한다.

③ 「대일항쟁기 강제동원 피해조사 및 국외강제동원 희생자 등 지원에 관한 특별법」은 국민이 부담하는 세금을 재원으로 하여 국외강제동원 희생자와 그 유족에게 위로금 등을 지급함으로써 그들의 고통과 희생을 위로해 주기 위한 법으로서 국가가 유족에게 일방적인 시혜를 베푸는 것이므로, 그 수혜범위에서 외국인인 유족을 배제하고 대한민국 국민인 유족만을 대상으로 한 것은 평등원칙에 위배되지 않는다.

④ 단순한 단기체류가 아니라 국내에 거주하는 재외국민, 특히 외국의 영주권을 보유하고 있으나 상당한 기간 국내에서 계속 거주하고 있는 자들은 일반 국민과 실질적으로 동일하므로, 국내에 거주하는 대한민국 국민을 대상으로 하는 보육료·양육수당 지원에 있어 양자를 달리 취급할 아무런 이유가 없다.

⑤ 주민등록만을 요건으로 주민투표권의 행사 여부가 결정되도록 함으로써 '주민등록을 할 수 없는 국내 거주 재외국민'을 '주민등록이 된 국민인 주민'에 비해 차별하고, 나아가 '주민투표권이 인정되는 외국인'과의 관계에서도 차별을 하는 것은 국내 거주 재외국민의 평등권을 침해하는 것으로 위헌이다.

정답 및 해설

①[×] '수혜적 법률'의 경우에는 수혜범위에서 제외된 자가 그 법률에 의하여 평등권이 침해되었다고 주장하는 당사자에 해당되고, 당해 법률에 대한 위헌 또는 헌법불합치 결정에 따라 수혜집단과의 관계에서 평등권침해 상태가 회복될 가능성이 있다면 기본권 침해성이 인정된다(헌재 2001. 11. 29. 99헌마494).

②[○] 법률조항이 비거주자에 대하여 상속세 인적 공제 적용을 배제하였다 하더라도 국가가 재외국민을 보호할 의무를 행하지 않은 경우라고는 볼 수 없다(2001.12.20., 2001헌바25).

③[○] 「대일항쟁기 강제동원 피해조사 및 국외강제동원 희생자 등 지원에 관한 특별법」은 국민이 부담하는 세금을 재원으로 하여 국외강제동원 희생자와 그 유족에게 위로금 등을 지급함으로써 그들의 고통과 희생을 위로해 주기 위한 법으로서 국가가 유족에게 일방적인 시혜를 하는 것이다. 현실적으로 사할린 지역 국외강제동원 희생자와 그 유족들 모두에게 위로금을 지급하기 어려운 예산상의 제약이 따른다면, 대한민국 국민이 부담하는 세금으로 조성되는 위로금 등을 대한민국 국적을 갖고 있는 국외강제동원 희생자와 그 유족에게 우선적으로 지급하는 것은 나름의 불가피한 선택이다. 따라서 대한민국 국적을 갖고 있지 아니한 국외강제동원 희생자의 유족을 위로금 지급대상에서 제외하였다고 하여 이를 현저히 자의적이거나 불합리한 것이라고 볼 수 없으므로 평등원칙에 위배되지 않는다(2015.12.23., 2013헌바11).

④ [O] 양육수당 역시 영유아가 90일 이상 해외에 장기체류하는 경우에는 그 기간 동안 비용의 지원을 정지하도록 하였다(법 제34조의2 제3항). 이와 같은 법의 목적과 보육이념, 보육료·양육수당 지급에 관한 법규정을 종합할 때, 보육료·양육수당은 영유아가 국내에 거주하면서 국내에 소재한 어린이집을 이용하거나 가정에서 양육되는 경우에 지원이 되는 것으로 제도가 마련되어 있다. 단순한 단기체류가 아니라 국내에 거주하는 재외국민, 특히 외국의 영주권을 보유하고 있으나 상당한 기간 국내에서 계속 거주하고 있는 자들은 「주민등록법」상 재외국민으로 등록·관리될 뿐 '국민인 주민'이라는 점에서는 다른 일반 국민과 실질적으로 동일하므로, 단지 외국의 영주권을 취득한 재외국민이라는 이유로 달리 취급할 아무런 이유가 없어 위와 같은 차별은 청구인들의 평등권을 침해한다(2018.1.25., 2015헌마1047).
⑤ [O] 주민등록만을 요건으로 주민투표권의 행사 여부가 결정되도록 함으로써 '주민등록을 할 수 없는 국내 거주 재외국민'을 '주민등록이 된 국민인 주민'에 비해 차별하고 있고, 나아가 '주민투표권이 인정되는 외국인'과의 관계에서도 차별을 행하고 있는바, 그와 같은 차별에 아무런 합리적 근거도 인정될 수 없으므로 국내 거주 재외국민의 헌법상 기본권인 평등권을 침해하는 것으로 위헌이다(2007.6.28., 2004헌마643).

[정답] ①

024 한·일어업조약에 대한 헌법재판소 판례와 일치하지 않는 것은 모두 몇 개인가?

ㄱ. 한·일어업협정체결은 「헌법재판소법」 제68조 제1항의 공권력 행사로서 헌법소원의 대상이 된다.
ㄴ. 헌법 전문에 기재된 3·1 정신은 우리나라 헌법의 연혁적·이념적 기초로써 헌법이나 법률해석의 해석기준으로 작용할 뿐만 아니라 국민의 개별적 기본권성을 도출해낼 수 있는 근거이다.
ㄷ. 영토조항을 헌법상 기본권으로 보는 견해는 거의 존재하지 않는다. 영토조항만을 근거로 하여 독자적으로 헌법소원을 청구할 수는 없다. 다만, 영토의 변경은 국민의 주관적 기본권의 영향을 미치지 않을 수 없으므로 국민의 기본권 침해에 대한 권리구제를 위하여 그 전제조건으로써 영토권을 헌법상 기본권으로 간주할 수 있다.
ㄹ. 국회 본회의에서의 동의절차가 국회의 의결권과 국민의 평등권을 침해하였다고 볼 수 없다.
ㅁ. 한·일간의 합의의사록도 헌법 제6조의 조약에 해당하므로 국회의 동의가 필요한 조약이다.
ㅂ. 독도 등을 중간수역으로 정한 대한민국과 일본국 간의 어업에 관한 협정은 배타적 경제수역을 직접 규정한 것이 아니고, 독도의 영유권 문제나 영해 문제와는 직접적인 관련을 가지지 아니하므로 헌법상 영토조항에 위반되지 않는다.

① 1개 ② 2개
③ 3개 ④ 4개
⑤ 5개

정답 및 해설

ㄱ. [O] ㄷ. [O] ㄹ. [O] 2001.3.21, 99헌마139 등

ㄴ. [X] 청구인들이 침해받았다고 주장하는 기본권 가운데 '헌법 선문에 기재된 3·1 정신'은 우리나라 헌법의 연혁적·이념적 기초로서 헌법이나 법률해석에서의 해석기준으로 작용한다고 할 수 있지만, 그에 기하여 곧바로 국민의 개별적 기본권성을 도출해낼 수는 없다고 할 것이므로, 본안판단의 대상으로부터 제외하기로 한다(2001.3.21, 99헌마139 등).

ㅁ. [X] 이 사건 협정의 합의의사록은 한일 양국 정부의 어업질서에 관한 양국의 협력과 협의 의향을 선언한 것으로서, 이러한 것들이 곧바로 구체적인 법률관계의 발생을 목적으로 한 것으로는 보기 어렵다할 것이므로, 합의의사록은 조약에 해당하지 아니하고, 이를 국회에 상정하지 아니한 것이 국회의 의결권과 국민의 정치적 평등권을 침해하였다고 볼 수 없다(2001.3.21, 99헌마139 등).

ㅂ. [O] 이 사건 협정은 배타적경제수역을 직접 규정한 것이 아닐 뿐만 아니라 배타적경제수역이 설정된다 하더라도 영해를 제외한 수역을 의미하며, 이러한 점들은 이 사건 협정에서의 이른바 중간수역에 대해서도 동일하다고 할 것이므로 독도가 중간수역에 속해 있다 할지라도 독도의 영유권 문제나 영해 문제와는 직접적인 관련을 가지지 아니한 것임은 명백하다 할 것이다(2001.3.21, 99헌마139 등).

[정답] ②

---

025 국가보안법에 대한 설명으로 옳지 않은 것을 모두 조합한 것은?

> ㄱ. 현 단계에 있어서의 북한은 대남적화노선을 고수하면서 대한민국 자유민주주의체제의 전복을 획책하고 있는 반국가단체라는 성격만을 가지므로, 한반도의 이북지역을 불법적으로 점유하고 있는 불법단체에 불과하다.
>
> ㄴ. 「국가보안법」과 「남북교류협력에 관한 법률」은 입법목적과 규제대상을 달리하고 있어, 구 「국가보안법」 제6조 제1항 소정의 잠입·탈출죄에서의 '잠입·탈출'과 「남북교류협력에 관한 법률」 제27조 제1항 소정의 죄에서의 '왕래'는 각 행위의 목적이 다르고 두 죄는 각기 그 구성요건이 다르기 때문에 「형법」 제1조 제2항이 적용될 수 없다.
>
> ㄷ. 「국가보안법」의 해석·적용상 북한을 반국가단체로 보고 이에 동조하는 반국가활동을 규제하는 것 자체가 헌법이 규정하는 국제평화주의나 평화통일의 원칙에 위반된다고 할 수 없다.
>
> ㄹ. 「국가보안법」은 헌법 제3조에 근거를 두는 법률로서 헌법 제37조 제2항의 일반적 법률유보와는 관계가 없다.
>
> ㅁ. 「남북교류협력에 관한 법률」과 「국가보안법」의 상호관계에 대해서, 헌법재판소는 양 법률의 규제대상이 동일한 점을 들어 일반법과 특별법의 관계로 파악하고 있다.

① ㄱㄷㄹ　　　　　　　② ㄴㄷㅁ
③ ㄷㄹㅁ　　　　　　　④ ㄱㄹㅁ
⑤ ㄴㄷㄹ

정답 및 해설

ㄱ. [×] 북한은 조국의 평화적 통일을 위한 대화와 협력의 동반자임과 동시에 적화통일노선을 고수하면서 우리의 자유민주주의 체제를 전복하고자 획책하는 반국가단체의 성격도 아울러 가지고 있고, 반국가단체 등을 규율하는 「국가보안법」의 규범력이 상실되었다고 볼 수는 없다(대판 전합체 2008.4.17, 2003도758).

ㄴ. [○] 「국가보안법」과 「남북교류협력에 관한 법률」은 상호 그 입법목적과 규제대상을 달리하고 있으며 따라서 구 「국가보안법」 제6조 제1항 소정의 잠입·탈출죄와 「남북교류협력에 관한 법률」 제27조 제2항 제1호 소정의 죄는 각기 그 구성요건을 달리하고 있는 것이므로 위 두 법률조항에 관하여 「형법」 제1조 제2항이 적용될 수 없고, 청구인에 대한 공소장기재의 공소사실을 보면 청구인의 행위에 관하여는 「남북교류협력에 관한 법률」은 적용될 여지가 없다고 할 것이므로 그 법률 제3조의 위헌 여부가 당해 형사사건에 관한 재판의 전제가 된 경우라고 할 수 없다(1993.7.29, 92헌바48).

ㄷ. [○] 북한이 남·북한의 유엔동시가입, 소위 남북합의서의 채택·발효 및 「남북교류협력에 관한 법률」 등의 시행 후에도 대남적화노선을 고수하면서 우리 자유민주주의체제의 전복을 획책하고 지금도 각종 도발을 계속하고 있음이 엄연한 현실인 점에 비추어, 국가의 존립·안전과 국민의 생존 및 자유를 수호하기 위하여 「국가보안법」의 해석·적용상 북한을 반국가단체로 보고 이에 동조하는 반국가활동을 규제하는 것 자체가 헌법이 규정하는 국제평화주의나 평화통일의 원칙에 위반된다고 할 수 없다(1997.1.16, 89헌마240).

ㄹ. [×] 헌법 제37조 제2항도 「국가보안법」의 근거로 보는 견해가 있다.

| 「국가보안법」의 근거 |

- 헌법 제3조를 근거로 보는 설 : 북한은 헌법 제3조상 반국가단체이고 국가보안법은 대한민국의 존립과 자유민주적 기본질서에 위해를 주는 반국가단체의 활동을 규제하는 법이므로 헌법 제3조가 「국가보안법」의 근거이다.
- 헌법 제37조 제2항설 : 「국가보안법」은 언론의 자유, 거주·이전의 자유, 양심의 자유 등을 제한하는 법이므로 기본권 제한입법의 헌법상 근거인 헌법 제37조 제2항이 「국가보안법」의 근거가 된다.

ㅁ. [×] 「남북교류협력에 관한 법률」과 「국가보안법」은 적용영역이 다르므로 양자는 특별법과 일반법의 관계가 성립하지 않는다. 또한 전자의 시행으로 「국가보안법」의 효력이 상실되는 것은 아니다(1993. 7.29, 92헌바48).

[정답] ④

026 남북교류협력에 관한 법률에 대한 설명 중 옳은 것(○)과 옳지 않은 것(×)을 올바르게 조합한 것은? (다툼이 있는 경우 판례에 의함)

> ㄱ. 헌법상의 여러 통일 관련 조항들은 국가의 통일의무를 선언한 것이므로, 그로부터 국민 개개인의 통일에 대한 기본권, 특히 국가기관에 대하여 통일과 관련된 구체적인 행위를 요구하거나 일정한 행동을 할 수 있는 권리도 도출된다.
> ㄴ. 남북합의서는 북한 당국이 각기 정치적인 책임을 지고 상호간에 그 성의 있는 이행을 약속한 것이기는 하나 법적 구속력이 있는 것은 아니어서 이를 국가간의 조약 또는 이에 준하는 것으로 볼 수 없고, 국내법과 동일한 효력이 인정되는 것도 아니다
> ㄷ. 통일부장관이 북한 주민 등과의 접촉을 원하는 자로부터 승인신청을 받아 그 접촉의 시기와 장소, 대상과 목적 등 구체적인 내용을 검토하여 승인 여부를 결정하도록 하는 것은 평화통일원칙을 규정한 헌법 제4조에 위반된다고 볼 수 없다.
> ㄹ. 「남북교류협력에 관한 법률」에 관하여 헌법재판소는 남한의 주민이 북한의 주민과 접촉하고자 할 때에 통일부장관의 승인을 얻도록 한 것은 남북교류협력의 일관성을 유지하고 책임소재를 명백히 하려는 데에 그 입법목적이 있지만, 국민들의 평화적 교류·협력을 통일부장관의 자의적 판단에 일임함으로써 포괄위임금지원칙에 위배된다고 하였다.
> ㅁ. 남북교류법에서 남북관계에 관한 기본적 용어정리, 통신·왕래·교역·협력사업 등에 관한 포괄적 규정과 타법률에 대한 우선적용 등을 규정하고 있는 관계로 그 적용범위 내에서 국가보안법의 적용이 배제된다는 점에서, 이 법은 평화적 통일을 지향하기 위한 기본법으로서의 성격을 갖고 있다고 할 수 있다.

① ㄱ(○), ㄴ(○), ㄷ(×), ㄹ(○), ㅁ(○)
② ㄱ(×), ㄴ(×), ㄷ(○), ㄹ(×), ㅁ(○)
③ ㄱ(○), ㄴ(×), ㄷ(×), ㄹ(×), ㅁ(×)
④ ㄱ(×), ㄴ(○), ㄷ(○), ㄹ(×), ㅁ(○)
⑤ ㄱ(×), ㄴ(○), ㄷ(×), ㄹ(○), ㅁ(×)

정답 및 해설

ㄱ. [×] 헌법상의 여러 통일 관련 조항들은 국가의 통일의무를 선언한 것이기는 하지만, 그로부터 국민 개개인의 통일에 대한 기본권, 특히 국가기관에 대하여 통일과 관련된 구체적인 행동을 요구하거나 일정한 행동을 할 수 있는 권리가 도출된다고 볼 수 없다(2000. 7.20, 98헌바63).

ㄴ. [○] 남북한 당국이 각기 정치적인 책임을 지고 상호간에 그 성의 있는 이행을 약속한 것이기는 하나 법적 구속력이 있는 것은 아니어서 이를 국가간의 조약 또는 이에 준하는 것으로 볼 수 없고, 따라서 국내법과 동일한 효력이 인정되는 것도 아니다"고 판시하여(대법원 1999. 7. 23. 선고 98두14525 판결), 남북합의서가 법률이 아님은 물론 국내법과 동일한 효력이 있는 조약이나 이에 준하는 것으로 볼 수 없다는 것을 명백히 하였다. 따라서 설사 이 사건 법률조항이 남북합의서의 내용과 배치되는 점을 포함하고 있다고 하더라도, 그것은 이 사건 법률조항이

헌법에 위반되는지의 여부를 판단하는 데에 아무런 관련이 없다고 할 것이다(2000. 7.20, 98헌바63).

ㄷ. [○] 통일부장관이 북한 주민 등과의 접촉을 원하는 자로부터 승인신청을 받아 구체적인 내용을 검토하여 승인 여부를 결정하는 절차는 현 단계에서는 불가피하므로「남북교류협력에 관한 법률」제9조 제3항은 평화통일을 선언한 헌법 전문, 헌법 제4조, 헌법 제66조 제3항 및 기타 헌법상의 통일조항에 위배된다고 볼 수 없다(2000. 7.20, 98헌바63).

ㄹ. [×] 포괄위임입법금지의 원칙이란 법률이 대통령령 등의 하위법규에 입법을 위임할 경우에는 법률로써 그 위임의 범위를 구체적으로 정하여야 하며, 일반적이고 포괄적인 입법위임은 허용되지 아니한다는 것을 뜻하는 것이므로, 통일부장관의 승인권에 관한 기준이나 구체적 내용 등을 대통령령 등에 위임하지 아니하고 있는 <u>이 사건 법률조항에 관하여 포괄위임금지의 원칙이 적용될 여지는 없다</u>(2000.7.20., 98헌바63).

ㅁ. [○] 이 법에서 남북관계에 관한 기본적 용어정리, 통신·왕래·교역·협력사업 등에 관한 포괄적 규정(제9조 내지 제23조)과 타법률에 대한 우선적용(제3조) 등을 규정하고 있는 관계로 그 적용범위 내에서 국가보안법의 적용이배제된다는 점에서, 이 법은 평화적 통일을 지향하기 위한 기본법으로서의 성격을 갖고 있다고 할 수 있다(2000. 7.20, 98헌바63).

[정답] ④

027 국제법존중주의에 대한 설명으로 옳지 않은 것은?

① "세계인권선언"은 보편적, 효과적인 승인과 준수를 국내적·국제적인 점진적조치에 따라 확보할 것을 노력하도록, 모든 국민과 모든 나라가 달성하여야할 공통의 기준"으로 선언하는 의미는 있으나 그 선언내용인 각 조항이 바로 보편적인 법적 구속력을 가지거나 국제법적 효력을 갖는 것으로 볼 것은 아니다.

② 국제노동기구의 제87호 협약(결사의 자유 및 단결권 보장에 관한 협약), 제98호협약(단결권 및 단체교섭권에 대한 원칙의 적용에 관한 협약), 제151호 협약(공공부문에서의 단결권 보호 및 고용조건의 결정을 위한 절차에 관한 협약)은 우리나라가 비준한 바가 없고, 헌법 제6조 제1항에서 말하는 일반적으로 승인된 국제법규로서 헌법적 효력을 갖는 것이라고 볼 만한 근거도 없으므로, 이 사건 심판대상규정에 대한 위헌심사의 척도가 될 수 없다.

③ 국가의 주권적 행위는 다른 국가의 재판권으로부터 면제되는 것이 원칙이라 할 것이나, 국가의 사법적(私法的) 행위에 대하여는 당해 국가를 피고로 하여 우리나라의 법원이 재판권을 행사할 수 있다.

④ 평화적 생존권은 개인의 구체적 권리로서 국가에 대하여 침략전쟁에 강제되지 않고 평화적 생존을 할 수 있도록 요청할 수 있는 효력 등을 지닌 것이라고 볼 수 있으므로 평화적 생존권은 헌법상 보장되는 기본권이라고 할 수 있다.

⑤ 군대의 외국 파견은 그 성격상 국방 및 외교에 관련된 고도의 정치적 결단을 요하는 문제로서, 헌법과 법률이 정한 절차를 지켜 이루어진 것임이 명백하므로, 대통령과

국회의 판단은 존중되어야 하고 우리 재판소가 사법적 기준만으로 이를 심판하는 것은 자제되어야 한다.

> **정답 및 해설**
>
> ① [O] "세계인권선언"에 관하여 보면, 이는 그 전문에 나타나 있듯이 "인권 및 기본적 자유의 보편적인 존중과 준수의 촉진을 위하여 …… 사회의 각 개인과 사회 각 기관이 국제연합 가맹국 자신의 국민 사이에 또 가맹국 관할하의 지역에 있는 시민들 사이에 기본적인 인권과 자유의 존중을 지도교육함으로써 촉진하고 또한 그러한 보편적, 효과적인 승인과 준수를 국내적·국제적인 점진적조치에 따라 확보할 것을 노력하도록, 모든 국민과 모든 나라가 달성하여야할 공통의 기준"으로 선언하는 의미는 있으나 그 선언내용인 각 조항이 바로 보편적인 법적 구속력을 가지거나 국제법적 효력을 갖는 것으로 볼 것은 아니다(헌재 2007. 8. 30. 2003헌바51등).
>
> ② [O] 국제노동기구의 제87호 협약(결사의 자유 및 단결권 보장에 관한 협약), 제98호 협약(단결권 및 단체교섭권에 대한 원칙의 적용에 관한 협약), 제151호 협약(공공부문에서의 단결권 보호 및 고용조건의 결정을 위한 절차에 관한 협약)은 우리나라가 비준한 바가 없고, 헌법 제6조 제1항에서 말하는 일반적으로 승인된 국제법규로서 헌법적 효력을 갖는 것이라고 볼 만한 근거도 없으므로, 이 사건 심판대상규정에 대한 위헌심사의 척도가 될 수 없다(헌재 1998. 7. 16. 97헌바23).
>
> ③ [O] 국제관습법에 의하면 국가의 주권적 행위는 다른 국가의 재판권으로부터 면제되는 것이 원칙이라 할 것이나, 국가의 사법적(私法的) 행위까지 다른 국가의 재판권으로부터 면제된다는 것이 오늘날의 국제법이나 국제관례라고 할 수 없다. 따라서 우리나라의 영토 내에서 행하여진 외국의 사법적 행위가 주권적 활동에 속하는 것이거나 이와 밀접한 관련이 있어서 이에 대한 재판권의 행사가 외국의 주권적 활동에 대한 부당한 간섭이 될 우려가 있다는 등의 특별한 사정이 없는 한, 외국의 사법적 행위에 대하여는 당해 국가를 피고로 하여 우리나라의 법원이 재판권을 행사할 수 있다고 할 것이다(대법원 1998. 12. 17. 선고 97다39216).
>
> ④ [X] 청구인들이 평화적 생존권이란 이름으로 주장하고 있는 평화란 헌법의 이념 내지 목적으로서 추상적인 개념에 지나지 아니하고, 개인의 구체적 권리로서 국가에 대하여 침략전쟁에 강제되지 않고 평화적 생존을 할 수 있도록 요청할 수 있는 효력 등을 지닌 것이라고 볼 수 없다. 따라서 평화적 생존권은 헌법상 보장되는 기본권이라고 할 수는 없다 할 것이다(헌재 2009. 5. 28. 2007헌마369).
>
> ⑤ [O] 이 사건 파견결정은 그 성격상 국방 및 외교에 관련된 고도의 정치적 결단을 요하는 문제로서, 헌법과 법률이 정한 절차를 지켜 이루어진 것임이 명백하므로, 대통령과 국회의 판단은 존중되어야 하고 우리 재판소가 사법적 기준만으로 이를 심판하는 것은 자제되어야 한다. 오랜 민주주의 전통을 가진 외국에서도 외교 및 국방에 관련된 것으로서 고도의 정치적 결단을 요하는 사안에 대하여는 줄곧 사법심사를 자제하고 있는 것도 바로 이러한 취지에서 나온 것이라 할 것이다. 이에 대하여는 설혹 사법적 심사의 회피로 자의적 결정이 방치될 수도 있다는 우려가 있을 수 있으나 그러한 대통령과 국회의 판단은 궁극적으로는 선거를 통해 국민에 의한 평가와 심판을 받게 될 것이다. 그렇다면 이 사건 파견결정에 대한 사법적 판단을 자제함이 타당하다(헌재 2004. 4. 29. 2003헌마814).
>
> [정답] ④

출제교수가 선정한
헌법기본권
판례문제 160선

PART 02

기본권

CHAPTER 01

기본권 총론

CHAPTER 02

개별 기본권

제1장 기본권 총론

제2편 기본권

제1절 | 기본권의 개념

제2절 | 기본권의 본질적 내용

028 기본권에 대한 설명 중 옳은 것(○)과 옳지 않은 것(×)을 올바르게 조합한 것은? (다툼이 있는 경우 판례에 의함)

ㄱ. 우리 헌법 제2장 국민의 권리와 의무 가운데에서 의무를 제외한 부분이 원칙적으로 기본권에 해당함은 인정할 수 있으나, 헌법상의 위 규정들 이외에서는 기본권성을 인정할 수 없다.

ㄴ. "헌법전문에 기재된 3·1정신"은 우리나라 헌법의 연혁적·이념적 기초로서 헌법이나 법률해석의 해석기준으로 작용한다고 할 수 있지만, 그에 기하여 곧바로 국민의 개별적 기본권성을 도출해낼 수는 없다.

ㄷ. 영토조항만을 근거로 하여 독자적으로는 헌법소원을 청구할 수 없다 할지라도, 모든 국가권능의 정당성의 근원인 국민의 기본권 침해에 대한 권리구제를 위하여 그 전제조건으로서 영토에 관한 권리를, 이를테면 영토권이라 구성하여, 이를 헌법소원의 대상인 기본권의 하나로 간주하는 것은 가능하다.

ㄹ. 표현의 자유를 주된 기본권으로 하여 과잉금지의 원칙에 위배되지 않는다고 판단한 이상, 경합적 또는 보충적 관계에 있는 기본권의 침해 여부 및 문화국가원리 위배 여부에 관하여도 같은 결론에 이른다.

ㅁ. 기본권의 본질적 내용은 만약 이를 제한하는 경우에는 기본권 그 자체가 무의미하여지는 경우에 그 본질적인 요소를 말하는 것으로서, 이는 개별 기본권마다 다를 수 없다할 것이다.

① ㄱ(○), ㄴ(○), ㄷ(×), ㄹ(○), ㅁ(○)
② ㄱ(×), ㄴ(×), ㄷ(○), ㄹ(×), ㅁ(○)
③ ㄱ(○), ㄴ(×), ㄷ(×), ㄹ(×), ㅁ(×)
④ ㄱ(×), ㄴ(○), ㄷ(○), ㄹ(○), ㅁ(×)
⑤ ㄱ(×), ㄴ(○), ㄷ(×), ㄹ(○), ㅁ(×)

> **정답 및 해설**

ㄱ. [×] 헌법상 보장된 기본권이 구체적으로 무엇을 의미하는지 반드시 명확하지는 않다. 우리 헌법 제2장 국민의 권리와 의무 가운데에서 의무를 제외한 부분이 원칙적으로 기본권에 해당함은 인정할 수 있으나, 그에 한정할 것인지 또는 헌법상의 위 규정들 이외에서도 기본권성을 인정할 수 있는지, 나아가서 헌법의 명문의 규정이 없다더라도 인정되는 기본권이 존재하는지, 존재한다면 구체적으로 어떠한 것인지에 대하여는 반드시 명확하다고만은 할 수 없다(헌재 2001. 3. 21. 99헌마139등).

ㄴ. [○] "헌법전문에 기재된 3.1정신"은 우리나라 헌법의 연혁적·이념적 기초로서 헌법이나 법률해석의 해석기준으로 작용한다고 할 수 있지만, 그에 기하여 곧바로 국민의 개별적 기본권성을 도출해낼 수는 없다(헌재 2001. 3. 21. 99헌마139등).

ㄷ. [○] 국민의 개별적 기본권이 아니라 할지라도 기본권보장의 실질화를 위하여서는, 영토조항만을 근거로 하여 독자적으로는 헌법소원을 청구할 수 없다 할지라도, 모든 국가권능의 정당성의 근원인 국민의 기본권 침해에 대한 권리구제를 위하여 그 전제조건으로서 영토에 관한 권리를, 이를테면 영토권이라 구성하여, 이를 헌법소원의 대상인 기본권의 하나로 간주하는 것은 가능한 것으로 판단된다(헌재 2001. 3. 21. 99헌마139등).

ㄹ. [○] 청구인들은 예술의 자유, 일반적 인격권, 행복추구권, 신체의 자유, 직업의 자유, 재산권 등의 침해와 헌법상 문화국가원리 위배를 주장하나, 위 각 기본권침해의 구체적 사유에 대하여는 언급이 없는데다가, 표현의 자유를 주된 기본권으로 하여 과잉금지의 원칙에 위배되지 않는다고 판단한 이상, 경합적 또는 보충적 관계에 있는 기본권의 침해 여부 및 문화국가원리 위배 여부에 관하여도 같은 결론에 이른다(헌재 2009. 5. 28. 2006헌바109).

ㅁ. [×] 기본권을 국가안전보장, 질서유지와 공공복리를 위하여 필요한 경우에는 법률로써 제한할 수 있으나 그 본질적인 내용은 침해할 수 없다(헌법 제37조 제2항). 기본권의 본질적 내용은 만약 이를 제한하는 경우에는 기본권 그 자체가 무의미하여지는 경우에 그 본질적인 요소를 말하는 것으로서, 이는 개별 기본권마다 다를 수 있을 것이다(헌재 1996. 1. 25. 93헌바5등).

[정답] ④

제3절 | 기본권의 주체

029 배아에 대한 설명으로 옳지 않은 것은?

① 법학자, 윤리학자, 철학자, 의사 등의 직업인들이 보존기간이 경과한 잔여배아를 각종 연구에 사용할 수 있도록 허용하고 있는 「생명윤리 및 안전에 관한 법률」 조항에 의해 불편을 겪는다고 하더라도, 이는 사실적·간접적 불이익에 불과하여 기본권 침해의 가능성 및 자기관련성을 인정할 수 없다.

② 어느 시점부터 기본권 주체성이 인정되는지, 또 어떤 기본권에 대해 기본권 주체성이 인정되는지는 생명의 근원에 대한 생물학적 인식을 비롯한 자연과학·기술 발전의 성과와 그에 터 잡은 헌법의 해석으로부터 도출되는 규범적 요청을 고려하여 판단하여야 할 것이다.

③ 초기배아는 수정이 된 배아라는 점에서 형성 중인 생명의 첫걸음을 떼었다고 볼 여지가 있기는 하나 아직 모체에 착상되거나 원시선이 나타나지 않은 이상 기본권 주체성 및 국가의 보호필요성을 인정할 수 없다.

④ 배아생성자의 배아에 대한 자기결정권은 자기결정이라는 인격권적 측면에도 불구하고 배아의 법적 보호라는 헌법적 가치에 명백히 배치될 경우에는 그 제한의 필요성이 상대적으로 큰 기본권이라 할 수 있다.

⑤ 배아에 대한 5년의 보존기간 및 보존기간 경과 후 폐기의무를 규정한 것은 배아생성자의 배아에 대한 자기결정권을 침해한다고 할 수 없다.

> **정답 및 해설**
>
> ① [O] 배아를 임신목적뿐만 아니라 연구목적으로 이용할 수 있도록 허용하는 법률이 시행된 경우 법학자, 윤리학자, 철학자, 의사 등의 직업인으로 이루어진 청구인들의 청구는 청구인들이 이 사건 심판대상조항으로 인해 불편을 겪는다고 하더라도 사실적·간접적 불이익에 불과한 것이고, 청구인들에 대한 기본권 침해의 가능성 및 자기관련성을 인정하기 어렵다(2010.5.27, 2005헌마346).
>
> ② [O] 출생 전 형성 중인 생명에 대해서 헌법적 보호의 필요성이 크고 일정한 경우 그 기본권 주체성이 긍정된다고 하더라도, 어느 시점부터 기본권 주체성이 인정되는지, 또 어떤 기본권에 대해 기본권 주체성이 인정되는지는 생명의 근원에 대한 생물학적 인식을 비롯한 자연과학·기술 발전의 성과와 그에 터 잡은 헌법의 해석으로부터 도출되는 규범적 요청을 고려하여 판단하여야 할 것이다(2010. 5.27, 2005헌마346).
>
> ③ [X] 초기배아는 수정된 배아라는 점에서 형성 중인 생명의 첫걸음을 떼었다고 볼 여지가 있기는 하나 아직 모체에 착상되거나 원시선이 나타나지 않은 이상 현재의 자연과학적 인식 수준에서 독립된 인간과 배아 간의 개체적 연속성을 확정하기 어렵다고 봄이 일반적이라는 점, 배아의 경우 현재의 과학기술수준에서 모태 속에서 수용될 때 비로소 독립적인 인간으로의 성장가능성을 기대할 수 있다는 점, 수정 후 착상 전의 배아가 인간으로 인식된다거나 그와 같이 취급하여야 할 필요성이 있다는 사회적 승인이 존재한다고 보기 어려운 점 등을 종합적으로 고려할 때, 기본권 주체성을 인정하기 어렵다. 그러나 오늘날 생명공학 등의 발전과정에 비추어 인간의 존엄과 가치가 갖는 헌법적 가치질서로서의 성격을 고려할 때 인간으로 발전할 잠재성을 갖고 있는 초기배아라는 원시생명체에 대하여도 위와 같은 헌법적 가치가 소홀히 취급되지 않도록 노력해야 할 국가의 보호의무가 있음을 인정하지 않을 수 없다 할 것이다(2010.5.27, 2005헌마346).
>
> ④ [O] 배아의 경우 형성 중에 있는 생명이라는 독특한 지위로 인해 국가에 의한 적극적인 보호가 요구된다는 점, 배아의 관리·처분에는 공공복리 및 사회 윤리적 차원의 평가가 필연적으로 수반되지 않을 수 없다는 점에서도 그 제한의 필요성은 크다고 할 것이다. 그러므로 배아생성자의 배아에 대한 자기결정권은 자기결정이라는 인격권적 측면에도 불구하고 배아의 법적 보호라는 헌법적 가치에 명백히 배치될 경우에는 그 제한의 필요성이 상대적으로 큰 기본권이라 할 수 있다(2010.5.27, 2005헌마346).
>
> ⑤ [O] 이 사건 심판대상조항이 배아에 대한 5년의 보존기간 및 보존기관 경과 후 폐기의무를 규정한 것은 그 입법목적의 정당성과 방법의 적절성이 인정되며, 입법목적을 실현하면서 기본권을 덜 침해하는 수단이 명백히 존재한다고 할 수 없는 점, 5년 동안의 보존기간이 임신

을 원하는 사람들에게 배아를 이용할 기회를 부여하기에 명백히 불합리한 기간이라고 볼 수 없는 점, 배아 수의 지나친 증가와 그로 인한 사회적 비용의 증가 및 부적절한 연구목적의 이용가능성을 방지하여야 할 공익적 필요성의 정도가 배아생성자의 자기결정권이 제한됨으로 인한 불이익의 정도에 비해 작다고 볼 수 없는 점 등을 고려하면, 이 사건 심판대상조항이 피해의 최소성에 반하거나 법익의 균형성을 잃었다고 보기 어렵다(2010.5.27., 2005헌마346).

[정답] ③

030 다음 설명 중 사람은 생존한 동안 권리와 의무의 주체가 된다고 규정한 민법 제3조와 태아는 손해배상청구권에 관하여는 이미 출생한 것으로 본다고 규정한 민법 제762조와 관련된 헌법재판소 판례와 일치하지 않는 것은 모두 몇 개인가?

> ㄱ. 모든 인간은 헌법상 생명권의 주체가 되며, 형성 중의 생명인 태아에게도 생명에 대한 권리가 인정되어야 한다. 따라서 태아도 헌법상 생명권의 주체가 되며, 국가는 헌법 제10조에 따라 태아의 생명을 보호할 의무가 있다.
> ㄴ. 「민법」 제762조는 "태아는 손해배상의 청구권에 관하여는 이미 출생한 것으로 본다."라고 규정함으로써 '살아서 출생한 태아'와는 달리 '살아서 출생하지 못한 태아'에 대해서는 손해배상청구권을 부정함으로써 후자에게 불리한 결과를 초래하고 있으나 이러한 결과는 사법(私法)관계에서 요구되는 법적 안정성의 요청이라는 법치국가이념에 의한 것으로 헌법적으로 정당화된다 할 것이므로, 그와 같은 차별적 입법조치가 있다는 이유만으로 곧 국가가 기본권 보호를 위해 필요한 최소한의 입법적 조치를 다하지 않아 그로써 위헌적인 입법적 불비나 불완전한 입법상태가 초래된 것이라고 볼 수 없다.
> ㄷ. 태아가 살아서 출생한 경우 태아 상태에서 가해진 불법행위로 인한 손해배상청구는 「민법」 제762조에 의해 유효하게 행사할 수 있으므로, 태아가 사산한 경우 태아 자신에게 불법적인 생명 침해로 인한 손해배상청구권을 인정하지 않고 있다고 하여 입법자가 태아의 생명 보호를 위해 국가에게 요구되는 최소한의 보호조치마저 취하지 않은 것이라 비난할 수는 없다.
> ㄹ. 사산된 태아에게 불법적인 생명 침해로 인한 손해배상청구권을 인정하지 않는 것은 입법형성의 한계를 명백히 일탈한 것으로 보기 어려우므로 기본권 보호의무를 위반한 것으로 볼 수 없다.
> ㅁ. 국가는 헌법 제10조에 따라 태아의 생명을 보호할 의무가 있지만, 태아를 위하여 「민법」상 일반적 권리능력까지도 인정하여야 한다는 헌법적 요청이 도출되지는 않는다.
> ㅂ. 인간이라는 생명체의 형성이 출생 이전의 그 어느 시점에서 시작됨을 인정하더라도, 법적으로 사람의 시기를 출생의 시점에서 시작되는 것으로 보는 것이 헌법적으로 금지된다고 할 수 없으나, 동일한 생명이라 할지라도 법질서가 생명의 발전과정을 일정한 단계들로 구분하고 그 각 단계에 상이한 법적 효과를 부여하는 것이 불가능하다.

① 없음. ② 1개
③ 2개 ④ 3개
⑤ 4개

정답 및 해설

ㄱ. [O] 모든 인간은 헌법상 생명권의 주체가 되며, 형성 중의 생명인 태아에게도 생명에 대한 권리가 인정되어야 한다. 따라서 태아도 헌법상 생명권의 주체가 된다. 따라서 태아도 헌법상 생명권의 주체가 되며, 국가는 헌법 제10조에 따라 태아의 생명을 보호할 의무가 있다(2008.7.31, 2004헌바81).

ㄴ. [O] 이 사건 법률조항들의 경우에도 '살아서 출생한 태아'와는 달리 '살아서 출생하지 못한 태아'에 대해서는 손해배상청구권을 부정함으로써 후자에게 불리한 결과를 초래하고 있으나 이러한 결과는 사법(私法)관계에서 요구되는 법적 안정성의 요청이라는 법치국가이념에 의한 것으로 헌법적으로 정당화된다 할 것이므로, 그와 같은 차별적 입법조치가 있다는 이유만으로 곧 국가가 기본권 보호를 위해 필요한 최소한의 입법적 조치를 다하지 않아 그로써 위헌적인 입법적 불비나 불완전한 입법상태가 초래된 것이라고 볼 수 없다(2008.7.31, 2004헌바81). 2017년 법무사

ㄷ. [O] 입법자는 「형법」과 「모자보건법」 등 관련 규정들을 통하여 태아의 생명에 대한 직접적 침해 위험을 규범적으로 충분히 방지하고 있으므로, 이 사건 법률조항들이 태아가 사산한 경우에 한해서 태아 자신에게 불법적인 생명 침해로 인한 손해배상청구권을 인정하지 않고 있다고 하여 단지 그 이유만으로 입법자가 태아의 생명 보호를 위해 국가에게 요구되는 최소한의 보호조치마저 취하지 않은 것이라 비난할 수 없다(2008.7.31, 2004헌바81).

ㄹ. [O] 태아도 생명권의 주체가 되며 국가는 태아의 생명을 보호할 의무가 있지만, 그 생명 침해로 인한 손해배상청구권이 태아의 생명권으로부터 직접 도출된다고 보기 어렵고, 생명의 발전과정에 대해 언제나 동일한 법적 효과를 부여해야 하는 것은 아니므로 태아가 살아서 출생할 것을 조건으로 손해배상청구권을 인정한다고 해도 국가가 생명권 보호의무를 위반한 것은 아니다(2008.7.31, 2004헌바81). 2002년 사시

ㅁ. [O] 태아는 형성 중의 인간으로서 생명을 보유하고 있으므로 국가는 태아를 위하여 각종 보호조치들을 마련해야 할 의무가 있다. 하지만 그와 같은 국가의 기본권 보호의무로부터 태아의 출생 전에, 또한 태아가 살아서 출생할 것인가와는 무관하게, 태아를 위하여 「민법」상 일반적 권리능력까지도 인정하여야 한다는 헌법적 요청이 도출되지는 않는다(2008.7.31., 2004헌바81).

ㅂ. [X] 인간이라는 생명체의 형성이 출생 이전의 그 어느 시점에서 시작됨을 인정하더라도, 법적으로 사람의 시기를 출생의 시점에서 시작되는 것으로 보는 것이 헌법적으로 금지된다고 할 수 없고, 동일한 생명이라 할지라도 법질서가 생명의 발전과정을 일정한 단계들로 구분하고 그 각 단계에 상이한 법적 효과를 부여하는 것이 불가능하지 않다(2008.7.31., 2004헌바81).

[정답] ②

031 기본권 주체에 대한 설명으로 옳은 것은?

① 출국만기보험금은 퇴직금의 성질을 가지고 있으나 그 지급시기에 관한 것은 근로조건의 문제이므로 외국인인 청구인들에게 기본권 주체성이 인정되지 않는다.
② 근로의 권리의 내용 중 일할 자리에 관한 권리는 사회권적 기본권의 성격도 갖고 있으나, 외국인 근로자라고 하여 일할 자리에 대한 기본권 주체성을 부인할 수는 없다.
③ 인간의 권리로서 외국인에게도 주체성이 인정되는 일정한 기본권은 불법체류 여부에 따라 그 인정 여부가 달라지는 것은 아니다.
④ 불법체류 중인 외국인이라 하더라도 불법체류라는 것은 관련 법령에 의하여 체류자격이 인정되지 않는다는 것일 뿐이므로, '인간의 권리'로서 외국인에게도 주체성이 인정되는 일정한 기본권에 관하여 불법체류 여부에 따라 그 인정 여부가 달라지는 것은 아니다. 그러므로 불법체류 중인 외국인이 '국가인권위원회의 공정한 조사를 받을 권리' 역시 변호인의 조력을 받을 권리, 재판청구권 등과 마찬가지로 외국인에게도 헌법상 인정되는 기본권에 해당한다고 보아야 한다.
⑤ 외국인에게 직장선택의 자유에 대한 기본권 주체성을 인정한다는 것은 이들에게 우리 국민과 동일한 수준의 직장선택의 자유가 보장된다는 것을 의미하는 것이다.

> **정답 및 해설**
>
> ① [×] 헌법상 근로의 권리는 '일할 자리에 관한 권리'만이 아니라 '일할 환경에 관한 권리'도 의미하는데, '일할 환경에 관한 권리'는 인간의 존엄성에 대한 침해를 방어하기 위한 권리로서 외국인에게도 인정되며, 건강한 작업환경, 일에 대한 정당한 보수, 합리적인 근로조건의 보장 등을 요구할 수 있는 권리 등을 포함한다. 여기서의 근로조건은 임금과 그 지불방법, 취업시간과 휴식시간 등 근로계약에 의하여 근로자가 근로를 제공하고 임금을 수령하는 데 관한 조건들이고, 이 사건 출국만기보험금은 퇴직금의 성질을 가지고 있어서 그 지급시기에 관한 것은 근로조건의 문제이므로 외국인인 청구인들에게도 기본권 주체성이 인정된다(2016.3.31, 2014헌마367).
>
> ② [×] 근로의 권리란 인간이 자신의 의사와 능력에 따라 근로관계를 형성하고, 타인의 방해를 받음이 없이 근로관계를 계속 유지하며, 근로의 기회를 얻지 못한 경우에는 국가에 대하여 근로의 기회를 제공하여 줄 것을 요구할 수 있는 권리를 말하며, 이러한 근로의 권리는 사회권적 기본권의 성격이 강하므로 이에 대한 외국인의 기본권 주체성을 전면적으로 인정하기는 어렵다. 그러나 근로의 권리는 '일할 자리에 관한 권리'만이 아니라 '일할 환경에 관한 권리'도 함께 내포하고 있는바, 후자는 자유권적 기본권의 성격도 갖고 있어 건강한 작업환경, 일에 대한 정당한 보수, 합리적인 근로조건의 보장 등을 요구할 수 있는 권리 등을 포함한다고 할 것이므로 외국인 근로자라고 하여 이 부분에까지 기본권 주체성을 부인할 수는 없다. 즉 근로의 권리의 구체적인 내용에 따라, 국가에 대하여 고용증진을 위한 사회적 · 경제적 정책을 요구할 수 있는 권리는 사회권적 기본권으로서 국민에 대하여만 인정해야 하지만, 최소한의 근로조건을 요구할 수 있는 권리로서 자유권적 기본권의 성격도 아울러 가지므로 이러한 경우 외국인 근로자에게도 그 기본권 주체성을 인정함이 타당하다(2002.11.28, 2001헌바50).

③ [O] 「헌법재판소법」 제68조 제1항 소정의 헌법소원은 기본권의 주체이어야만 청구할 수 있는데, 단순히 '국민의 권리'가 아니라 '인간의 권리'로 볼 수 있는 기본권에 대해서는 외국인도 기본권의 주체가 될 수 있다. 나아가 청구인들이 불법체류 중인 외국인들이라 하더라도, 불법체류라는 것은 관련 법령에 의하여 체류자격이 인정되지 않는다는 것일 뿐이므로, '인간의 권리'로서 외국인에게도 주체성이 인정되는 일정한 기본권에 관하여 불법체류 여부에 따라 그 인정 여부가 달라지는 것은 아니다(2012.8.23, 2008헌마430).

④ [×] 「헌법재판소법」 제68조 제1항 소정의 헌법소원은 기본권의 주체이어야만 청구할 수 있는데, 단순히 '국민의 권리'가 아니라 '인간의 권리'로 볼 수 있는 기본권에 대해서는 외국인도 기본권의 주체가 될 수 있다. 나아가 청구인들이 불법체류 중인 외국인들이라 하더라도, 불법체류라는 것은 관련 법령에 의하여 체류자격이 인정되지 않는다는 것일 뿐이므로, '인간의 권리'로서 외국인에게도 주체성이 인정되는 일정한 기본권에 관하여 불법체류 여부에 따라 그 인정 여부가 달라지는 것은 아니다. 청구인들이 침해받았다고 주장하고 있는 신체의 자유, 주거의 자유, 변호인의 조력을 받을 권리, 재판청구권 등은 성질상 인간의 권리에 해당한다고 볼 수 있으므로, 위 기본권들에 관하여는 청구인들의 기본권 주체성이 인정된다. 그러나 '국가인권위원회의 공정한 조사를 받을 권리'는 헌법상 인정되는 기본권이라고 하기 어렵고, 이 사건 보호 및 강제퇴거가 청구인들의 노동3권을 직접 제한하거나 침해한 바 없음이 명백하므로, 위 기본권들에 대하여는 본안판단에 나아가지 아니한다(2012.8.23., 2008헌마430).

⑤ [×] 직업의 자유 중 이 사건에서 문제되는 직장선택의 자유는 인간의 존엄과 가치 및 행복추구권과도 밀접한 관련을 가지는 만큼 단순히 국민의 권리가 아닌 인간의 권리로 보아야 할 것이므로 권리의 성질상 참정권, 사회권적 기본권, 입국의 자유 등과 같이 외국인의 기본권 주체성을 전면적으로 부정할 수는 없고, 외국인도 제한적으로라도 직장선택의 자유를 향유할 수 있다고 보아야 한다. 한편 기본권 주체성의 인정 문제와 기본권 제한의 정도는 별개의 문제이므로, 외국인에게 직장선택의 자유에 대한 기본권 주체성을 인정한다는 것이 곧바로 이들에게 우리 국민과 동일한 수준의 직장선택의 자유가 보장된다는 것을 의미하는 것은 아니라고 할 것이다(2011.9.29, 2007헌마1083 등).

[정답] ③

032 지방자치단체와 그 장의 기본권 주체성에 대한 설명으로 옳은 것은?

① 지방자치단체의 장은 주민들의 기본권을 보호하기 위해 필요한 범위 내에서 그 자신이 기본권의 주체가 될 수 있다.

② 지방자치단체의 장은 주민의 복리를 증진하기 위하여 활동하는 범위 내에서 기본권을 향유할 수 없다.

③ 선출직공무원인 하남시장에 대한 주민소환은 공무담임권과 관련된 것이라기보다는 직무상의 권한 행사와 관련된 것이므로 지방자치단체의 장에게는 기본권의 주체성이 인정된다 할 수 없다.

④ 지방자치단체장은 국민의 기본권을 보호 내지 실현하여야 할 책임과 의무를 가지는 국가기관의 지위를 갖기 때문에 「주민소환에 관한 법률」의 관련 규정으로 인해 자신의 공무담임권이 침해됨을 이유로 헌법소원을 청구할 수 있는 기본권 주체로 볼 수

없다.
⑤ 공직자는 국가기관의 지위에서 순수한 직무상의 권한행사와 관련하여 기본권 침해를 주장하는 경우에는 기본권의 주체성을 인정하기 어려울 뿐 아니라 그 외의 사적인 영역에 있어서는 기본권의 주체가 될 수 없다.

정답 및 해설

① [×] 지방자치단체의 장은 기본권의 주체가 될 수 없는 것이 원칙이지만(1999.5.29, 98헌마214), 일반 국민의 지위에서는 기본권의 주체가 될 수 있다. 지문과 같이 지방자치단체의 장이 주민의 기본권을 보호하기 위한 행위를 하는 것은 일반 국민의 지위에서가 아닌 지방자치단체의 장의 지위에 기한 것이므로 기본권 주체가 될 수 없다.

② [O] 지방자치단체의 장이 주민의 복리를 증진하기 위하여 활동하는 것은 지방자치단체의 장의 지위에 기한 것이므로 기본권 주체로서의 기본권 행사에 해당하지 아니한다.

③ [×] 청구인은 선출직 공무원인 하남시장으로서 이 사건 법률조항으로 인하여 공무담임권 등이 침해된다고 주장하여, 순수하게 직무상의 권한행사와 관련된 것이라기보다는 공직의 상실이라는 개인적인 불이익과 연관된 공무담임권을 다투고 있으므로, 이 사건에서 청구인에게는 기본권의 주체성이 인정된다 할 것이다(1995.3.23, 95헌마53).

④ [×] 국가 및 그 기관 또는 조직의 일부나 공법인은 원칙적으로는 기본권의 '수범자'로서 기본권의 주체가 되지 못하고, 다만 국민의 기본권을 보호 내지 실현하여야 할 책임과 의무를 지니는 데 그칠 뿐이므로(1994.12.29, 93헌마120), 공직자가 국가기관의 지위에서 순수한 직무상의 권한 행사와 관련하여 기본권 침해를 주장하는 경우에는 기본권의 주체성을 인정하기 어렵다 할 것이나, <u>그 외의 사적인 영역에 있어서는 기본권의 주체가 될 수 있는 것이다</u>(2009.3.26, 2007헌마843).

⑤ [×] 국가 및 그 기관 또는 조직의 일부나 공법인은 원칙적으로는 기본권의 '수범자'로서 기본권의 주체가 되지 못하고, 다만 국민의 기본권을 보호 내지 실현하여야 할 책임과 의무를 지니는 데 그칠 뿐이므로, <u>공직자가 국가기관의 지위에서 순수한 직무상의 권한 행사와 관련하여 기본권 침해를 주장하는 경우에는 기본권의 주체성을 인정하기 어려우나, 그 외의 사적인 영역에 있어서는 기본권의 주체가 될 수 있다</u>. 청구인은 선출직공무원인 하남시장으로서 주민소환투표가 발의된 경우 주민소환 투표대상자의 권한을 정지시키는 이 사건 법률조항으로 인하여 공무담임권 등이 침해된다고 주장하여, 순수하게 직무상의 권한 행사와 관련된 것이라기보다는 공직의 상실이라는 개인적인 불이익과 연관된 공무담임권을 다투고 있으므로, 기본권의 주체성이 인정된다(2009.3.26., 2007헌마843).

[정답] ②

033 기본권 주체성에 대한 설명으로 옳은 것은?

① 국회의원은 국회 내 의안처리과정에서 질의권·토론권 및 표결권 등을 침해받았음을 원인으로 하는 경우 헌법소원을 제기할 적격이 있다.
② 공법상 재단법인인 방송문화진흥회가 최다출자자인 방송사업자는 관련 규정에 의하여 공법상의 의무를 부담하고 있기 때문에 기본권 주체가 될 수 없다.
③ 서울시의회는 기본권의 '수범자'이자 기본권의 주체로서 그 '소지자'이므로 기본권의 주체가 될 수 있고 따라서 헌법소원을 제기할 수 있는 적격이 있다.
④ 학교안전공제회는 공법인적 성격과 사법인적 성격을 겸유하고 있는데, 재판청구권의 주체가 될 수 있다.
⑤ 헌법상 기본권의 주체가 될 수 있는 법인은 원칙적으로 사법인에 한하는 것이고 공법인은 헌법의 수범자이지 기본권의 주체가 될 수 없으므로 축협중앙회의 경우는 기본권의 주체가 될 수 없다.

정답 및 해설

① [×] 입법권은 헌법 제40조에 의하여 국가기관으로서의 국회에 속하는 것이고, 국회의원이 국회 내에서 행사하는 질의권·토론권 및 표결권 등은 입법권 등 공권력을 행사하는 국가기관인 국회의 구성원의 지위에 있는 국회의원에게 부여된 권한으로서 국회의원 개인에게 헌법이 보장하는 권리 즉 기본권으로 인정된 것이라고 할 수는 없다(1995.2.23, 91헌마231).

② [×] 청구인의 경우 공법상 재단법인인 방송문화진흥회가 최다출자자인 방송사업자로서 「방송법」 등 관련 규정에 의하여 공법상의 의무를 부담하고 있지만, 「상법」에 의하여 설립된 주식회사로 설립목적은 언론의 자유의 핵심 영역인 방송사업이므로 이러한 업무수행과 관련하여 당연히 기본권 주체가 될 수 있고, 그 운영을 광고수익에 전적으로 의존하고 있는 만큼 이를 위해 사경제주체로서 활동하는 경우에도 기본권 주체가 될 수 있는바, 이 사건 심판청구는 청구인이 그 운영을 위한 영업활동의 일환으로 방송광고를 판매하는 지위에서 그 제한과 관련하여 이루어진 것이므로 그 기본권 주체성을 인정할 수 있다(2013.9.26., 2012헌마271).

③ [×] 기본권의 보장에 관한 각 헌법규정의 해석상 국민(또는 국민과 유사한 지위에 있는 외국인과 사법인)만이 기본권의 주체라 할 것이고, 국가나 국가기관 또는 국가조직의 일부나 공법인은 기본권의 '수범자'이지 기본권의 주체로서 그 '소지자'가 아니고 오히려 국민의 기본권을 보호 내지 실현해야 할 책임과 의무를 지니고 있는 지위에 있을 뿐이므로, 공법인인 지방자치단체의 의결기관인 청구인 의회는 기본권의 주체가 될 수 없고 따라서 헌법소원을 제기할 수 있는 적격이 없다(1998.3.26, 96헌마345).

④ [O] 공제회는 「학교안전사고 예방 및 보상에 관한 법률」에 의하여 설립된 공공단체로서, 국가로부터 존립목적을 부여받아 행정목적을 수행하는 공법인적 특성을 갖고 있다. 반면, 공제회는 「민법」이 적용되던 과거 학교안전공제회와 동일한 성격의 단체일 뿐, 행정관청 또는 그로부터 행정권한을 위임받은 단체로 보기 어렵다. 이처럼 공제회는 공법인적 성격과 사법인적 성격을 겸유하고 있는데, 공제회가 일부 공법인적 성격을 갖고 있다고 하더라도 공무를 수행하거나 고권적 행위를 하는 경우가 아닌 사경제주체로서 활동하는 경우나 조직법상 국가로부터 독립한 고유업무를 수행하는 경우, 그리고 다른 공권력 주체와의 관계에서 지배복종관계가 성립되어 일반 사인처럼 그 지배하에 있는 경우 등에는 기본권 주체가 될 수 있다

(2015.7.30, 2014헌가7).

⑤ [×] 헌법상 기본권의 주체가 될 수 있는 법인은 원칙적으로 사법인에 한하는 것이고 공법인은 헌법의 수범자이지 기본권의 주체가 될 수 없다. 축협중앙회의 경우는 지역별·업종별 축협과 비교할 때 회원의 임의탈퇴나 임의해산이 불가능한 점 등 그 공법인성이 상대적으로 크다고 할 것이지만 이로써 공법인이라고 단정할 수는 없는 반면, 그 존립목적 및 설립형식에서의 자주적 성격에 비추어 사법인적 성격도 부인할 수 없으므로, 축협중앙회는 공법인성과 사법인성을 겸유한 특수한 법인으로서 이 사건에서 기본권의 주체가 될 수 있다(헌재 2000. 6. 1. 99헌마553).

[정답] ④

034 기본권 주체성에 대한 설명으로 옳지 않은 것은?

① 정당은 국민의 정치적 의사형성에 참여하기 위한 조직으로 성격상 권리능력 없는 단체에 속하지만, 구성원과는 독립하여 그 자체로서 기본권의 주체가 될 수 있고, 그 조직 자체의 기본권이 직접 침해당한 경우 자신의 이름으로 헌법소원심판을 청구할 수 있다.
② 정당이 침해된다고 주장하는 기본권은 생명·신체의 안전에 관한 것으로서 성질상 자연인에게만 인정되는 것이므로, 이와 관련하여 진보신당과 같은 권리능력 없는 단체는 기본권의 행사에 있어 그 주체가 될 수 없다.
③ 정당은 그 정당원이나 일반 국민의 기본권이 침해됨을 이유로 이들을 위하거나 이들을 대신하여 헌법소원심판을 청구하는 것은 원칙적으로 허용된다.
④ 근로의 권리는 근로자를 개인의 차원에서 보호하기 위한 권리로서 개인인 근로자가 근로의 권리의 주체가 되는 것이고, 노동조합은 그 주체가 될 수 없다.
⑤ 헌법 제33조 제1항이 보장하고 있는 근로자의 근로 3권은 근로자들의 집단적 활동을 보장하기 위한 권리로서, 개인인 근로자뿐 아니라 단결체인 노동조합도 근로 3권의 주체가 된다.

정답 및 해설

① [○] (헌재 2008. 12. 26. 2008헌마419등).
② [○] 정당인 진보신당은 국민의 정치적 의사형성에 참여하기 위한 조직으로 성격상 권리능력 없는 단체에 속하지만, 구성원과는 독립하여 그 자체로서 기본권의 주체가 될 수 있고, 그 조직 자체의 기본권이 직접 침해당한 경우 자신의 이름으로 헌법소원심판을 청구할 수 있다. 그러나 이 사건에서 정당인 진보신당이 침해된다고 주장하는 기본권은 생명·신체의 안전에 관한 것으로서 성질상 자연인에게만 인정되는 것이므로, 이와 관련하여 진보신당과 같은 권리능력 없는 단체는 기본권의 행사에 있어 그 주체가 될 수 없다. 또한 진보신당이 그 정당원이나 일반 국민의 기본권이 침해됨을 이유로 이들을 위하거나 이들을 대신하여 헌법소원심판을 청구하는 것은 원칙적으로 허용되지 않는다(헌재 2008. 12. 26. 2008헌마419등).

③ [×] 이 사건에서 정당인 진보신당이 침해된다고 주장하는 기본권은 생명·신체의 안전에 관한 것으로서 성질상 자연인에게만 인정되는 것이므로, 이와 관련하여 진보신당과 같은 권리능력 없는 단체는 기본권의 행사에 있어 그 주체가 될 수 없다. 또한 진보신당이 그 정당원이나 일반 국민의 기본권이 침해됨을 이유로 이들을 위하거나 이들을 대신하여 헌법소원심판을 청구하는 것은 원칙적으로 허용되지 않는다(헌재 2008. 12. 26. 2008헌마419등).

④ [○] 헌법 제32조 제1항은 국가의 개입·간섭을 받지 않고 자유로이 근로를 할 자유와, 국가에 대하여 근로의 기회를 제공하는 정책을 수립해 줄 것을 요구할 수 있는 권리 등을 기본적인 내용으로 하고 있다. 이러한 근로의 권리는 근로자를 개인의 차원에서 보호하기 위한 권리로서 개인인 근로자가 근로의 권리의 주체가 되는 것이고, 노동조합은 그 주체가 될 수 없는 것으로 이해해야 한다(헌재 2009. 2. 26. 2007헌바27).

⑤ [○] 헌법 제33조 제1항이 보장하고 있는 근로자의 근로 3권은 근로자들의 집단적 활동을 보장하기 위한 권리로서, 개인인 근로자뿐 아니라 단결체인 노동조합도 근로 3권의 주체가 된다. 근로 3권의 법적 성격은 자유권적 기본권으로서의 성격과 사회권적 기본권으로서의 성격을 모두 포함하는 것이며, 근로 3권의 실질적 보장을 위하여 국가의 적극적인 활동 즉 적정한 입법조치를 할 의무가 있는 것으로 해석되어야 한다(헌재 2009. 2. 26. 2007헌바27).

[정답] ③

제4절 | 기본권의 성격

제5절 | 기본권의 효력

035 기본권에 대한 설명으로 옳은 것은?

① 헌법 제15조에 의한 직업선택의 자유는 데 직업의 선택 혹은 수행의 자유는 각자의 생활의 기본적 수요를 충족시키는 방편이 되고, 또한 개성신장의 바탕이 된다는 점에서 주관적 공권의 성격이 두드러진 것이기는 하나, 객관적 법질서의 구성요소라고 할 수는 없다.

② 기본권은 공동체의 객관적 가치질서로서의 성격을 가지므로, 적어도 생명·신체의 보호와 같은 중요한 기본권적 법익 침해에 대해서는 그것이 국가가 아닌 제3자로서의 사인에 의해서 유발된 것이라고 하더라도 국가가 적극적인 보호의 의무를 진다.

③ 국가의 보호의무를 입법자가 어떻게 실현하여야 할 것인가 하는 문제는 입법자의 책임범위에 속하므로, 헌법재판소는 권력분립의 관점에서 소위 과잉보호금지원칙을, 즉 국가가 국민의 법익보호를 위하여 적절하고 효율적인 최대한의 보호조치를 취했는가를 기준으로 심사한다.

④ 공개되지 아니한 타인간의 대화를 녹음 또는 청취하여 지득한 대화의 내용을 공개하거나 누설한 자를 처벌하는 통신비밀보호법은 대화자의 통신의 비밀과 공개자의

표현의 자유라는 두 기본권간 경합이 발생한다.
⑤ 통신의 비밀와 표현의 자유의 자유 충돌시 표현의 자유가 상위기본권으로 더 우선시 되어야 한다.

정답 및 해설

① [×] 헌법 제15조에 의한 직업선택의 자유는 자신이 원하는 직업 내지 직종을 자유롭게 선택하는 직업선택의 자유와 그가 선택한 직업을 자기가 결정한 방식으로 자유롭게 수행할 수 있는 직업수행의 자유를 포함하는 개념이다. 그런데 직업의 선택 혹은 수행의 자유는 각자의 생활의 기본적 수요를 충족시키는 방편이 되고, 또한 개성신장의 바탕이 된다는 점에서 주관적 공권의 성격이 두드러진 것이기는 하나, 다른 한편으로는 국민 개개인이 선택한 직업의 수행에 의하여 국가의 사회질서와 경제질서가 형성된다는 점에서 사회적 시장경제질서라고 하는 객관적 법질서의 구성요소이기도 하다. 따라서 각 개인이 향유하는 직업에 대한 선택 및 수행의 자유는 공동체의 경제사회질서에 직접적인 영향을 미치는 것이기 때문에 공동체의 동화적 통합을 촉진시키기 위하여 필요불가결한 경우에는 헌법 제37조 제2항 전문규정에 따라 제한을 가할 수 있다(헌재 1996. 8. 29. 94헌마113).

② [O] 헌법 제10조의 규정에 의하면, 국가는 개인이 가지는 불가침의 기본적 인권을 확인하고 이를 보장할 의무를 지고 기본권은 공동체의 객관적 가치질서로서의 성격을 가지므로, 적어도 생명·신체의 보호와 같은 중요한 기본권적 법익 침해에 대해서는 그것이 국가가 아닌 제3자로서의 사인에 의해서 유발된 것이라고 하더라도 국가가 적극적인 보호의 의무를 진다[2020. 3. 26. 2017헌마1281].

③ [×] 국가의 보호의무를 입법자가 어떻게 실현하여야 할 것인가 하는 문제는 입법자의 책임범위에 속하므로, 헌법재판소는 권력분립의 관점에서 소위 과소보호금지원칙을, 즉 국가가 국민의 법익보호를 위하여 적어도 적절하고 효율적인 최소한의 보호조치를 취했는가를 기준으로 심사하게 되어, 결국 헌법재판소로서는 국가가 특정조치를 취해야만 당해 법익을 효율적으로 보호할 수 있는 유일한 수단인 특정조치를 취하지 않은 때에 보호의무의 위반을 확인하게 된다고 보았다(헌재 1997. 1. 16. 90헌마110등).

④ [×] 이 사건 법률조항은 다른 한편으로는 위법하게 취득한 타인간의 대화내용을 공개하는 자를 처벌함으로써 그 대화내용을 공개하는 자의 표현의 자유를 제한하게 된다. 즉, 위법하게 취득한 타인간의 대화내용이 민주국가에서 여론의 형성 등 공익을 위해 일반에게 공개할 필요가 있는 것이라 하더라도 이 사건 법률조항이 그 대화내용의 공개를 금지함으로써, 이를 공개하려고 하거나 공개한 자는 표현의 자유를 제한받게 되는 것이다. 따라서 이 사건 법률조항에 의하여 대화자의 통신의 비밀과 공개자의 표현의 자유라는 두 기본권이 충돌하게 된다(2011. 8. 30. 선고 2009헌바42).

⑤ [×] 기본권이 충돌하는 경우 헌법의 통일성을 유지하기 위하여 상충하는 기본권 모두 최대한으로 그 기능과 효력을 발휘할 수 있도록 조화로운 방법이 모색되어야 하므로, 과잉금지원칙에 따라서 제한하는 법률조항의 목적이 정당한 것인가, 그러한 목적을 달성하기 위하여 마련된 수단이 표현의 자유를 제한하는 정도와 대화의 비밀을 보호하는 정도 사이에 적정한 비례를 유지하고 있는가의 관점에서 심사하기로 한다(2011. 8. 30. 선고 2009헌바42).

[정답] ②

④ 4개

정답 및 해설

ㄱ. [O] 이 사건 법률조항은 자동차 수의 증가와 자가운전 확대에 즈음하여 운전자들의 종합보험 가입을 유도하여 교통사고 피해자의 손해를 신속하고 적절하게 구제하고, 교통사고로 인한 전과자 양산을 방지하기 위한 것으로 그 목적의 정당성이 인정되며, 그 수단의 적절성도 인정된다. 그러나 교통사고 피해자가 신체의 상해로 인하여 생명에 대한 위험이 발생하거나 불구 또는 불치나 난치의 질병에 이르게 된 경우, 즉 중상해를 입은 경우(「형법」 제258조 제1항 및 제2항 참조), 사고발생 경위, 피해자의 특이성(노약자 등)과 사고발생에 관련된 피해자의 과실 유무 및 정도 등을 살펴 가해자에 대하여 정식기소 이외에도 약식기소 또는 기소유예 등 다양한 처분이 가능하고 정식기소된 경우에는 피해자의 재판절차진술권을 행사할 수 있게 하여야 함에도, 이 사건 법률조항에서 가해차량이 종합보험 등에 가입하였다는 이유로 「교통사고처리 특례법」 제3조 제2항 단서조항에 해당하지 않는 한 무조건 면책되도록 한 것은 기본권침해의 최소성에 위반된다(2009.2.26, 2005헌마764 등).

ㄴ. [X] 이 사건 법률조항이 교통사고로 인한 피해자에게 중상해가 아닌 상해의 결과만을 야기한 경우 가해 운전자에 대하여 가해차량이 종합보험 등에 가입되어 있음을 이유로 공소를 제기하지 못하도록 규정한 한도 내에서는, 그 제정목적인 교통사고로 인한 피해의 신속한 회복을 촉진하고 국민생활의 편익을 도모하려는 공익과 동 법률조항으로 인하여 침해되는 피해자의 재판절차에서의 진술권과 비교할 때 상당한 정도 균형을 유지하고 있으며, 단서조항에 해당하지 않는 교통사고의 경우에는 대부분 가해 운전자의 주의의무태만에 대한 비난 가능성이 높지 아니하고, 경미한 교통사고 피의자에 대하여는 비형벌화하려는 세계적인 추세 등에 비추어도 위와 같은 목적의 정당성, 방법의 적절성, 피해의 최소성, 이익의 균형성을 갖추었으므로 과잉금지의 원칙에 반하지 않는다(2009.2.26, 2005헌마764 등).

ㄷ. [O] 단서조항에 해당하지 않는 교통사고로 중상해를 입은 피해자와 단서조항에 해당하는 교통사고의 중상해 피해자 및 사망사고의 피해자 사이의 차별 문제는 교통사고 운전자의 기소 여부에 따라 피해자의 헌법상 보장된 재판절차진술권이 행사될 수 있는지 여부가 결정되어 이는 기본권 행사에 있어서 중대한 제한을 구성하기 때문에 엄격한 심사기준에 의하여 판단한다(2009.2.26, 2005헌마764).

ㄹ. [O] 교통사고로 인하여 중상해를 입은 결과, 식물인간이 되거나 평생 심각한 불구 또는 난치의 질병을 안고 살아가야 하는 피해자의 경우, 그 결과의 불법성이 사망사고 보다 결코 작다고 단정할 수 없으므로, 교통사고로 인하여 피해자가 사망한 경우와 달리 중상해를 입은 경우 가해운전자를 기소하지 않음으로써 그 피해자의 재판절차진술권을 제한하는 것 또한 합리적인 이유가 없는 차별취급이라고 할 것이다. 따라서 이 사건 법률조항으로 인하여 단서조항에 해당하지 아니하는 교통사고로 중상해를 입은 피해자를 단서조항에 해당하는 교통사고의 중상해 피해자 및 사망사고의 피해자와 재판절차진술권의 행사에 있어서 달리 취급한 것은, 단서조항에 해당하지 아니하는 교통사고로 중상해를 입은 피해자들의 평등권을 침해하는 것이라 할 것이다(2009.2.26, 2005헌마764).

ㅁ. [O] 국가의 신체와 생명에 대한 보호의무는 교통과실범의 경우 발생한 침해에 대한 사후처벌뿐 아니라, 무엇보다도 우선적으로 운전면허취득에 관한 법규 등 전반적인 교통 관련 법규의 정비, 운전자와 일반 국민에 대한 지속적인 계몽과 교육, 교통안전에 관한 시설의 유지 및 확충, 교통사고 피해자에 대한 보상제도 등 여러 가지 사전적·사후적 조치를 함께 취함으로써 이행된다 할 것이므로, 형벌은 국가가 취할 수 있는 유효적절한 수많은 수단 중의 하나일 뿐이지, 결코 형벌까지 동원해야만 보호법익을 유효적절하게 보호할 수 있다는 의미의 최종적인 유일한 수단이 될 수는 없다 할 것이다. 따라서 이 사건 법률조항은 국가의 기본권

보호의무의 위반 여부에 관한 심사기준인 과소보호금지의 원칙에 위반한 것이라고 볼 수 없다(2009.2.26, 2005헌마764).

ㅂ. [X]「교통사고처리 특례법」제4조 제1항 본문 중 업무상 과실 또는 중대한 과실로 인한 교통사고로 말미암아 피해자로 하여금 상해에 이르게 한 경우 공소를 제기할 수 없도록 한 부분이 과소보호금지원칙에 위배되지 않았으나, 교통사고 피해자가 업무상 과실 또는 중대한 과실로 인하여 '중상해'를 입은 경우「교통사고처리 특례법」제4조 제1항 본문 중 업무상 과실 또는 중대한 과실로 인한 교통사고로 말미암아 피해자로 하여금 상해에 이르게 한 경우 공소를 제기할 수 없도록 한 부분은 과잉금지원칙에 위배되어 재판절차진술권을 침해한다.

[정답] ②

제6절 | 기본권의 제한

037 기본권 제한의 한계에 대한 설명으로 옳은 것은?

① 일반적 법률유보조항으로 헌법 제37조 제2항은 기본권 제한입법의 수권규정이지만, 그것은 동시에 기본권 제한입법의 한계 규정이기도 하다.

② 헌법상 법치주의의 한 내용인 법률유보의 원칙은 국민의 기본권 실현에 관련된 영역에 있어서 국가 행정권의 행사에 관하여 적용되는 것이지, 기본권규범과 관련 없는 경우에까지 준수되도록 요청되는 것이라고 할 것이다.

③ 청원경찰은 근무의 공공성 때문에 일정한 경우에 공무원과 유사한 대우를 받고 있는 등으로 일반 근로자와 공무원의 복합적 성질을 가지고 있으므로 청원경찰 징계는 법률유보의 원칙이 적용된다.

④ 형사피해자의 재판절차진술권을 규정한 헌법 제27조 제5항이 정한 법률유보는 제한적 법률유보원칙이므로 이에 대하 제한에는 엄격한 비례원칙이 적용된다.

⑤ 국가배상청구권의 요건으로 고의 또는 과실을 규정하고 있는 국가배상법 제2조 제1항은 이미 형성된 국가배상청구권의 행사 및 존속을 제한하는 법조항이므로 과잉금지원칙에 위배했는지를 기준으로 헌법상 국가배상청구권을 침해하는지 여부를 심사한다.

:·: 정답 및 해설

①[○] 일반적 법률유보조항(一般的 法律留保條項)으로 헌법 제37조 제2항에서 "국민의 모든 자유와 권리는 국가안전보장·질서유지 또는 공공복리를 위하여 필요한 경우에 한하여 법률로서 제한할 수 있으며, 제한하는 경우에도 자유와 권리의 본질적인 내용을 침해할 수 없다."고 규정하고 있다. … 헌법 제37조 제2항의 규정은 기본권 제한입법의 수권(授權) 규정이지만, 그것은 동시에 기본권 제한입법의 한계(限界) 규정이기도 하기 때문에, 입법부도 수권의 범위를 넘어 자의적인 입법을 할 수 있는 것은 아니며, 사유재산권을 제한하는 입법을 함에 있어

서도 그 본질적인 내용의 침해가 있거나 과잉금지의 원칙에 위배되는 입법을 할 수 없음은 자명한 것이다(헌재 1990. 9. 3. 89헌가95).

② [X] 헌법상 법치주의의 한 내용인 법률유보의 원칙은 국민의 기본권 실현에 관련된 영역에 있어서 국가 행정권의 행사에 관하여 적용되는 것이지, 기본권규범과 관련 없는 경우에까지 준수되도록 요청되는 것은 아니라 할 것이다(헌재 2010. 2. 25. 2008헌바160).

③ [X] 청원경찰은 근무의 공공성 때문에 일정한 경우에 공무원과 유사한 대우를 받고 있는 등으로 일반 근로자와 공무원의 복합적 성질을 가지고 있지만, 그 임면주체는 국가 행정권이 아니라 청원경찰법상의 청원주로서 그 근로관계의 창설과 존속 등이 본질적으로 사법상 고용계약의 성질을 가지는바, 청원경찰의 징계로 인하여 사적 고용계약상의 문제인 근로관계의 존속에 영향을 받을 수 있다 하더라도 이는 국가 행정주체와 관련되고 기본권의 보호가 문제되는 것이 아니어서 여기에 법률유보의 원칙이 적용될 여지가 없으므로, 그 징계에 관한 사항을 법률에 정하지 않았다고 하여 법률유보의 원칙에 위반된다 할 수 없다(헌재 2010. 2. 25. 2008헌바160).

④ [X] 헌법 제27조 제5항이 정한 법률유보는 법률에 의한 기본권의 제한을 목적으로 하는 자유권적 기본권에 대한 법률유보의 경우와는 달리 기본권으로서의 재판절차진술권을 보장하고 있는 헌법규범의 의미와 내용을 법률로써 구체화하기 위한 이른바 기본권형성적 법률유보에 해당한다. 따라서 헌법이 보장하는 형사피해자의 재판절차진술권을 어떠한 내용으로 구체화할 것인가에 관하여는 입법자에게 입법형성의 자유가 부여되고 있으며, 다만 그것이 재량의 범위를 넘어 명백히 불합리한 경우에 비로소 위헌의 문제가 생길 수 있다(헌재 2003. 9. 25. 2002헌마533).

⑤ [X] 헌법상 국가배상청구권이 성립하기 위한 요건으로서 헌법 제29조 제1항 제1문은 '공무원의 직무상 불법행위로 손해를 받은' 것을 요건으로 하나, 한편으로 '법률이 정하는 바에 의하여'라고 하여 국가배상청구권의 구체적 형성을 법률에 유보하고 있다. 따라서 헌법상 국가배상청구권의 '불법행위' 역시 이를 법률에서 구체적으로 형성할 수 있는 개념이라고 할 것이다. 따라서 심판대상조항이 국가배상청구권의 성립요건으로서 공무원의 고의 또는 과실을 규정한 것은 법률로 이미 형성된 국가배상청구권의 행사 및 존속을 제한한다고 보기 보다는 국가배상청구권의 내용을 형성하는 것이라고 할 것이므로, 헌법상 국가배상제도의 정신에 부합하게 국가배상청구권을 형성하였는지의 관점에서 심사하여야 한다. 이하에서는 심판대상조항이 국가배상청구권의 성립요건으로서 공무원의 고의 또는 과실을 요구함으로써 무과실책임을 인정하지 않은 것이 입법형성권의 자의적 행사로서 헌법상 국가배상청구권을 침해하는지 여부를 살펴본다(헌재 2020. 3. 26. 2016헌바55).

[정답] ①

038 명확성원칙에 대한 설명으로 옳은 것은 모두 몇 개인가?

ㄱ. 모든 법규범의 문언을 순수하게 기술적 개념만으로 구성하는 것은 입법기술적으로 불가능하고 또 바람직하지도 않기 때문에 어느 정도 가치개념을 포함한 일반적, 규범적 개념을 사용하지 않을 수 없으나 명확성의 원칙이란 기본적으로 최대한의 명확성을 요구하는 것이다.
ㄴ. 법문언이 해석을 통해서, 즉 법관의 보충적인 가치판단을 통해서 그 의미내용을 확인해낼 수 있고, 그러한 보충적 해석이 해석자의 개인적인 취향에 따라 좌우될 가능성이 있더라도 명확성의 원칙에 반한다고 할 수 없다 할 것이다.
ㄷ. 죄형법정주의가 지배되는 형사 관련 법률에서는 명확성의 정도가 강화되어 더 엄격한 기준이 적용되나, 일반적인 법률에서는 명확성의 정도가 그리 강하게 요구되지 않기 때문에 상대적으로 완화된 기준이 적용된다.
ㄹ. 처벌법규의 구성요건이 다소 광범위하여 어떤 범위에서 법관의 보충적인 해석이 있어야 하는 개념을 사용하였다면 헌법이 요구하는 처벌법규의 명확성원칙에 배치된다고 보아야 한다.
ㅁ. 명확성의 원칙은 모든 법률에 있어서 동일한 정도로 요구되므로 개개의 법률이나 법조항의 성격에 따라 요구되는 정도에 차이가 있을 수 없으며, 어떠한 규정이 부담적 성격을 가지는 경우에는 수익적 성격을 가지는 경우에 비하여 명확성의 원칙이 더욱 엄격하게 요구되는 것은 아니다.
ㅂ. 처벌법규나 조세법규와 같이 국민의 기본권을 직접적으로 제한하거나 침해할 소지가 있는 법규에 대해서는 명확성의 원칙이 적용되지만, 국민에게 수익적인 급부행정 영역이나 규율대상이 지극히 다양하거나 수시로 변화하는 성질의 것일 때에는 명확성원칙이 적용되지 않는다.

① 1개 ② 2개
③ 3개 ④ 4개
⑤ 5개

정답 및 해설

ㄱ. [×] 모든 법규범의 문언을 순수하게 기술적 개념만으로 구성하는 것은 입법기술적으로 불가능하고 또 바람직하지도 않기 때문에 어느 정도 가치개념을 포함한 일반적, 규범적 개념을 사용하지 않을 수 없다. 따라서 명확성의 원칙이란 기본적으로 최대한이 아닌 최소한의 명확성을 요구하는 것이다. 그러므로 법문언이 해석을 통해서, 즉 법관의 보충적인 가치판단을 통해서 그 의미내용을 확인해낼 수 있고, 그러한 보충적 해석이 해석자의 개인적인 취향에 따라 좌우될 가능성이 없다면 명확성의 원칙에 반한다고 할 수 없다 할 것이다(헌재 1998. 4. 30. 95헌가16).

ㄴ. [×] 법문언이 해석을 통해서, 즉 법관의 보충적인 가치판단을 통해서 그 의미내용을 확인해낼 수 있고, 그러한 보충적 해석이 해석자의 개인적인 취향에 따라 좌우될 가능성이 없다면

명확성의 원칙에 반한다고 할 수 없다 할 것이다(헌재 1998. 4. 30. 95헌가16).

ㄷ. [O] 명확성의 원칙에서 명확성의 정도는 모든 법률에 있어서 동일한 정도로 요구되는 것은 아니고 개개의 법률이나 법조항의 성격에 따라 요구되는 정도에 차이가 있을 수 있으며 각각의 구성요건의 특수성과 그러한 법률이 제정되게 된 배경이나 상황에 따라 달라질 수 있다고 할 것이다. 즉, 죄형법정주의가 지배되는 형사 관련 법률에서는 명확성의 정도가 강화되어 더 엄격한 기준이 적용된다(죄형법정주의상의 명확성원칙). 그러나 일반적인 법률에서는 명확성의 정도가 그리 강하게 요구되지 않기 때문에 상대적으로 완화된 기준이 적용된다(일반적 명확성원칙)(2009.9.24, 2007헌바114).

ㄹ. [X] 죄형법정주의의 원칙에서 파생되는 명확성의 원칙은 법률이 처벌하고자 하는 행위가 무엇이며 그에 대한 형벌이 어떠한 것인지를 누구나 예견할 수 있고, 그에 따라 자신의 행위를 결정할 수 있도록 구성요건을 명확하게 규정하는 것을 의미한다. 그러나 처벌법규의 구성요건이 명확하여야 한다고 하여 모든 구성요건을 단순한 서술적 개념으로 규정하여야 하는 것은 아니고, 다소 광범위하여 법관의 보충적인 해석을 필요로 하는 개념을 사용하였다고 하더라도 통상의 해석방법에 의하여 건전한 상식과 통상적인 법감정을 가진 사람이면 당해 처벌법규의 보호법익과 금지된 행위 및 처벌의 종류와 정도를 알 수 있도록 규정하였다면 처벌법규의 명확성에 배치되는 것이 아니다(대판 2014.1.29, 2013도12939).

ㅁ. [X] 명확성의 원칙은 모든 법률에 있어서 동일한 정도로 요구되는 것은 아니고 개개의 법률이나 법조항의 성격에 따라 요구되는 정도에 차이가 있을 수 있으며, 각각의 구성요건의 특수성과 그러한 법률이 제정되게 된 배경이나 상황에 따라 달라질 수 있지만, 일반론으로는 어떤 규정이 부담적 성격을 가지는 경우에는 수익적 성질을 가지는 경우에 비하여 명확성의 원칙이 더욱 엄격하게 요구된다(1992.2.25, 89헌가104).

ㅂ. [X] 처벌법규나 조세를 부과하는 조세법규와 같이 국민의 기본권을 직접적으로 제한하거나 침해할 소지가 있는 법규에서는 구체성·명확성의 요구가 강화되어 그 위임의 요건과 범위가 더 엄격하게 규정되어야 하는 반면, 일반적인 급부행정이나 조세감면 혜택을 부여하는 조세법규의 경우에는 위임의 구체성·명확성의 요구가 완화되어 위임의 요건과 범위가 덜 엄격하게 규정될 수 있으며, 규율대상이 지극히 다양하거나 수시로 변화하는 성질의 것일 때에도 마찬가지다(2006.12.28., 2005헌바59). ➡ 급부행정이나 규율대상이 지극히 다양하거나 수시로 변화하는 성질의 것일 때에도 명확성원칙이 적용되나 명확성의 정도는 완화된다.

[정답] ①

039 기본권 제한에 대한 설명으로 옳은 것은?

① 헌법 제37조 제2항에서 기본권 제한의 근거로 제시하고 있는 질서유지의 개념은 국가의 존립·헌법의 기본질서의 유지 등을 포함하는 개념으로서 결국 국가의 독립, 영토의 보전, 헌법과 법률의 기능, 헌법에 의하여 설치된 국가기관의 유지 등의 의미로 이해될 수 있을 것이다.

② 헌법은 헌법 제119조 이하의 경제에 관한 장에서 "균형있는 국민경제의 성장과 안정, 적정한 소득의 분배, 시장의 지배와 경제력남용의 방지, 경제주체간의 조화를 통한 경제의 민주화, 균형있는 지역경제의 육성, 중소기업의 보호육성, 소비자보호 등"의

경제영역에서의 국가목표를 명시적으로 규정함으로써 국가가 경제정책을 통하여 달성하여야 할 "공익"을 구체화하고, 동시에 헌법 제37조 제2항의 기본권제한을 위한 일반법률유보에서의 "국가안전보장"을 구체화하고 있다.

③ 경제적 기본권의 제한을 정당화하는 공익이 헌법에 명시적으로 규정된 목표에만 제한되는 것은 아니고, 헌법은 단지 국가가 실현하려고 의도하는 전형적인 경제목표를 예시적으로 구체화하고 있을 뿐이므로 기본권의 침해를 정당화할 수 있는 모든 공익을 아울러 고려하여 법률의 합헌성 여부를 심사하여야 한다.

④ 헌법 제23조 제3항에서 규정하고 있는 '공공필요'는 "국민의 재산권을 그 의사에 반하여 강제적으로라도 취득해야 할 공익적 필요성"으로서, '공공필요'의 개념은 '공익성'과 '필요성'이라는 요소로 구성되어 있는바, 기본권 일반의 제한사유인 '공공복리'보다 넓게 보는 것이 타당하다.

⑤ 헌법 제37조 제2항은 기본권제한에 관한 일반적 법률유보조항이라고 할 수 있는데, 법률유보의 원칙은 "법률에 의한 규율"만을 요청하는 것이고 "법률에 근거한 규율"을 요청하는 것이 아니기 때문에 기본권제한의 형식이 반드시 법률의 형식이어야 한다.

> **정답 및 해설**
>
> ① [×] 헌법 제37조 제2항은 "국민의 모든 자유와 권리는 국가안전보장·질서유지 또는 공공복리를 위하여 필요한 경우에 한하여 법률로써 제한할 수 있으며, 제한하는 경우에도 자유와 권리의 본질적인 내용을 침해할 수 없다."고 하는 이른바 일반적 법률유보조항을 두고 있는바, 국가의 안전보장은 헌법상 중요한 국가적 법익의 하나로서 위의 규정 외에도 헌법 제5조 제2항, 제39조 제1항, 제66조 제2항, 제69조 등이 국가의 안전보장과 관련이 있는 것이다. 헌법 제37조 제2항에서 기본권 제한의 근거로 제시하고 있는 국가의 안전보장의 개념은 국가의 존립·헌법의 기본질서의 유지 등을 포함하는 개념으로서 결국 국가의 독립, 영토의 보전, 헌법과 법률의 기능, 헌법에 의하여 설치된 국가기관의 유지 등의 의미로 이해될 수 있을 것이다(헌재 1992. 2. 25. 89헌가104).
>
> ② [×] 헌법은 헌법 제119조 이하의 경제에 관한 장에서 "균형있는 국민경제의 성장과 안정, 적정한 소득의 분배, 시장의 지배와 경제력남용의 방지, 경제주체간의 조화를 통한 경제의 민주화, 균형있는 지역경제의 육성, 중소기업의 보호육성, 소비자보호 등"의 경제영역에서의 국가목표를 명시적으로 규정함으로써 국가가 경제정책을 통하여 달성하여야 할 "공익"을 구체화하고, 동시에 헌법 제37조 제2항의 기본권제한을 위한 일반법률유보에서의 "공공복리"를 구체화하고 있다. 그러나 경제적 기본권의 제한을 정당화하는 공익이 헌법에 명시적으로 규정된 목표에만 제한되는 것은 아니고, 헌법은 단지 국가가 실현하려고 의도하는 전형적인 경제목표를 예시적으로 구체화하고 있을 뿐이므로 기본권의 침해를 정당화할 수 있는 모든 공익을 아울러 고려하여 법률의 합헌성 여부를 심사하여야 한다(헌재 1996. 12. 26. 96헌가18).
>
> ③ [○] 경제적 기본권의 제한을 정당화하는 공익이 헌법에 명시적으로 규정된 목표에만 제한되는 것은 아니고, 헌법은 단지 국가가 실현하려고 의도하는 전형적인 경제목표를 예시적으로 구체화하고 있을 뿐이므로 기본권의 침해를 정당화할 수 있는 모든 공익을 아울러 고려하여 법률의 합헌성 여부를 심사하여야 한다(헌재 1996. 12. 26. 96헌가18).

④ [X] 헌법 제23조 제3항에서 규정하고 있는 '공공필요'는 "국민의 재산권을 그 의사에 반하여 강제적으로라도 취득해야 할 공익적 필요성"으로서, '공공필요'의 개념은 '공익성'과 '필요성'이라는 요소로 구성되어 있는바, '공익성'의 정도를 판단함에 있어서는 오늘날 공익사업의 범위가 확대되는 경향에 대응하여 재산권의 존속보장과의 조화를 위해서는, '공공필요'의 요건에 관하여, 공익성은 추상적인 공익 일반 또는 국가의 이익 이상의 중대한 공익을 요구하므로 기본권 일반의 제한사유인 '공공복리'보다 좁게 보는 것이 타당하다(헌재 2014. 10. 30. 2011헌바172등).

⑤ [X] 헌법 제37조 제2항은 기본권제한에 관한 일반적 법률유보조항이라고 할 수 있는데, 법률유보의 원칙은 "법률에 의한 규율"만을 요청하는 것이 아니라 "법률에 근거한 규율"을 요청하는 것이기 때문에 기본권의 제한에는 법률의 근거가 필요할 뿐이고 기본권제한의 형식이 반드시 법률의 형식일 필요는 없다(헌재 2005. 3. 31. 2003헌마87).

[정답] ③

040 과잉금지원칙에 대한 설명 중 옳지 않은 것을 모두 조합한 것은?

ㄱ. 국회의 입법에 의하여 지방자치권이 침해되었는지 여부를 심사함에 있어서는 지방자치권의 본질적 내용이 침해되었는지 여부만을 심사하면 족하지 않고, 기본권 침해를 심사하는 데 적용되는 과잉금지원칙이나 평등원칙등을 적용하여야 한다.

ㄴ. 헌법 제37조 제2항에 제시된 국가안전보장, 질서유지, 공공복리 외에 단순한 입법 정책적 목적도 정당한 목적이 될 수 있다.

ㄷ. 제대군인가산점제도는 공무원채용시험 응시 등 취업준비에 있어 제대군인이 아닌 사람에 비하여 상대적으로 불리한 처지에 놓이게 된 제대군인의 사회복귀를 지원한다는 것은 입법정책적으로 얼마든지 가능하고 또 매우 필요하다고 할 수 있으므로 이 입법목적은 정당하다.

ㄹ. 국가작용에 있어서 취해진 어떠한 조치나 선택된 수단은 그것이 달성하려는 사안의 목적에 적합하여야 함은 당연하지만 과잉금지의 원칙이라는 것이 목적달성에 필요한 유일의 수단선택을 요건으로 하는 것이다.

ㅁ. 입법목적을 달성하기 위하여 가능한 여러 수단들 가운데 입법목적을 달성하기 위한 수단으로서 반드시 가장 합리적이며 효율적인 수단을 선택하여야 한다.

① ㄱㄷㄹ
② ㄴㄷㄹ
③ ㄱㄹㅁ
④ ㄷㄹㅁ
⑤ ㄴㄷㅁ

정답 및 해설

ㄱ. [X] 헌법 제117조 제1항에 의해 지방자치단체에게 보장된 지방자치권은 절대적인 것이 아니고 법령에 의하여 형성되는 것이므로, 입법자는 지방자치에 관한 사항을 형성하면서 지방자치단체의 지방자치권을 제한할 수 있다. 그러나 법령에 의하여 지방자치단체의 지방자

치권을 제한하는 것이 가능하다고 하더라도, 지방자치단체의 존재 자체를 부인하거나 각종 권한을 말살하는 것과 같이 그 제한이 불합리하여 지방자치권의 본질적인 내용을 침해하여서는 아니 된다. 따라서 국회의 입법에 의하여 지방자치권이 침해되었는지 여부를 심사함에 있어서는 지방자치권의 본질적 내용이 침해되었는지 여부만을 심사하면 족하고, 기본권침해를 심사하는데 적용되는 과잉금지원칙이나 평등원칙 등을 적용할 것은 아니다(헌재 2010. 10. 28. 2007헌라4).

ㄴ. [O] 가산점제도의 주된 목적은 군복무 중에는 취업할 기회와 취업을 준비하는 기회를 상실하게 되므로 이러한 불이익을 보전해 줌으로써 제대군인이 군복무를 마친 후 빠른 기간 내에 일반사회로 복귀할 수 있도록 해 주는 데에 있다. 인생의 황금기에 해당하는 20대 초·중반의 소중한 시간을 사회와 격리된 채 통제된 환경에서 자기개발의 여지없이 군복무 수행에 바침으로써 국가·사회에 기여하였고, 그 결과 공무원채용시험 응시 등 취업준비에 있어 제대군인이 아닌 사람에 비하여 상대적으로 불리한 처지에 놓이게 된 제대군인의 사회복귀를 지원한다는 것은 입법정책적으로 얼마든지 가능하고 또 매우 필요하다고 할 수 있으므로 이 입법목적은 정당하다. … 그러나 가산점제도로 인하여 침해되는 것은 헌법이 강도 높게 보호하고자 하는 고용상의 남녀평등, 장애인에 대한 차별금지라는 헌법적 가치이다. 그러므로 법익의 일반적, 추상적 비교의 차원에서 보거나, 차별취급 및 이로 인한 부작용의 결과가 위와 같이 심각한 점을 보거나 가산점제도는 법익균형성을 현저히 상실한 제도라는 결론에 이르지 아니할 수 없다(헌재 1999. 12. 23. 98헌마363).

ㄷ. [O] ㄴ해설참조

ㄹ. [X] 국가작용에 있어서 취해진 어떠한 조치나 선택된 수단은 그것이 달성하려는 사안의 목적에 적합하여야 함은 당연하지만 그 조치나 수단이 목적달성을 위하여 유일무이한 것일 필요는 없는 것이다. 국가가 어떠한 목적을 달성함에 있어서는 어떠한 조치나 수단 하나만으로서 가능하다고 판단할 경우도 있고 다른 여러 가지의 조치나 수단을 병과 하여야 가능하다고 판단하는 경우도 있을 수 있으므로 과잉금지의 원칙이라는 것이 목적달성에 필요한 유일의 수단선택을 요건으로 하는 것이라고 할 수는 없는 것이다. 물론 여러 가지의 조치나 수단을 병행하는 경우에도 그 모두가 목적에 적합하고 필요한 정도내의 것이어야 함은 말할 필요조차 없다(헌재 1989. 12. 22. 88헌가13).

ㅁ. [X] 입법목적을 달성하기 위하여 가능한 여러 수단들 가운데 구체적으로 어느 것을 선택할 것인가의 문제가 기본적으로 입법재량에 속하는 것이기는 하다. 그러나 위 입법재량이라는 것도 자유재량을 말하는 것은 아니므로 입법목적을 달성하기 위한 수단으로서 반드시 가장 합리적이며 효율적인 수단을 선택하여야 하는 것은 아니라고 할지라도 적어도 현저하게 불합리하고 불공정한 수단의 선택은 피하여야 할 것이다(헌재 1996. 4. 25. 92헌바47).

[정답] ③

041 과잉금지원칙에 옳지 않은 것을 모두 조합한 것은?

> ㄱ. 지구당을 폐지한 것에 수단의 적정성이 있는가 하는 것은 상대적으로 엄격한 심사기준에 의하여 판단하여야 한다.
> ㄴ. 침해의 최소성의 관점에서, 입법자는 그가 의도하는 공익을 달성하기 위하여 우선 기본권을 보다 적게 제한하는 단계인 기본권행사의 '여부'에 관한 규제로써 공익을 실현할 수 있는가를 시도하고 이러한 방법으로는 공익달성이 어렵다고 판단되는 경우에 비로소 그 다음 단계인 기본권행사의 '방법'에 관한 규제를 선택해야 한다.
> ㄷ. 입법자가 필요적 규정이 아닌 임의적 규정으로도 법의 목적을 실현할 수 있는 경우에 구체적 사안의 개별성과 특수성을 고려할 수 있는 가능성을 일체 배제하는 필요적 규정을 둔다면, 이는 비례의 원칙의 한 요소인 '법익균형성의 원칙'에 위배된다.
> ㄹ. '의료행위'의 사회적 기능이나 사회적 연관성의 비중은 매우 크다고 할 수 있으므로 요양기관강제지정제를 택한 것은 최소침해의 원칙에 반하는가'에 대한 판단은 '입법자의 판단이 현저하게 잘못되었는가'하는 명백성의 통제에 그치는 것이 타당하다고 본다.
> ㅁ. 대학 교원의 단결권에 대한 제한이 헌법에 위배되는지 여부가 문제가 된 경우, 교육공무원 아닌 대학 교원에 대해서는 과잉금지원칙 위배 여부를 기준으로, 교육공무원인 대학 교원에 대해서는 입법형성의 범위를 일탈하였는지 여부를 기준으로 나누어 심사한다.

① ㄱㄴㄷ
② ㄴㄷㄹ
③ ㄱㄹㅁ
④ ㄷㄹㅁ
⑤ ㄴㄷㅁ

정답 및 해설

ㄱ. [×] 지구당 폐지는 위 입법목적을 달성하는데 효과적이고 적절한 수단일 뿐만 아니라, 지구당을 강화할 것인가 여부에 관한 선택은 헌법의 테두리를 벗어나지 않는 한 입법자가 합목적적으로 판단할 당·부당의 문제에 그치고 합헌·위헌의 문제로까지 되는 것은 아니어서 지구당을 폐지한 것에 수단의 적정성이 있는가 하는 것은 상대적으로 완화된 심사기준에 의하여 판단하여야 하므로, 수단의 적정성을 인정할 수 있으며, … (헌재 2004. 12. 16. 2004헌마456)

ㄴ. [×] 입법자는 공익실현을 위하여 기본권을 제한하는 경우에도 입법목적을 실현하기에 적합한 여러수단 중에서 되도록 국민의 기본권을 가장 존중하고 기본권을 최소로 침해하는 수단을 선택해야 한다. 기본권을 제한하는 규정은 기본권행사의 '방법'에 관한 규정과 기본권행사의 '여부'에 관한 규정으로 구분할 수 있다. 침해의 최소성의 관점에서, 입법자는 그가 의도하는 공익을 달성하기 위하여 우선 기본권을 보다 적게 제한하는 단계인 기본권행사의 '방법'에 관한 규제로써 공익을 실현할 수 있는가를 시도하고 이러한 방법으로는 공익달성이 어렵다고 판단되는 경우에 비로소 그 다음 단계인 기본권행사의 '여부'에 관한 규제를 선택해야 한다 (헌재 1998. 5. 28. 96헌가5).

ㄷ. [×] 입법자가 필요적 규정이 아닌 임의적 규정으로도 법의 목적을 실현할 수 있는 경우에 구체적 사안의 개별성과 특수성을 고려할 수 있는 가능성을 일체 배제하는 필요적 규정을 둔다면, 이는 비례의 원칙의 한 요소인 '최소침해성의 원칙'에 위배된다(헌재 1998. 5. 28. 96헌가12).

ㄹ. [○] 의료인은 의료공급자로서의 기능을 담당하고 있고, 의료소비자인 전국민의 생명권과 건강권의 실질적 보장이 의료기관의 의료행위에 의존하고 있으므로, '의료행위'의 사회적 기능이나 사회적 연관성의 비중은 매우 크다고 할 수 있다. 이러한 관점에서 볼 때, '국가가 계약지정제를 택하더라도 입법목적을 똑같이 효율적으로 달성할수 있기 때문에 강제지정제를 택한 것은 최소침해의 원칙에 반하는가'에 대한 판단은 '입법자의 판단이 현저하게 잘못되었는가'하는 명백성의 통제에 그치는 것이 타당하다고 본다(헌재 2002. 10. 31. 99헌바76등).

ㅁ. [○] 고등교육법 제2조에 규정된 고등교육을 실시하기 위한 학교는 국가가 설립·경영하거나 국가가 국립대학 법인으로 설립하는 국립학교, 지방자치단체가 설립·경영하는 공립학교, 학교법인이 설립·경영하는 사립학교로 구분하며(고등교육법 제3조), 고등교육법 제2조의 학교 중 국립 또는 공립의 학교에 근무하는 교원 및 조교는 교육공무원이다(교육공무원법 제2조 제1항, 제3항). 즉 대학 교원에는 교육공무원인 교원과 교육공무원이 아닌 교원이 모두 포함되어 있다. 이 사건에서는 대학 교원을 교육공무원 아닌 대학 교원과 교육공무원인 대학 교원으로 나누어, 각각의 단결권에 대한 제한이 헌법에 위배되는지 여부에 관하여 살펴보기로 하되, 교육공무원 아닌 대학 교원에 대해서는 과잉금지원칙 위배 여부를 기준으로, 교육공무원인 대학 교원에 대해서는 입법형성의 범위를 일탈하였는지 여부를 기준으로 나누어 심사하기로 한다[2018. 8. 30. 2015헌가38].

[정답] ①

042 기본권 제한의 한계에 대한 설명으로 옳지 않은 것은?

① 본질적 내용에 관한 학설중 상대설은 본질적 내용이 비례원칙에 따라 결정되는 가변적 것으로 보는 견해인데 헌법재판소의 사형제도 판례는 상대설을 취한 결정이라고 할 수 있다.

② 동성동본금혼제도는 그 입법목적이 이제는 혼인에 관한 국민의 자유와 권리를 제한할 '사회질서'나 '공공복리'에 해당될 수 없다는 점에서 헌법 제37조 제2항에도 위반된다.

③ 청구인 대통령의 지시로 피청구인 대통령 비서실장, 정무수석비서관, 교육문화수석비서관, 문화체육관광부장관이 야당 소속 후보를 지지하였거나 정부에 비판적 활동을 한 문화예술인이나 단체를 정부의 문화예술 지원사업에서 배제할 목적으로, 한국문화예술위원회, 영화진흥위원회, 한국출판문화산업진흥원 소속 직원들로 하여금 특정 개인이나 단체를 문화예술인 지원사업에서 배제하도록 한 일련의 지시 행위는 목적의 정당성이 인정되지 않는다.

④ 군사법경찰관의 피의자 구속기간의 연장을 허용하는 군사법원법 제242조는 헌법상 정당화되기 위하여 필요한 요건의 하나인 수단의 적절성 원칙에 부합되지 아니한다.

⑤ 세무사 자격 보유 변호사로 하여금 세무조정업무를 할 수 없도록 규정한 법인세법

제60조 제9항 제3호 및 소득세법 제70조 제6항 제3호는 자격 부여 과정에서 세무조정업무 수행능력이 검증된 세무사와 공인회계사, 그리고 세무사등록부에 등록한 변호사에게만 세무조정업무를 허용하여, 세무조정업무 수행능력이 검증되지 아니하였고 세무사법상 법률사무가 아닌 세무대리업무를 할 수 없는 세무사 자격 보유 변호사에 대하여는 세무조정업무를 허용하지 않고 있다. 이러한 업무 제한은 입법목적 달성을 위한 적합한 수단이다.

> **정답 및 해설**
>
> ① [O] 생명권에 대한 제한은 곧 생명권의 완전한 박탈을 의미한다 할 것이므로, 사형이 비례의 원칙에 따라서 최소한 동등한 가치가 있는 다른 생명 또는 그에 못지아니한 공공의 이익을 보호하기 위한 불가피성이 충족되는 예외적인 경우에만 적용되는 한, 그것이 비록 생명을 빼앗는 형벌이라 하더라도 헌법 제37조 제2항 단서에 위반되는 것으로 볼 수는 없다(헌재 1996. 11. 28. 95헌바1).
> ② [O] 동성동본금혼제도는 그 입법목적이 이제는 혼인에 관한 국민의 자유와 권리를 제한할 '사회질서'나 '공공복리'에 해당될 수 없다는 점에서 헌법 제37조 제2항에도 위반된다(헌재 1997. 7. 16. 95헌가6).
> ③ [O] 이 사건 지원배제 지시는 정부에 대한 비판적 견해를 가진 청구인들을 제재하기 위한 목적으로 행한 것인데, 이는 헌법의 근본원리인 국민주권주의와 자유민주적 기본질서에 반하므로, 그 목적의 정당성을 인정할 수 없어 청구인들의 표현의 자유를 침해한다(2020. 12. 23. 2017헌마416).
> ④ [O] 군사법경찰단계에서의 장기구금을 통하여 수사목적을 달성하려는 것은 인권침해의 우려가 매우 높은 방식이어서 각국의 입법에서 그 예를 찾아보기 어려울 뿐만 아니라 국제인권규정에도 부합하지 아니하므로 이는 기본권제한이 헌법상 정당화되기 위하여 필요한 요건의 하나인 수단의 적절성 원칙에 부합되지 아니하고, 나아가 불필요하게 구속을 장기화한다는 점에서도 이것은 기본권제한이 헌법상 정당화되기 위하여 필요한 또 하나의 요건인 피해의 최소성원칙에도 부합되지 않는다(헌재 2003. 11. 27. 2002헌마193).
> ⑤ [X] 위 조항들은 세무조정업무의 전문성을 확보하고 부실 세무조정을 방지함으로써 납세자의 권익을 보호하고 세무행정의 원활한 수행 및 납세의무의 적정한 이행을 도모하려는 것이다. 이러한 세무조정업무를 수행하기 위해서는 세법 및 관련 법령에 대한 전문 지식과 법률에 대한 해석·적용능력이 필수적으로 요구된다. 세법 및 관련 법령에 대한 해석·적용에 있어서는 세무사나 공인회계사보다 변호사에게 오히려 전문성과 능력이 인정됨에도 불구하고, 위 조항들은 세무사 자격 보유 변호사를 세무조정업무에서 전면적으로 배제시키고 있으므로, 수단의 적합성을 인정할 수 없다(헌재 2018. 4. 26. 2016헌마116).
>
> [정답] ⑤

제2장 개별 기본권

제1절 | 인간의 존엄과 가치 및 행복추구권

043 인간의 존엄과 가치, 행복추구권에 대한 설명으로 옳은 것을 모두 조합한 것은?

> ㄱ. 자유와 권리의 보장은 1차적으로 헌법상 개별적 기본권규정을 매개로 이루어지지만, 기본권제한에 있어서 인간의 존엄과 가치를 침해한다거나 기본권형성에 있어서 최소한의 필요한 보장조차 규정하지 않음으로써 결과적으로 인간으로서의 존엄과 가치를 훼손한다면, 헌법 제10조에서 규정한 인간의 존엄과 가치에 위반된다고 할 것이다.
> ㄴ. 헌법 제10조의 행복추구권은 국민이 행복을 추구하기 위하여 필요한 급부를 국가에게 적극적으로 요구할 수 있는 것을 내용으로 하는 권리이자, 국민이 행복을 추구하기 위한 활동을 국가권력의 간섭 없이 자유롭게 할 수 있다는 포괄적인 의미의 자유권으로서의 성격도 가진다.
> ㄷ. 인간의 존엄성은 '국가권력의 과제'로서 국민이 제3자에 의하여 인간존엄성을 위협받을 때 국가는 이를 보호할 의무를 부담한다.
> ㄹ. 헌법 제10조의 국민의 인권을 보장할 의무, 제2조 제2항의 재외국민 보호의무, 헌법 전문(前文)은, 국가의 국민에 대한 일반적·추상적 의무를 선언한 것이거나 국가의 기본적 가치질서를 선언한 것일 뿐이어서 그 조항 자체로부터 국가의 국민에 대한 구체적인 작위의무가 나올 수 없다.
> ㅁ. 구금의 목적 달성을 위하여 필요최소한의 범위 내에서는 수형자의 기본권에 대한 제한이 불가피하다 하더라도, 국가는 인간의 존엄과 가치에서 비롯되는 위와 같은 국가형벌권 행사의 한계를 준수하여야 하고, 어떠한 경우에도 수형자가 인간으로서 가지는 존엄과 가치를 훼손할 수 없다.

① ㄱㄴㄷ ② ㄴㄷㄹ
③ ㄱㄷㅁ ④ ㄷㄹㅁ
⑤ ㄴㄷㅁ

정답 및 해설

ㄱ. [O] 헌법 제10조에서 규정한 인간의 존엄과 가치는 헌법이념의 핵심으로, 국가는 헌법에 규정된 개별적 기본권을 비롯하여 헌법에 열거되지 아니한 자유와 권리까지도 이를 보장하여야 하며, 이를 통하여 개별 국민이 가지는 인간으로서의 존엄과 가치를 존중하고 확보하여야 한다는 헌법의 기본원리를 선언한 조항이다. 따라서 자유와 권리의 보장은 1차적으로 헌법상 개별적 기본권규정을 매개로 이루어지지만, 기본권제한에 있어서 인간의 존엄과 가치를 침해한다거나 기본권형성에 있어서 최소한의 필요한 보장조차 규정하지 않음으로써 결과적으로 인간으로서의 존엄과 가치를 훼손한다면, 헌법 제10조에서 규정한 인간의 존엄과 가치에 위반된다고 할 것이다(헌재 2000. 6. 1. 98헌마216).

ㄴ. [X] 헌법 제10조의 행복추구권은 국민이 행복을 추구하기 위하여 필요한 급부를 국가에게 적극적으로 요구할 수 있는 것을 내용으로 하는 것이 아니라, 국민이 행복을 추구하기 위한 활동을 국가권력의 간섭 없이 자유롭게 할 수 있다는 포괄적인 의미의 자유권으로서의 성격을 가진다. 그런데 이 사건 규정은 보상금수급권에 대한 일정 요건하의 지급정지를 규정하고 있는 것으로 자유권이나 자유권의 제한영역에 관한 규정이 아니므로, 이 사건 규정이 행복추구권을 침해한다고 할 수는 없다(헌재 2000. 6. 1. 98헌마216).

ㄷ. [O] 인간의 존엄성은 '국가권력의 한계'로서 국가에 의한 침해로부터 보호받을 개인의 방어권일뿐 아니라, '국가권력의 과제'로서 국민이 제3자에 의하여 인간존엄성을 위협받을 때 국가는 이를 보호할 의무를 부담한다(헌재 2011. 8. 30. 2006헌마788).

ㄹ. [X] 헌법 전문, 제2조 제2항, 제10조와 이 사건 협정 제3조의 문언에 비추어 볼 때, 피청구인이 이 사건 협정 제3조에 따라 분쟁해결의 절차로 나아갈 의무는 일본국에 의해 자행된 조직적이고 지속적인 불법행위에 의하여 인간의 존엄과 가치를 심각하게 훼손당한 자국민들이 배상청구권을 실현하도록 협력하고 보호하여야 할 헌법적 요청에 의한 것으로서, 그 의무의 이행이 없으면 청구인들의 기본권이 중대하게 침해될 가능성이 있으므로, 피청구인의 작위의무는 헌법에서 유래하는 작위의무로서 그것이 법령에 구체적으로 규정되어 있는 경우라고 할 것이다. 특히, 우리 정부가 직접 원폭피해자들의 기본권을 침해하는 행위를 한 것은 아니지만, 일본에 대한 배상청구권의 실현 및 인간으로서의 존엄과 가치의 회복에 대한 장애상태가 초래된 것은 우리 정부가 청구권의 내용을 명확히 하지 않고 '모든 청구권'이라는 포괄적인 개념을 사용하여 이 사건 협정을 체결한 것에도 책임이 있다는 점에 주목한다면, 그 장애상태를 제거하는 행위로 나아가야 할 구체적 의무가 있음을 부인하기 어렵다(2011. 8. 30. 2008헌마648).

ㅁ. [O] 구금의 목적 달성을 위하여 필요최소한의 범위 내에서는 수형자의 기본권에 대한 제한이 불가피하다 하더라도, 국가는 인간의 존엄과 가치에서 비롯되는 위와 같은 국가형벌권 행사의 한계를 준수하여야 하고, 어떠한 경우에도 수형자가 인간으로서 가지는 존엄과 가치를 훼손할 수 없다. 이 사건의 경우, 성인 남성인 청구인이 이 사건 방실에 수용된 기간 동안 1인당 실제 개인사용가능면적은, 2일 16시간 동안에는 $1.06m^2$, 6일 5시간 동안에는 $1.27m^2$였다. 이러한 1인당 수용면적은 우리나라 성인 남성의 평균 신장인 사람이 팔다리를 마음껏 뻗기 어렵고, 모로 누워 '칼잠'을 자야 할 정도로 매우 협소한 것이다. 그렇다면 청구인이 이 사건 방실에 수용된 기간, 접견 및 운동으로 이 사건 방실 밖에서 보낸 시간 등 제반 사정을 참작하여 보더라도, 청구인은 이 사건 방실에서 신체적·정신적 건강이 악화되거나 인격체로서의 기본 활동에 필요한 조건을 박탈당하는 등 극심한 고통을 경험하였을 가능성이 크다. 따라서 청구인이 인간으로서 최소한의 품위를 유지할 수 없을 정도로 과밀한 공간에서 이루어진 이 사건 수용행위는 청구인의 인간으로서의 존엄과 가치를 침해한다(헌재 2016. 12. 29. 2013헌마142).

[정답] ③

044 한센병환자에 대한 동의없는 정관수술에 대한 손해배상이 청구된 사건이다. 설명으로 옳지 않은 것은?

① 환자는 헌법 제10조에서 규정한 개인의 인격권과 행복추구권에 의하여 생명과 신체의 기능을 어떻게 유지할 것인지에 대하여 스스로 결정하고 의료행위를 선택할 권리를 보유한다.

② 의료행위 주체가 설명의무를 소홀히 하여 환자로 하여금 자기결정권을 실질적으로 행사할 수 없게 하였다면 그 자체만으로는 불법행위가 성립할 수 없다.

③ 국가가 한센병 환자의 치료 및 격리수용을 위하여 운영·통제해 온 ○○ ○○○병원 등에 소속된 의사나 간호사 또는 의료보조원 등이 한센인들에게 시행한 정관절제수술과 임신중절수술은 그에 관한 동의 내지 승낙을 받지 아니하였다면 헌법상 신체를 훼손당하지 아니할 권리와 태아의 생명권 등을 침해하는 행위이다.

④ 환자의 권리 침해행위가 정부의 정책에 따른 정당한 공권력의 행사라고 인정받으려면 법률에 그에 관한 명시적인 근거가 있어야 하고, 과잉금지의 원칙에 위배되지 아니하여야 하며, 침해행위의 상대방인 한센인들로부터 '사전에 이루어진 설명에 기한 동의(prior informed consent)'가 있어야 한다.

⑤ 한센인들을 상대로 정관절제수술이나 임신중절수술을 시행하였다면 설령 이러한 조치가 정부의 보건정책이나 산아제한정책을 수행하기 위한 것이었다고 하더라도 이는 위법한 공권력의 행사로서 민사상 불법행위가 성립한다.

> **정답 및 해설**
>
> ① [○] 환자는 헌법 제10조에서 규정한 개인의 인격권과 행복추구권에 의하여 생명과 신체의 기능을 어떻게 유지할 것인지에 대하여 스스로 결정하고 의료행위를 선택할 권리를 보유한다. 따라서 수술과 같이 신체를 침해하는 의료행위를 하는 경우 환자로부터 의료행위에 대한 동의 내지 승낙을 받아야 하고, 동의 등의 전제로서 질병의 증상, 치료방법의 내용 및 필요성, 발생이 예상되는 위험 등에 관하여 당시의 의료수준에 비추어 상당하다고 생각되는 사항을 설명하여 환자가 필요성이나 위험성을 충분히 비교해 보고 의료행위를 받을 것인지를 선택할 수 있도록 하여야 한다(대법원 2017. 2. 15. 선고 2014다230535 판결).
>
> ② [×] 만일 의료행위 주체가 위와 같은 설명의무를 소홀히 하여 환자로 하여금 자기결정권을 실질적으로 행사할 수 없게 하였다면 그 자체만으로도 불법행위가 성립할 수 있다. 국가가 한센병 환자의 치료 및 격리수용을 위하여 운영·통제해 온 ○○ ○○○병원 등에 소속된 의사나 간호사 또는 의료보조원 등이 한센인들에게 시행한 정관절제수술과 임신중절수술은 신체에 대한 직접적인 침해행위로서 그에 관한 동의 내지 승낙을 받지 아니하였다면 헌법상 신체를 훼손당하지 아니할 권리와 태아의 생명권 등을 침해하는 행위이다(대법원 2017. 2. 15. 선고 2014다230535 판결).
>
> ③ [○] 국가가 한센병 환자의 치료 및 격리수용을 위하여 운영·통제해 온 ○○ ○○○병원 등에 소속된 의사나 간호사 또는 의료보조원 등이 한센인들에게 시행한 정관절제수술과 임신중절수술은 신체에 대한 직접적인 침해행위로서 그에 관한 동의 내지 승낙을 받지 아니하였다면 헌법상 신체를 훼손당하지 아니할 권리와 태아의 생명권 등을 침해하는 행위이다(대법원 2017. 2. 15. 선고 2014다230535 판결).

④ [○] 한센인들의 임신과 출산을 사실상 금지함으로써 자손을 낳고 단란한 가정을 이루어 행복을 추구할 권리는 물론이거니와 인간으로서의 존엄과 가치, 인격권 및 자기결정권, 내밀한 사생활의 비밀 등을 침해하거나 제한하는 행위임이 분명하다. 더욱이 위와 같은 침해행위가 정부의 정책에 따른 정당한 공권력의 행사라고 인정받으려면 법률에 그에 관한 명시적인 근거가 있어야 하고, 과잉금지의 원칙에 위배되지 아니하여야 하며, 침해행위의 상대방인 한센인들로부터 '사전에 이루어진 설명에 기한 동의(prior informed consent)'가 있어야 한다(대법원 2017. 2. 15. 선고 2014다230535 판결).

⑤ [○] 만일 국가가 위와 같은 요건을 갖추지 아니한 채 한센인들을 상대로 정관절제수술이나 임신중절수술을 시행하였다면 설령 이러한 조치가 정부의 보건정책이나 산아제한정책을 수행하기 위한 것이었다고 하더라도 이는 위법한 공권력의 행사로서 민사상 불법행위가 성립한다(대법원 2017. 2. 15. 선고 2014다230535 판결).

[정답] ②

045 인간의 존엄과 가치, 행복추구권에 대한 설명으로 옳지 않은 것은?

① 친생부인의 소에 제척기간을 설정한 것 자체가 잘못이라는 것은 아니고 단지 기간을 정함에 있어 부(父)가 자(子)와의 사이에 친생자관계가 존재하지 않음을 알았는지의 여부에 관계없이 일률적으로 '그 출생을 안 날로부터 1년내'라고 규정함으로써, 친생부인권의 행사를 현저히 곤란하게 하거나 사실상 박탈하는 것과 같은 결과를 초래하는 것이 잘못이고 헌법에 위반된다.

② 친생부인의 소의 제척기간을 규정한 민법(2005. 3. 31. 법률 제7427호로 개정된 것) 제847조 제1항 중 "부(夫)가 그 사유가 있음을 안 날부터 2년내" 부분은 친생부인의 소의 제척기간에 관한 입법재량의 한계를 일탈하지 않은 것으로서 헌법에 위반되지 아니한다.

③ 자의적인 '기소유예처분'이 헌법재판소에 의해 위헌선언을 받은 이유는 '피의자'의 평등권과 행복추구권 침해이나, 자의적인 '불기소처분'은 '피해자'의 평등권과 재판절차진술권 침해한다.

④ 지역 방언을 자신의 언어로 선택하여 공적 또는 사적인 의사소통과 교육의 수단으로 사용하는 것은 행복추구권에서 파생되는 일반적 행동의 자유 내지 개성의 자유로운 발현의 한 내용이 된다 할 것이므로 공문서를 표준어 규정에 따라 작성하도록 한 국어기본법 제14조 제1항은 행복추구권과 부모들의 자녀교육권의 침해가 문제되므로, 각기 비례의 원칙 위반 여부를 심사한다.

⑤ 법률행위의 영역에 있어서는 계약을 체결할 것인가의 여부, 체결한다면 어떠한 내용의, 어떠한 상대방과의 관계에서, 어떠한 방식으로 계약을 체결하느냐 하는 것도 당사자 자신이 자기의사로 결정하는 자유뿐만 아니라 원치 않으면 계약을 체결하지 않을 자유, 즉 원치 않는 계약의 체결은 법이나 국가에 의하여 강제받지 않을 자유인 이른바 계약자유의 원칙도, 인간의 존엄과 가치로부터 파생되는 것이라 할 것이다.

정답 및 해설

① [O] 이 사건의 경우 친생부인의 소의 제척기간을 일률적으로 자(子)의 출생을 안 날로부터 1년으로 규정함으로써 부(父)가 자(子)의 친생자 여부에 대한 의심도 가지기 전에 그 제척기간이 경과하여 버려 결과적으로 부(父)로 하여금 혈연관계가 없는 친자관계를 부인할 수 있는 기회를 극단적으로 제한하고 또 자(子)의 출생 후 1년이 지나서 비로소 그의 자(子)가 아님을 알게 된 부(父)로 하여금 당사자의 의사에 반하면서까지 친생부인권을 상실하게 하는 것이다. 이는 인간이 가지는 보편적 감정에도 반할 뿐만 아니라 자유로운 의사에 따라 친자관계를 부인하고자 하는 부(父)의 가정생활과 신분관계에서 누려야 할 인격권 및 행복추구권을 침해하고 있는 것이다(헌재 1997. 3. 27. 95헌가14).

② [O] 헌법재판소 1997. 3. 27. 95헌가14등 결정의 취지에 따라 2005. 3. 31. 법률 제7427호로 개정된 민법 제847조 제1항은 '친생부인의 사유가 있음을 안 날'을 제척기간의 기산점으로 삼음으로써 부(夫)가 혈연관계의 진실을 인식할 때까지 기간의 진행을 유보하고, '그로부터 2년'을 제척기간으로 삼음으로써 부(夫)의 친생부인의 기회를 실질적으로 보장하고 있다. 또한 2년이란 기간은 자녀의 불안정한 지위를 장기간 방치하지 않기 위한 것으로서 지나치게 짧다고 볼 수 없다. 따라서 민법 제847조 제1항 중 "부(夫)가 그 사유가 있음을 안 날부터 2년내" 부분은 친생부인의 소의 제척기간에 관한 입법재량의 한계를 일탈하지 않은 것으로서 헌법에 위반되지 아니한다(헌재 2015. 3. 26. 2012헌바357).

③ [O] 육군 보병 제2사단 보통군사법원 검찰부 1988년 형제 52호 사건에 있어서 검찰관이 1988년 9월 30일에 청구인에 대하여 한 기소유예처분은 청구인(피의자)의 평등권과 행복추구권을 침해한 것이므로 이를 취소한다(헌재 1989. 10. 27. 98헌마56).
부산지방검찰청 2004년 형제90호 사건에서 피청구인이 2004. 4. 16. 피고소인에 대하여 한 불기소처분 중 의장법위반 부분은 청구인(피해자)의 평등권과 재판절차상의 진술권을 침해한 것이므로 이를 취소한다(헌재 2005. 6. 30. 2005헌마116).

④ [O] 언어는 의사소통 수단으로서 다른 동물과 인간을 구별하는 하나의 주요한 특징으로 인식되고, 모든 언어는 지역, 세대, 계층에 따라 각기 상이한 방언을 가지고 있는바, 이들 방언은 이를 공유하는 사람들의 의사소통에 중요한 역할을 담당하며, 방언 가운데 특히 지역 방언은 각 지방의 고유한 역사와 문화 등 정서적 요소를 그 배경으로 하기 때문에 같은 지역주민들 간의 원활한 의사소통 및 정서교류의 기초가 되므로, 이와 같은 지역 방언을 자신의 언어로 선택하여 공적 또는 사적인 의사소통과 교육의 수단으로 사용하는 것은 행복추구권에서 파생되는 일반적 행동의 자유 내지 개성의 자유로운 발현의 한 내용이 된다 할 것이다. 국어기본법 제14조 제1항의 공문서를 표준어 규정에 따라 작성하는 것에 관한 부분은 공문서를 작성 또는 이용하는 국민의 행복추구권의 침해 여부가 문제되고, 구 국어기본법 제18조의 교과용 도서를 표준어 규정에 따라 제작하게 한 부분에 관하여는 학생들의 행복추구권과 부모들의 자녀교육권의 침해가 문제되므로, 각기 비례의 원칙 위반 여부에 관하여 살펴보기로 한다(헌재 2009. 5. 28. 2006헌마618 전원재판부).

⑤ [×] 헌법 제10조 전문은 "모든 국민은 인간으로서의 존엄과 가치를 가지며, 행복을 추구할 권리를가진다."고 규정하고 있다. 여기의 행복추구권 속에 함축된 일반적인 행동자유권과 개성의 자유로운 발현권은 국가안전보장, 질서유지 또는 공공복리에 반하지 않는 한 입법 기타 국정상 최대의 존중을 필요로 하는 것이라고 볼 것이다. 일반적 행동자유권에는 적극적으로 자유롭게 행동을 하는 것은 물론 소극적으로 행동을 하지 않을 자유 즉 부작위의 자유도 포함되는 것으로, 법률행위의 영역에 있어서는 계약을 체결할 것인가의 여부, 체결한다면 어떠한 내용의, 어떠한 상대방과의 관계에서, 어떠한 방식으로 계약을 체결하느냐 하는 것도 당사자 자신이 자기의

사로 결정하는 자유뿐만 아니라 원치 않으면 계약을 체결하지 않을 자유, 즉 원치 않는 계약의 체결은 법이나 국가에 의하여 강제받지 않을 자유인 이른바 계약자유의 원칙도, 여기의 일반적 행동자유권으로부터 파생되는 것이라 할 것이다. 이는 곧 헌법 제119조 제1항의 개인의 경제상의 자유의 일종이기도 하다. 그렇다면 특수건물의 소유자에게 특약부 화재보험계약체결의 강제는 계약자유의 원칙에 대한 제약인 동시에 헌법상의 일반적 행동자유권 내지 경제활동의 자유의 제한이 된다고 할 것이다(헌재 1991. 6. 3. 89헌마204).

[정답] ⑤

046 인간의 존엄과 가치, 행복추구권에 대한 설명으로 옳지 않은 것을 모두 조합한 것은?

ㄱ. 화재로 인한 재해보상과 보험가입에 관한 법률 제5조의 '특수건물' 부분에 동법 제2조 제3호 가목 소정의 '4층 이상의 건물'을 포함시키는 것은 헌법에 위반된다.
ㄴ. 채권자의 재산권과 채무자와 수익자의 일반적 행동의 자유 내지 계약의 자유 및 수익자의 재산권이 서로 충돌하게 되는 경우, 기본권의 서열이나 법익의 형량을 통해 어느 한 쪽의 기본권을 우선시키고 다른 쪽의 기본권을 후퇴시킬 수 밖에 없다.
ㄷ. 형법상 간통죄는 선량한 성풍속 및 일부일처제에 기초한 혼인제도를 보호하고 부부간 정조의무를 지키게 하기 위한 것으로 그 입법목적의 정당성은 인정되나 적절하고 실효성 있는 수단이라고 할 수 없다.
ㄹ. 혼인을 빙자하여 음행의 상습없는 부녀를 기망하여 간음한 자를 처벌하는 것은 그 목적과 방법은 정당하나 최소성원칙에 반한다.
ㅁ. 혼인빙자간음죄는 여성의 성적자기결정권 뿐 아니라 남성의 성적자기결정권 및 사생활의 비밀과 자유를 과잉제한하는 것으로 헌법에 위반된다.

① ㄱㄷㅁ
② ㄴㄷㄹ
③ ㄷㅁ
④ ㄴㄷㅁ
⑤ ㄴㄹ

정답 및 해설

ㄱ. [O] 4층 이상의 건물에 대하여 획일적으로 임의보험의 원칙을 배제하고 가입강제토록 별도의 규정을 둘 필요는 없다 할 것이며, 이 점에서 기본권 제한에 있어서 그 선택된 수단이 정당하거나 또한 부득이한 것이 되지 못한다고 할 것이다. 앞서 본 바와 같이 제5조 제1항의 보험가입강제는 체계부조화의 문제점이 있고 또 기본권침해의 요소가 없지 않은 제도라면, 이는 개인의 경제상의 자유와 창의의 존중을 기본으로 하는 경제질서하에서는 어디까지나 예외적인 것이어야 하며, 그리고 엄격한 요건아래서만 인정되어야 할 것이다.
따라서 이러한 법일수록 목적달성을 위하여 최소한의 범위로 국한시켜야 하며 다른 합헌적인 대체수단이 있으면 이를 따를 것이고 함부로 확대입법한다는 것은 과잉금지의 원칙에 합치될 수 없는 것이다 (1991. 6. 3. 89헌마204).

ㄴ. [×] 채권자취소권의 제소기간에 관한 민법 제406조 제2항 중 '법률행위 있은 날로부터 5년 내에서 인정하고 있는 채권자취소권이 행사되면 채권자의 재산권인 채권의 실효성은 확보될 수 있는 반면, 채무자와 수익자간의 법률행위가 취소되고 수익자가 취득한 재산이 채무자의 책임재산으로 회복되게 됨으로써 채무자 및 수익자의 일반적 행동의 자유 내지 계약의 자유와 수익자의 재산권이 제한되는 결과를 가져오게 된다. 이와 같이 <u>채무자의 책임재산을 둘러싸고 채권자의 재산권과 채무자와 수익자의 일반적 행동의 자유 내지 계약의 자유 및 수익자의 재산권이 서로 충돌하게 되는 경우, 기본권의 서열이나 법익의 형량을 통해 어느 한 쪽의 기본권을 우선시키고 다른 쪽의 기본권을 후퇴시킬 수는 없으므로,</u> 이러한 경우에는 헌법의 통일성을 유지하기 위해 상충하는 기본권 모두가 최대한으로 그 기능과 효력을 발휘할 수 있도록 조화로운 방법을 모색하되, 법익형량의 원리, 입법에 의한 선택적 재량 등을 종합적으로 참작하여 심사하여야 할 것이다(2006. 11. 30. 2003헌바66).

ㄷ. [O] 심판대상조항은 선량한 성풍속 및 일부일처제에 기초한 혼인제도를 보호하고 부부간 정조의무를 지키게 하기 위한 것으로 그 <u>입법목적의 정당성은 인정된다.</u> 오늘날 간통죄는 간통행위자 중 극히 일부만 처벌될 뿐만 아니라 잠재적 범죄자를 양산하여 그들의 기본권을 제한할 뿐, 혼인제도 및 정조의무를 보호하기 위한 실효성은 잃게 되었다. 혼인과 가정의 유지는 당사자의 자유로운 의지와 애정에 맡겨야지, 형벌을 통하여 타율적으로 강제될 수 없는 것이므로, 심판대상조항이 일부일처제의 혼인제도와 가정질서를 보호한다는 목적을 달성하는 데 적절하고 실효성 있는 수단이라고 할 수 없다(헌재 2015. 2. 26. 2009헌바17).

ㄹ. [×] 이 사건 법률조항의 경우 입법목적에 정당성이 인정되지 않는다. 첫째, 남성이 위력이나 폭력 등 해악적 방법을 수반하지 않고서 여성을 애정행위의 상대방으로 선택하는 문제는 그 행위의 성질상 국가의 개입이 자제되어야 할 사적인 내밀한 영역인데다 또 그 속성상 과장이 수반되게 마련이어서 우리 형법이 혼전 성관계를 처벌대상으로 하지 않고 있으므로 혼전 성관계의 과정에서 이루어지는 통상적 유도행위 또한 처벌해야 할 이유가 없다. 다음 여성이 혼전 성관계를 요구하는 상대방 남자와 성관계를 가질 것인가의 여부를 스스로 결정한 후 자신의 결정이 착오에 의한 것이라고 주장하면서 상대방 남성의 처벌을 요구하는 것은 여성 스스로가 자신의 성적자기결정권을 부인하는 행위이다. 또한 혼인빙자간음죄가 다수의 남성과 성관계를 맺는 여성 일체를 '음행의 상습 있는 부녀'로 낙인찍어 보호의 대상에서 제외시키고 보호대상을 '음행의 상습없는 부녀'로 한정함으로써 여성에 대한 남성우월적 정조관념에 기초한 가부장적 · 도덕주의적 성 이데올로기를 강요하는 셈이 된다. 결국 이 사건 법률조항은 남녀 평등의 사회를 지향하고 실현해야 할 국가의 헌법적 의무(헌법 제36조 제1항)에 반하는 것이자, 여성을 유아시(幼兒視)함으로써 여성을 보호한다는 미명 아래 사실상 국가 스스로가 여성의 성적자기결정권을 부인하는 것이 되므로, 이 사건 법률조항이 보호하고자 하는 여성의 성적자기결정권은 여성의 존엄과 가치에 역행하는 것이다.

ㅁ. [O] 이 사건 법률조항은 남녀평등의 사회를 지향하고 실현해야 할 헌법 제36조의 제1항의 국가의 헌법적 의무에 반하는 것이자, 여성을 유아시함으로써 여성을 보호한다는 미명 아래 사실상 국가 스스로가 여성의 성적자기결정권을 부인하는 것이 되므로, 결국 이 사건 법률조항이 보호하고자 하는 여성의 성적자기결정권은 여성의 존엄과 가치에 역행하는 것이다. 이 사건 법률조항은 목적의 정당성, 수단의 적절성 및 피해최소성을 갖추지 못하였고 법익의 균형성도 이루지 못하였으므로, 헌법 제37조 제2항의 과잉금지원칙을 위반하여 남성의 성적자기결정권 및 사생활의 비밀과 자유를 과잉제한하는 것으로 헌법에 위반된다(헌재 2009. 11. 26. 2008헌바58).

[정답] ⑤

047 낙태죄에 대한 헌법재판소 결정과 일치하지 않는 것은 모두 몇 개인가?

> ㄱ. 자기결정권에는 임신한 여성이 자신의 신체를 임신상태로 유지하여 출산할 것인지 여부에 대하여 결정할 수 있는 권리가 포함되어 있다.
> ㄴ. 자기낙태죄 조항이 임신한 여성의 자기결정권을 침해한다고 이미 판단한 이상, 여성의 건강권, 평등권, 신체의 완전성에 관한 권리, 모성을 보호받을 권리 침해 여부는 판단하지 아니한다.
> ㄷ. 자기낙태죄 조항은 임신한 여성의 자기결정권과 태아의 생명권의 직접적인 충돌을 해결해야 하는 사안으로 보는 것이 적절하다.
> ㄹ. 자기낙태죄 조항은 태아의 생명을 보호하기 위한 것으로서, 정당한 입법목적을 달성하기 위한 적합한 수단이 아니므로 임신한 여성의 자기결정권을 침해한다.
> ㅁ. 자기낙태죄 조항이 위헌이면 임신한 여성의 촉탁 또는 승낙을 받아 낙태하게 한 의사를 처벌하는 의사낙태죄 조항도 위헌이라고 보아야 한다.
> ㅂ. 모자보건법에서 정한 자기낙태의 위법성을 조각하는 정당화사유에 '임신 유지 및 출산을 힘들게 하는 다양하고 광범위한 사회적·경제적 사유에 의한 낙태갈등 상황이 포섭된다.
> ㅅ. 태아의 생명권을 보호하고자 하는 공익의 중요성은 태아의 성장 상태에 따라 달라진다고 볼 수 없으며, 임신 중의 특정한 기간 동안에는 임신한 여성의 인격권이나 자기결정권이 우선하고 그 이후에는 태아의 생명권이 우선한다고 할 수도 없다.
> ㅇ. 생명의 전체적 과정에 대해 법질서가 언제나 동일한 법적 보호 내지 효과를 부여하고 있는 것은 아니므로 국가가 생명을 보호하는 입법적 조치를 취함에 있어 인간생명의 발달단계에 따라 그 보호정도나 보호수단을 달리할 수 있다.
> ㅈ. 사회적·경제적 사유에 따른 낙태를 허용할 경우 현실적으로 낙태의 전면 허용과 동일한 결과를 초래하여 일반적인 생명경시 풍조를 유발할 우려가 있다.
> ㅊ. 임신부의 자기결정권과 태아의 생명권 충돌은 양립조정할 수 없는 관계이므로 실제적 조화의 원칙에 따라 양 기본권의 실현을 최적화할 수 있는 해법을 선택할 수는 없고 추상적인 형량에 의하여 양자택일 방식으로 선택된 어느 하나의 법익을 위해 다른 법익을 희생할 수밖에 없다.
> ㅋ. '임신 제1삼분기(first trimester, 대략 마지막 생리기간의 첫날부터 14주 무렵까지)'에는 어떠한 사유를 요구함이 없이 임신한 여성이 자신의 숙고와 판단 아래 낙태할 수 있도록 하여야 하므로 자기낙태죄 조항 및 의사낙태죄 조항에 대하여 단순위헌결정을 하여야 한다.
> ㅌ. 단순위헌의견이 3인, 헌법불합치의견이 4인인 경우 주문은 헌법불합치결정이다.
> ㅍ. 자기낙태죄 조항은 태아의 생명을 보호하기 위한 것으로서 목적은 정당하나 정당한 입법목적을 달성하기 위한 적합한 수단은 아니다.

① 6개 ② 7개
③ 8개 ④ 9개
⑤ 10개

정답 및 해설

ㄱ. [O] <u>자기결정권</u>에는 여성이 그의 존엄한 인격권을 바탕으로 하여 자율적으로 자신의 생활영역을 형성해 나갈 수 있는 권리가 포함되고, 여기에는 <u>임신한 여성이 자신의 신체를 임신상태로 유지하여 출산할 것인지 여부에 대하여 결정할 수 있는 권리가 포함되어 있다.</u>

ㄴ. [O] 청구인은 자기낙태죄 조항이 여성의 건강권, 평등권, 신체의 완전성에 관한 권리, 모성을 보호받을 권리 등을 침해한다고 주장하나, 앞서 살펴본 바와 같이 자기낙태죄 조항이 임신한 여성의 자기결정권을 침해한다고 이미 판단한 이상, 청구인의 나머지 주장들에 대하여는 더 나아가 판단하지 아니한다.

ㄷ. [X] 자기낙태죄 조항의 존재와 역할을 간과한 채 <u>임신한 여성의 자기결정권과 태아의 생명권의 직접적인 충돌을 해결해야 하는 사안으로 보는 것은 적절하지 않다.</u>

ㄹ. [X] 자기낙태죄 조항은 태아의 생명을 보호하기 위한 것으로서, 정당한 입법목적을 달성하기 위한 적합한 수단이다. 자기낙태죄 조항은 입법목적을 달성하기 위하여 필요한 최소한의 정도를 넘어 임신한 여성의 자기결정권을 제한하고 있어 침해의 최소성을 갖추지 못하였고, 태아의 생명 보호라는 공익에 대하여만 일방적이고 절대적인 우위를 부여함으로써 법익균형성의 원칙도 위반하였으므로, 과잉금지원칙을 위반하여 임신한 여성의 자기결정권을 침해한다.

ㅁ. [O] <u>자기낙태죄 조항과 동일한 목표를 실현하기 위하여 임신한 여성의 촉탁 또는 승낙을 받아 낙태하게 한 의사를 처벌하는 의사낙태죄 조항도 같은 이유에서 위헌이라고 보아야 한다.</u>

ㅂ. [X] 모자보건법에서 정한 자기낙태의 위법성을 조각하는 정당화사유는 ① 본인이나 배우자의 우생학적·유전학적 정신장애나 신체질환, ② 본인이나 배우자의 전염성 질환, ③ 강간 또는 준강간에 의한 임신, ④ 혼인할 수 없는 혈족 또는 인척 간의 임신, ⑤ 모체의 건강에 대한 위해나 위해 우려이다. 위 사유들은 대부분 형법 제22조의 긴급피난이나 제20조의 정당행위로서 위법성 조각이 가능하거나, 임신의 유지와 출산에 대한 기대가능성이 없음을 이유로 책임조각이 가능하다고 보는 시각까지 있을 정도로 매우 제한적이고 한정적인 사유들이다. <u>위 사유들에는 '임신 유지 및 출산을 힘들게 하는 다양하고 광범위한 사회적·경제적 사유에 의한 낙태갈등 상황'이 전혀 포섭되지 않는다.</u>

ㅅ. [X] 태아가 모체를 떠난 상태에서 독자적인 생존을 할 수 있는 경우에는, 그렇지 않은 경우와 비교할 때 훨씬 인간에 근접한 상태에 도달하였다고 볼 수 있다. 이러한 점들을 모두 고려한다면, <u>태아가 모체를 떠난 상태에서 독자적으로 생존할 수 있는 시점인 임신 22주 내외에 도달하기 전이면서 동시에 임신 유지와 출산 여부에 관한 자기결정권을 행사하기에 충분한 시간이 보장되는 시기까지의 낙태에 대해서는 국가가 생명보호의 수단 및 정도를 달리 정할 수 있다고 봄이 타당하다.</u>

ㅇ. [O] 생명의 전체적 과정에 대해 법질서가 언제나 동일한 법적 보호 내지 효과를 부여하고 있는 것은 아니다. 따라서 국가가 생명을 보호하는 입법적 조치를 취함에 있어 인간생명의 발달단계에 따라 그 보호정도나 보호수단을 달리하는 것은 불가능하지 않다.

ㅈ. [X] 자기낙태죄 조항은 모자보건법에서 정한 사유에 해당하지 않는다면 결정가능기간 중에 다양하고 광범위한 사회적·경제적 사유를 이유로 낙태갈등 상황을 겪고 있는 경우까지도 예외 없이 전면적·일률적으로 임신의 유지 및 출산을 강제하고, 이를 위반한 경우 형사처벌하고 있다. 따라서, 자기낙태죄 조항은 입법목적을 달성하기 위하여 필요한 최소한의 정도를 넘어 임신한 여성의 자기결정권을 제한하고 있어 침해의 최소성을 갖추지 못하였고, 태아의 생명 보호라는 공익에 대하여만 일방적이고 절대적인 우위를 부여함으로써 법익균형성의 원칙도 위반하였으므로, 과잉금지원칙을 위반하여 임신한 여성의 자기결정권을 침해한다.

ㅊ. [×] 일정한 경우에 있어서 임신한 여성들은 자신이 처한 사회적·경제적 상황을 고려하였을 때 임신·출산·육아를 도저히 감당할 수 없을 것이고, 만약 자녀가 출생하면 어머니가 될 자신뿐만 아니라 태어날 자녀마저도 불행해질 것이라는 판단 하에 낙태를 결심하고 실행한다는 것이다. 위와 같은 판단의 옳고 그름을 따지기에 앞서, 이러한 낙태갈등 상황이 전개된다는 것은 '가해자 대 피해자'의 관계로 임신한 여성과 태아의 관계를 고정시켜서는 태아의 생명 보호를 위한 바람직한 해법을 찾기 어렵다는 것을 시사해 준다. <u>이러한 특성은 추상적인 형량에 의하여 양자택일 방식으로 선택된 어느 하나의 법익을 위해 다른 법익을 희생할 것이 아니라, 실제적 조화의 원칙에 따라 양 기본권의 실현을 최적화할 수 있는 해법을 모색하고 마련할 것을 국가에 요청하고 있다.</u>

ㅋ. [×] 헌법불합치결정을 하였다. 위헌결정의 논리를 기억해야 한다.

ㅌ. [O] 단순위헌의견이 3인, 헌법불합치의견이 4인인 경우 주문의 표시 및 종전결정의 변경: 자기낙태죄 조항과 의사낙태죄 조항이 헌법에 위반된다는 단순위헌의견이 3인이고, 헌법에 합치되지 아니한다는 헌법불합치의견이 4인이므로, 단순위헌의견에 헌법불합치의견을 합산하면 법률의 위헌결정을 함에 필요한 심판정족수에 이르게 된다. 따라서 위 조항들에 대하여 헌법에 합치되지 아니한다고 선언하되, 2020. 12. 31.을 시한으로 입법자가 개선입법을 할 때까지 계속적용을 명한다.

ㅍ. [×] 자기낙태죄 조항은 모자보건법이 정한 예외를 제외하고는 임신기간 전체를 통틀어 모든 낙태를 전면적·일률적으로 금지하고, 이를 위반할 경우 형벌을 부과함으로써 임신의 유지·출산을 강제하고 있으므로, 임신한 여성의 자기결정권을 제한한다. 자기낙태죄 조항은 태아의 생명을 보호하기 위한 것으로서, 정당한 입법목적을 달성하기 위한 적합한 수단이다(헌재 2019. 4. 11. 2017헌바127).

[정답] ③

048 혼인금지에 대한 설명 중 옳은 것(O)과 옳지 않은 것(×)을 올바르게 조합한 것은? (다툼이 있는 경우 판례에 의함)

ㄱ. 인격권과 행복추구권은 개인의 자기운명결정권을 전제로 하고 자기운명결정권은 다시 성적 상대방의 결정권, 나아가 배우자결정권을 포함한다.

ㄴ. 동성동본금혼을 규정한 민법 제809조 제1항은 이제 사회적 타당성 내지 합리성을 상실하고 있음과 아울러 인간으로서의 존엄과 가치 및 행복추구권을 규정한 헌법이념 및 개인의 존엄과 양성의 평등에 기초한 혼인과 가족생활의 성립·유지라는 헌법규정에 정면으로 배치될 뿐 아니라, 남계혈족에만 한정하여 성별에 의한 차별을 함으로써 헌법상의 평등의 원칙에도 위반되며, 그 입법목적이 정당하지 않다는 점에서 헌법 제37조 제2항에도 위반된다.'는 이유로 헌법불합치 결정을 하였으나 8촌 이내 혈족 사이의 혼인금지의 목적은 정당하다.

ㄷ. 유전학적 연구결과에 의하더라도 8촌 이내 혈족 사이의 혼인이 일률적으로 그 자녀나 후손에게 유전적으로 유해한지에 대한 과학적인 증명이 있었다고 보기 어려우

므로, 유전학적 관점은 혼인의 상대방을 선택할 자유를 제한하는 합리적인 이유가 될 수 없다. 따라서 8촌 이내의 혈족 사이에서는 혼인할 수 없도록 하는 민법 제809조 제1항은 입법목적 달성에 필요한 범위를 넘는 과도한 제한으로서 과잉금지원칙에 위배하여 혼인의 자유를 침해한다.

ㄹ. 8촌 이내의 혈족 사이에서는 혼인할 수 없도록 하는 민법 제809조 제1항은 헌법 제36조에서 도출되는 '혼인과 가족생활을 스스로 결정하고 형성할 수 있는 자유'(혼인의 자유)를 제한하고 이 경우 과잉금지원칙을 기준으로 위헌여부를 심사한다.

ㅁ. 8촌 이내의 혈족 사이에서는 혼인할 수 없도록 하는 민법을 위반한 혼인을 무효로 하는 민법 제815조 제2호는 과잉금지원칙에 위배하여 혼인의 자유를 침해한다.

① ㄱ(O), ㄴ(O), ㄷ(×), ㄹ(O), ㅁ(O)
② ㄱ(×), ㄴ(×), ㄷ(O), ㄹ(×), ㅁ(O)
③ ㄱ(O), ㄴ(×), ㄷ(×), ㄹ(×), ㅁ(×)
④ ㄱ(×), ㄴ(O), ㄷ(O), ㄹ(O), ㅁ(×)
⑤ ㄱ(×), ㄴ(O), ㄷ(×), ㄹ(O), ㅁ(×)

정답 및 해설

ㄱ. [O] 헌법 제10조는 "모든 국민은 인간으로서의 존엄과 가치를 가지며, 행복을 추구할 권리를 가진다. 국가는 개인이 가지는 불가침의 기본적 인권을 확인하고 이를 보장할 의무를 진다"고 규정함으로써 모든 기본권의 종국적 목적(기본이념)이라 할 수 있고 인간의 본질이며 고유한 가치인 개인의 인격권과 행복추구권을 보장하고 있다. 그리고 이러한 개인의 인격권·행복추구권은 개인의 자기운명결정권을 그 전제로 하고 있으며, 이 자기운명결정권에는 성적(性的)자기결정권 특히 혼인의 자유와 혼인에 있어서 상대방을 결정할 수 있는 자유가 포함되어 있다(헌재 1997. 7. 16. 95헌가6등).

ㄴ. [O] 동성동본금혼제도는 그 입법목적이 이제는 혼인에 관한 국민의 자유와 권리를 제한할 '사회질서'나 '공공복리'에 해당될 수 없다는 점에서 헌법 제37조 제2항에도 위반된다(헌재 1997. 7. 16. 95헌가6).

8촌 이내의 혈족 사이에서는 혼인할 수 없도록 하는 민법 제809조 제1항은 근친혼으로 인하여 가까운 혈족 사이의 상호관계 및 역할, 지위와 관련하여 발생할 수 있는 혼란을 방지하고 가족제도의 기능을 유지하기 위한 것으로서 정당한 입법목적 달성을 위한 적합한 수단에 해당한다[2022. 10. 27. 2018헌바115].

ㄷ. [×] 이 사건 금혼조항은 근친혼으로 인하여 가까운 혈족 사이의 상호관계 및 역할, 지위와 관련하여 발생할 수 있는 혼란을 방지하고 가족제도의 기능을 유지하기 위한 것으로서 정당한 입법목적 달성을 위한 적합한 수단에 해당한다. 이 사건 금혼조항은, 촌수를 불문하고 부계혈족 간의 혼인을 금지한 구 민법상 동성동본금혼 조항에 대한 헌법재판소의 헌법불합치 결정의 취지를 존중하는 한편, 우리 사회에서 통용되는 친족의 범위 및 양성평등에 기초한 가족관계 형성에 관한 인식과 합의에 기초하여 혼인이 금지되는 근친의 범위를 한정한 것이므로 그 합리성이 인정되며, 입법목적 달성에 불필요하거나 과도한 제한을 가하는 것이라고는 볼 수 없으므로 침해의 최소성에 반한다고 할 수 없다. 나아가 이 사건 금혼조항으로 인하

여 법률상의 배우자 선택이 제한되는 범위는 친족관계 내에서도 8촌 이내의 혈족으로, 넓다고 보기 어렵다. 그에 비하여 8촌 이내 혈족 사이의 혼인을 금지함으로써 가족질서를 보호하고 유지한다는 공익은 매우 중요하므로 이 사건 금혼조항은 법익균형성에 위반되지 아니한다. 그렇다면 이 사건 금혼조항은 과잉금지원칙에 위배하여 혼인의 자유를 침해하지 않는다[2022. 10. 27. 2018헌바115].

ㄹ. [O] 심판대상조항은 8촌 이내의 혈족 사이의 혼인을 금지하고, 이에 위반한 혼인은 무효로 하여 '혼인과 가족생활을 스스로 결정하고 형성할 수 있는 자유'(이하 '혼인의 자유'라 한다)를 제한하고 있다. 이러한 제한이 헌법 제37조 제2항이 정한 기본권 제한의 한계 원리 내의 것인지 살펴본다[2022. 10. 27. 2018헌바115].

ㅁ. [O] 이 사건 무효조항의 입법목적은 근친혼이 가까운 혈족 사이의 신분관계 등에 현저한 혼란을 초래하고 가족제도의 기능을 심각하게 훼손하는 경우에 한정하여 무효로 하더라도 충분히 달성 가능하고, 위와 같은 경우에 해당하는지 여부가 명백하지 않다면 혼인의 취소를 통해 장래를 향하여 혼인을 해소할 수 있도록 규정함으로써 가족의 기능을 보호하는 것이 가능하므로, 이 사건 무효조항은 입법목적 달성에 필요한 범위를 넘는 과도한 제한으로서 침해의 최소성을 충족하지 못한다. 나아가 이 사건 무효조항을 통하여 달성되는 공익은 결코 적지 아니하나, 이 사건 무효조항으로 인하여 제한되는 사익 역시 중대함을 고려하면, 이 사건 무효조항은 법익균형성을 충족하지 못한다. 그렇다면, 이 사건 무효조항은 과잉금지원칙에 위배하여 혼인의 자유를 침해한다[2022. 10. 27. 2018헌바115].

[정답] ①

049 소비자의 권리에 대한 설명으로 옳지 않은 것을 모두 조합한 것은?

> ㄱ. 주세법의 구입명령제도는 독과점규제와 지역경제육성이라는 헌법상의 경제목표를 실현코자 하는 것이므로 정당한 입법목적을 가진 것이라 아니할 수 없고, 또 그 입법목적을 달성하기에 이상적인 제도라고까지는 할 수 없을 지라도 전혀 부적합한 것이라고는 단정할 수 없다.
>
> ㄴ. 자도소주구입명령제도에 대한 소주제조업자의 강한 신뢰보호이익이 인정되나 이러한 신뢰보호도 법률개정을 통한 "능력경쟁의 실현"이라는 보다 우월한 공익에 직면하여 종래의 법적 상태의 존속을 요구할 수는 없다 할 것이고, 다만 개인의 신뢰는 적절한 경과규정을 통하여 고려되기를 요구할 수 있는데 지나지 않는다 할 것이다.
>
> ㄷ. 탁주의 공급구역제한제도를 규정하고 있는 주세법 제5조 제3항 기존의 대형주류제조업체가 시장에 참가하여 전국적인 독과점을 형성하게 되면 사실상 소비자결정권이 형해화되는 결과가 초래될 수도 있다는 점을 고려할 때, 소비자선택권을 침해하지 않는다.
>
> ㄹ. 국민의 생명·신체 내지 보건 등 매우 중요한 사항에 관한 것인 경우, 특히 미국산 쇠고기 위생조건을 완화하는 고시와 같이 위험성을 내포한 식재료가 대량으로 수입되어 국내에서 제대로 검역되지 못한 채 유통됨으로써 일반 소비자에게 초래될

수 있는 위험의 정도와 내용이 매우 중대하고 심각할 뿐 아니라 이를 돌이키거나 통제하는 것이 불가능한 사안에 있어서는, 제3자의 권리나 공익을 침해함이 없이 채택할 수 있는 더 개선된 다른 보호수단이 존재하거나, 보호법익에 대한 위험을 최소화하기 위한 충분한 노력과 시도를 다하였다는 점이 명백하지 아니한 한, 헌법상 충분한 보호조치를 취한 것이라고 판단할 수 없다 할 것이다.

ㅁ. 전동킥보드의 최고속도는 25km/h를 넘지 않아야 한다고 규정한 구 '안전확인대상 생활용품의 안전기준'은 과잉금지원칙을 위반하여 소비자의 자기결정권 및 일반적 행동자유권을 침해하지 아니한다.

① ㄱ ㄴ ㅁ
② ㄷ ㄹ
③ ㄴ ㄷ ㄹ
④ ㄷ ㄹ ㅁ
⑤ ㄱ ㄹ

정답 및 해설

ㄱ. [×] 헌법 제119조 제2항은 독과점규제라는 경제정책적 목표를 개인의 경제적 자유를 제한할 수 있는 정당한 공익의 하나로 명문화하고 있다. 독과점규제의 목적이 경쟁의 회복에 있다면 이 목적을 실현하는 수단 또한 자유롭고 공정한 경쟁을 가능하게 하는 방법이어야 한다. 그러나 <u>주세법의 구입명령제도는 전국적으로 자유경쟁을 배제한 채 지역할거주의로 자리잡게 되고 그로써 지역 독과점현상의 고착화를 초래하므로, 독과점규제란 공익을 달성하기에 적정한 조치로 보기 어렵다</u>(1996. 12. 26. 96헌가18).

ㄴ. [○] 이 사건의 경우 국가가 장기간에 걸쳐 추진된 주정배정제도, 1도1사원칙에 의한 통폐합정책 및 자도소주구입명령제도를 통하여 신뢰의 근거를 제공하고 국가가 의도하는 일정한 방향으로 소주제조업자의 의사결정을 유도하려고 계획하였으므로, 자도소주구입명령제도에 대한 소주제조업자의 강한 신뢰보호이익이 인정된다. 그러나 이러한 신뢰보호도 법률개정을 통한 "능력경쟁의 실현"이라는 보다 우월한 공익에 직면하여 종래의 법적 상태의 존속을 요구할 수는 없다 할 것이고, 다만 개인의 신뢰는 적절한 경과규정을 통하여 고려되기를 요구할 수 있는데 지나지 않는다 할 것이다(1996. 12. 26. 96헌가18).

ㄷ. [○] 기존의 대형주류제조업체가 시장에 참가하여 전국적인 독과점을 형성하게 되면 사실상 소비자결정권이 형해화되는 결과가 초래될 수도 있다는 점을 고려할 때, 이 사건 공급구역제한제도로 인하여 부득이 발생하는 다소간의 소비자선택권의 제한을 두고 헌법에 위반되는 것이라고 할 수는 없다(헌재 1999. 7. 22. 98헌가5).

ㄹ. [×] 이 사건 고시가 개정 전 고시에 비하여 완화된 수입위생조건을 정한 측면이 있다 하더라도, 미국산 쇠고기의 수입과 관련한 위험상황 등과 관련하여 개정 전 고시 이후에 달라진 여러 요인들을 고려하고 지금까지의 관련 과학기술 지식과 OIE 국제기준 등에 근거하여 보호조치를 취한 것이라면, 이 사건 고시상의 보호조치가 체감적으로 완벽한 것은 아니라 할지라도, 위 기준과 그 내용에 비추어 쇠고기 소비자인 국민의 생명·신체의 안전을 보호하기에 전적으로 부적합하거나 매우 부족하여 그 보호의무를 명백히 위반한 것이라고 단정하기는 어렵다 할 것이다(2008. 12. 26. 2008헌마419).

ㅁ. [○] 전동킥보드의 자전거도로 통행을 허용하는 조치를 실시하기 위해서는 제조·수입되는 전동킥보드가 일정 속도 이상으로는 동작하지 않도록 제한하는 것이 선행되어야 한다.

소비자가 아직 전동킥보드의 자전거도로 통행이 가능하지 않음에도 불구하고 최고속도 제한 기준을 준수한 제품만을 구입하여 이용할 수밖에 없는 불편함이 있다고 하여 전동킥보드의 최고속도를 제한하는 안전기준의 도입이 입법목적 달성을 위한 수단으로서의 적합성을 잃었다고 볼 수는 없다. 최고속도 제한을 두지 않는 방식이 이를 두는 방식에 비해 확실히 더 안전한 조치라고 볼 근거가 희박하고, 최고속도가 시속 25km라는 것은 자전거도로에서 통행하는 다른 자전거보다 속도가 더 높아질수록 사고위험이 증가할 수 있는 측면을 고려한 기준설정으로서, 전동킥보드 소비자의 자기결정권 및 일반적 행동자유권을 박탈할 정도로 지나치게 느린 정도라고 보기 어렵다. 심판대상조항은 과잉금지원칙을 위반하여 소비자의 자기결정권 및 일반적 행동자유권을 침해하지 아니한다[2020. 2. 27. 2017헌마1339].

[정답] ⑤

제2절 | 평등

050 평등권에 대한 설명으로 옳은 것은?

① 헌법 제11조 제1항에 정한 법 앞에서의 평등의 원칙은 결코 일체의 차별적 대우를 부정하는 절대적 평등을 의미하는 것은 아니나, 법을 적용함에 있어서 뿐만 아니라 입법을 함에 있어서도 불합리한 차별대우를 하여서는 아니 된다는 것을 뜻한다.
② 헌법 제11조 제1항 전문은 "법 앞에"라는 한정구를 두고, '모든 국민은 평등하다'고 선언하고 있으므로 헌법 제11조 제1항의 평등원칙은 입법자를 구속하지 않는다.
③ 기본권 규정은 그 성질상 사법관계에 간접 적용될 수 있는 예외적인 것을 제외하고는 직접적으로 사법관계에 효력을 미치게 된다.
④ 평등권은 사인간에 직접 적용되는 기본권이므로 평등권침해의 위법성 인정을 위하여 반드시 사인간의 평등권 보호에 관한 별개의 입법이 있어야 한다.
⑤ 유사한 성격의 규율대상에 대하여 이미 입법이 있다면, 평등원칙을 근거로 입법자에게 청구인들에게도 적용될 입법을 하여야 할 헌법상의 의무가 발생한다고 볼 수 있다.

정답 및 해설

①[○] 헌법 제11조 제1항에 정한 법 앞에서의 평등의 원칙은 결코 일체의 차별적 대우를 부정하는 절대적 평등을 의미하는 것은 아니나, 법을 적용함에 있어서 뿐만 아니라 입법을 함에 있어서도 불합리한 차별대우를 하여서는 아니 된다는 것을 뜻한다. 즉, 사리에 맞는 합리적인 근거 없이 법을 차별하여 적용하여서는 아니 됨은 물론 그러한 내용의 입법을 하여서도 아니 된다는 것이다(헌재 1989. 5. 24. 89헌가37등).

②[×] 헌법 제11조 제1항에 정한 법 앞에서의 평등의 원칙은 결코 일체의 차별적 대우를 부정하는 절대적 평등을 의미하는 것은 아니나, 법을 적용함에 있어서 뿐만 아니라 입법을 함에 있어서도 불합리한 차별대우를 하여서는 아니 된다는 것을 뜻한다(헌재 1989. 5. 24. 89헌가37등).

③ [X] 기본권 규정은 그 성질상 사법관계에 직접 적용될 수 있는 예외적인 것을 제외하고는 사법상의 일반원칙을 규정한 민법 제2조, 제103조, 제750조, 제751조 등의 내용을 형성하고 그 해석 기준이 되어 간접적으로 사법관계에 효력을 미치게 된다(대법원 2011. 1. 27. 선고 2009다19864 판결).

④ [X] 평등권은 사인간에 간접 적용되는 기본권이나 민법의 일반조항을 토해 사인간에 적용될 수 있으므로 그 위법성 인정을 위하여 반드시 사인간의 평등권 보호에 관한 별개의 입법이 있어야만 하는 것은 아니다

관련판례 : 사적 단체를 포함하여 사회공동체 내에서 개인이 성별에 따른 불합리한 차별을 받지 아니하고 자신의 희망과 소양에 따라 다양한 사회적·경제적 활동을 영위하는 것은 그 인격권 실현의 본질적 부분에 해당하므로 평등권이라는 기본권의 침해도 민법 제750조의 일반규정을 통하여 사법상 보호되는 인격적 법익침해의 형태로 구체화되어 논하여질 수 있고, 그 위법성 인정을 위하여 반드시 사인간의 평등권 보호에 관한 별개의 입법이 있어야만 하는 것은 아니다(대법원 2011. 1. 27. 선고 2009다19864 판결).

⑤ [X] 유사한 성격의 규율대상에 대하여 이미 입법이 있다 하더라도, 평등원칙을 근거로 입법자에게 청구인들에게도 적용될 입법을 하여야 할 헌법상의 의무가 발생한다고 볼 수 없다. 왜냐하면 평등원칙은 원칙적으로 입법자에게 헌법적으로 아무런 구체적인 입법의무를 부과하지 않고, 다만, 입법자가 평등원칙에 반하는 일정 내용의 입법을 하게 되면, 이로써 피해를 입게 된 자는 직접 당해 법률조항을 대상으로 하여 평등원칙의 위반여부를 다툴 수 있을 뿐이기 때문이다(헌재 1996. 11. 28. 93헌마258)

[정답] ①

051 평등권에 대한 설명 중 옳지 않은 것을 모두 조합한 것은?

ㄱ. 서로 비교될 수 있는 사실관계가 모든 관점에서 완전히 동일한 것이 아니라 단지 일정 요소에 있어서만 동일한 경우에, 두 개의 사실관계가 본질적으로 동일한가의 판단은 일반적으로 당해 법률조항의 의미와 목적에 달려있다.

ㄴ. 평등원칙위반여부 심사에서 엄격한 심사를 하는 경우는 두 가지인데 하나는 '헌법에서 특별히 평등을 요구하고 있는 경우'이고, 다른 하나는 '관련 기본권에 대한 중대한 제한을 초래하는 경우'이다.

ㄷ. 자의심사의 경우에는 단순히 합리적인 이유의 존부문제가 아니라 차별을 정당화하는 이유와 차별간의 상관관계에 대한 심사, 즉 비교대상간의 사실상의 차이의 성질과 비중 또는 입법목적(차별목적)의 비중과 차별의 정도에 적정한 균형관계가 이루어져 있는가를 심사한다.

ㄹ. 제11조 제1항 후문의 규정은 불합리한 차별의 금지에 초점이 있는 것으로서, 예시한 사유가 있는 경우에 절대적으로 차별을 금지할 것을 요구함으로써 입법자에게 인정되는 입법형성권을 제한하는 것이다.

ㅁ. 친일반민족행위자의 후손이라는 점이 헌법 제11조 제1항 후문의 사회적 신분에

해당하고 친일반민족 행위자의 후손에 대한 차별은 평등권 침해 여부의 심사에서 엄격한 기준을 적용해야 하는 경우에 해당한다.

① ㄱㄴㅁ
② ㄷㄹ
③ ㄴㄷㄹ
④ ㄷㄹㅁ
⑤ ㄱㄹ

정답 및 해설

ㄱ. [O] 평등의 원칙은 입법자에게 본질적으로 같은 것을 자의적으로 다르게, 본질적으로 다른 것을 자의적으로 같게 취급하는 것을 금하고 있다. 그러므로 비교의 대상을 이루는 두 개의 사실관계 사이에 서로 상이한 취급을 정당화할 수 있을 정도의 차이가 없음에도 불구하고 두 사실관계를 서로 다르게 취급한다면, 입법자는 이로써 평등권을 침해하게 된다. 그러나 서로 비교될 수 있는 사실관계가 모든 관점에서 완전히 동일한 것이 아니라 단지 일정 요소에 있어서만 동일한 경우에, 비교되는 두 사실관계를 법적으로 동일한 것으로 볼 것인지 아니면 다른 것으로 볼 것인지를 판단하기 위하여는 어떠한 요소가 결정적인 기준이 되는가가 문제된다. 두 개의 사실관계가 본질적으로 동일한가의 판단은 일반적으로 당해 법률조항의 의미와 목적에 달려있다 (헌재 1996. 12. 26. 96헌가18)

ㄴ. [O] 평등위반 여부를 심사함에 있어 엄격한 심사척도에 의할 것인지, 완화된 심사척도에 의할 것인지는 입법자에게 인정되는 입법형성권의 정도에 따라 달라지게 될 것이다. 먼저 헌법에서 특별히 평등을 요구하고 있는 경우 엄격한 심사척도가 적용될 수 있다. 헌법이 스스로 차별의 근거로 삼아서는 아니 되는 기준을 제시하거나 차별을 특히 금지하고 있는 영역을 제시하고 있다면 그러한 기준을 근거로 한 차별이나 그러한 영역에서의 차별에 대하여 엄격하게 심사하는 것이 정당화된다. <u>다음으로 차별적 취급으로 인하여 관련 기본권에 대한 중대한 제한을 초래하게 된다면 입법형성권은 축소되어 보다 엄격한 심사척도가 적용되어야 할 것이다</u>(헌재 1999. 12. 23. 98헌마363).

ㄷ. [X] 평등권의 침해 여부에 대한 심사는 그 심사기준에 따라 자의금지원칙에 의한 심사와 비례의 원칙에 의한 심사로 크게 나누어 볼 수 있다. 자의심사의 경우에는 차별을 정당화하는 합리적인 이유가 있는지만을 심사하기 때문에 그에 해당하는 비교대상간의 사실상의 차이나 입법목적(차별목적)의 발견·확인에 그치는 반면에, <u>비례심사의 경우에는 단순히 합리적인 이유의 존부문제가 아니라 차별을 정당화하는 이유와 차별간의 상관관계에 대한 심사, 즉 비교대상간의 사실상의 차이의 성질과 비중 또는 입법목적(차별목적)의 비중과 차별의 정도에 적정한 균형관계가 이루어져 있는가를 심사한다</u>.(헌재 2001. 2. 22. 2000헌마25)

ㄹ. [X] 사회적 신분에 대한 차별금지는 헌법 제11조 제1항 후문에서 예시된 것인데, 헌법 제11조 제1항 후문의 규정은 불합리한 차별의 금지에 초점이 있는 것으로서, 예시한 사유가 있는 경우에 절대적으로 차별을 금지할 것을 요구함으로써 입법자에게 인정되는 입법형성권을 제한하는 것은 아니다(헌재 2011. 3. 31. 2008헌바141등)

ㅁ. [X] 친일반민족행위자의 후손이라는 점이 헌법 제11조 제1항 후문의 사회적 신분에 해당한다 할지라도 이것만으로는 헌법에서 특별히 평등을 요구하고 있는 경우라고 할 수 없고, 아래와 같이 친일재산의 국가귀속은 연좌제금지원칙이 적용되는 경우라고 볼 수도 없으며 그 외 달리 친일반민족행위자의 후손을 특별히 평등하게 취급하도록 규정한 헌법 규정이 없

는 이상, 친일반민족 행위자의 후손에 대한 차별은 평등권 침해 여부의 심사에서 엄격한 기준을 적용해야 하는 경우라 볼 수 없다(헌재 2011. 3. 31. 2008헌바141등).

[정답] ④

052 평등권에 대한 설명으로 옳지 않은 것은?

① 주민투표권은 헌법상의 권리, 즉 기본권으로 인정되지 않지만, 주민투표권의 부여에 차별이 존재하면 그것을 평등권 침해 문제로 다룰 수는 있다.

② 평등선거의 원칙은 평등의 원칙이 선거제도에 적용된 것으로서 투표의 수적평등, 즉 1인 1표의 원칙(one person, one vote)과 투표의 성과가치(成果價値)의 평등, 즉 1표의 투표가치가 대표자선정이라는 선거의 결과에 대하여 기여한 정도에 있어서도 평등하여야 한다는 원칙(one vote, one value)을 포함한다.

③ 제도 개선의 과정에서 일시적으로 존재할 수 있는 차별이라면 정당화될 수 있으나 평등권을 침해하는 차별이라 볼 수 없다.

④ 법의 일반성을 충족시키지 못하는 법률, 즉 개별사건법률이라 하더라도 이것이 평등권 침해라는 결론에 이르는 충분한 이유로 되는 것은 아니고, 합리적인 이유가 없다고 판단되는 경우에만 위헌이라 판단될 수 있다.

⑤ 시혜적 법률은 국민의 권리를 제한하거나 새로운 의무를 부과하는 법률과 마찬가지로 입법자에게 보다 광범위한 입법형성의 자유가 인정되므로 그 내용이 현저하게 합리성이 결여되었다고 보이지 아니하는 한 헌법에 위반된다 할 수는 없다.

정답 및 해설

① [O] 주민투표권은 헌법상의 열거되지 아니한 권리 등 그 명칭의 여하를 불문하고 헌법상의 기본권성이 부정된다는 것이 우리 재판소의 일관된 입장이라 할 것인데, 이 사건에서 그와 달리 보아야 할 아무런 근거를 발견할 수 없다. 그렇다면 이 사건 심판청구는 헌법재판소법 제68조 제1항의 헌법소원을 통해 그 침해 여부를 다툴 수 있는 기본권을 대상으로 하고 있는 것이 아니므로 그러한 한에서 이유 없다. 하지만 주민투표권이 헌법상 기본권이 아닌 법률상의 권리에 해당한다하더라도 비교집단 상호간에 차별이 존재할 경우에 헌법상의 평등권 심사까지 배제되는 것은 아니다(헌재 2010. 11. 25. 2009헌바27).

② [O] 평등선거의 원칙은 평등의 원칙이 선거제도에 적용된 것으로서 투표의 수적평등, 즉 1인 1표의 원칙(one person, one vote)과 투표의 성과가치(成果價値)의 평등, 즉 1표의 투표가치가 대표자선정이라는 선거의 결과에 대하여 기여한 정도에 있어서도 평등하여야 한다는 원칙(one vote, one value)을 그 내용으로 할 뿐만 아니라 일정한 집단의 의사가 정치과정에서 반영될 수 없도록 차별적으로 선거구를 획정하는 이른바 '게리맨더링'에 대한 부정을 의미하기도 한다(헌재 2001. 10. 25. 2000헌마92등).

③ [O] 헌법상 평등의 원칙은 국가가 언제 어디서 어떤 계층을 대상으로 하여 기본권에 관한 상황이나 제도의 개선을 시작할 것인지를 선택하는 것을 방해하지는 않는다. 말하자면 국가는 합리적인 기준에 따라 능력이 허용하는 범위 내에서 법적 가치의 상향적인 구현을 위한

제도의 단계적 개선을 추진할 수 있는 길을 선택할 수 있어야 한다. 그것이 허용되지 않는다면 모든 사항과 계층을 대상으로 하여 동시에 제도의 개선을 추진하는 예외적인 경우를 제외하고는 어떠한 제도의 개선도 평등의 원칙 때문에 그 시행이 불가능하다는 결과에 이르게 되어 불합리할 뿐만 아니라 평등의 원칙이 실현하고자 하는 가치와도 어긋나기 때문이다(헌재 1990. 6. 25. 89헌마107).

④ [O] 특정법률 또는 법률조항이 단지 하나의 사건만을 규율하려고 한다 하더라도 이러한 차별적 규율이 합리적인 이유로 정당화될 수 있는 경우에는 합헌적일 수 있다. 따라서 개별사건법률의 위헌 여부는, 그 형식만으로 가려지는 것이 아니라, 나아가 평등의 원칙이 추구하는 실질적 내용이 정당한지 아닌지를 따져야 비로소 가려진다(헌재 1996. 2. 16. 96헌가2등).

⑤ [X] <u>시혜적인 법률은 국민의 권리를 제한하거나 새로운 의무를 부과하는 법률과는 달리 입법자에게 보다 광범위한 입법형성의 자유가 인정되므로</u>, 입법자는 그 입법의 목적, 수혜자의 상황, 국가예산 등 제반사항을 고려하여 그에 합당하다고 스스로 판단하는 내용의 입법을 할 권한이 있고, 그렇게 하여 제정된 법률의 내용이 <u>현저하게 합리성이 결여되었다고 보이지 아니하는 한 헌법에 위반된다 할 수는 없다</u>(헌재 2007. 7. 26. 2004헌마914등 참조).

[정답] ⑤

제3절 | 신체의 자유

053 병(兵)에 대한 징계처분으로 일정기간 부대나 함정(艦艇) 내의 영창, 그 밖의 구금장소에 감금하는 영창처분이 가능하도록 규정한 구 군인사법 제57조 제2항 중 '영창'에 관한 부분에 대해 헌법재판소법 제68조 제2항의 헌법소원이 청구되었다. 이에 대한 설명으로 옳은 것은?

① 현행 군인사법에 따르면 병과 하사관은 군인이라는 공통점을 제외하고는 그 복무의 내용과 보직, 진급, 전역체계, 보수와 연금 등의 지급에서 상당한 차이가 있으며, 그 징계의 종류도 달리 규율하고 있으므로 병과 하사관은 영창처분의 차별취급을 논할 만한 비교집단이 된다고 보기 어려우므로, 평등원칙 위배 여부는 판단할 필요가 없다.

② 군대 내 지휘명령체계를 확립하고 전투력을 제고한다는 공익은 매우 중요한 공익이므로 과잉금지원칙에 위배된다고 할 수 없다.

③ 법정의견에 따르면 심판대상조항에 의한 영창처분은 그 인신구금과 같이 기본권에 중대한 침해를 가져오는 것으로 영장주의 원칙이 적용되므로 법관이 관여하도록 규정되어 있지 않은 채 인신구금이 이루어질 수 있도록 하고 있어 헌법 제12조 제1항, 제3항의 영장주의의 본질을 침해하고 있다.

④ 헌법 제12조 제3항의 문언이나 성격상 영장주의는 징계절차에 그대로 적용된다고 볼 수 없으므로 심판대상은 영장주의에 위반되지 않는다.

⑤ 심판대상조항은 병의 복무규율 준수를 강화하고, 복무기강을 엄정히 하기 위하여 제정된 것으로 군의 지휘명령체계의 확립과 전투력 제고를 목적으로 하는바, 그 입법목적은 정당하나, 심판대상조항은 수단의 적합성은 인정되지 않는다.

정답 및 해설

① [O] 현행 군인사법에 따르면 병과 하사관은 군인이라는 공통점을 제외하고는 그 복무의 내용과 보직, 진급, 전역체계, 보수와 연금 등의 지급에서 상당한 차이가 있으며, 그 징계의 종류도 달리 규율하고 있다. 따라서 병과 하사관은 영창처분의 차별취급을 논할 만한 비교집단이 된다고 보기 어려우므로, 평등원칙 위배 여부는 더 나아가 살피지 아니한다(헌재 2020. 9. 24. 2017헌바157등).

② [×] 군대 내 지휘명령체계를 확립하고 전투력을 제고한다는 공익은 매우 중요한 공익이나, 심판대상조항으로 과도하게 제한되는 병의 신체의 자유가 위 공익에 비하여 결코 가볍다고 볼 수 없어, 심판대상조항은 법익의 균형성 요건도 충족하지 못한다. 이와 같은 점을 종합할 때, 심판대상조항은 과잉금지원칙에 위배된다.

③ [×] 지문은 보충의견이었다. 헌법재판소의 법정의견은 영장주의에 대한 의견이 없다.

④ [×] 지문은 반대의견이었다. 헌법재판소의 법정의견은 영장주의에 대한 의견이 없다. 다만, 전경에 대한 징계 사건에서 영장주의가 영창에 적용되지 않는다는 것이 헌법재판소 법정의견이었다.

⑤ [×] 심판대상조항은 병의 복무규율 준수를 강화하고, 복무기강을 엄정히 하기 위하여 제정된 것으로 군의 지휘명령체계의 확립과 전투력 제고를 목적으로 하는바, 그 입법목적은 정당하고, 심판대상조항은 병에 대하여 강력한 위하력을 발휘하므로 수단의 적합성도 인정된다. 심판대상조항에 의한 영창처분은 징계처분임에도 불구하고 신분상 불이익 외에 신체의 자유를 박탈하는 것까지 그 내용으로 삼고 있어 징계의 한계를 초과한 점, 심판대상조항에 의한 영창처분은 그 실질이 구류형의 집행과 유사하게 운영되므로 극히 제한된 범위에서 형사상 절차에 준하는 방식으로 이루어져야 하는데, 영창처분이 가능한 징계사유는 지나치게 포괄적이고 기준이 불명확하여 영창처분의 보충성이 담보되고 있지 아니한 점, 심판대상조항은 징계위원회의 심의·의결과 인권담당 군법무관의 적법성 심사를 거치지만, 모두 징계권자의 부대 또는 기관에 설치되거나 소속된 것으로 형사절차에 견줄만한 중립적이고 객관적인 절차라고 보기 어려운 점, 심판대상조항으로 달성하고자 하는 목적은 인신구금과 같이 징계를 중하게 하는 것으로 달성되는 데 한계가 있고, 병의 비위행위를 개선하고 행동을 교정할 수 있도록 적절한 교육과 훈련을 제공하는 것 등으로 가능한 점, 이와 같은 점은 일본, 독일, 미국 등 외국의 입법례를 살펴보더라도 그러한 점 등에 비추어 심판대상조항은 침해의 최소성 원칙에 어긋난다(헌재 2020. 9. 24. 2017헌바157등).

[정답] ①

054 신체의 자유에 대한 설명으로 옳지 않은 것은?

> ㄱ. 정신질환자의 보호의무자 2인의 동의와 정신과 전문의 1인 진단만 있으면 정신질환자를 정신의료기관에 입원시킬 수 있도록 한 법률은 개인의 자기결정권이나 통신의 자유를 직접 제한하는 것이다.
> ㄴ. 보호의무자 2인의 동의와 정신건강의학과 전문의 1인의 진단으로 정신질환자에 대한 보호입원이 가능하도록 한 구「정신보건법」조항은 보호입원이 정신질환자 본인에 대한 치료와 사회의 안전 도모라는 측면에서 긍정적인 효과가 있으므로 정신질환자의 신체의 자유를 침해하지 아니한다.
> ㄷ. 무죄판결을 받은 피고인을 즉시 석방하지 않고 석방절차를 이유로 피고인의 의사에 반하여 교도소로 강제연행하는 행위는 헌법 제12조의 규정에 비추어 도저히 허용될 수 없는 것이다.
> ㄹ. 전과나 감호처분을 선고받은 사실 등 법정의 요건에 해당되면 재범의 위험성 유무에도 불구하고 반드시 그에 정한 보호감호를 선고하여야 할 의무를 법관에게 부과한 사회보호법 제5조 제1항은 과잉금지원칙에 위반된다.
> ㅁ. 「민사집행법」상 재산명시의무를 위반한 채무자에 대하여 법원이 결정으로 한 감치는 죄형법정주의에 포섭될 수 없다.

① ㄱㄴ
② ㄴㄷㅁ
③ ㄷㄹㅁ
④ ㄱㅁ
⑤ ㄱㄴㅁ

정답 및 해설

ㄱ. [✕] 심판대상조항은 정신질환자의 보호의무자 2인의 동의와 정신과전문의 1인의 진단만 있으면 정신질환자를 본인의 의사에 반하여 6개월까지 정신의료기관에 입원시킬 수 있도록 하고 있으므로, 정신질환자의 신체의 자유를 제한한다. 그런데 위와 같이 기본권을 제한하기 위해서는 헌법 제37조 제2항에 따른 과잉금지원칙을 준수하여야 하는바, 심판대상조항이 과잉금지원칙을 위반하여 정신질환자의 신체의 자유를 침해하는지 여부를 살펴본다(2016.9.29, 2014헌가9).

ㄴ. [✕] 보호입원기간도 최초부터 6개월이라는 장기로 정해져 있고, 이 또한 계속적인 연장이 가능하여 보호입원이 치료의 목적보다는 격리의 목적으로 이용될 우려도 큰 점, 보호입원 절차에서 정신질환자의 권리를 보호할 수 있는 절차들을 마련하고 있지 않은 점, 기초정신보건심의회의 심사나「인신보호법」상 구제청구만으로는 위법·부당한 보호입원에 대한 충분한 보호가 이루어지고 있다고 보기 어려운 점 등을 종합하면, 심판대상조항은 침해의 최소성 원칙에 위배된다. 심판대상조항이 정신질환자를 신속·적정하게 치료하고, 정신질환자 본인과 사회의 안전을 도모한다는 공익을 위한 것임은 인정되나, 정신질환자의 신체의 자유 침해를 최소화할 수 있는 적절한 방안을 마련하지 아니함으로써 지나치게 기본권을 제한하고 있다. 따라서 심판대상조항은 법익의 균형성 요건도 충족하지 못한다(2016.9.29., 2014헌가9).

ㄷ. [○] 일련의 사실에 의하여 생각건대, 무죄 등 판결 선고 후 석방대상 피고인이 교도소에

서 지급한 각종 지급품의 회수, 수용시의 휴대금품 또는 수용 중 영치된 금품의 반환 내지 환급문제 때문에 임의로 교도관과 교도소에 동행하는 것은 무방하지만, 피고인의 동의를 얻지 않고 의사에 반하여 교도소로 연행하는 것은 헌법 제12조의 규정에 비추어 도저히 허용될 수 없는 것이다(헌재 1997. 12. 24. 95헌마247).

ㄹ. [O] 구 사회보호법 제5조 제1항은 동 조항에 정한 전과나 감호처분을 선고받은 사실 등 법정의 요건에 해당되면 재범의 위험성 유무에도 불구하고 반드시 그에 정한 보호감호를 선고하여야 할 의무를 법관에게 부과하여 법관의 판단재량을 박탈하고 있는 것으로 볼 수밖에 없다.

결국 구 사회보호법 제5조 제1항은 헌법 제12조 제1항 후문에 정한 적법절차에 위반됨은 물론 헌법 제37조 제2항에 정한 과잉금지원칙에 위반된다고 할 것이며, 나아가 법원의 판단재량의 기능을 형해화시켜 헌법 제27조 제1항에 정한 국민의 법관에 의한 정당한 재판을 받을 권리를 침해하였다 할 것이다 (헌재 1989. 7. 14. 88헌가5등).

ㅁ. [O] 청구인은 심판대상조항에 의한 감치제도는 「형법」 규정에 존재하지 않는 형벌을 규정한 것으로서 죄형법정주의에 위반된다는 주장도 하고 있으나, <u>감치는 형벌에 해당하지 않아 죄형법정주의의 영역에 포섭될 수 없을 뿐만 아니라</u>, 청구인의 주장은 결국 「형법」상의 형벌이 아닌 감치를 통하여 채무자를 구금하는 것이 채무자의 신체의 자유를 침해한다는 것이므로, 이 부분 주장에 대하여는 별도로 판단하지 아니한다(2014.9.25., 2013헌마11).

[정답] ①

055 성폭력범죄를 저지른 성도착증 환자에 대한 검사의 치료명령청구를 규정한 성폭력범죄자의 성충동 약물치료에 관한 법률 제4조와 법원의 치료명령 선고를 규정한 동법 제8조에 대한 헌법재판소 판례와 일치하지 않는 것은?

① 성충동 약물치료에 사용되는 약물은 성도착증의 병리적 문제를 근본적으로 해결하는 치료제가 아닌 점 등을 고려할 때 수단의 적절성에 의문이 있으므로 재범 억제 효과는 제한적이거나 한시적이고 그 달성 여부가 불확실하나, 피치료자가 받게 되는 불이익은 심대하므로, 심판대상조항들은 인간의 존엄과 가치에 반하여 법익균형성이 인정되지 않는다. 따라서 검사의 치료명령청구조항과 법원의 치료명령 선고조항은 모두 과잉금지원칙에 위배되어 치료명령 피청구인의 신체의 자유 등 기본권을 침해하는 것으로서 헌법에 위반된다.

② 성폭력범죄를 저지른 성도착증 환자로서 재범의 위험성이 인정되는 19세 이상의 사람에 대해 법원이 15년의 범위에서 법관이 치료명령선고를 하도록 한 「성폭력범죄자의 성충동 약물치료에 관한 법률」 제8조는 장기형이 선고되는 경우 치료명령의 선고시점과 집행시점 사이에 상당한 시간적 간극이 있어서, 집행시점에서 발생할 수 있는 불필요한 치료와 관련한 부분에 대하여는 침해의 최소성과 법익균형성을 인정하기 어려우므로 피치료자의 신체의 자유를 침해한다.

③ 심판대상법률 제4조의 검사의 치료명령청구는 과잉금지원칙에 위배된다고 할 수 없다.

④ 심판대상조항들은 피치료자의 정신적 욕구와 신체기능에 대한 통제를 그 내용으로 하는 것으로서, 신체의 완전성이 훼손당하지 아니할 자유를 포함하는 헌법 제12조의 신체의 자유를 제한하나, 사회공동체의 일반적인 생활규범의 범위 내에서 사생활을 자유롭게 형성해 나가고 그 설계 및 내용에 대해서 외부로부터의 간섭을 받지 아니할 권리인 헌법 제17조의 사생활의 자유를 제한한다.

⑤ 심판대상조항들은 피치료자의 동의를 요건으로 하지 않으므로, 환자가 질병의 치료 여부 및 방법 등을 결정할 수 있는 신체에 관한 자기결정권 내지 성행위 여부 등에 관한 성적자기결정권 등 헌법 제10조에서 유래하는 개인의 자기운명결정권을 제한한다.

> **정답 및 해설**
>
> ① [×] 법정의견에 따르면 검사의 치료명령청구는 헌법에 위반되지 않는다. 법원의 선고부분만 위헌으로 보았다.
> 반대의견 : 심판대상조항들에 의한 재범 억제효과는 제한적이거나 한시적이고 그 달성 여부가 불확실하나, 피치료자가 받게 되는 불이익은 심대하므로, 심판대상조항들은 인간의 존엄과 가치에 반하여 법익균형성이 인정되지 않는다. 따라서 심판대상조항들은 모두 과잉금지원칙에 위배되어 치료명령 피청구인의 신체의 자유 등 기본권을 침해하는 것으로서 헌법에 위반된다(2015.12.23, 2013헌가9).
> ② [O] 「성폭력범죄자의 성충동 약물치료에 관한 법률」(이하 '성충동약물치료법'이라 한다)에 의하면, 장기형이 선고되는 경우 치료명령의 선고시점과 집행시점 사이에 상당한 시간적 간극이 존재하게 되고, 장기간의 수감생활 중의 사정변경으로 인하여 집행시점에서 치료의 필요성이 없게 된 경우 불필요한 치료의 가능성이 있으며, 이를 배제할 수 있는 절차가 없음에도 선고시점에서 치료명령청구가 이유 있는 때에는 치료명령을 선고하도록 한 성충동약물치료법 제8조 제1항은 위와 같은 범위에서 침해의 최소성이 인정되지 않는다. 앞서 침해의 최소성과 관련하여 본 바와 같이, 장기형 선고로 인한 치료명령의 선고시점과 집행시점의 상당한 시간적 간극으로 인하여 집행시점에서 발생할 수 있는 불필요한 치료와 관련해서는 피치료자의 침해되는 사익이 더 크다고 볼 수 있으므로 법익균형성을 인정하기 어렵다(2015.12.23, 2013헌가9).
> ③ [O] 검사의 치료명령청구에 관한 「성폭력범죄자의 성충동 약물치료에 관한 법률」 제4조 제1항은 과잉금지원칙에 위배되지 아니하나, 법원의 치료명령선고에 관한 「성폭력범죄자의 성충동 약물치료에 관한 법률」 제8조 제1항은 집행시점에서 불필요한 치료를 막을 수 있는 절차가 마련되어 있지 않은 점과 관련하여 과잉금지원칙을 위배하여 피치료자의 신체의 자유 등 기본권을 침해한다(2015.12.23, 2013헌가9).
> ④ [O] 심판대상조항들은 피치료자의 정신적 욕구와 신체기능에 대한 통제를 그 내용으로 하는 것으로서 신체의 완전성이 훼손당하지 아니할 자유를 포함하는 헌법 제12조의 신체의 자유를 제한하고, 사회공동체의 일반적인 생활규범의 범위 내에서 사생활을 자유롭게 형성해 나가고 그 설계 및 내용에 대해서 외부로부터의 간섭을 받지 아니할 권리인 헌법 제17조의 사생활의 자유를 제한한다. 또한 심판대상조항들은 피치료자의 동의를 요건으로 하지 않으므로, 환자가 질병의 치료 여부 및 방법 등을 결정할 수 있는 신체에 관한 자기결정권 내지 성행위 여부 등에 관한 성적 자기결정권 등 헌법

제10조에서 유래하는 개인의 자기운명결정권을 제한한다. 그 밖에 강제적인 성적 욕구·기능의 통제 자체로 대상자로 하여금 물적 취급을 받는 느낌, 모욕감과 수치심을 가지게 할 수 있으므로 헌법 제10조로부터 유래하는 인격권 역시 제한한다(2015.12.23., 2013헌가9).

⑤ [O] 심판대상조항들은 피치료자의 동의를 요건으로 하지 않으므로, 환자가 질병의 치료 여부 및 방법 등을 결정할 수 있는 신체에 관한 자기결정권 내지 성행위 여부 등에 관한 성적 자기결정권 등 헌법 제10조에서 유래하는 개인의 자기운명결정권을 제한한다. 그 밖에 강제적인 성적 욕구·기능의 통제 자체로 대상자로 하여금 물적(物的) 취급을 받는 느낌, 모욕감과 수치심을 가지게 할 수 있으므로 헌법 제10조로부터 유래하는 인격권 역시 제한한다(2015.12.23., 2013헌가9).

[정답] ①

056 외국에서 형의 전부 또는 일부의 집행을 받은 자에 대하여 형을 감경 또는 면제할 수 있도록 규정한 형법에 대한 헌법재판소 판례와 일치하지 않는 것은?

① 외국에서 실제로 형의 집행을 받았음에도 불구하고 우리「형법」에 의한 처벌시 이를 전혀 고려하지 않는다면 신체의 자유에 대한 과도한 제한이 될 수 있으므로 그와 같은 사정은 어느 범위에서든 반드시 반영되어야 한다.

② 헌법상 일사부재리원칙은 외국의 형사판결에 대하여는 적용된다고 할 것이므로 외국에서 형의 전부 또는 일부의 집행을 받은 자에 대하여 형을 감경 또는 면제할 수 있도록 규정한「형법」은 헌법 제13조 제1항의 이중처벌금지원칙에 위반된다.

③ 동일한 범죄로 외국에서 형의 집행을 받고 다시 국내에서 처벌을 받은 자와 국내에서만 형의 집행을 받은 자는 '본질적으로 동일한 비교집단'이라고 할 수 없어 차별취급 여부를 논할 수 없으므로 평등원칙 위반이라는 주장은 이유 없다.

④ 외국에서 형의 전부 또는 일부의 집행을 받은 자에 대하여 형을 감경 또는 면제할 수 있도록 규정한「형법」은 형의 종류에 따라 청구인의 신체의 자유 내지 재산권 등을 제한한다. 국가형벌권의 행사 및 그 한계는 신체의 자유와 가장 밀접한 관계에 있다고 할 것이므로 이 사건 법률조항이 신체의 자유를 제한함에 있어 그 헌법적 한계를 지키고 있는지 여부를 판단하기로 한다.

⑤ 피고인이 동일한 행위에 관하여 외국에서 형사처벌을 과하는 확정판결을 받았다 하더라도 이런 외국 판결은 우리나라에서는 기판력이 없으므로 여기에 일사부재리 원칙이 적용될 수 없다.

> **정답 및 해설**
>
> ① [O] 입법자는 외국에서 형의 집행을 받은 자에게 어떠한 요건 아래, 어느 정도의 혜택을 줄 것인지에 대하여, 우리의 역사와 문화, 시대적 상황, 외국에서 처벌받은 자의 실질적인 불이익을 감안하는 것에 대한 국민 일반의 가치관과 법감정, 국가권력의 독점에 의하여 이루어지는 형벌의 특수성 및 국가사법권의 독자성 등 여러 요소를 종합적으로 고려하여 정할 수

있고, 이러한 점에서 입법자에게는 일정 부분 재량권이 인정된다. 그러나 신체의 자유는 정신적 자유와 더불어 헌법이념의 핵심인 인간의 존엄과 가치를 구현하기 위한 가장 기본적인 자유로서 모든 기본권 보장의 전제조건이므로 최대한 보장되어야 하는바(1992.4.14, 90헌마82 참조), 외국에서 실제로 형의 집행을 받았음에도 불구하고 우리 형법에 의한 처벌시 이를 전혀 고려하지 않는다면 신체의 자유에 대한 과도한 제한이 될 수 있으므로 그와 같은 사정은 어느 범위에서든 반드시 반영되어야 하고, 이러한 점에서 입법형성권의 범위는 다소 축소될 수 있다(2015.5.28, 2013헌바129).

② [×] '시민적 및 정치적 권리에 관한 국제규약' 제14조 제7항은 "어느 누구도 각국의 법률 및 형사절차에 따라 이미 확정적으로 유죄 또는 무죄선고를 받은 행위에 관하여서는 다시 재판 또는 처벌을 받지 아니한다."라고 규정하고 있다. 유엔 인권이사회(Human Rights Committee)도 위 조항의 일사부재리원칙이 다수 국가의 관할에 대하여 적용되는 것이 아니며, 단지 판결이 내려진 국가에 대한 관계에서 이른바 이중위험(double jeopardy)을 금지하는 것으로 보고 있다(유엔 인권이사회 결정 No. 204/1986 참조). 따라서 헌법상 일사부재리원칙은 외국의 형사판결에 대하여는 적용되지 아니한다고 할 것이므로, 이 사건 법률조항은 헌법 제13조 제1항의 이중처벌금지원칙에 위반되지 아니한다(2015.5.28, 2013헌바129).

③ [○] 헌법 제13조 제1항의 이중처벌금지원칙은 대한민국 내에서 구속력을 가지므로 이 사건 법률조항은 헌법상 이중처벌금지원칙에 반하지 않는다. 따라서 동일한 범죄로 외국에서 형의 집행을 받고 다시 국내에서 처벌을 받은 자와 국내에서만 형의 집행을 받은 자는 '본질적으로 동일한 비교집단'이라고 할 수 없어 차별취급 여부를 논할 수 없으므로 평등원칙 위반이라는 주장은 이유 없다(2015.5.28, 2013헌바129).

④ [○] 이 사건 법률조항은 우리 「형법」에 의한 처벌시 외국에서의 형 집행의 반영 여부를 법관의 재량에 맡김으로써 위와 같은 사정이 반영되지 아니한 채 별도로 처벌받을 수 있도록 하고 있으므로, 형의 종류에 따라 청구인의 신체의 자유 내지 재산권 등을 제한한다. 국가형벌권의 행사 및 그 한계는 신체의 자유와 가장 밀접한 관계에 있다고 할 것이므로, 이하에서는 이 사건 법률조항이 신체의 자유를 제한함에 있어 그 헌법적 한계를 지키고 있는지 여부를 판단하기로 한다(2015.5.28, 2013헌바129).

⑤ [○] 형사판결은 국가주권의 일부분인 형벌권 행사에 기초한 것으로서, 외국의 형사판결은 원칙적으로 우리 법원을 기속하지 않으므로 동일한 범죄행위에 관하여 다수의 국가에서 재판 또는 처벌을 받는 것이 배제되지 않는다. 따라서 이중처벌금지원칙은 동일한 범죄에 대하여 대한민국 내에서 거듭 형벌권이 행사되어서는 안 된다는 뜻으로 새겨야 할 것이다. 대법원도 이와 같은 전제에서 "피고인이 동일한 행위에 관하여 외국에서 형사처벌을 과하는 확정판결을 받았다 하더라도 이런 외국 판결은 우리나라에서는 기판력이 없으므로 여기에 일사부재리원칙이 적용될 수 없다."라고 판시한 바 있다. 또한, '시민적 및 정치적 권리에 관한 국제규약' 제14조 제7항은 "어느 누구도 각국의 법률 및 형사절차에 따라 이미 확정적으로 유죄 또는 무죄선고를 받은 행위에 관하여서는 다시 재판 또는 처벌을 받지 아니한다."라고 규정하고 있다. 유엔 인권이사회(Human Rights Committee)도 위 조항의 일사부재리원칙이 다수 국가의 관할에 대하여 적용되는 것이 아니며, 단지 판결이 내려진 국가에 대한 관계에서 이른바 이중위험(double jeopardy)을 금지하는 것으로 보고 있다. 따라서 헌법상 일사부재리원칙은 외국의 형사판결에 대하여는 적용되지 아니한다고 할 것이므로, 이 사건 법률조항은 헌법 제13조 제1항의 이중처벌금지원칙에 위반되지 아니한다(2015.5.28., 2013헌바129).

[정답] ②

057 구금에 대한 설명으로 옳지 않은 것은?

① 「형사소송법」의 피고인 구속기간은 '법원이 형사재판을 할 수 있는 기간' 내지 '법원이 구속사건을 심리할 수 있는 기간'을 의미한다.

② 「군사법원법」상 군사법경찰관의 피의자 구속기간을 10일 추가로 연장할 수 있도록 한 「군사법원법」 조항은 과잉금지원칙에 위반된다.

③ 「국가보안법」 제7조(찬양·고무 등) 및 제10조(불고지)의 죄에 대해 검사와 사법경찰관이 구속기간을 10일 더 연장할 수 있도록 한 「국가보안법」 제19조는 과잉금지의 원칙을 현저하게 위배하여 피의자의 신체의 자유, 무죄추정의 원칙 및 신속한 재판을 받을 권리를 침해하는 것이다.

④ 「형사소송법」 피의자 구속기간에 「국가보안법」 회합통신죄에 대해 검사와 사법경찰관이 구속기간을 10일 더 연장할 수 있도록 한 「국가보안법」 제19조는 평등의 원칙, 신체의 자유, 무죄추정의 원칙 및 신속한 재판을 받을 권리 등을 침해하는 것은 아니다.

⑤ 해당 법관으로 하여금 미결구금일수를 형기에 산입하되, 그 산입범위는 재량에 의하여 결정하도록 한 「형법」 제57조는 남상소를 방지라는 입법목적 달성을 위한 적절한 수단이라고 할 수 없다.

정답 및 해설

① [×] 이 사건 법률조항에서 말하는 구속기간은 이를 순수하게 문언 그대로 해석하면, '법원이 피고인을 구속한 상태에서 재판할 수 있는 기간'을 의미한다고 볼 것이고, 이와는 달리 '법원이 형사재판을 할 수 있는 기간' 내지 '법원이 구속사건을 심리할 수 있는 기간'을 의미한다고 볼 수는 없다. 즉, 이 사건 법률조항은 미결구금의 부당한 장기화로 인하여 피고인의 신체의 자유가 침해되는 것을 방지하기 위한 목적에서 미결구금기간의 한계를 설정하고 있는 것이지, 신속한 재판의 실현 등을 목적으로 법원의 재판기간 내지 심리기간 자체를 제한하려는 규정이라 할 수는 없다. 이는 구속기간이 만료되더라도 보석을 허가하여 구속피고인을 석방한 다음 불구속상태에서 재판을 계속 진행할 수 있다는 점에서도 충분히 뒷받침된다 (2001.6.28, 99헌가14).

② [O] 이 사건 법률규정이 과잉금지의 원칙에 위배되는지 여부를 심사함에 있어서는 그 제한되는 기본권의 중요성이나 기본권 제한방식의 중첩적·가중적 성격에 비추어 엄격한 기준에 의할 것이 요구된다. 국가안보와 직결되는 사건과 같이 수사를 위하여 구속기간의 연장이 정당화될 정도의 중요사건이라면 더 높은 법률적 소양이 제도적으로 보장된 군검찰관이 이를 수사하고 필요한 경우 그 구속기간의 연장을 허용하는 것이 더 적절하기 때문에, 군사법경찰관의 구속기간을 연장까지 하면서 이러한 목적을 달성하려는 것은 부적절한 방식에 의한 과도한 기본권의 제한이라고 아니할 수 없다(2003.11.27, 2002헌마193).

③ [O] 「국가보안법」 제7조(찬양·고무 등) 및 제10조(불고지)의 죄는 구성요건이 특별히 복잡한 것도 아니고 사건의 성질상 증거수집이 더욱 어려운 것도 아니어서 굳이 수사기관에서 일반형사사건의 최장구속기간 30일보다 더 오래 피의자를 구속할 필요가 있다고 인정되지 아니한다. 그럼에도 불구하고, 「국가보안법」 제19조가 제7조 및 제10조의 범죄에 대하여

서까지 「형사소송법」상의 수사기관에 의한 피의자 구속기간 30일보다 20일이나 많은 50일을 인정한 것은 국가형벌권과 국민의 기본권과의 상충관계 형량을 잘못하여 불필요한 장기구속을 허용하는 것이어서 입법목적의 정당성만을 강조한 나머지 방법의 적정성 및 피해의 최소성의 원칙 등을 무시한 것이라고 아니할 수 없고 결국 헌법 제37조 제2항의 기본권 제한 입법의 원리로서 요구되는 과잉금지의 원칙을 현저하게 위배하여 피의자의 신체의 자유, 무죄추정의 원칙 및 신속한 재판을 받을 권리를 침해하는 것임이 명백하다(1992.4.14, 90헌마82).

④ [O] 1991.5.31. 개정 전후의 「국가보안법」 제3조, 제5조, 제8조, 제9조에 해당하는 범죄에 대한 수사에 있어서는 그 피의자들에 대한 구속기간을 최소한의 범위 내에서 연장할 상당한 이유가 있으며, 또 그 구속기간의 연장에는 지방법원 판사의 허가를 받도록 되어 있어서 수사기관의 부당한 장기구속에 대한 법적 방지장치도 마련되어 있으므로 「국가보안법」 제19조 중 위 각 죄에 관한 구속기간의 연장 부분은 헌법에 규정된 평등의 원칙, 신체의 자유, 무죄추정의 원칙 및 신속한 재판을 받을 권리 등을 침해하는 위헌법률조항이라고 할 수 없다(1997.6.26, 96헌가8 등).

⑤ [O] 「형법」제57조 제1항은 해당 법관으로 하여금 미결구금일수를 형기에 산입하되, 그 산입범위는 재량에 의하여 결정하도록 하고 있는바, 이처럼 미결구금일수 산입범위의 결정을 법관의 자유재량에 맡기는 이유는 피고인이 고의로 부당하게 재판을 지연시키는 것을 막아 형사재판의 효율성을 높이고, 피고인의 남상소를 방지하여 상소심 법원의 업무부담을 줄이는 데 있다. 「형법」제57조 제1항 중 '또는 일부' 부분이 상소제기 후 미결구금일수의 일부가 산입되지 않을 수 있도록 하여 피고인의 상소의사를 위축시킴으로써 남상소를 방지하려 하는 것은 입법목적 달성을 위한 적절한 수단이라고 할 수 없고, 남상소를 방지한다는 명목으로 오히려 구속 피고인의 재판청구권이나 상소권의 적정한 행사를 저해한다. 더욱이 구속 피고인이 고의로 재판을 지연하거나 부당한 소송행위를 하였다고 하더라도 이를 이유로 미결구금기간 중 일부를 형기에 산입하지 않는 것은 처벌되지 않는 소송상의 태도에 대하여 형벌적 요소를 도입하여 제재를 가하는 것으로서 적법절차의 원칙 및 무죄추정의 원칙에 반한다(2009.6.25., 2007헌바25).

[정답] ①

058 구금 관련 헌법재판소 판례에 대한 설명으로 옳은 것은 모두 몇 개인가?

ㄱ. 상소제기 후 상소를 취하한 때까지의 구금일수를 법정통산의 대상에서 제외하고 있는 「형사소송법」은 신체의 자유를 침해한다.

ㄴ. 피고인이 범행 후 미국으로 도주하였다가 한국과 미국정부 간의 범죄인 인도조약에 따라 체포되어 인도될 때까지 구금된 기간은 본형에 산입될 미결구금일수에 해당한다.

ㄷ. 1심 결정에 의한 소년원 수용기간을 항고심 결정에 의한 보호기간에 산입하지 아니하는 「소년법」 규정은 형사사건에서 미결구금일수가 본형에 산입되는 것과 비교하면 평등원칙에 위반된다.

ㄹ. 검사가 상소제기하기 전 미결구금일수를 본형에 산입하지 않도록 한 「형사소송법」 조항은 신체의 자유와 평등권을 침해한다.

ㅁ. 판결선고 전 구금일수 산입범위를 법관의 재량에 맡긴 「형법」 조항은 평등권을 침해한다.
ㅂ. 미결구금일수의 본형산입의 문제는 기본적으로 입법자의 광범위한 입법형성의 자유가 인정되는 영역인바, 그 재량 행사에 따른 입법이 명백히 불합리하지 않은 한 이를 위헌이라고 할 수 없으므로 반드시 전부 본형에 산입하여야만 인권이 보호된다는 논리는 성립할 수 없다.

① 없음.   ② 1개
③ 2개   ④ 3개
⑤ 4개

정답 및 해설

ㄱ. [O] 상소제기 후 상소 취하시까지의 미결구금을 형기에 산입하지 아니하는 것은 헌법상 무죄추정의 원칙 및 적법절차의 원칙, 평등원칙 등을 위배하여 합리성과 정당성 없이 신체의 자유를 지나치게 제한하는 것이고, 따라서 '상소제기 후 미결구금일수의 산입'에 관하여 규정하고 있는 이 사건 법률조항들이 상소제기 후 상소 취하시까지의 미결구금일수를 본형에 산입하도록 규정하지 아니한 것은 헌법에 위반된다(2009.12.29, 2008헌가13 등).

ㄴ. [X] 피고인이 미결구금일수로서 본형에의 산입을 요구하는 기간은 공소의 목적을 달성하기 위하여 어쩔 수 없이 이루어진 강제처분의 기간이 아니라 피고인이 범행 후 미국으로 도주하였다가 대한민국정부와 미합중국정부 간의 범죄인 인도조약에 따라 체포된 후 인도절차를 밟기 위한 기간에 불과하여 본형에 산입될 미결구금일수에 해당한다고 볼 수 없을 뿐 아니라, 원심이 피고인에 대한 미결구금일수를 일부라도 본형에 산입한 이상 상고이유에서 지적하는 바와 같이 미결구금일수의 산입에 관한 법리를 오해하여 판결에 영향을 미친 위법이 없다(대판 2009.5.28, 2009도1446).

ㄷ. [X] 이 사건 법률조항에 의하여 청구인과 형사사건에서 미결구금일수가 본형에 산입되는 자와의 차별취급이 존재하나, 소년원 수용이라는 보호처분은 도망이나 증거인멸을 방지하여 수사, 재판 또는 형의 집행을 원활하게 진행하기 위한 것이 아니라 반사회성 있는 소년을 교화하고 건전한 성장을 돕기 위한 것으로서 그 차별대우를 정당화하는 합리적 이유가 존재하므로 청구인의 평등권도 침해하지 아니한다(2015.12.23, 2014헌마768).

ㄹ. [O] 검사 상소제기일로부터 미결구금일수를 본형에 산입하도록 한 「형사소송법」 제482조는 검사가 상소하기 전의 구금일수에 대해서는 산입할 근거가 없어 검사가 상소를 언제 제기하느냐에 따라서 법원이 선고한 형에 변경을 가져오게 되므로 피고인의 신체의 자유를 침해하게 되고, 검사가 상소를 제기한 시점에 따라 형이 달라지므로 평등원칙에도 위반된다(2000.7.20, 99헌가7).

ㅁ. [O] 미결구금을 허용하는 것 자체가 헌법상 무죄추정의 원칙에서 파생되는 불구속수사의 원칙에 대한 예외인데, 「형법」 제57조 제1항 중 '또는 일부 부분'은 그 미결구금일수 중 일부만을 본형에 산입할 수 있도록 규정하여 그 예외에 대하여 사실상 다시 특례를 설정함으로써, 기본권 중에서도 가장 본질적인 신체의 자유에 대한 침해를 가중하고 있다(2000.7.20, 99헌가7).

ㅂ. [X] 미결구금은 신체의 자유를 침해받는 피의자 또는 피고인의 입장에서 보면 실질적으

로 자유형의 집행과 다를 바 없으므로, 인권 보호 및 공평의 원칙상 형기에 전부 산입되어야 한다. 따라서 「형법」 제57조 제1항 중 '또는 일부 부분'은 헌법상 무죄추정의 원칙 및 적법절차의 원칙 등을 위배하여 합리성과 정당성 없이 신체의 자유를 침해한다(2009.6.25., 2007헌바25).

[정답] ④

059 체포영장을 집행하는 경우 필요한 때에는 타인의 주거 등에서 피의자 수사를 할 수 있도록 한 형사소송법에 대한 헌법재판소 판례에 대한 설명으로 옳지 않은 것은 모두 몇 개인가?

> ㄱ. 체포영장을 집행하는 경우 필요한 때에는 타인의 주거 등에서 피의자 수사를 할 수 있도록 한 「형사소송법」 제216조 제1항 제1호는 명확성원칙에 위배된다.
> ㄴ. 헌법 제12조 제3항과는 마찬가지로 헌법 제16조 후문은 영장주의에 대한 예외를 명문화하고 있다.
> ㄷ. 헌법 제16조에서 영장주의에 대한 예외를 마련하고 있지 않으므로 주거에 대한 압수나 수색에 있어 영장주의가 예외 없이 반드시 관철되어야 함을 의미하는 것이다.
> ㄹ. 체포영장을 집행하는 경우 필요한 때에는 타인의 주거 등에서 피의자 수사를 할 수 있도록 한 「형사소송법」은 영장주의에 위반된다.
> ㅁ. 피의자가 사형·무기 또는 장기 3년 이상의 징역이나 금고에 해당하는 죄를 범하였다고 의심할 만한 상당한 이유가 있고, 피의자가 증거를 인멸할 염려가 있거나 피의자가 도망하거나 도망할 우려가 있는 경우에는 수색영장 없이 주거에 대한 수색이 가능하다.
> ㅂ. 체포영장을 집행하는 경우 필요한 때에는 타인의 주거 등에서 피의자 수사를 할 수 있도록 한 형사소송법에 대해 헌법불합치결정을 하였다.
> ㅅ. 헌법재판소는 헌법 제16조에 대해 영장주의 위반을 이유로 헌법불합치결정을 하였다.

① 1개 ② 2개
③ 3개 ④ 4개
⑤ 5개

정답 및 해설

ㄱ. [×] 심판대상조항은 수사기관이 피의자를 체포하기 위하여 필요한 때에는 영장 없이 타인의 주거 등에 들어가 피의자를 찾는 행위를 할 수 있다는 의미로서, 심판대상조항의 '피의자 수사'는 '피의자 수색'을 의미함을 어렵지 않게 해석할 수 있다. 이상을 종합하여 보면, 심판대상조항은 피의자가 소재할 개연성이 소명되면 타인의 주거 등내에서 수사기관이 피의자를 수색할 수 있음을 의미하는 것으로 누구든지 충분히 알 수 있으므로, 명확성원칙에 위반되지 아니한다(2018.4.26, 2015헌바370 등).

ㄴ. [×] 헌법 제12조 제3항은 "체포·구속·압수 또는 수색을 할 때에는 적법한 절차에 따라 검사의 신청에 의하여 법관이 발부한 영장을 제시하여야 한다. 다만, 현행범인인 경우와 장기 3년 이상의 형에 해당하는 죄를 범하고 도피 또는 증거인멸의 염려가 있을 때에는 사후에 영장을 청구할 수 있다."라고 규정함으로써 사전영장주의에 대한 예외를 명문으로 인정하고 있다. 이와 달리 헌법 제16조 후단은 "주거에 대한 압수나 수색을 할 때에는 검사의 신청에 의하여 법관이 발부한 영장을 제시하여야 한다."라고 규정하고 있을 뿐 영장주의에 대한 예외를 명문화하고 있지 않다(2018.4.26, 2015헌바370 등).

ㄷ. [×] 주거 공간에 대한 긴급한 압수·수색의 필요성, 주거의 자유와 관련하여 영장주의를 선언하고 있는 헌법 제16조의 취지 등을 종합하면, 헌법 제16조의 영장주의에 대해서도 그 예외를 인정하되, 이는 ⓐ 그 장소에 범죄혐의 등을 입증할 자료나 피의자가 존재할 개연성이 소명되고, ⓑ 사전에 영장을 발부받기 어려운 긴급한 사정이 있는 경우에만 제한적으로 허용될 수 있다고 보는 것이 타당하다(2018.4.26, 2015헌바370 등).

ㄹ. [○] 심판대상조항은 체포영장을 발부받아 피의자를 체포하는 경우에 필요한 때에는 영장 없이 타인의 주거 등 내에서 피의자 수사를 할 수 있다고 규정함으로써, 앞서 본 바와 같이 별도로 영장을 발부받기 어려운 긴급한 사정이 있는지 여부를 구별하지 아니하고 피의자가 소재할 개연성만 소명되면 영장 없이 타인의 주거 등을 수색할 수 있도록 허용하고 있다. 이는 체포영장이 발부된 피의자가 타인의 주거 등에 소재할 개연성은 소명되나, 수색에 앞서 영장을 발부받기 어려운 긴급한 사정이 인정되지 않는 경우에도 영장 없이 피의자 수색을 할 수 있다는 것이므로, 헌법 제16조의 영장주의 예외요건을 벗어나는 것으로서 영장주의에 위반된다(2018. 4.26, 2015헌바370 등).

ㅁ. [○] 먼저 현행범인 체포의 경우에 관하여 보건대, 현행범인은 범죄의 실행 중이거나 실행의 즉후인 자를 말하고(「형사소송법」 제211조 제1항), 범인으로 호창되어 추적되고 있는 등 「형사소송법」 제211조 제2항 각 호에 해당하는 자는 현행범인으로 간주된다. 현행범인이 수사기관의 추격을 피하여 타인의 주거 등에 들어가는 경우 이를 확인한 수사기관으로서는 현행범인 체포를 위하여 그 장소에 바로 들어가 피의자 수색을 할 수 있어야 한다. 이 경우 현행범인이 타인의 주거 등에 소재할 개연성 및 수색에 앞서 수색영장을 발부받기 어려운 긴급한 사정이 충분히 인정된다. 현행범인 체포의 경우에는 헌법 제16조의 영장주의의 예외를 인정할 수 있다. 다음으로 긴급체포의 경우에 관하여 보건대, 긴급체포는 피의자가 사형·무기 또는 장기 3년 이상의 징역이나 금고에 해당하는 죄를 범하였다고 의심할 만한 상당한 이유가 있고, 피의자가 증거를 인멸할 염려가 있거나 피의자가 도망하거나 도망할 우려가 있는 경우로서 긴급을 요하여 지방법원 판사의 체포영장을 받을 수 없는 때에 영장 없이 피의자를 체포하는 것이다. 이러한 경우에도 피의자가 타인의 주거 등에 소재할 개연성 및 수색에 앞서 수색영장을 발부받기 어려운 긴급한 사정이 충분히 인정된다. 따라서 긴급체포의 경우 역시 헌법 제16조의 영장주의의 예외를 인정할 수 있다(2018.4.26, 2015헌바370 등).

ㅂ. [○] ㅅ. [×] 심판대상조항의 위헌성은 근본적으로 헌법 제16조에서 영장주의를 규정하면서 그 예외를 명시적으로 규정하지 아니한 잘못에서 비롯된 것이다. 늦어도 2020.3.31.까지는 현행범인 체포, 긴급체포, 일정 요건하에서의 체포영장에 의한 체포의 경우에 영장주의의 예외를 명시하는 것으로 위 헌법조항이 개정되고, 그에 따라 심판대상조항(심판대상조항과 동일한 내용의 규정이 「형사소송법」 제137조에도 존재한다)이 개정되는 것이 바람직하며, 위 헌법조항이 개정되지 않는 경우에는 심판대상조항만이라도 이 결정의 취지에 맞게 개정되어야 함을 지적하여 둔다. 위 시한까지 개선입법이 이루어지지 않으면 심판대상조항은 2020.4.1.부터 그 효력을 상실한다(2018.4.26, 2015헌바370 등).

[정답] ④

060 체포영장을 집행하는 경우 필요한 때에는 타인의 주거 등에서 피의자 수사를 할 수 있도록 한 형사소송법에 대한 헌법재판소 판례에 대한 설명으로 옳지 않은 것은 모두 몇 개인가?

> ㄱ. 체포영장을 집행하는 경우 필요한 때에는 타인의 주거 등에서 피의자 수사를 할 수 있도록 한 「형사소송법」제216조 제1항 제1호는 명확성원칙에 위배된다.
> ㄴ. 헌법 제12조 제3항과는 달리 헌법 제16조 후문은 "주거에 대한 압수나 수색을 할 때에는 검사의 신청에 의하여 법관이 발부한 영장을 제시하여야 한다."라고 규정하고 있을 뿐 영장주의에 대한 예외를 명문화하고 있지 않다.
> ㄷ. 헌법 제16조에서 영장주의에 대한 예외를 마련하고 있지 않으므로 주거에 대한 압수나 수색에 있어 영장주의가 예외 없이 반드시 관철되어야 함을 의미하는 것이다.
> ㄹ. 체포영장을 집행하는 경우 필요한 때에는 타인의 주거 등에서 피의자 수사를 할 수 있도록 한 「형사소송법」은 영장주의에 위반된다.
> ㅁ. 피의자가 사형·무기 또는 장기 3년 이상의 징역이나 금고에 해당하는 죄를 범하였다고 의심할 만한 상당한 이유가 있고, 피의자가 증거를 인멸할 염려가 있거나 피의자가 도망하거나 도망할 우려가 있는 경우에는 수색영장 없이 주거에 대한 수색이 가능하다.
> ㅂ. 심판대상조항의 위헌성은 근본적으로 헌법 제16조에서 영장주의를 규정하면서 그 예외를 명시적으로 규정하지 아니한 잘못에서 비롯된 것이다. 늦어도 2020. 3.31.까지는 현행범인 체포, 긴급체포, 일정 요건하에서의 체포영장에 의한 체포의 경우에 영장주의의 예외를 명시하는 것으로 위 헌법조항이 개정되고, 그에 따라 심판대상조항이 개정되는 것이 바람직하며, 위 헌법조항이 개정되지 않는 경우에는 심판대상조항만이라도 이 결정의 취지에 맞게 개정되어야 한다.
> ㅅ. 헌법재판소는 헌법 제16조에 대해 영장주의 위반을 이유로 헌법불합치결정을 하였다.

① 1개 ② 2개
③ 3개 ④ 4개
⑤ 5개

정답 및 해설

> ㄱ. [×] 심판대상조항은 수사기관이 피의자를 체포하기 위하여 필요한 때에는 영장 없이 타인의 주거 등에 들어가 피의자를 찾는 행위를 할 수 있다는 의미로서, 심판대상조항의 '피의자 수사'는 '피의자 수색'을 의미함을 어렵지 않게 해석할 수 있다. 이상을 종합하여 보면, 심판대상조항은 피의자가 소재할 개연성이 소명되면 타인의 주거 등 내에서 수사기관이 피의자를 수색할 수 있음을 의미하는 것으로 누구든지 충분히 알 수 있으므로, 명확성원칙에 위반되지 아니한다(2018.4.26, 2015헌바370 등).
> ㄴ. [○] 헌법 제12조 제3항은 "체포·구속·압수 또는 수색을 할 때에는 적법한 절차에 따라 검사의 신청에 의하여 법관이 발부한 영장을 제시하여야 한다. 다만, 현행범인 경우와

장기 3년 이상의 형에 해당하는 죄를 범하고 도피 또는 증거인멸의 염려가 있을 때에는 사후에 영장을 청구할 수 있다."라고 규정함으로써 사전영장주의에 대한 예외를 명문으로 인정하고 있다. 이와 달리 헌법 제16조 후단은 "주거에 대한 압수나 수색을 할 때에는 검사의 신청에 의하여 법관이 발부한 영장을 제시하여야 한다."라고 규정하고 있을 뿐 영장주의에 대한 예외를 명문화하고 있지 않다(2018.4.26, 2015헌바370 등).

ㄷ. [×] 주거 공간에 대한 긴급한 압수·수색의 필요성, 주거의 자유와 관련하여 영장주의를 선언하고 있는 헌법 제16조의 취지 등을 종합하면, 헌법 제16조의 영장주의에 대해서도 그 예외를 인정하되, 이는 ⓐ 그 장소에 범죄혐의 등을 입증할 자료나 피의자가 존재할 개연성이 소명되고, ⓑ 사전에 영장을 발부받기 어려운 긴급한 사정이 있는 경우에만 제한적으로 허용될 수 있다고 보는 것이 타당하다(2018.4.26, 2015헌바370 등).

ㄹ. [○] 심판대상조항은 체포영장을 발부받아 피의자를 체포하는 경우에 필요한 때에는 영장 없이 타인의 주거 등 내에서 피의자 수사를 할 수 있다고 규정함으로써, 앞서 본 바와 같이 별도로 영장을 발부받기 어려운 긴급한 사정이 있는지 여부를 구별하지 아니하고 피의자가 소재할 개연성만 소명되면 영장 없이 타인의 주거 등을 수색할 수 있도록 허용하고 있다. 이는 체포영장이 발부된 피의자가 타인의 주거 등에 소재할 개연성은 소명되나, 수색에 앞서 영장을 발부받기 어려운 긴급한 사정이 인정되지 않는 경우에도 영장 없이 피의자 수색을 할 수 있다는 것이므로, 헌법 제16조의 영장주의 예외요건을 벗어나는 것으로서 영장주의에 위반된다(2018.4.26, 2015헌바370 등).

ㅁ. [○] 먼저 현행범인 체포의 경우에 관하여 보건대, 현행범인은 범죄의 실행 중이거나 실행의 즉후인 자를 말하고(「형사소송법」 제211조 제1항), 범인으로 호창되어 추적되고 있는 등 「형사소송법」 제211조 제2항 각 호에 해당하는 자는 현행범인으로 간주된다. 현행범인이 수사기관의 추적을 피하여 타인의 주거 등에 들어가는 경우 이를 확인한 수사기관으로서는 현행범인 체포를 위하여 그 장소에 바로 들어가 피의자 수색을 할 수 있어야 한다. 이 경우 현행범인이 타인의 주거 등에 소재할 개연성 및 수색에 앞서 수색영장을 발부받기 어려운 긴급한 사정이 충분히 인정된다. <u>현행범인 체포의 경우에는 헌법 제16조의 영장주의의 예외를 인정할 수 있다</u>. 다음으로 긴급체포의 경우에 관하여 보건대, 긴급체포는 피의자가 사형·무기 또는 장기 3년 이상의 징역이나 금고에 해당하는 죄를 범하였다고 의심할 만한 상당한 이유가 있고, 피의자가 증거를 인멸할 염려가 있거나 피의자가 도망하거나 도망할 우려가 있는 경우로서 긴급을 요하여 지방법원 판사의 체포영장을 받을 수 없는 때에 영장 없이 피의자를 체포하는 것이다. 이러한 경우에도 피의자가 타인의 주거 등에 소재할 개연성 및 수색에 앞서 수색영장을 발부받기 어려운 긴급한 사정이 충분히 인정된다. 따라서 <u>긴급체포의 경우 역시 헌법 제16조의 영장주의의 예외를 인정할 수 있다</u>(2018.4.26, 2015헌바370 등).

ㅂ. [○] ㅅ. [×] 심판대상조항의 위헌성은 근본적으로 헌법 제16조에서 영장주의를 규정하면서 그 예외를 명시적으로 규정하지 아니한 잘못에서 비롯된 것이다. 늦어도 2020.3.31.까지는 현행범인 체포, 긴급체포, 일정 요건하에서의 체포영장에 의한 체포의 경우에 영장주의의 예외를 명시하는 것으로 <u>위 헌법조항이 개정되고, 그에 따라 심판대상조항</u>(심판대상조항과 동일한 내용의 규정이 「형사소송법」 제137조에도 존재한다)<u>이 개정되는 것이 바람직하며</u>, 위 헌법조항이 개정되지 않는 경우에는 심판대상조항만이라도 이 결정의 취지에 맞게 개정되어야 함을 지적하여 둔다. 위 시한까지 개선입법이 이루어지지 않으면 심판대상조항은 2020.4.1.부터 그 효력을 상실한다(2018.4.26, 2015헌바370 등).

[정답] ③

061 변호인 조력을 받을 권리에 대한 설명으로 옳지 않은 것은? (다툼이 있는 경우 판례에 의함)

① 헌법재판소 판례에 따르면 형사절차가 종료되어 교정시설에 수용 중인 수형자는 원칙적으로 변호인의 도움을 받을 권리의 주체가 아니다.

② 헌법상 명문의 규정은 없지만, 불구속 피의자의 경우에도 변호인의 조력을 받을 권리는 우리 헌법에 나타난 법치국가원리, 적법절차원칙에서 인정되는 당연한 내용이다.

③ 변호인의 조력을 받을 권리는 체포·구속을 당하지 아니한 불구속 피의자·피고인에게도 인정되지만, 임의동행의 형식으로 연행된 피내사자의 경우나 형사절차가 종료되어 교정시설에 수용 중인 수형자에게는 인정되지 아니한다.

④ 헌법 제12조 제4항에서 "누구든지 체포 또는 구속을 당한 때에는 즉시 변호인의 조력을 받을 권리를 가진다."라고 규정하고 있지만, 대법원은 임의동행한 피내사자의 경우에 대해서도 변호인과의 접견교통권이 보장된다고 본다.

⑤ 변호인과의 접견이 구속된 자의 배우자와의 접견과 동시에 이루어진 경우에도 구속된 사람과 변호인과의 대화내용에 비밀이 보장되어야 하는 이상, 수사관이 청구인으로 하여금 그의 변호인 및 그의 배우자와 동시에 접견을 시키면서 소속직원을 접견에 참여시켜 대화내용을 듣거나 기록하게 하였으니 이는 위헌임을 면할 수 없으며, 이로 인하여 청구인의 변호인의 조력을 받을 권리를 침해한 것이다.

> **정답 및 해설**
>
> ① [O] 형사절차가 종료되어 교정시설에 수용 중인 수형자는 원칙적으로 변호인의 조력을 받을 권리의 주체가 될 수 없으나, 재심절차 등에는 변호인 선임을 위한 일반적인 교통·통신이 보장될 수 있다(1998. 8.27, 96헌마398).
>
> ② [O] 우리 헌법은 변호인의 조력을 받을 권리가 불구속 피의자·피고인 모두에게 포괄적으로 인정되는지 여부에 관하여 명시적으로 규율하고 있지는 않지만, 불구속 피의자의 경우에도 변호인의 조력을 받을 권리는 우리 헌법에 나타난 법치국가원리, 적법절차원칙에서 인정되는 당연한 내용이고, 헌법 제12조 제4항도 이를 전제로 특히 신체구속을 당한 사람에 대하여 변호인의 조력을 받을 권리의 중요성을 강조하기 위하여 별도로 명시하고 있다(2004.9.23, 2000헌마138).
>
> ③ [X] ④ [O] 변호인의 조력을 받을 권리를 실질적으로 보장하기 위하여는 변호인과의 접견교통권의 인정이 당연한 전제가 되므로, 임의동행의 형식으로 수사기관에 연행된 피의자에게도 변호인 또는 변호인이 되려는 자와의 접견교통권은 당연히 인정된다고 보아야 하고, 임의동행의 형식으로 연행된 피내사자의 경우에도 이는 마찬가지이다(대결 1996.6.3., 96모18).
>
> ⑤ [O] 변호인과의 접견이 구속된 자의 배우자와의 접견과 동시에 이루어진 경우에도 구속된 사람과 변호인과의 대화내용에 비밀이 보장되어야 하는 이상, 변호인과의 대화내용이 청취 당하여서는 아니 되는 것이므로 그 경우에도 관계공무원의 참여는 허용될 수 없는 것이며, 구속된 자와 변호인 이외의 자와의 접견에 관계공무원의 참여가 꼭 필요한 경우라면 수사기관이나 교도소는 변호인 접견과 변호인 이외의 자와의 접견을 분리하여 실시하면 되는 것이다. 그럼에도 불구하고 피청구인은 청구인으로 하여금 그의 변호인 및 그의 배우자와 동시에 접견을 시키면서 소속직원을 접견에 참여시켜 대화내용을 듣거나 기록하게 하였으니 이는

위헌임을 면할 수 없으며, 이로 인하여 청구인의 변호인의 조력을 받을 권리를 침해한 것이다 (헌재 1992. 1. 28. 91헌마111).

[정답] ③

062 청구인은 수단국적의 외국인이다. 청구인은 인천국제공항에 도착하여 난민인정신청을 하였고, 난민인정심사 회부 여부 결정시까지 인천국제공항 송환대기실에 수용되었다. 청구인은 피청구인 인천공항 출입국·외국인청장의 난민인정심사 불회부 결정 취소의 소를 제기하였고, 청구인의 변호인은 소송이 계속 중이던 피청구인에게 청구인의 접견을 신청하였으나, 피청구인은 이를 거부하였다. 청구인은 위와 같은 피청구인의 변호인 접견신청 거부 행위가 헌법 제12조 제4항 본문에 규정된 변호인의 조력을 받을 권리 및 재판청구권을 침해한다고 주장하면서, 헌법소원심판을 청구하였다. 이에 대한 설명 중 옳은 것(○)과 옳지 않은 것(×)을 올바르게 조합한 것은? (다툼이 있는 경우 판례에 의함)

ㄱ. 헌법 제12조 제1항 제2문, 제2항 내지 제7항은 당해 헌법조항의 문언상 혹은 당해 헌법조항에 규정된 구체적인 신체의 자유 보장 방법의 속성상 형사절차에만 적용됨이 분명한 경우가 아니라면, 형사절차에 한정되지 않는 것으로 해석하는 것이 타당하다.

ㄴ. 헌법 제12조 제4항 본문은 "누구든지 체포 또는 구속을 당한 때에는 즉시 변호인의 조력을 받을 권리를 가진다."라고 규정하고 있는바, 이와 같은 변호인의 조력을 받을 권리는 형사절차에서 피의자 또는 피고인의 방어권 보장을 위한 것으로서 출입국관리법상 보호 또는 강제퇴거의 절차에도 적용된다고 보기는 어렵다.

ㄷ. 인천공항출입국·외국인청장이 인천국제공항 송환대기실에 수용된 난민에 대한 변호인 접견신청을 거부한 행위는 변호인의 조력을 받을 권리를 침해한다.

ㄹ. 헌법 제12조 제4항 본문의 문언 및 헌법 제12조의 조문 체계, 변호인 조력권의 속성, 헌법이 신체의 자유를 보장하는 취지를 종합하여 보면 헌법 제12조 제4항 본문에 규정된 "구속"은 구속뿐 아니라, 행정절차에서 이루어진 구속까지 포함하는 개념이다. 따라서 헌법 제12조 제4항 본문에 규정된 변호인의 조력을 받을 권리는 행정절차에서 구속을 당한 사람에게도 즉시 보장된다.

ㅁ. 출입국항에서 입국불허결정을 받아 송환대기실에 있는 사람과 변호사 사이의 접견교통권의 보장은 헌법상 보장되는 재판청구권의 한 내용으로 볼 수 있으므로, 이 사건 변호사 접견신청 거부는 재판청구권의 한 내용으로서 청구인의 변호사의 도움을 받을 권리를 제한한다. 이 사건 변호사 접견신청 거부는 아무런 법률상의 근거 없이 이루어졌고, 국가안전보장, 질서유지, 공공복리를 달성하기 위해 필요한 기본권 제한 조치로 볼 수도 없으므로, 청구인의 재판청구권을 침해한다.

① ㄱ(○), ㄴ(○), ㄷ(×), ㄹ(○), ㅁ(○)
② ㄱ(○), ㄴ(×), ㄷ(○), ㄹ(○), ㅁ(×)
③ ㄱ(○), ㄴ(×), ㄷ(×), ㄹ(×), ㅁ(×)
④ ㄱ(×), ㄴ(○), ㄷ(○), ㄹ(○), ㅁ(×)
⑤ ㄱ(×), ㄴ(○), ㄷ(×), ㄹ(○), ㅁ(×)

정답 및 해설

ㄱ. [○] 헌법 제12조 제1항은 제1문에서 "모든 국민은 신체의 자유를 가진다."고 규정한다. 신체의 자유를 보장하는 헌법 제12조 제1항 제1문은 문언상 형사절차만을 염두에 둔 것이 아님이 분명하다. 또한 신체의 자유는 그에 대한 제한이 형사절차에서 가해졌든 행정절차에서 가해졌든 간에 보장되어야 하는 자연권적 속성의 기본권이므로, 신체의 자유가 제한된 절차가 형사절차인지 아닌지는 신체의 자유의 보장 범위와 방법을 정함에 있어 부차적인 요소에 불과하다. 우리 헌법은 신체의 자유를 명문으로 규정하여 보장하는 헌법 제12조 제1항 제1문에 이어 제12조 제1항 제2문, 제2항 내지 제7항에서 신체의 자유가 제한될 우려가 있는 특별한 상황들을 열거하면서, 각각의 상황별로 신체의 자유의 보장 방법을 구체적으로 규정한다. 따라서 형사절차를 특히 염두에 둔 것이 아닌 헌법 제12조 제1항 제1문과의 체계적 해석의 관점에서 볼 때, 헌법 제12조 제1항 제2문, 제2항 내지 제7항은 당해 헌법조항의 문언상 혹은 당해 헌법조항에 규정된 구체적인 신체의 자유 보장 방법의 속성상 형사절차에만 적용됨이 분명한 경우가 아니라면, 형사절차에 한정되지 않는 것으로 해석하는 것이 타당하다 (헌재 2018.05.31. 2014헌마346).

ㄴ. [×] 헌법 제12조 제4항 본문에 규정된 변호인의 조력을 받을 권리가 행정절차에서 구속된 사람에게도 즉시 보장되는지 여부(적극) 헌법 제12조 제4항 본문의 문언 및 헌법 제12조의 조문 체계, 변호인 조력권의 속성, 헌법이 신체의 자유를 보장하는 취지를 종합하여 보면 헌법 제12조 제4항 본문에 규정된 "구속"은 사법절차에서 이루어진 구속뿐 아니라, 행정절차에서 이루어진 구속까지 포함하는 개념이다. 따라서 헌법 제12조 제4항 본문에 규정된 변호인의 조력을 받을 권리는 행정절차에서 구속을 당한 사람에게도 즉시 보장된다. 종래 이와 견해를 달리하여 헌법 제12조 제4항 본문에 규정된 <u>변호인의 조력을 받을 권리는 형사절차에서 피의자 또는 피고인의 방어권을 보장하기 위한 것으로서 출입국관리법상 보호 또는 강제퇴거의 절차에도 적용된다고 보기 어렵다고 판시한 우리 재판소 결정(헌재 2012. 8. 23. 2008헌마430)</u>은, 이 결정 취지와 저촉되는 범위 안에서 변경한다(헌재 2018.05.31. 2014헌마346).

ㄷ. [○] 청구인에게 변호인 접견신청을 허용한다고 하여 국가안전보장, 질서유지, 공공복리에 어떠한 장애가 생긴다고 보기는 어렵고, 필요한 최소한의 범위 내에서 접견 장소 등을 제한하는 방법을 취한다면 국가안전보장이나 환승구역의 질서유지 등에 별다른 지장을 주지 않으면서도 청구인의 변호인 접견권을 제대로 보장할 수 있다. 따라서 이 사건 변호인 접견신청 거부는 국가안전보장이나 질서유지, 공공복리를 위해 필요한 기본권 제한 조치로 볼 수도 없다. 이 사건 변호인 접견신청 거부는 이러한 측면에서 보아도 청구인의 변호인의 조력을 받을 권리를 침해한 것이다(2018.05.31.2014헌마346).

ㄹ. [○] 헌법 제12조 제4항 본문의 문언 및 헌법 제12조의 조문 체계, 변호인 조력권의 속성, 헌법이 신체의 자유를 보장하는 취지를 종합하여 보면 헌법 제12조 제4항 본문에 규정된 "구속"은 사법절차에서 이루어진 구속뿐 아니라, 행정절차에서 이루어진 구속까지 포함하는 개념이다. 따라서 헌법 제12조 제4항 본문에 규정된 변호인의 조력을 받을 권리는 행정절차에

서 구속을 당한 사람에게도 즉시 보장된다(헌재 2018.05.31. 2014헌마346).
ㅁ. [X] 별개의견이다. 별개의견은 행정절차에서는 변호인 조력을 받을 권리가 보장되지 않으므로 이 사건은 변호인조력이 받을 권리가 적용될 수 없고 재판청구권 문제로 보았다. 헌재의 법정의견은 변호인의 조력을 받을 권리침해로 보았다.

[정답] ②

063 서신검열에 대한 설명으로 옳지 않은 것은? (다툼이 있는 경우 판례에 의함)

① 미결구금자가 수발하는 서신이 변호인 또는 변호인이 되려는 자와의 서신임이 확인되고 미결구금자의 범죄혐의 내용이나 신분에 비추어 소지금지품의 포함 또는 불법내용의 기재 등이 있다고 의심할 만한 합리적인 이유가 없음에도 그 서신을 검열하는 행위는 위헌이다.

② 구치소장이 변호인접견실에 CCTV를 설치하여 미결수용자와 변호인 간의 접견을 관찰한 행위는 미결수용자의 변호인의 조력을 받을 권리를 침해하지 않는다.

③ 교도소장이 금지물품 동봉 여부를 확인하기 위하여 미결수용자와 같은 지위에 있는 수형자의 변호인이 위 수형자에게 보낸 서신을 개봉한 후 교부한 행위가 위 수형자가 변호인의 조력을 받을 권리를 침해한다.

④ 교도소 측에서 상대방이 변호인이라는 사실을 확인할 수 있어야 미결수용자와 변호인 사이의 서신은 원칙적으로 그 비밀을 보장받을 수 있다.

⑤ 교도소장이 금지물품 동봉 여부를 확인하기 위하여 미결수용자와 같은 지위에 있는 수형자의 변호인이 위 수형자에게 보낸 서신을 개봉한 후 교부한 행위는 변호인의 조력을 받을 권리제한이다.

정답 및 해설

① [O]④ [O] 미결수용자와 변호인 사이의 서신으로서 그 비밀을 보장받기 위하여는, 첫째, 교도소 측에서 상대방이 변호인이라는 사실을 확인할 수 있어야 하고, 둘째, 서신을 통하여 마약 등 소지금지품의 반입을 도모한다든가 그 내용에 도주·증거인멸·수용시설의 규율과 질서의 파괴·기타 형벌법령에 저촉되는 내용이 기재되어 있다고 의심할 만한 합리적인 이유가 있는 경우가 아니어야 한다(1995.7.21, 92헌마144).

② [O] X-ray 물품검색기나 변호인접견실에 설치된 비상벨만으로는 교정사고를 방지하거나 금지물품을 적발하는 데 한계가 있으므로 CCTV 관찰행위는 그 목적을 달성하기 위하여 필요한 범위 내의 제한이다. 따라서 CCTV 관찰행위는 청구인의 변호인의 조력을 받을 권리를 침해한다고 할 수 없다(2016.4.28, 2015헌마243).

③ [X] 발신자가 변호사로 표시되어 있다고 하더라도 실제 변호사인지 여부 및 수용자의 변호인에 해당하는지 여부를 확인하는 것은 불가능하거나 지나친 행정적 부담을 초래한다. 미결수용자와 같은 지위에 있는 수형자는 서신 이외에도 접견 또는 전화통화에 의해서도 변호사와 접촉하여 형사소송을 준비할 수 있다. 이 사건 서신개봉행위와 같이 금지물품이 들어

있는지를 확인하기 위하여 서신을 개봉하는 것만으로는 미결수용자와 같은 지위에 있는 수형자가 변호인의 조력을 받을 권리를 침해하지 아니한다(2021.10.28., 2019헌마973).

⑤ [O] 청구인은 이 사건 서신개봉행위가 통신비밀의 자유를 침해한다고도 주장한다. 그러나 그 내용을 살펴보면 청구인은 미결수용자의 일반 서신 개봉 문제를 다루는 것이 아니라 미결수용자와 변호인 사이의 서신 개봉 문제를 쟁점으로 하고 있다. 변호인의 조력을 받을 권리의 주요 내용은 신체구속을 당한 사람과 변호인 사이의 충분한 접견교통을 허용하여야 한다는 것으로, 이는 교통 내용에 대한 비밀보장과 부당한 간섭의 배제를 포괄하며(헌재 1995. 7. 21. 92헌마144 참조), 청구인의 주장은 위와 같은 의미의 변호인의 조력을 받을 권리 침해에 관한 것이라고 볼 수 있으므로 통신비밀의 자유 침해 여부에 대하여는 별도로 판단하지 아니한다(2021.10.28., 2019헌마973).

[정답] ③

064 피의자 甲이 체포영장에 의하여 체포되었다. 피의자 신문 중 변호사인 乙은 피의자 가족들의 의뢰를 받아 피의자와의 접견을 신청하였으나, 교도관은 「형의 집행 및 수용자의 처우에 관한 법률 시행령」 제58조 제1항에 근거하여 접견을 거부하였고 피청구인 검사는 접견 조치를 취하지 아니하였다. 변호사인 乙의 헌법소원심판 청구에 대한 설명으로 옳지 않은 것은?

> 형의 집행 및 수용자의 처우에 관한 법률 시행령 제58조(접견) ① 수용자의 접견은 매일(공휴일 및 법무부장관이 정한 날은 제외한다) 「국가공무원 복무규정」 제9조에 따른 근무시간 내에서 한다.
>
> 형사소송법 제243조의2(변호인의 참여 등) ① 검사 또는 사법경찰관은 피의자 또는 그 변호인 · 법정대리인 · 배우자 · 직계친족 · 형제자매의 신청에 따라 변호인을 피의자와 접견하게 하거나 정당한 사유가 없는 한 피의자에 대한 신문에 참여하게 하여야 한다.

① 담당교도관의 접견 불허 통보 이후 피청구인 검사가 별다른 조치를 취하지 아니하였다면 헌법소원의 대상이 되는 검사의 접견불허행위가 있었다고 보아야 한다.

② 피의자신문 중 변호인 등의 접견신청이 있는 경우에는 피의자를 수사기관으로 호송한 교도관에게 이를 허가하거나 제한할 권한은 인정되지 않는다.

③ 수용자에 대한 접견신청이 있는 경우 그 장소가 교도관의 수용자 계호 및 통제가 요구되는 공간이라면 교도소장 · 구치소장 또는 그 위임을 받은 교도관이 그 허가 여부를 결정하는 것이 원칙이나 피의자신문 중 변호인 접견신청이 있는 경우에는 검사 또는 사법경찰관이 그 허가 여부를 결정할 주체이다.

④ '변호인이 되려는 자'의 접견교통권 역시 피체포자 등의 '변호인의 조력을 받을 권리'를 기본권으로 인정한 결과 발생하는 간접적이고 부수적인 효과로서 형사소송법

등 개별 법률을 통하여 구체적으로 형성된 법률상의 권리에 불과하고, '헌법상 보장된 독자적인 기본권'으로 볼 수는 없다.
⑤ 형의 집행 및 수용자의 처우에 관한 법률 시행령 제58조는 검사 또는 사법경찰관이 그 허가 여부를 결정하는 피의자신문 중 변호인 등의 접견신청의 경우에는 적용되지 않으므로, 위 조항을 근거로 변호인 등의 접견신청을 불허하거나 제한할 수는 없다고 할 것이므로 위 조항을 근거로 한 변호인 등의 접견신청을 불허는 법률유보원칙에 위배된다.

정답 및 해설

① [O] 담당교도관의 접견 불허 통보 이후 피청구인 검사가 별다른 조치를 취하지 아니한 것은 실질적으로 청구인의 접견신청을 불허한 것과 동일하게 평가할 수 있으므로 이 사건 검사의 접견불허행위는 헌법소원의 대상이 되는 공권력의 행사로서 존재한다고 할 것이다(2019. 2. 28. 2015헌마1204).

② [O] 피의자신문 중 변호인 등의 접견신청이 있는 경우에는 앞서 본 바와 같이 검사 또는 사법경찰관이 그 허가 여부를 결정하여야 하므로, 피의자를 수사기관으로 호송한 교도관에게 이를 허가하거나 제한할 권한은 인정되지 않는다고 할 것이다. 결국 이 사건에 있어서 피청구인 교도관에게 청구인과 피의자 윤○현의 접견 허가 여부를 결정할 권한이 있었다고 볼 수 없으므로, 이 사건 교도관의 접견불허행위는 헌법재판소법 제68조 제1항에서 헌법소원의 대상으로 삼고 있는 '공권력의 행사'에 해당하지 아니한다.

③ [O] 수용자에 대한 접견신청이 있는 경우 이는 수용자의 처우에 관한 사항이므로 그 장소가 교도관의 수용자 계호 및 통제가 요구되는 공간이라면 교도소장·구치소장 또는 그 위임을 받은 교도관이 그 허가 여부를 결정하는 것이 원칙이라 할 것이다. 그런데 형사소송법 제34조는 변호인의 접견교통권과 '변호인이 되려는 자'의 접견교통권에 차이를 두지 않고 함께 규정하고 있으므로, '변호인이 되려는 자'가 피의자신문 중에 형사소송법 제34조에 따라 접견신청을 한 경우에도 그 허가 여부를 결정할 주체는 검사 또는 사법경찰관이라고 보아야 할 것이고, 그러한 해석이 형사소송법 제243조의2 제1항의 내용에도 부합한다.

④ [X] 변호인 선임을 위하여 피의자·피고인(이하 '피의자 등'이라 한다)이 가지는 '변호인이 되려는 자'와의 접견교통권은 헌법상 기본권으로 보호되어야 하고, '변호인이 되려는 자'의 접견교통권은 피의자 등이 변호인을 선임하여 그로부터 조력을 받을 권리를 공고히 하기 위한 것으로서, 그것이 보장되지 않으면 피의자 등이 변호인 선임을 통하여 변호인으로부터 충분한 조력을 받는다는 것이 유명무실하게 될 수밖에 없다. 이와 같이 '변호인이 되려는 자'의 접견교통권은 피의자 등을 조력하기 위한 핵심적인 부분으로서, 피의자 등이 가지는 헌법상의 기본권인 '변호인이 되려는 자'와의 접견교통권과 표리의 관계에 있다. 따라서 피의자 등이 가지는 '변호인이 되려는 자'의 조력을 받을 권리가 실질적으로 확보되기 위해서는 '변호인이 되려는 자'의 접견교통권 역시 헌법상 기본권으로서 보장되어야 한다(이하 '변호인'과 '변호인이 되려는 자'를 합하여 '변호인 등'이라 한다)[2019. 2. 28. 2015헌마1204].

⑤ [O] 형집행법 제41조 제4항의 위임을 받은 이 사건 접견시간 조항은 수용자의 접견을 '국가공무원 복무규정'에 따른 근무시간 내로 한정함으로써 피의자와 변호인 등의 접견교통을 제한하고 있으나, 앞서 본 바와 같이 위 조항은 교도소장·구치소장이 그 허가 여부를 결정하는 변호인 등의 접견신청의 경우에 적용되는 것으로서, 검사 또는 사법경찰관이 그 허가 여부를 결정하는 피의자신문 중 변호인 등의 접견신청의 경우에는 적용되지 않으므로, 위 조항을

근거로 변호인 등의 접견신청을 불허하거나 제한할 수는 없다고 할 것이다. 따라서 이 사건 검사의 접견불허행위는 헌법이나 법률의 근거 없이 이루어졌다고 할 것이다[2019. 2. 28. 2015헌마1204].

[정답] ④

065 수용자 접견시 녹음이나 녹화에 대한 설명 중 옳은 것을 모두 조합한 것은?

ㄱ. 변호인의 조력을 받을 권리는 '형사사건'에서의 변호인의 조력을 받을 권리에 국한되는 것은 아니므로, 수형자가 형사사건의 변호인이 아닌 민사사건, 행정사건, 헌법소원사건 등에서 변호사와 접견할 경우에도 헌법상 변호인의 조력을 받을 권리의 주체가 될 수 있다.
ㄴ. 구치소장이 수용된 청구인과 배우자의 접견을 녹음한 행위는 청구인의 사생활 비밀의 자유를 침해하지 않는다.
ㄷ. 변호사와 접견하는 경우에도 수용자의 접견은 원칙적으로 접촉차단시설이 설치된 장소에서 하도록 규정하고 있는 「형의 집행 및 수용자의 처우에 관한 법률 시행령」 규정은 청구인의 재판청구권을 지나치게 제한하고 있으므로 헌법에 위반된다.
ㄹ. 수형자와 그 수형자의 헌법소원사건의 국선대리인인 변호사의 접견 내용을 녹음, 기록한 행위는 청구인의 재판을 받을 권리를 침해한다.
ㅁ. 구치소장이 변호인접견실에 CCTV를 설치하여 미결수용자와 변호인 간의 접견을 관찰한 행위는 청구인의 변호인의 조력을 받을 권리를 침해한다.

① ㄱㄴㅁ
② ㄷㄹ
③ ㄴㄷㄹ
④ ㄷㄹㅁ
⑤ ㄱㄹ

정답 및 해설

ㄱ. [×] 헌법재판소는 변호인의 조력을 받을 권리가 수형자의 경우에도 그대로 보장되는지에 대하여, 변호인의 조력을 받을 권리에 대한 헌법과 법률의 규정 및 취지에 비추어 보면 형사절차가 종료되어 교정시설에 수용 중인 수형자는 원칙적으로 변호인의 조력을 받을 권리의 주체가 될 수 없다고 선언한 바 있다. 즉, 변호인의 조력을 받을 권리는 '형사사건'에서의 변호인의 조력을 받을 권리를 의미한다. 따라서 수형자가 형사사건의 변호인이 아닌 민사사건, 행정사건, 헌법소원사건 등에서 변호사와 접견할 경우에는 원칙적으로 헌법상 변호인의 조력을 받을 권리의 주체가 될 수 없다(2013.9.26, 2011헌마398).
ㄴ. [○] 이 사건 녹음행위는 교정시설 내의 안전과 질서유지에 기여하기 위한 것으로서 그 목적이 정당할 뿐 아니라 수단이 적절하다. 또한, 소장은 미리 접견 내용의 녹음 사실 등을 고지하며, 접견기록물의 엄격한 관리를 위한 제도적 장치도 마련되어 있는 점 등을 고려할 때 침해의 최소성 요건도 갖추었고, 이 사건 녹음행위는 미리 고지되어 청구인의 접견 내용은

사생활의 비밀로서의 보호가치가 그리 크지 않다고 할 것이므로 법익의 불균형을 인정하기도 어려워, 과잉금지원칙에 위반하여 청구인의 사생활의 비밀과 자유를 침해하였다고 볼 수 없다(2012.12.27, 2010헌마153).

ㄷ. [O] 이 사건 접견조항에 따르면 수용자는 효율적인 재판준비를 하는 것이 곤란하게 되고, 특히 교정시설 내에서의 처우에 대하여 국가 등을 상대로 소송을 하는 경우에는 소송의 상대방에게 소송자료를 그대로 노출하게 되어 무기대등의 원칙이 훼손될 수 있다. 변호사 직무의 공공성, 윤리성 및 사회적 책임성은 변호사접견권을 이용한 증거인멸, 도주 및 마약 등 금지물품 반입 시도 등의 우려를 최소화시킬 수 있으며, 변호사접견이라 하더라도 교정시설의 질서 등을 해할 우려가 있는 특별한 사정이 있는 경우에는 예외를 두도록 한다면 악용될 가능성도 방지할 수 있다. 따라서 이 사건 접견조항은 과잉금지원칙에 위배하여 청구인의 재판청구권을 지나치게 제한하고 있으므로, 헌법에 위반된다(2013.8.29, 2011헌마122).

ㄹ. [O] 수형자와 변호사와의 접견 내용을 녹음, 녹화하게 되면 그로 인해 제3자인 교도소 측에 접견 내용이 그대로 노출되므로 수형자와 변호사는 상담과정에서 상당히 위축될 수밖에 없고, 특히 소송의 상대방이 국가나 교도소 등의 구금시설로서 그 내용이 구금시설 등의 부당처우를 다투는 내용일 경우에 접견 내용에 대한 녹음, 녹화는 실질적으로 당사자대등의 원칙에 따른 무기평등을 무력화시킬 수 있다. 변호사는 다른 전문직에 비하여도 더욱 엄격한 직무의 공공성 등이 강조되고 있는 지위에 있으므로, 소송사건의 변호사가 접견을 통하여 수형자와 모의하는 등으로 법령에 저촉되는 행위를 하거나 이에 가담하는 등의 행위를 할 우려는 거의 없다. 또한, 접견의 내용이 소송준비를 위한 상담 내용일 수밖에 없는 변호사와의 접견에 있어서 수형자의 교화나 건전한 사회복귀를 위해 접견 내용을 녹음, 녹화할 필요성을 생각하는 것도 어렵다. 이 사건에 있어서 청구인과 헌법소원 사건의 국선대리인인 변호사의 접견 내용에 대해서는 접견의 목적이나 접견의 상대방 등을 고려할 때 녹음, 기록이 허용되어서는 아니 될 것임에도, 이를 녹음, 기록한 행위는 청구인의 재판을 받을 권리를 침해한다(2013.9.26., 2011헌마398).

ㅁ. [X] X-ray 물품검색기나 변호인접견실에 설치된 비상벨만으로는 교정사고를 방지하거나 금지물품을 적발하는 데 한계가 있으므로 CCTV 관찰행위는 그 목적을 달성하기 위하여 필요한 범위 내의 제한이다. 따라서 CCTV 관찰행위는 청구인의 변호인의 조력을 받을 권리를 침해한다고 할 수 없다(2016.4.28., 2015헌마243).

[정답] ③

066 甲은 절도죄를 범하여 유죄의 확정판결을 받고 현재 교도소에 수용 중인 자이다. 甲은 교도소 내의 처우와 관련하여 헌법소원심판을 청구하고자 변호사 乙과의 접견을 신청하였으나, 교도소장 丙은 접견을 불허하였다. 이에 甲은 변호사 乙에게 편지를 발송하고자 하였는데, 교도소장 丙은 수용자가 밖으로 내보내는 모든 서신을 봉함하지 않은 상태로 제출하게 하고 제출된 甲의 서신 내용을 검열한 다음 서신 발송을 거부하였다. 이에 대한 설명으로 옳지 않은 것은? (다툼이 있는 경우 판례에 의함)

① 서신검열행위는 이른바 권력적 사실행위로서 행정심판이나 행정소송의 대상이 되는 행정처분으로 볼 수 있으나, 위 검열행위가 이미 완료되어 행정심판이나 행정소송을 제기하더라도 소의 이익이 부정될 수밖에 없으므로 헌법소원심판을 청구하는 외에 다른 효과적인 구제방법이 있다고 보기 어렵기 때문에 보충성원칙의 예외에 해당한다.

② 자유형은 수형자를 일정한 장소에 구금하여 사회로부터 격리시켜 그 자유를 박탈함과 동시에 그의 교화·갱생을 도모하고자 함에 그 본질이 있으므로, 수형자의 기본권은 특별권력관계 내에서 인정되는 포괄적 명령권과 징계권에 의하여 개별적 법률의 근거 없이도 제한이 가능하다. 그러나 이러한 경우에도 기본권의 본질적 내용은 침해할 수 없다.

③ 사관생도의 모든 사적 생활에서까지 예외 없이 금주의무를 이행할 것을 요구하는 것은 사관생도의 일반적 행동자유권은 물론 사생활의 비밀과 자유를 지나치게 제한하는 것이다.

④ 교도소장 丙은 구「형의 집행 및 수용자의 처우에 관한 법률 시행령」제65조 제1항(수용자는 보내려는 서신을 봉함하지 않은 상태로 교정시설에 제출하여야 한다)에 따라 甲의 서신을 봉함하지 않은 상태로 제출하게 하였는바, 위 시행령조항은 수용자의 도주를 예방하고 교도소 내의 규율과 질서를 유지하기 위한 불가피한 것으로서 비례의 원칙에 위반하여 수용자의 통신비밀의 자유를 침해한다.

⑤ 헌법재판소의 판례에 따르면, 교도소장 丙의 서신발송거부행위는 행정심판 및 행정소송의 대상이 되므로, 이러한 사전구제절차를 거치지 아니하고 서신발송거부행위에 대하여 헌법소원심판을 청구하는 것은 보충성원칙에 위배되어 부적법하다.

> **정답 및 해설**
>
> ① [O] 법 제6조의 청원제도는 서신검열행위를 대상으로 그 효력을 다툴 수 있는 권리구제절차가 아니므로「헌법재판소법」제68조 제1항 단서의 '다른 법률에 구제절차가 있는 경우'에 해당한다고 볼 수 없다. 그리고 위 서신검열행위는 이른바 권력적 사실행위로서 행정심판이나 행정소송의 대상이 되는 행정처분으로 볼 수 있으나, 위 검열행위가 이미 완료되어 행정심판이나 행정소송을 제기하더라도 소의 이익이 부정될 수밖에 없으므로 헌법소원심판을 청구하는 외에 다른 효과적인 구제방법이 있다고 보기 어렵기 때문에 보충성의 원칙에 대한 예외에 해당한다고 보는 것이 상당하다(1998. 8.27, 96헌마398).

② [×] 헌법 제18조에서 "모든 국민은 통신의 비밀을 침해받지 아니한다."라고 규정하여 통신의 비밀을 침해받지 아니할 권리 즉, 통신의 자유를 국민의 기본권으로 보장하고 있다. 따라서 통신의 중요한 수단인 서신의 당사자나 내용은 본인의 의사에 반하여 공개될 수 없으므로 서신의 검열은 원칙으로 금지된다고 할 것이다. 그러나 위와 같은 기본권도 절대적인 것은 아니므로 헌법 제37조 제2항에 따라 국가안전보장·질서유지 또는 공공복리를 위하여 필요한 경우에는 법률로써 제한할 수 있고, 다만 제한하는 경우에도 그 본질적인 내용은 침해할 수 없다.

징역형 등이 확정되어 교정시설에서 수용 중인 수형자도 통신의 자유의 주체가 됨은 물론이다. 그러나 「행형법」은 교정시설의 질서를 유지하고 수형자의 교정·교화를 도모하기 위하여 수형자가 서신을 수발할 경우에는 교도소장의 허가와 교도관의 검열을 요하도록 규정하고 있다(제18조 제1항·제3항).

이 사건의 쟁점은 피청구인이 이 법률조항에 따라 시행한 서신검열행위가 국가안전보장·질서유지 또는 공공복리를 위하여 '필요한 경우'에 해당하는지 여부와 그 검열이 통신의 자유의 본질적인 내용을 침해하는 것인지 여부이다(1998.8.27, 96헌마398).

➡ 헌법재판소 판례에 의하면 수형자의 복역관계에서도 법치국가원리가 적용된다(2004.12. 26, 2002헌마478 참조)고 판시하고 있는바 수형자의 기본권을 제한하는 경우에도 개별적인 법률의 근거를 요한다. 따라서 본 사건의 경우 기본권 제한의 개별적인 법률의 근거는 존재하므로 (행형법), 단지 그러한 기본권 제한이 통신의 자유의 본질적인 내용을 침해하는 것인지 여부만 문제될 뿐이다.

③ [○] 육군3사관학교 사관생도인 甲이 4회에 걸쳐 학교 밖에서 음주를 하여 '사관생도 행정예규' 제12조(금주조항)에서 정한 품위유지의무를 위반하였다는 이유로 육군3사관학교장이 교육운영위원회의 의결에 따라 甲에게 퇴학처분을 한 사안에서, 첫째, 사관학교의 설치목적과 교육목표를 달성하기 위하여 사관학교는 사관생도에게 교내 음주행위, 교육·훈련 및 공무수행 중의 음주행위, 사적 활동이더라도 신분을 나타내는 생도 복장을 착용한 상태에서 음주하는 행위, 생도 복장을 착용하지 않은 상태에서 사적 활동을 하는 때에도 이로 인하여 사회적 물의를 일으킴으로써 품위를 손상한 경우 등에는 이러한 행위들을 금지하거나 제한할 필요가 있으나 여기에 그치지 않고 나아가 <u>사관생도의 모든 사적 생활에서까지 예외 없이 금주의무를 이행할 것을 요구하는 것은 사관생도의 일반적 행동자유권은 물론 사생활의 비밀과 자유를 지나치게 제한하는 것이고</u>, 둘째, 구 예규 및 예규 제12조에서 사관생도의 모든 사적 생활에서까지 예외 없이 금주의무를 이행할 것을 요구하면서 제61조에서 사관생도의 음주가 교육 및 훈련 중에 이루어졌는지 여부나 음주량, 음주 장소, 음주행위에 이르게 된 경위 등을 묻지 않고 <u>일률적으로 2회 위반시 원칙으로 퇴학 조치하도록 정한 것은 사관학교가 금주제도를 시행하는 취지에 비추어 보더라도 사관생도의 기본권을 지나치게 침해하는 것이므로</u>, 위 금주조항은 사관생도의 일반적 행동자유권, 사생활의 비밀과 자유 등 기본권을 과도하게 제한하는 것으로서 무효인데도 위 금주조항을 적용하여 내린 퇴학처분이 적법하다고 본 원심판결에 법리를 오해한 잘못이 있다(대판 2018.8.30, 2016두60591).

④ [○] 이 사건 시행령조항은 교정시설의 안전과 질서유지, 수용자의 교화 및 사회복귀를 원활하게 하기 위해 수용자가 밖으로 내보내는 서신을 봉함하지 않은 상태로 제출하도록 한 것이나, 이와 같은 목적은 교도관이 수용자의 면전에서 서신에 금지물품이 들어 있는지를 확인하고 수용자로 하여금 서신을 봉함하게 하는 방법, 봉함된 상태로 제출된 서신을 X-ray 검색기 등으로 확인한 후 의심이 있는 경우에만 개봉하여 확인하는 방법, 서신에 대한 검열이 허용되는 경우에만 무봉함 상태로 제출하도록 하는 방법 등으로도 얼마든지 달성할 수 있다

고 할 것인바, 위 시행령조항이 수용자가 보내려는 모든 서신에 대해 무봉함상태의 제출을 강제함으로써 수용자의 발송 서신 모두를 사실상 검열가능한 상태에 놓이도록 하는 것은 기본권 제한의 최소침해성요건을 위반하여 수용자인 청구인의 통신비밀의 자유를 침해하는 것이다(2012.2.23, 2009헌마333).

⑤ [○] 이 사건 서신 발송거부행위를 대상으로 한 심판청구부분에 관하여 살펴본다. 헌법소원심판은 다른 법률에 구제절차가 있는 경우에는 그 절차를 모두 거친 후가 아니면 청구할 수 없게 되어 있다. 피청구인의 서신발송 거부행위에 대하여는「행정심판법」및「행정소송법」에 의한 심판이나 소송이 가능할 것이므로 이 절차를 거치지 아니한 채 제기된 이 심판청구 부분은 부적법하다(1998.8.27., 96헌마398).

[정답] ②

067 신체의 자유에 대한 설명으로 옳지 않은 것은?

① 구속적부심 사건에서 피의자의 변호인에게 고소장과 피의자신문조서에 대한 열람 및 등사를 거부한 경찰서장의 정보비공개결정이 변호인의 피구속자를 조력할 권리 및 알 권리를 침해하여 헌법에 위반된다.

② 고소로 시작된 형사피의사건의 구속적부심절차에서 피구속자의 변호를 맡은 변호인으로서는 피구속자에 대한 고소장과 경찰의 피의자신문조서의 열람은 피구속자를 충분히 조력하기 위하여 변호인에게 반드시 보장되지 않으면 안 되는 핵심적 권리이다.

③ 디엔에이감식시료채취영장 발부 과정에서 채취대상자에게 자신의 의견을 밝히거나 영장 발부 후 불복할 수 있는 절차 등에 관하여 규정하지 아니한 '디엔에이신원확인정보의 이용 및 보호에 관한 법률」제8조가 청구인들의 재판청구권을 침해하는 동시에 적법절차원칙에 위반되는지 여부가 문제가 되는 경우 헌법재판소는 적법절차원리에 위반되는지 여부를 판단한다.

④ 청구인이 구속적부심사청구권을 행사한 다음 검사가 법원의 결정이 있기 전에 기소하는 경우(이른바 전격기소), 영장에 근거한 구속의 헌법적 정당성에 대하여 법원이 실질적인 판단을 하지 못하고 그 청구를 기각할 수밖에 없도록 한 형사소송법은 적부심사청구권의 본질적 내용을 제대로 구현하지 아니하였기 때문에 위헌이다.

⑤ 체포·구속적부심사청구권의 경우 헌법적 차원에서 독자적인 지위를 가지고 있기 때문에 입법자가 전반적인 법체계를 통하여 관련자에게 그 구체적인 절차적 권리를 제대로 행사할 수 있는 기회를 최소한 1회 이상 제공하여야 할 의무가 있다고 보아야 한다.

정답 및 해설

①[○] 이 사건에서는 고소사실이 사인 사이의 금전수수와 관련된 사기에 관한 것이고 증거자료를 별첨하고 있기 때문에 특별한 사정이 없는 한 고소장이나 피의자신문조서를 변호인

에게 열람시켜도 이로 인하여 국가안전보장·질서유지 또는 공공복리에 위험을 가져올 우려라든지 또는 사생활침해를 초래할 우려가 있다고 인정할 아무런 자료가 없다. 그렇다면 변호인에게 고소장과 피의자신문조서에 대한 열람 및 등사를 거부한 경찰서장의 정보비공개결정은 변호인의 피구속자를 조력할 권리 및 알 권리를 침해하여 헌법에 위반된다(헌재 2003. 3. 27. 2000헌마474).

② [O] 고소로 시작된 형사피의사건의 구속적부심절차에서 피구속자의 변호를 맡은 변호인으로서는 피구속자에 대한 고소장과 경찰의 피의자신문조서를 열람하여 그 내용을 제대로 파악하지 못한다면 피구속자가 무슨 혐의로 고소인의 공격을 받고 있는 것인지 그리고 이와 관련하여 피구속자가 수사기관에서 무엇이라고 진술하였는지 그리고 어느 점에서 수사기관 등이 구속사유가 있다고 보았는지 등을 제대로 파악할 수 없게 되고 그 결과 구속적부심절차에서 피구속자를 충분히 조력할 수 없음이 사리상 명백하므로 <u>위 서류들의 열람은 피구속자를 충분히 조력하기 위하여 변호인에게 반드시 보장되지 않으면 안 되는 핵심적 권리이다</u>(헌재 2003. 3. 27. 2000헌마474).

③ [×] 헌법재판소는 "형사소송절차에서의 적법절차원리는 형사소송절차의 전반을 기본권 보장의 측면에서 규율하여야 한다는 기본원리를 천명하고 있는 것으로 이해하여야 하므로, 결국 포괄적, 절차적 기본권으로 파악되고 있는 재판청구권의 보호영역과 사실상 중복되는 것이어서, 공정한 재판을 받을 권리의 침해 여부에 대한 판단 속에는 적법절차원리 위반 여부에 대한 판단까지 포함되어 있다. 따라서 이 사건 영장절차 조항이 적법절차원리에 위반되는지 여부는 별도로 살펴보지 아니하고 있다(헌재 2018. 8. 30. 2016헌마344등).

④ [O] 검사가 전격기소를 한 이후 피고인에게 인정되는 '구속취소'라는 후속절차가 보장되어 있다고 하더라도 그에 따르는 적지 않은 시간적, 정신적, 경제적인 부담을 청구인에게 지워야 할 이유도 없으며, 기소이전단계에서 이미 행사된 적부심사청구권의 당부에 대하여 법원으로부터 실질적인 심사를 받을 수 있는 청구인의 절차적 기회를 완전히 박탈하여야 하는 합리적인 근거도 없기 때문에, 입법자는 그 한도 내에서 적부심사청구권의 본질적 내용을 제대로 구현하지 아니하였기 때문에 위헌이다(헌재 2004. 3. 25. 2002헌바104).

⑤ [O] 헌법 제12조 제6항은 '누구든지 체포 또는 구속을 당한 때에는 적부의 심사를 법원에 청구할 권리를 가진다'고 규정하고 있는 바, 위 규정은 '체포·구속을 당한 때'라고 하는 매우 구체적인 상황에 관련하여 헌법적 차원에서 '적부의 심사를 법원에 청구할 권리'라는 구체적인 절차적 권리를 보장하고 있지만, 입법자의 형성적 법률이 존재하지 아니하는 경우 현실적으로 법원에서 당사자의 '체포·구속적부심사청구권'에 대하여 심리할 방법이 없기 때문에, 입법자가 법률로써 구체적인 내용을 형성하여야만 권리주체가 실질적으로 이를 행사할 수 있는 경우에 해당하는 것으로서, 이른바 헌법의 개별규정에 의한 헌법위임(Verfassungsauftrag)이 존재한다고 볼 수 있다. 나아가 이러한 체포·구속적부심사청구권의 경우 헌법적 차원에서 독자적인 지위를 가지고 있기 때문에 입법자가 전반적인 법체계를 통하여 관련자에게 그 구체적인 절차적 권리를 제대로 행사할 수 있는 기회를 최소한 1회 이상 제공하여야 할 의무가 있다고 보아야 한다(헌재 2004. 3. 25. 2002헌바104).

[정답] ③

068 성폭력범죄자에 대해 위치추적 전자장치 부착명령을 청구할 수 있도록 한 구 '특정 범죄자에 대한 위치추적 전자장치 부착 등에 관한 법률'에 관한 헌법재판소 결정에 대한 설명으로 옳지 않은 것은?

① 성폭력범죄자에 대해 위치추적 전자장치 부착명령을 청구할 수 있도록 한 구 '특정 범죄자에 대한 위치추적 전자장치 부착 등에 관한 법률'은 전자장치 부착은 과거의 불법에 대한 응보가 아닌 장래의 재범 위험성을 방지하기 위한 보안처분에 해당되므로, 부착명령청구조항은 헌법 제13조 제1항 후단의 이중처벌금지원칙에 위배되지 아니한다.

② 보안처분이 형벌적 성격이 강하여 신체의 자유를 박탈하거나 박탈에 준하는 정도로 신체의 자유를 제한하는 경우에도 소급처벌금지원칙이 적용된다고 할 수 없다.

③ 전자장치 부착은 비형벌적 보안처분에 해당되므로 범죄행위 당시에 없었던 위치추적 전자장치 부착명령을 출소예정자에게 소급 적용할 수 있도록 한 '특정 범죄자에 대한 위치추적 전자장치 부착 등에 관한 법률' 부칙규정은 소급처벌금지원칙에 위반되지 않는다.

④ 범죄행위 당시에 없었던 위치추적 전자장치 부착명령을 출소예정자에게 소급 적용할 수 있도록 한 '특정 범죄자에 대한 위치추적 전자장치 부착 등에 관한 법률' 부칙은 과잉금지원칙에 반하여 피부착자의 인격권 등을 침해하지 아니한다.

⑤ 성폭력범죄자에 대해 위치추적 전자장치 부착명령을 청구할 수 있도록 한 구 '특정 범죄자에 대한 위치추적 전자장치 부착 등에 관한 법률' 중 '성폭력범죄를 2회 이상 범하여 그 습벽이 인정될 것을 요건'은 명확성원칙에 위반되지 않는다.

정답 및 해설

① [O] (2015. 9. 24. 2015헌바35)

② [×] 보안처분은 형벌과 달리 행위자의 장래 위험성에 근거하는 것으로 행위시가 아닌 재판시의 재범 위험성 여부에 대한 판단에 따라 결정되므로, 원칙적으로 재판 당시 현행법을 소급적용할 수 있다. 그러나 보안처분의 범주가 넓고 그 모습이 다양한 이상, 보안처분에 속한다는 이유만으로 일률적으로 소급처벌금지원칙이 적용된다거나 그렇지 않다고 단정해서는 안 되고, 보안처분으로 형벌불소급의 원칙이 유명무실하게 되는 것도 허용될 수 없다. 따라서 보안처분이라 하더라도 형벌적 성격이 강하여 신체의 자유를 박탈하거나 박탈에 준하는 정도로 신체의 자유를 제한하는 경우에는 소급처벌금지원칙이 적용된다 (2015. 9. 24. 2015헌바35).

③ [O] 전자장치 부착은 전통적 의미의 형벌이 아닐 뿐 아니라, 이를 통하여 피부착자의 행동 자체를 통제하는 것도 아니라는 점에서, 처벌적인 효과를 나타낸다고 보기 어렵다. 따라서 전자장치 부착은 비형벌적 보안처분에 해당되므로, 이를 소급적으로 적용할 수 있도록 한 부칙경과조항은 소급처벌금지원칙에 위반되지 않는다(2015. 9. 24. 2015헌바35).

④ [O] 전자장치 부착명령의 소급적용은 성폭력범죄의 재범 방지 및 사회 보호에 있어 실질적인 효과를 나타내고 있는 점, 장래의 재범 위험성으로 인한 보안처분의 판단시기는 범죄의

행위시가 아닌 재판시가 될 수밖에 없으므로 부착명령 청구 당시 형 집행 종료일까지 6개월 이상 남은 출소예정자가 자신이 부착명령 대상자가 아니라는 기대를 가졌더라도 그 신뢰의 보호가치는 크지 아니한 점, 피부착자의 기본권 제한을 최소화하기 위하여 법률은 피부착자에 대한 수신자료의 열람·조회를 엄격히 제한하고 부착명령의 탄력적 집행을 위한 가해제제도를 운영하고 있는 점 등을 고려할 때, 부칙경과조항은 과잉금지원칙에 반하여 피부착자의 인격권 등을 침해하지 아니한다(2015. 9. 24. 2015헌바35).

⑤ [O] 성폭력범죄의 습벽이란 행위자의 성격, 범행의 유사성 등을 종합하여 판단된 피부착자의 성폭력범죄의 경향 및 버릇을 의미하는 것으로서 법관의 보충적 해석을 통하여 충분히 확정될 수 있으므로, 이를 요건으로 한 부착명령청구조항은 명확성원칙에 위배되지 아니한다(2015. 9. 24. 2015헌바35).

[정답] ②

제4절 | 사생활의 비밀과 자유

069 사생활의 비밀과 자유에 대한 설명으로 옳지 않은 것은?

① 자동차 운전자에게 좌석안전띠를 매도록 하고, 이를 위반했을 때 범칙금을 납부하도록 통고하는 도로교통법은 사생활의 비밀과 자유를 제한하는 것은 아니다.

② 변호사의 업무와 관련된 수임사건의 건수 및 수임액이 변호사의 내밀한 개인적 영역에 속하는 것이라고 보기 어렵고 따라서 변호사에게 전년도에 처리한 수임사건의 건수 및 수임액을 소속 지방변호사회에 보고하도록 규정하고 있는 구 변호사법 제28조의2가 청구인들의 사생활의 비밀을 침해하는것이라 할 수 없다.

③ 제공된 접견녹음파일로 특정개인을 식별할 수 있고, 그 대화내용등은 인격주체성을 특징짓는 사항으로 그 개인의 동일성을 식별할 수 있게 하는 정보이므로, 정보주체인 청구인의 동의 없이 구치소장이 검사의 요청에 따라 수용자와 배우자의 접견녹음파일을 제공한 행위는 청구인의 개인정보자기결정권을 제한한다.

④ 구치소장이 수용자의 거실에 폐쇄회로 텔레비전('CCTV')을 설치하여 계호한 행위가 과잉금지원칙에 위배하여 수용자의 사생활의 비밀 및 자유를 침해한다고 할 수 없다.

⑤ 구금시설 내 CCTV 설치·운용에 관하여 직접적으로 규정한 법률규정은 없으며, CCTV에 의하여 녹화된 내용은 얼마든지 재생이 가능하고 복사 또는 편집되어 유포될 가능성이 있는 것이어서 교도관의 시선계호를 전제로 한 행형법 규정을 엄중격리대상자의 수용거실에 CCTV를 설치하여 24시간 감시하는 행위에 대한 근거법률로 보기는 어려우므로, 결국 CCTV 설치행위는 헌법 제17조 및 제37조 제2항에 위반된다.

정답 및 해설

① [O] 일반 교통에 사용되고 있는 도로는 국가와 지방자치단체가 그 관리책임을 맡고 있는 영역이며, 수많은 다른 운전자 및 보행자 등의 법익 또는 공동체의 이익과 관련된 영역으로, 그 위에서 자동차를 운전하는 행위는 더 이상 개인적인 내밀한 영역에서의 행위가 아니며, 자동차를 도로에서 운전하는 중에 좌석안전띠를 착용할 것인가 여부의 생활관계가 개인의 전체적 인격과 생존에 관계되는 '사생활의 기본조건'이라거나 자기결정의 핵심적 영역 또는 인격적 핵심과 관련된다고 보기 어려워 더 이상 사생활영역의 문제가 아니므로, 운전할 때 운전자가 좌석안전띠를 착용할 의무는 청구인의 사생활의 비밀과 자유를 침해하는 것이라 할 수 없다(헌재 2003. 10. 30. 2002헌마518).

② [O] 일반적으로 경제적 내지 직업적 활동은 복합적인 사회적 관계를 전제로 하여 다수 주체 간의 상호작용을 통하여 이루어지는 것이고, 특히 변호사의 업무는 다른 어느 직업적 활동보다도 강한 공공성을 내포한다는 점 등을 감안하여 볼 때, 변호사의 업무와 관련된 수임사건의 건수 및 수임액이 변호사의 내밀한 개인적 영역에 속하는 것이라고 보기 어렵고, 따라서 이 사건 법률조항이 청구인들의 사생활의 비밀과 자유를 침해하는 것이라 할 수 없다(헌재 2009. 10. 29. 2007헌마667).

③ [O] <u>이 사건 제공행위에 의하여 제공된 접견녹음파일로 특정개인을 식별할 수 있고, 그 대화내용 등은 인격주체성을 특징짓는 사항으로 그 개인의 동일성을 식별할 수 있게 하는 정보이므로, 정보주체인 청구인의 동의 없이 접견녹음파일을 관계기관에 제공하는 것은 청구인의 개인정보자기결정권을 제한하는 것이다.</u> 그런데 이 사건 제공행위는 형사사법의 실체적 진실을 발견하고 이를 통해 형사사법의 적정한 수행을 도모하기 위한 것으로 그 목적이 정당하고, 수단 역시 적합하다. 또한, 접견기록물의 제공은 제한적으로 이루어지고, 제공된 접견내용은 수사와 공소제기 등에 필요한 범위 내에서만 사용하도록 제도적 장치가 마련되어 있으며, 사적 대화내용을 분리하여 제공하는 것은 그 구분이 실질적으로 불가능하고, 범죄와 관련 있는 대화내용을 쉽게 파악하기 어려워 전체제공이 불가피한 점 등을 고려할 때 침해의 최소성 요건도 갖추고 있다. 나아가 접견내용이 기록된다는 사실이 미리 고지되어 그에 대한 보호가치가 그리 크다고 볼 수 없는 점 등을 고려할 때, 법익의 불균형을 인정하기도 어려우므로, 과잉금지원칙에 위반하여 청구인의 개인정보자기결정권을 침해하였다고 볼 수 없다(헌재 2012. 12. 27. 2010헌마153).

④ [O] 이 사건 CCTV 계호행위는 피해의 최소성 요건을 갖추었다 할 것이고, 이로 인하여 청구인의 사생활에 상당한 제약이 가하여진다고 하더라도, 청구인의 행동을 상시적으로 관찰함으로써 그의 생명·신체를 보호하고 교정시설 내의 안전과 질서를 보호하려는 공익 또한 그보다 결코 작다고 할 수 없으므로, 법익의 균형성도 갖추었다. 따라서 이 사건 CCTV 계호행위가 과잉금지원칙을 위배하여 청구인의 사생활의 비밀 및 자유를 침해하였다고는 볼 수 없다(헌재 2011. 9. 29. 2010헌마413).

⑤ [×] 이 사건 CCTV 설치행위는 행형법 및 교도관직무규칙 등에 규정된 교도관의 계호활동 중 육안에 의한 시선계호를 CCTV 장비에의한 시선계호로 대체한 것에 불과하므로, 이 사건 CCTV 설치행위에 대한 특별한 법적 근거가 없더라도 일반적인 계호활동을 허용하는 법률규정에 의하여 허용된다고 보아야 한다(2008. 5. 29. 2005헌마137).

[정답] ⑤

070 공중시설에서의 흡연금지에 대한 헌법재판소 결정에 대한 설명으로 옳은 것은?

① 흡연권은 사생활의 자유뿐만 아니라 생명권에까지 연결되는 것이므로 흡연권이 혐연권보다 상위의 기본권이다.
② 상하의 위계질서가 있는 기본권끼리 충돌하는 경우에는 상위기본권우선의 원칙에 따라 하위기본권이 제한될 수 있으므로, 혐연권은 흡연권을 침해하지 않는 한에서 인정되어야 한다.
③ 흡연권은 헌법 제17조의 사생활의 자유에서 그 헌법적 근거를 찾을 수 있으나 인간으로서의 존엄과 가치와 행복 추구권에서 자유로운 흡연에의 결정 및 흡연행위를 포함하는 흡연권 그 근거를 찾을 수 없다.
④ 헌법 제34조 제1항이 보장하는 인간다운 생활권은 자유권적 기본권이 아닌 사회권적 기본권의 일종으로서, 헌법적 권리로서는 인간의 존엄에 상응하는 '최소한의 물질적인 생활'의 유지에 필요한 급부를 요구할 수 있는 권리를 의미하므로 자유로이 흡연을 할 흡연권은 이에 포섭된다.
⑤ 흡연을 전통문화라고 할 수는 없으므로 헌법 제9조의 전통문화 계승발전조항에 의하여 흡연권이 보장된다고 할 수는 없다.

정답 및 해설

① [×] 흡연권은 사생활의 자유를 실질적 핵으로 하는 것이고 혐연권은 사생활의 자유뿐만 아니라 생명권에까지 연결되는 것이므로 혐연권이 흡연권보다 상위의 기본권이다(헌재 2004. 8. 26. 2003헌마457).
② [×] 상하의 위계질서가 있는 기본권끼리 충돌하는 경우에는 상위기본권우선의 원칙에 따라 하위기본권이 제한될 수 있으므로, 흡연권은 혐연권을 침해하지 않는 한에서 인정되어야 한다(헌재 2004. 8. 26. 2003헌마457).
③ [×] 사생활의 자유란 사회공동체의 일반적인 생활규범의 범위 내에서 사생활을 자유롭게 형성해 나가고 그 설계 및 내용에 대해서 외부로부터의 간섭을 받지 아니할 권리를 말하는바, 흡연을 하는 행위는 이와 같은 사생활의 영역에 포함된다고 할 것이므로, 흡연권은 헌법 제17조에서 그 헌법적 근거를 찾을 수 있다. 또 <u>인간으로서의 존엄과 가치를 실현하고 행복을 추구하기 위하여서는 누구나 자유로이 의사를 결정하고 그에 기하여 자율적인 생활을 형성할 수 있어야 하므로, 자유로운 흡연에의 결정 및 흡연행위를 포함하는 흡연권은 헌법 제10조에서도 그 근거를 찾을 수 있다</u>(헌재 2004. 8. 26. 2003헌마457).
④ [×] 헌법 제34조 제1항이 보장하는 인간다운 생활권은 자유권적 기본권이 아닌 사회권적 기본권의 일종으로서, 헌법적 권리로서는 인간의 존엄에 상응하는 '최소한의 물질적인 생활'의 유지에 필요한 급부를 요구할 수 있는 권리를 의미하므로 자유로이 흡연을 할 흡연권은 이에 포섭되지 아니한다(헌재 2004. 8. 26. 2003헌마457).
⑤ [O] 흡연을 전통문화라고 할 수는 없으므로 헌법 제9조에 의하여 흡연권이 보장된다고 할 수는 없다(헌재 2004. 8. 26. 2003헌마457).

[정답] ⑤

071 주민등록증발급신청서에 지문을 날인하여 신청하여야 하도록 한 주민등록법 시행령(2005.3.31. 대통령령 제18772호로 개정되기 전의 것) 제33조와 경찰청장의 지문보관행위에 대한 설명 중 옳은 것(○)과 옳지 않은 것(×)을 올바르게 조합한 것은? (다툼이 있는 경우 판례에 의함)

> ㄱ. 신체의 자유는 신체의 안정성이 외부로부터의 물리적인 힘이나 정신적인 위험으로부터 침해당하지 아니할 자유와 신체활동을 임의적이고 자율적으로 할 수 있는 자유를 의미하는데, 열 손가락의 지문을 날인할 의무를 부과하는 것은 乙의 신체활동의 자유를 제한하는 것으로 볼 수 있다.
>
> ㄴ. 사람의 지문은 개인의 고유성, 동일성을 나타내고, 정보주체를 타인으로부터 식별가능하게 하는 개인정보이다.
>
> ㄷ. 주민등록시 지문을 날인하도록 하여 개인의 지문정보를 수집하고 경찰청장이 이를 보관·전산화하여 범죄수사목적에 이용하는 지문날인제도는 자신에 관한 정보가 언제 누구에게 어느 범위까지 알려지고 또 이용되도록 할 것인지를 정보주체가 스스로 결정할 수 있는 헌법상 개인정보자기결정권을 침해하지 않는다.
>
> ㄹ. 지문은 그 정보주체를 타인으로부터 식별가능하게 하는 개인정보이므로, 시장·군수 또는 구청장이 개인의 지문정보를 수집하고, 경찰청장이 이를 보관·전산화하여 범죄수사목적에 이용하는 것은 모두 개인정보자기결정권을 제한한다.
>
> ㅁ. 지문정보는 그 자체로 개인의 존엄과 인격권에 큰 영향을 미칠 수 있는 민감한 정보라고 볼 수 있으므로, 유전자정보 등과 같은 다른 생체정보와 같이 그 보호정도가 높다고 할 수 있다.

① ㄱ(○), ㄴ(○), ㄷ(×), ㄹ(○), ㅁ(○)
② ㄱ(×), ㄴ(×), ㄷ(○), ㄹ(×), ㅁ(○)
③ ㄱ(○), ㄴ(×), ㄷ(×), ㄹ(×), ㅁ(×)
④ ㄱ(×), ㄴ(○), ㄷ(○), ㄹ(○), ㅁ(×)
⑤ ㄱ(×), ㄴ(○), ㄷ(○), ㄹ(○), ㅁ(×)

정답 및 해설

ㄱ. [×] 우리 헌법 제12조 제1항 전문에서 보장하는 신체의 자유는 신체의 안정성이 외부로부터의 물리적인 힘이나 정신적인 위험으로부터 침해당하지 아니할 자유와 신체활동을 임의적이고 자율적으로 할 수 있는 자유를 말하는 것이다. 그렇다면 이 사건 시행령조항이 주민등록증 발급대상자에 대하여 열 손가락의 지문을 날인할 의무를 부과하는 것만으로는 신체의 안정성을 저해한다거나 신체활동의 자유를 제약한다고 볼 수 없으므로, 이 사건 시행령조항에 의한 신체의 자유의 침해가능성은 없다고 할 것이다(2005.5.26. 99헌마513 등).

ㄴ. [○] 개인의 고유성, 동일성을 나타내는 지문은 그 정보주체를 타인으로부터 식별가능하게 하는 개인정보이므로, 시장·군수 또는 구청장이 개인의 지문정보를 수집하고, 경찰청장이 이를

보관·전산화하여 범죄수사목적에 이용하는 것은 모두 개인정보자기결정권을 제한하는 것이라고 할 수 있다(2005.5.26, 99헌마513 등).

ㄷ. [○] 이 사건 지문날인제도로 인하여 정보주체가 현실적으로 입게 되는 불이익에 비하여 경찰청장이 보관·전산화하고 있는 지문정보를 범죄수사활동, 대형사건사고나 변사자가 발생한 경우의 신원확인, 타인의 인적 사항 도용 방지 등 각종 신원확인의 목적을 위하여 이용함으로써 달성할 수 있게 되는 공익이 더 크다고 보아야 할 것이므로, 이 사건 지문날인제도는 법익의 균형성의 원칙에 위배되지 아니한다. 결국 이 사건 지문날인제도가 과잉금지의 원칙에 위배하여 청구인들의 개인정보자기결정권을 침해하였다고 볼 수 없다(2005.5.26, 99헌마513 등).

ㄹ. [○] 주민등록증 발급대상자로 하여금 주민등록증 발급신청서에 열 손가락의 지문을 찍도록 하고 있는 이 사건 시행령조항은 지문정보의 수집에 관한 규정이고, 개인의 고유성, 동일성을 나타내는 지문은 그 정보주체를 타인으로부터 식별가능하게 하는 개인정보이므로, 시장·군수 또는 구청장이 개인의 지문정보를 수집하는 것은 청구인들의 개인정보자기결정권을 제한한다(2005.5.26, 99헌마5113 등).

ㅁ. [×] 지문정보는 그 자체로 개인의 존엄과 인격권에 큰 영향을 미칠 수 있는 민감한 정보라고 보기 어려워 유전자정보 등과 같은 다른 생체정보와는 달리 그 보호 정도가 높다고 할 수 없으므로, 이러한 사정도 과잉금지원칙 위배 여부를 판단함에 있어서 고려되어야 한다(2015.5.28., 2011헌마731).

[정답] ④

072 개인별로 주민등록번호를 부여하면서 주민등록번호 변경에 관한 규정을 두고 있지 않은 주민등록법(2007.5.11. 법률 제8422호로 전부개정된 것) 제7조에 대한 설명 중 옳은 것(○)과 옳지 않은 것(×)을 올바르게 조합한 것은? (다툼이 있는 경우 판례에 의함)

> ㄱ. 주민등록번호 부여제도에 대하여 입법을 하였으나 주민등록번호의 변경에 대하여는 아무런 규정을 두지 아니한 진정입법부작위의 위헌 여부가 문제된다.
> ㄴ. 모든 주민에게 고유한 주민등록번호를 부여하면서 이를 변경할 수 없도록 한 것은 주민 생활의 편익을 증진시키고 행정사무를 신속하고 효율적으로 처리하기 위한 것으로 입법목적의 정당성과 수단의 적합성을 인정할 수 있다.
> ㄷ. 국가가 「개인정보 보호법」 등의 입법을 통하여 주민등록번호 처리 등을 제한하고, 유출이나 오·남용을 예방하는 조치를 취하였다면, 이러한 조치는 국민의 개인정보자기결정권에 대한 충분한 보호가 될 수 있다.
> ㄹ. 주민등록번호 변경을 인정하는 경우 주민등록번호의 개인식별기능이 약화되어 주민등록번호제도의 입법목적 달성이 어렵게 되고, 범죄은폐, 탈세, 채무면탈 또는 신분세탁 등의 불순한 용도로 이를 악용하는 경우까지 발생할 우려가 있으므로 개인별로 주민등록번호를 부여하면서 주민등록번호 변경에 관한 규정을 두고 있지 않은 「주민등록법」은 과잉금지원칙에 위배되어 개인정보자기결정권을 침

해한다고 볼 수 없다.

ㅁ. 위헌성은 주민등록번호 변경에 관하여 규정하지 아니한 부작위에 있으므로, 「주민등록법」에 대하여 단순위헌결정을 할 경우 주민등록번호제도 자체에 관한 근거규정이 사라지게 되어 법적 공백이 생기게 된다는 점 등을 고려하면, 헌법불합치결정을 선고하면서 입법자가 개선입법을 할 때까지 계속 적용을 명할 수 있다.

① ㄱ(○), ㄴ(○), ㄷ(×), ㄹ(○), ㅁ(×)
② ㄱ(×), ㄴ(×), ㄷ(○), ㄹ(×), ㅁ(○)
③ ㄱ(○), ㄴ(×), ㄷ(×), ㄹ(×), ㅁ(×)
④ ㄱ(×), ㄴ(○), ㄷ(○), ㄹ(○), ㅁ(×)
⑤ ㄱ(×), ㄴ(○), ㄷ(×), ㄹ(×), ㅁ(○)

정답 및 해설

ㄱ. [×] 청구인들이 주장하는 것은 위 조항들의 내용이 위헌이라는 것이 아니라, 주민등록번호의 잘못된 이용에 대비한 '주민등록번호 변경'에 대하여 아무런 규정을 두고 있지 않은 것이 헌법에 위반된다는 것이므로, 이는 주민등록번호 부여제도에 대하여 입법을 하였으나 주민등록번호의 변경에 대하여는 아무런 규정을 두지 아니한 부진정입법부작위가 위헌이라는 것이다(2015.12.23, 2013헌바68 등).

ㄴ. [○] 심판대상조항이 모든 주민에게 고유한 주민등록번호를 부여하면서 이를 변경할 수 없도록 한 것은 주민생활의 편익을 증진시키고 행정사무를 신속하고 효율적으로 처리하기 위한 것으로서, 그 입법목적의 정당성과 수단의 적합성을 인정할 수 있다(2015.12.23, 2013헌바68 등).
➡ 최소성원칙과 법익균형성원칙 위반

ㄷ. [×] 이러한 현실에서 주민등록번호 유출 또는 오·남용으로 인하여 발생할 수 있는 피해 등에 대한 아무런 고려 없이 주민등록번호 변경을 일률적으로 허용하지 않는 것은 그 자체로 개인정보자기결정권에 대한 과도한 침해가 될 수 있다. 비록 국가가 「개인정보 보호법」이나 「정보통신망 이용촉진 및 정보보호 등에 관한 법률」 등의 입법을 통하여 주민등록번호 처리와 수집·이용을 제한하고, 주민등록번호의 유출이나 오·남용을 예방하는 조치를 취하고 있다고는 하나, … 위와 같은 조치만으로는 국민의 개인정보자기결정권에 대한 충분한 보호가 된다고 보기 어렵다(2015.12.23, 2013헌바68 등).

ㄹ. [×] 국가가 「개인정보 보호법」 등으로 정보보호를 위한 조치를 취하고 있더라도, 여전히 주민등록번호를 처리하거나 수집·이용할 수 있는 경우가 적지 아니하며, 이미 유출되어 발생된 피해에 대해서는 뚜렷한 해결책을 제시해 주지 못하므로, 국민의 개인정보를 충분히 보호하고 있다고 보기 어렵다. 한편, 개별적인 주민등록번호 변경을 허용하더라도 변경 전 주민등록번호와의 연계 시스템을 구축하여 활용한다면 개인식별기능 및 본인 동일성 증명기능에 혼란이 발생할 가능성이 없고, 일정한 요건하에 객관성과 공정성을 갖춘 기관의 심사를 거쳐 변경할 수 있도록 한다면 주민등록번호 변경절차를 악용하려는 시도를 차단할 수 있으며, 사회적으로 큰 혼란을 불러일으키지도 않을 것이다. 따라서 주민등록번호 변경에 관한 규정을 두고 있지 않은 심판대상조항은 과잉금지원칙에 위배되어 개인정보자기결정권을 침해한다(2015.12.23, 2013헌바68 등).

ㅁ. [O] 심판대상조항의 위헌성은 주민등록번호 변경에 관하여 규정하지 아니한 부작위에 있는바, 이를 이유로 심판대상조항에 대하여 단순위헌결정을 할 경우 주민등록번호제도 자체에 관한 근거규정이 사라지게 되어 용인하기 어려운 법적 공백이 생기게 되고, 주민등록번호 변경제도를 형성함에 있어서는 입법자가 광범위한 입법재량을 가지므로, 심판대상조항에 대하여는 헌법불합치결정을 선고하되, 2017.12.31.을 시한으로 입법자가 개선입법을 할 때까지 계속 적용하기로 한다(2015.12.23, 2013헌바68 등).

[정답] ⑤

073 CCTV 설치에 관한 헌법재판소결정에 대한 설명으로 옳지 않은 것은?

① CCTV 설치조항으로 인해 보호자 전원이 반대하지 않는 한 어린이집 설치·운영자는 어린이집에 CCTV를 설치할 의무를 지게 되고 CCTV 설치시 녹음기능 사용을 할 수 없으므로, 위 조항은 어린이집 설치·운영자들의 직업수행의 자유를 제한한다.

② 「영유아보육법」에서 보호자가 자녀 또는 보호아동의 안전을 확인할 목적으로 CCTV 영상정보 열람을 할 수 있도록 규정한 것은 어린이집 보육교사의 개인정보자기결정권을 침해하지 않는다.

③ 구치소장이 변호인접견실에 CCTV를 설치하여 미결수용자와 변호인 간의 접견을 관찰한 행위는 미결수용자의 변호인의 조력을 받을 권리를 침해하지 않는다.

④ 엄중격리대상자의 수용거실에 CCTV를 설치하여 24시간 감시하는 행위가 법률유보의 원칙에 위배되어 사생활의 자유·비밀을 침해한다고 할 수 없다.

⑤ 변호인과의 자유로운 접견은 신체구속을 당한 사람에게 보장된 변호인의 조력을 받을 권리의 가장 중요한 내용이어서 국가안전보장·질서유지 또는 공공복리 등 어떠한 명분으로도 제한될 수 있는 성질의 것이 아니므로 변호인과의 접견 자체에 대해 아무런 제한도 가할 수 없으므로 CCTV가 설치된 변호인접견실에서의 미결수용자와 변호인 간의 접견은 허용되지 아니한다.

정답 및 해설

① [O] CCTV 설치조항으로 인해 보호자 전원이 반대하지 않는 한 어린이집 설치·운영자는 어린이집에 CCTV를 설치할 의무를 지게 되고 CCTV 설치시 녹음기능 사용을 할 수 없으므로, 위 조항은 어린이집 설치·운영자인 청구인들의 직업수행의 자유를 제한한다(2017.12.28., 2015헌마994).

② [O] 이를 통해 달성할 수 있는 보호자와 어린이집 사이의 신뢰회복 및 어린이집 아동학대 근절이라는 공익의 중대함에 반하여, 제한되는 사익이 크다고 보기 어렵다. 따라서 「영유아보육법」 제15조의5 제1항 제1호는 과잉금지원칙을 위반하여 어린이집 보육교사 등의 개인정보자기결정권 및 어린이집 원장의 직업수행의 자유를 침해하지 아니한다(2017.12.28., 2015헌마994).

③ [O] X-ray 물품검색기나 변호인접견실에 설치된 비상벨만으로는 교정사고를 방지하거나 금지물품을 적발하는 데 한계가 있으므로 CCTV 관찰행위는 그 목적을 달성하기 위하여 필요한 범위 내의 제한이다. 따라서 CCTV 관찰행위는 청구인의 변호인의 조력을 받을 권리를 침해한다고 할 수 없다(2016.4.28., 2015헌마243).

④ [O] 이 사건 CCTV 설치행위는 「행형법」 및 교도관직무규칙 등에 규정된 교도관의 계호활동 중 육안에 의한 시선계호를 CCTV 장비에 의한 시선계호로 대체한 것에 불과하므로, 이 사건 CCTV 설치행위에 대한 특별한 법적 근거가 없더라도 일반적인 계호활동을 허용하는 법률규정에 의하여 허용된다고 보아야 한다. 한편 CCTV에 의하여 감시되는 엄중격리대상자에 대하여 지속적이고 부단한 감시가 필요하고 자살·자해나 흉기 제작 등의 위험성 등을 고려하면, 제반 사정을 종합하여 볼 때 기본권 제한의 최소성요건이나 법익균형성의 요건도 충족하고 있다(2008.5.29, 2005헌마137 등).

⑤ [X] 변호인과의 자유로운 접견은 신체구속을 당한 사람에게 보장된 변호인의 조력을 받을 권리의 가장 중요한 내용이어서 국가안전보장·질서유지 또는 공공복리 등 어떠한 명분으로도 제한될 수 있는 성질의 것이 아니라고 할 것이나, 이는 구속된 자와 변호인 간의 접견이 실제로 이루어지는 경우에 있어서의 '자유로운 접견', 즉 '대화내용에 대하여 비밀이 완전히 보장되고 어떠한 제한, 영향, 압력 또는 부당한 간섭 없이 자유롭게 대화할 수 있는 접견'을 제한할 수 없다는 것이지, 변호인과의 접견 자체에 대해 아무런 제한도 가할 수 없다는 것을 의미하는 것은 아니다. 즉, 변호인의 조력을 받을 권리 역시 다른 모든 헌법상 기본권과 마찬가지로 국가안전보장·질서유지 또는 공공복리를 위하여 필요한 경우에는 법률로써 제한할 수 있는 것이며, 변호인의 조력을 받을 권리의 내용 중 하나인 변호인과의 접견교통권 역시 국가안전보장·질서유지 또는 공공복리를 위해 필요한 경우에는 법률로써 제한될 수 있다. CCTV가 설치된 변호인접견실에서의 미결수용자와 변호인 간의 접견은 접견 방식에 의하여 변호인의 조력을 받을 권리를 제한하는 측면이 있으므로 헌법 제37조 제2항에 따라 필요한 경우에 한하여 최소한도로 실시되어야 한다(2016. 4. 28. 2015헌마243).

[정답] ⑤

074 신상정보등록과 개인정보자기결정권에 대한 설명으로 옳지 않은 것은?

① 통신매체이용음란죄로 유죄판결이 확정된 사람을 일률적으로 신상정보등록대상자가 되도록 하는 것은 침해의 최소성에 위배되어 개인정보자기결정권을 침해한다.

② 「성폭력범죄의 처벌 등에 관한 특례법」 위반(카메라 등 이용 촬영, 카메라 등 이용 촬영 미수)죄로 유죄판결이 확정된 자를 신상정보 등록대상자가 되도록 규정한 심판대상조항은 개인정보자기결정권을 침해한다.

③ 성적 목적 공공장소침입죄로 유죄판결이 확정된 자는 신상정보 등록대상자가 된다고 규정한 「성폭력범죄의 처벌 등에 관한 특례법」 조항이 과잉금지원칙에 위배되어 개인정보자기결정권을 침해하지 않는다.

④ 신상정보 등록대상자에게 출입국시 신고의무를 부과하는 「성폭력범죄의 처벌 등에 관한 특례법」 제43조의2 제1항, 제2항이 개인정보자기결정권을 침해한다고 할 수 없다.

⑤ 관할 경찰관서의 장으로 하여금 등록대상자와 연 1회 직접 대면 등의 방법으로 등록정보의 진위와 변경 여부를 확인하도록 규정한 「성폭력범죄의 처벌 등에 관한 특례법」는 개인정보자기결정권을 침해한다고 할 수 없다.

> **정답 및 해설**
>
> ① [○] 통신매체이용음란죄의 구성요건에 해당하는 행위 태양은 행위자의 범의·범행 동기·행위 상대방·행위 횟수 및 방법 등에 따라 매우 다양한 유형이 존재하고, 개별 행위유형에 따라 재범의 위험성 및 신상정보 등록 필요성은 현저히 다르다. 그런데 심판대상조항은 통신매체이용음란죄로 유죄판결이 확정된 사람은 누구나 법관의 판단 등 별도의 절차 없이 필요적으로 신상정보 등록대상자가 되도록 하고 있고, 등록된 이후에는 그 결과를 다툴 방법도 없다. 그렇다면 심판대상조항은 통신매체이용음란죄의 죄질 및 재범의 위험성에 따라 등록대상을 축소하거나, 유죄판결 확정과 별도로 신상정보 등록 여부에 관하여 법관의 판단을 받도록 하는 절차를 두는 등 기본권 침해를 줄일 수 있는 다른 수단을 채택하지 않았다는 점에서 침해의 최소성원칙에 위배된다(2016.3.31, 2015헌마688).
>
> ② [×] 인격체인 피해자의 성적 자유 및 함부로 촬영당하지 않을 자유를 침해하는 성범죄로서의 본질은 같으므로 입법자가 개별 카메라 등 이용촬영죄의 행위 태양, 불법성을 구별하지 않은 것이 지나친 제한이라고 볼 수 없고, 신상정보 등록대상자가 된다고 하여 그 자체로 사회복귀가 저해되거나 전과자라는 사회적 낙인이 찍히는 것은 아니므로 침해되는 사익은 크지 않은 반면 이 사건 등록조항을 통해 달성되는 공익은 매우 중요하다. 따라서 이 사건 등록조항은 개인정보자기결정권을 침해하지 않는다(2015.7.30, 2014헌마340 등).
>
> ③ [○] 성적 목적 공공장소침입죄는 공공화장실 등 일정한 장소를 침입하는 경우에 한하여 성립하므로 등록조항에 따른 등록대상자의 범위는 이에 따라 제한되는바, 등록조항은 침해의 최소성원칙에 위배되지 않는다. 등록조항으로 인하여 제한되는 사익에 비하여 성범죄의 재범 방지와 사회 방위라는 공익이 크다는 점에서 법익의 균형성도 인정된다. 따라서 등록조항은 청구인의 개인정보자기결정권을 침해하지 않는다(2016.10.27, 2014헌마709).
>
> ④ [○] 출입국신고조항은 신고의무자가 6개월 이상 국외에 체류할 경우에만 신고를 요하고, 신상정보 등록제도의 효과적인 운영을 위한 정보의 정확성 제고와 행정의 효율성을 위해 불가피하다(2019.11.28., 2017헌마399).
>
> ⑤ [○] 대면확인조항은 정보의 최신성과 정확성을 확보를 위하여 필요하고, 등록대상자에게 책임에 상응하는 부담만을 부과하고 있으므로 등록대상자에게 과중한 부담을 주는 것이라고 보기 어렵다(2019. 11.28, 2017헌마399).
>
> [정답] ②

075 신상정보 보관과 개인정보자기결정권에 대한 설명으로 옳지 않은 것을 모두 조합한 것은?

> ㄱ. 피의자가 검사로부터 '혐의 없음'의 불기소처분을 받은 경우 혐의범죄의 법정형에 따라 일정 기간 피의자의 지문정보와 함께 인적 사항·죄명·입건관서·입건일자·처분 결과 등을 보존하도록 한 「형의 실효 등에 관한 법률」조항은 피의자의 개인정보자기결정권을 침해한다.
> ㄴ. 성범죄의 재범을 억제하고 수사의 효율성을 제고하기 위하여, 법무부장관이 등록대상자의 재범위험성이 상존하는 20년 동안 신상정보를 등록하게 하고 위 기간 동안 각종 의무를 부과하는 「성폭력범죄의 처벌 등에 관한 특례법」관련 조항은 비교적 경미한 등록대상 성범죄를 저지르고 재범의 위험성도 인정되지 않는 자들에 대해서는 달성되는 공익과 침해되는 사익 사이의 법익의 균형성이 인정되지 않으므로 등록대상자의 개인정보자기결정권을 침해한다.
> ㄷ. 「형의 실효 등에 관한 법률」에서 수사경력 자료의 보존 및 보존기간을 정하면서 범죄경력 자료의 삭제에 대해 규정하지 않은 것은 개인정보자기결정권을 침해한다.
> ㄹ. 카메라나 그 밖에 이와 유사한 기능을 갖춘 기계장치를 이용하여 성적 욕망 또는 수치심을 유발할 수 있는 다른 사람의 신체를 그 의사에 반하여 촬영한 범죄로 3년 이하의 징역형을 선고받은 사람의 등록정보를 최초등록일부터 15년 동안 보존·관리하도록 규정한 것은 청구인의 개인정보자기결정권을 침해한다.
> ㅁ. 법무부장관이 성범죄로 벌금형을 선고받은 사람의 등록정보를 10년간 보존·관리하도록 규정한 「성폭력범죄의 처벌 등에 관한 특례법」제45조는 개인정보자기결정권을 침해한다고 할 수 없다.

① ㄱㄴㅁ ② ㄷㄹ
③ ㄱㄷㄹ ④ ㄴㄹㅁ
⑤ ㄴㄷㄹ

정답 및 해설

ㄱ. [×] '혐의없음' 불기소처분에 관한 이 사건 개인정보를 보존함으로써 얻고자 하는 공익은 크다고 보아야 할 것이므로, 이 사건 법률조항이 법익의 균형성을 상실하였다고 볼 수도 없다. 따라서 이 사건 법률조항이 과잉금지의 원칙에 위반하여 청구인의 개인정보자기결정권을 침해한다고 볼 수 없다(2009.10.29, 2008헌마257).

ㄴ. [○] 도촬 유죄판결을 받은 자 20년 범죄기록 보존 카메라이용 촬영죄 등으로 유죄판결이 확정된 자에 대한 등록정보를 최초등록일부터 20년간 보존·관리하여야 한다고 규정한 「성폭력범죄의 처벌 등에 관한 특례법」은 비교적 경미한 등록대상 성범죄를 저지르고 재범의 위험성도 많지 않은 자들에 대해서는 달성되는 공익과 침해되는 사익 사이의 불균형이 발생할 수 있으므로 이 사건 관리조항은 개인정보자기결정권을 침해한다(2015.7.30, 2014헌마340 등). ➡ 헌법불합치결정

ㄷ. [×] 범죄경력자료를 범인 추적과 실체적 진실 발견, 각종 결격사유 판단 등을 위한 자료로 사용하기 위해 보존하는 것은 그 목적에 있어 정당하고 수단의 적합성을 갖추고 있다. 범죄경력자료의 삭제를 규정하지 않은 것이 청구인의 **개인정보자기결정권을 침해한다고 볼 수 없다** (2012.7.26., 2010헌마446).

ㄹ. [×] 심판대상조항은 성범죄의 재범을 억제하고 재범이 현실적으로 이루어진 경우 수사의 효율성과 신속성을 높이기 위하여, 법무부장관이 이 사건 범죄로 3년 이하의 징역형을 선고받은 사람의 등록정보를 최초등록일부터 15년 동안 보존·관리하도록 규정한 것으로, 입법목적의 정당성 및 수단의 적합성이 인정된다. 헌재 2015.7.30. 2014헌마340 등 헌법불합치결정에 따라 개정된 「성폭력범죄의 처벌 등에 관한 특례법」 제45조 제1항은 선고형에 따라 등록기간을 10년부터 30년까지 달리하여 형사책임의 경중 및 재범의 위험성에 따라 등록기간을 차등화하였다. 이 사건 범죄로 3년 이하의 징역형을 선고받은 사람은 재범의 위험성이 상당히 인정되는 사람이므로, 심판대상조항이 등록기간을 보다 세분화하거나 법관의 판단을 받을 수 있는 별도의 절차를 두지 않았더라도 불필요한 제한을 부과한 것이라 보기 어렵다. 「성폭력범죄의 처벌 등에 관한 특례법」은 신상정보 등록 면제제도를 도입하여, 재범의 위험성이 낮아진 경우 신상정보의 등록을 면할 수 있는 수단도 마련되어 있으므로 침해의 최소성이 인정된다. 심판대상조항으로 인하여 침해되는 사익보다 성범죄자의 재범 방지 및 사회 방위의 공익이 우월하므로, 법익의 균형성도 인정된다. 그렇다면, 심판대상조항은 청구인의 개인정보자기결정권을 침해하지 않는다(2018.3.29., 2017헌마396).

ㅁ. [○] 관리조항은 그 관리기간이 형사책임의 경중에 따라 세분화되어 있고 일정한 경우 그 기간을 단축할 수 있도록 하고 있으며, 그 자체로 등록대상자의 생활에 장애를 주는 것은 아니다(2019.11.28., 2017헌마399).

[정답] ③

076 불처분결정된 소년부송치 사건에 대하여 보존기간을 규정하지 않은 '형의 실효 등에 관한 법률'에 대해 법원이 위헌제청하였다. 이에 대한 헌법재판소결정에 설명으로 옳지 않은 것은?

① 개인정보의 공개와 이용에 관하여 정보주체 스스로가 결정할 권리인 개인정보자기결정권의 보호대상이 되는 개인정보는 개인의 신체, 신념, 사회적 지위, 신분 등과 같이 개인의 인격주체성을 특징짓는 사항으로서 그 개인의 동일성을 식별할 수 있게 하는 일체의 정보라고 할 수 있다.

② 이 사건 조항으로 인하여 소년부송치 후 불처분결정을 받은 소년이 다른 처분이나 판결을 받은 소년에 비해 불리한 차별을 받게 되어 평등원칙에 위배되는지 여부에 대해서는 개인정보자기결정권에 대한 침해 여부의 논의에 포함되므로 이에 대하여 따로 판단하지 아니한다.

③ 불처분결정된 소년부송치 사건에 대하여 보존기간을 규정하지 않은 '형의 실효 등에 관한 법률'은 목적의 정당성과 수단의 적합성이 인정된다.

④ 불처분결정된 소년부송치 사건의 수사경력자료가 조회 및 회보되는 경우에도 이를

통해 추구하는 실체적 진실 발견과 형사사법의 정의 구현이라는 공익이 당사자가 입을 수 있는 실질적 또는 심리적 불이익과 그로 인한 재사회화 및 사회복귀의 어려움보다 크므로 심판대상조항은 과잉금지원칙을 위반하여 소년부송치 후 불처분결정을 받은 자의 개인정보자기결정권을 침해한다고 할 수 없다.

⑤ 심판대상조항에 대하여 단순위헌결정을 하는 경우 수사경력자료의 삭제 및 소년에 대한 수사경력자료의 보존기간에 대한 근거규정이 사라지게 되는 불합리한 결과가 발생하고, 심판대상조항의 위헌성을 제거하는 방식에 대하여는 입법자의 재량이 인정되므로 헌법불합치 결정을 선고한다.

정답 및 해설

① [O] 개인정보의 공개와 이용에 관하여 정보주체 스스로가 결정할 권리인 개인정보자기결정권의 보호대상이 되는 개인정보는 개인의 신체, 신념, 사회적 지위, 신분 등과 같이 개인의 인격주체성을 특징짓는 사항으로서 그 개인의 동일성을 식별할 수 있게 하는 일체의 정보라고 할 수 있다. 또한, 그러한 개인정보를 대상으로 한 조사·수집·보관·처리·이용 등의 행위는 모두 원칙적으로 개인정보자기결정권에 대한 제한에 해당한다(헌재 2021.6.24, 2018헌가2).

② [O] 이 사건 구법 조항으로 인하여 소년부송치 후 불처분결정을 받은 소년이 다른 처분이나 판결을 받은 소년에 비해 불리한 차별을 받게 되어 평등원칙에 위배되는지 여부도 문제될 수 있으나 이 부분은 결국 개인정보자기결정권에 대한 침해 여부의 논의에 포함되므로 이에 대하여 따로 판단하지 아니한다.

③ [O] 심판대상조항은 소년에 대한 수사경력자료의 삭제 및 보존기간에 대하여 규정하면서 법원에서 불처분결정된 소년부송치 사건에 대하여는 규정하지 않아 수사경력자료에 기록된 개인정보가 당사자의 사망시까지 보존된다. 수사경력자료는 불처분결정의 효력을 뒤집고 다시 형사처벌을 할 필요성이 인정되는 경우 재수사에 대비한 기초자료 또는 소년이 이후 다른 사건으로 수사나 재판을 받는 경우 기소 여부의 판단자료나 양형 자료가 되므로, 해당 수사경력자료의 보존은 목적의 정당성과 수단의 적합성이 인정된다(헌재 2021.6.24, 2018헌가2).

④ [X] 불처분결정된 소년부송치 사건의 수사경력자료가 조회 및 회보되는 경우에도 이를 통해 추구하는 실체적 진실발견과 형사사법의 정의 구현이라는 공익에 비해, 당사자가 입을 수 있는 실질적 또는 심리적 불이익과 그로 인한 재사회화 및 사회복귀의 어려움이 더 크다. 따라서 심판대상조항은 과잉금지원칙을 위반하여 소년부송치 후 불처분결정을 받은 자의 개인정보자기결정권을 침해한다(헌재 2021.6.24, 2018헌가2).

⑤ [O] 심판대상조항에 대하여 단순위헌결정을 하는 경우 수사경력자료의 삭제 및 소년에 대한 수사경력자료의 보존기간에 대한 근거규정이 사라지게 되는 불합리한 결과가 발생하고, 심판대상조항의 위헌성을 제거하는 방식에 대하여는 입법자의 재량이 인정된다. 따라서 구법 조항에 대하여 헌법불합치 결정을 선고하되, 계속적용을 명한다면 위헌선언의 효력이 당해사건에 미치지 못할 우려가 있으므로 그 적용을 중지하고, 현행법 조항에 대하여는 헌법불합치 결정을 선고하되, 2023. 6. 30.을 시한으로 개선입법이 이루어질 때까지 계속 적용을 명한다.

[정답] ④

077 보안관찰대상자에 대해 출소 후 거주지 보고와 거주지 변동시 보고의무를 부과하는 보안관찰법에 대한 설명으로 옳은 것은?

① 경찰서에 대상자 신규발생이 그리 많지 않고 시행령에 동태보고도 규정되어 있어 이미 확보한 자료를 토대로 대상자의 실거주 여부 확인이 어렵지 않아 보다 완화된 방법으로도 입법목적을 충분히 달성할 수 있으므로 보안관찰처분대상자가 교도소 등에서 출소한 후 7일 이내에 출소사실을 신고하도록 정한 구 보안관찰법 제6조 제1항은 과잉금지원칙을 위반하여 청구인의 사생활의 비밀과 자유 및 개인정보자기결정권을 침해한다.

② 출소 후 신고조항 및 위반시 처벌조항은 대상자라는 이유만으로 재범의 위험성이 인정되지 않은 사람들에게 신고의무를 부과하고 그 위반시 형사처벌하도록 정하여, 보안처분에 대한 죄형법정주의적 요청에 위배된다.

③ 보안관찰처분대상자가 교도소 등에서 출소한 후 기존에 보안관찰법 제6조 제1항에 따라 신고한 거주예정지 등 대통령령이 정하는 사항에 대해 정보에 변동이 생길 때마다 7일 이내에 이를 신고하도록 정한 보안관찰법 제6조 제2항 전문이 포괄위임금지원칙에 위배되지 않는다.

④ 신고한 거주예정지 등이 변동될 경우 변동신고하도록 하고 이를 위반할 경우 처벌하도록 정한 보안관찰법 제27조가 무기한의 신고의무를 부담시키더라도 신고의무기간에 일률적인 상한을 두어서는 입법목적 달성이 어려운 바, 과잉금지원칙을 위반하여 청구인의 사생활의 비밀과 자유 및 개인정보자기결정권을 침해하지 아니한다.

⑤ 보안관찰 대상자는 재범의 위험성이 인정된 상태가 아니므로 대상자에게 부과하는 신고의무는 일종의 행정상 협력의무에 불과하다. 설령 이러한 의무 불이행으로 재범의 위험성 판단에서 필요한 정보가 원활하게 제공되지 않더라도 관할경찰서장은 스스로 정보를 수집하는 부담을 질 뿐 그로 인하여 재범의 위험성 판단이 불가능해지는 것은 아니다. 그럼에도 대상자가 변동사항 신고를 하지 아니한 경우 피보안관찰자의 신고의무 위반과 같이 2년 이하의 징역 또는 100만 원 이하의 벌금으로 처벌하는 것은 책임에 비하여 지나치게 과한 형벌을 정한 것이다.

정답 및 해설

① [×] 보안관찰해당범죄는 민주주의체제의 수호와 사회질서의 유지, 국민의 생존 및 자유에 중대한 영향을 미치는 범죄인 점, 보안관찰법은 대상자를 파악하고 재범의 위험성 등 보안관찰처분의 필요성 유무의 판단 자료를 확보하기 위하여 위와 같은 신고의무를 규정하고 있다는 점 등에 비추어 출소 후 신고의무 위반에 대한 제재수단으로 형벌을 택한 것이 과도하다거나 법정형이 다른 법률들에 비하여 각별히 과중하다고 볼 수도 없다. 따라서 출소 후 신고조항 및 위반시 처벌조항은 과잉금지원칙을 위반하여 청구인의 사생활의 비밀과 자유 및 개인정보자기결정권을 침해하지 아니한다(헌재 2021.6.24, 2017헌바479).

② [×] 청구인은 심판대상조항이 적법절차원칙, 책임과 형벌간의 비례원칙, 실질적 죄형법정주의에도 위배된다고 주장하나, 이는 심판대상조항이 헌법 제37조 제2항의 과잉금지원칙에 위반된다는 주장과 다름없으므로, 별도로 판단하지 아니한다(헌재 2021.6.24., 2017헌바479).
* 문제의 선지는 반대의견이다.

③ [O] 변동신고조항 및 법 제6조 제1항에서 정한 신고의무사항은 대상자에게 재범의 위험성이 있는지 판단하기 위한 정보일 것이므로, 법 제6조 제1항에서 대통령령으로 정하도록 위임한 신고사항에는 대상자의 생활환경, 성행 등을 파악하는 데 필요한 직업, 재산, 가족 및 교우관계 등에 관한 정보도 포함될 것임을 충분히 예측할 수 있다(헌재 2021.6.24, 2017헌바479).

④ [×] 변동신고조항은 출소 후 기존에 신고한 거주예정지 등 정보에 변동이 생기기만 하면 신고의무를 부과하는바, 의무기간의 상한이 정해져 있지 아니하여, 대상자로서는 보안관찰처분을 받은 자가 아님에도 무기한의 신고의무를 부담한다. … 그렇다면 변동신고조항 및 위반시 처벌조항은 대상자에게 보안관찰처분의 개시 여부를 결정하기 위함이라는 공익을 위하여 지나치게 장기간 형사처벌의 부담이 있는 신고의무를 지도록 하므로, 이는 과잉금지원칙을 위반하여 청구인의 사생활의 비밀과 자유 및 개인정보자기결정권을 침해한다(헌재 2021.6.24., 2017헌바479).

⑤ [×] 대상자와 피보안관찰자에 맞게 각각에 대하여 신고의무를 부과하는 것 자체가 불합리하다고 볼 수 없고, 각 신고의무 모두 그 이행을 통한 관련 자료 확보의 필요성이 있다는 점 등에 비추어, 각자에게 '신고의무'를 부과하고 그 위반에 대해 동일한 법정형을 정한 것이 곧바로 평등원칙에 위반된다고 보기 어렵다. 또한 보안관찰과 치료감호·보호관찰이 신고의무 부과 및 제재에 있어 다른 이유는 각 제도의 목적과 취지, 법적 성질, 대상자의 지위와 처분의 내용에 차이가 있기 때문이다.
따라서 출소후 신고조항 및 위반 시 처벌조항은 평등원칙에 위반되지 않는다(헌재 2021.6.24., 2017헌바479).

[정답] ③

078 개인정보자기결정권에 대한 설명으로 옳지 않은 것은?

① 피청구인 대통령의 지시로 피청구인 대통령 비서실장, 정무수석비서관, 교육문화수석비서관, 문화체육관광부장관이 야당 소속 후보를 지지하였거나 정부에 비판적 활동을 한 문화예술인이나 단체를 정부의 문화예술 지원사업에서 배제할 목적으로 개인의 정치적 견해에 관한 정보를 수집·보유·이용한 행위는 법률유보원칙을 위반하여 청구인들의 개인정보자기결정권을 침해한다.

② 서울특별시 교육감 등이 민감한 정보라고 보기 어려운 졸업생의 성명, 생년월일 및 졸업일자 정보를 교육정보시스템(NEIS)에 보유하는 행위가 그 정보주체의 개인정보자기결정권을 침해한다고 할 수 없다.

③ 야당 소속 후보자 지지 혹은 정부 비판은 정치적 견해로서 개인의 인격주체성을 특징짓는 개인정보에 해당하나, 그것이 지지 선언 등의 형식으로 공개적으로 이루어진 것이라면 개인정보자기결정권에서 보호되지 않는다.

④ 국회의원인 甲이 '각급 학교 교원의 교원단체 및 교원노조 가입현황 실명자료'를 인터넷을 통하여 공개하였다면, 이는 개인정보자기결정권의 보호대상이 되는 개인정보를 일반 대중에게 공개함으로써 해당 교원들의 개인정보자기결정권을 침해하는 것이다.
⑤ 개인정보자기결정권의 보호대상이 되는 개인정보는 반드시 개인의 내밀한 영역이나 사사(私事)의 영역에 속하는 정보에 국한되지 않고 공적 생활에서 형성되었거나 이미 공개된 개인정보까지 포함한다.

정답 및 해설

① [O] 이 사건 정보수집 등 행위의 대상인 정치적 견해에 관한 정보는 공개된 정보라 하더라도 개인의 인격주체성을 특징짓는 것으로, 개인정보자기결정권의 보호범위 내에 속하며, 국가가 개인의 정치적 견해에 관한 정보를 수집·보유·이용하는 등의 행위는 개인정보자기결정권에 대한 중대한 제한이 되므로 이를 위해서는 법령상의 명확한 근거가 필요함에도 그러한 법령상 근거가 존재하지 않으므로 이 사건 정보수집 등 행위는 법률유보원칙을 위반하여 청구인들의 개인정보자기결정권을 침해한다(2020.12.23., 2017헌마416).

② [O] 개인의 존엄과 인격권에 심대한 영향을 미칠 수 있는 민감한 정보라고 보기 어려운 성명, 생년월일, 졸업일자 정보만을 NEIS에 보유하고 있는 것은 목적의 달성에 필요한 최소한의 정보만을 보유하는 것이라 할 수 있고, 공공기관의개인정보보호에관한법률에 규정된 개인정보 보호를 위한 법규정들의 적용을 받을 뿐만 아니라 피청구인들이 보유목적을 벗어나 개인정보를 무단 사용하였다는 점을 인정할 만한 자료가 없는 한 NEIS라는 자동화된 전산시스템으로 그 정보를 보유하고 있다는 점만으로 피청구인들의 적법한 보유행위 자체의 정당성마저 부인하기는 어렵다(헌재 2005. 7. 21. 2003헌마282등).

③ [X] 야당 소속 후보자 지지 혹은 정부 비판은 정치적 견해로서 개인의 인격주체성을 특징짓는 개인정보에 해당하고, 그것이 지지 선언 등의 형식으로 공개적으로 이루어진 것이라고 하더라도 여전히 개인정보자기결정권의 보호범위 내에 속한다(2020.12.23., 2017헌마416).

④ [O] 국회의원인 甲 등이 '각급 학교 교원의 교원단체 및 교원노조 가입현황 실명자료'를 인터넷을 통하여 공개한 사안에서, 위 정보는 개인정보자기결정권의 보호대상이 되는 개인정보에 해당하므로 이를 일반 대중에게 공개하는 행위는 해당 교원들의 개인정보자기결정권과 전국교직원노동조합의 존속, 유지, 발전에 관한 권리를 침해하는 것이고, 甲 등이 위 정보를 공개한 표현행위로 인하여 얻을 수 있는 법적 이익이 이를 공개하지 않음으로써 보호받을 수 있는 해당 교원 등의 법적 이익에 비하여 우월하다고 할 수 없으므로, 甲 등의 정보공개행위는 위법하다(대판 2014.7.24., 2012다49933).

⑤ [O] 개인정보자기결정권의 보호대상이 되는 개인정보는 개인의 신체, 신념, 사회적 지위, 신분 등과 같이 개인의 인격주체성을 특징짓는 사항으로서 그 개인의 동일성을 식별할 수 있게 하는 일체의 정보라고 할 수 있고, 반드시 개인의 내밀한 영역이나 사사(私事)의 영역에 속하는 정보에 국한되지 않고 공적 생활에서 형성되었거나 이미 공개된 개인정보까지 포함한다(2005.7.21, 2003헌마282 등).

[정답] ③

079 가족관계증명서 교부청구에 대한 설명으로 옳지 않은 것은?

① 직계혈족이면 가족관계기본증명서 교부를 청구하도록 하여 가정폭력 피해자의 개인정보를 보호하기 위한 구체적 방안을 마련하지 아니한 것은 청구인의 개인정보자기결정권을 침해한다.

② 직계혈족이 자녀의 가족관계증명서와 기본증명서의 교부를 청구하는 것 자체가 위헌은 아니다.

③ 정보주체의 배우자나 직계혈족이 정보주체의 위임 없이도 정보주체의 가족관계 상세증명서의 교부 청구를 할 수 있도록 하는 '가족관계의 등록 등에 관한 법률' 제14조 제1항은 정보주체의 현재의 혼인의 배우자 및 직계혈족의 이익 보호에만 지나치게 치우친 방법이므로, 달성하려는 입법목적과 그로 인해 제한되는 개인정보자기결정권 사이에 적절한 균형을 달성하지 못하였다. 따라서 과잉금지원칙에 위반되어 청구인의 개인정보자기결정권을 침해한다.

④ 직계혈족이면 가족관계증명서 및 기본증명서의 교부를 청구하도록 가족관계의 등록 등에 관한 법률은 목적은 정당하나 목적 달성을 위하여 적합한 수단이 된다고 할 수 있으나 최소성원칙에 반한다.

⑤ 형제자매에게 가족관계등록부 등의 기록사항에 관한 증명서 교부청구권을 부여하는 '가족관계의 등록 등에 관한 법률' 제14조 제1항 본문 중 '형제자매' 부분이 과잉금지원칙을 위반하여 청구인의 개인정보자기결정권을 침해한다.

정답 및 해설

①[O] 이 사건 법률조항은 가정폭력 가해자에 대한 별도의 제한 없이 직계혈족이기만 하면 사실상 자유롭게 그 자녀의 가족관계증명서와 기본증명서의 교부를 청구하여 발급받을 수 있도록 함으로써, 그로 인하여 가정폭력 피해자인 청구인의 개인정보가 가정폭력 가해자인 전 배우자에게 무단으로 유출될 수 있는 가능성을 열어놓고 있다. 이 사건 법률조항에 대하여 단순위헌결정을 하여 당장 그 효력을 상실시킬 경우 가정폭력 가해자가 아닌 직계혈족까지 자녀의 가족관계증명서와 기본증명서의 교부를 청구할 수 있는 근거규정이 없어지게 되어 법적 공백의 상태가 발생한다. 이는 직계혈족이 자녀의 가족관계증명서와 기본증명서의 교부를 청구하는 것 자체를 위헌으로 판단한 것이 아닌데도 이를 위헌으로 판단한 경우와 동일한 결과를 나타내게 된다. 이러한 이유로 이 사건 법률조항에 대하여 단순위헌결정을 하는 대신 헌법불합치결정을 선고하되, 2021년 12월 31일을 시한으로 입법자가 이 사건 법률조항의 위헌성을 제거하고 합리적인 내용으로 법률을 개정할 때까지 이를 계속 적용하도록 할 필요가 있다 (2020. 8. 28, 2018헌마927).

②[O] 이는 직계혈족이 자녀의 가족관계증명서와 기본증명서의 교부를 청구하는 것 자체를 위헌으로 판단한 것이 아닌데도 이를 위헌으로 판단한 경우와 동일한 결과를 나타내게 된다. 이러한 이유로 이 사건 법률조항에 대하여 단순위헌결정을 하는 대신 헌법불합치결정을 선고하되, 2021년 12월 31일을 시한으로 입법자가 이 사건 법률조항의 위헌성을 제거하고 합리적인 내용으로 법률을 개정할 때까지 이를 계속 적용하도록 할 필요가 있다(2020. 8. 28, 2018헌마927).

③ [X] 심판대상조항은 정보주체의 배우자나 직계혈족이 스스로의 정당한 법적 이익을 지키기 위하여 정보주체 본인의 위임 없이도 가족관계 상세증명서를 간편하게 발급받을 수 있게 해 주는 것이므로, 상세증명서 추가 기재 자녀의 입장에서 보아도 자신의 개인정보가 공개되는 것을 중대한 불이익이라고 평가하기는 어렵다. 나아가 가족관계 관련 법령은 가족관계증명서 발급 청구에 관한 부당한 목적을 파악하기 위하여 '청구사유기재'라는 나름의 소명절차를 규정하는 점 등을 아울러 고려하면 심판대상조항은 그 입법목적과 그로 인해 제한되는 개인정보자기결정권 사이에 적절한 균형을 달성한 것으로 평가할 수 있다. 심판대상조항은 과잉금지원칙에 위배되어 청구인의 개인정보자기결정권을 침해하지 아니한다(2022. 11. 24. 2021헌마130).

④ [O] 이 사건 법률조항은 가족 간의 신뢰와 유대에 기초하여 직계혈족이 자신이나 그 자녀의 친족·상속 등과 관련된 권리의무관계를 증명하기 위한 기초자료로서 자녀 본인 및 부모 등의 신분정보가 기재되어 있는 가족관계증명서 및 기본증명서를 쉽고 편리하게 발급받을 수 있도록 하기 위한 것이다. 이처럼 직계혈족과 자녀 등의 편익 증진을 위해 직계혈족에게 가족관계증명서 및 기본증명서의 교부청구권을 부여하고 있는 이 사건 법률조항의 입법목적은 정당하다. 또한, 이 사건 법률조항이 특별한 제한 없이 직계혈족에게 가족관계등록법상 가족관계증명서 및 기본증명서의 교부청구권을 부여하는 것은 그 목적 달성을 위하여 적합한 수단이 된다. …이 사건 법률조항이 가정폭력 가해자인 직계혈족에 대하여 아무런 제한 없이 그 자녀의 가족관계증명서 및 기본증명서의 발급을 청구할 수 있도록 하여, 결과적으로 가정폭력 피해자인 청구인의 개인정보가 무단으로 가정폭력 가해자에게 유출될 수 있도록 한 것은 입법목적을 달성하기 위하여 필요한 범위를 넘어선 것이므로 침해의 최소성에 위배된다(2020. 8. 28, 2018헌마927).

⑤ [O] 본인은 인터넷을 이용하거나 위임을 통해 각종증명서를 발급받을 수 있으며, 가족관계등록법 제14조 제1항 단서 각 호에서 일정한 경우에는 제3자도 각종 증명서의 교부를 청구할 수 있으므로 형제자매는 이를 통해 각종 증명서를 발급받을 수 있다. 따라서 이 사건 법률조항은 침해의 최소성에 위배된다. 또한, 이 사건 법률조항을 통해 달성하려는 공익에 비해 초래되는 기본권 제한의 정도가 중대하므로 법익의 균형성도 인정하기 어려워, 이 사건 법률조항은 청구인의 개인정보자기결정권을 침해한다(헌재 2016. 6. 30. 2015헌마924).

[정답] ③

080 서울 용산경찰서장이 2013.12.18. 및 2013.12.20. 피청구인 국민건강보험공단에게 청구인들의 요양급여내역의 제공을 요청하였고 국민건강보험공단은 건강보험 요양급여내역 제공하였다. 이에 대한 설명으로 옳은 것은?

① 서울 용산경찰서장이 2013.12.18. 및 2013.12.20. 피청구인 국민건강보험공단에게 청구인들의 요양급여내역의 제공을 요청한 행위는 과잉금지원칙에 위배되어 청구인들의 개인정보자기결정권을 침해한다.

② 국민건강보험공단이 2013.12.20. 서울 용산경찰서장에게 청구인들의 요양급여내역을 제공한 행위가 영장주의에 위배되어 청구인들의 개인정보자기결정권을 침해한다고 할 수 없다.

③ 이 사건 정보 제공행위와 가장 밀접한 관계에 있는 개인정보자기결정권 침해 여부를 판단하더라도 인간의 존엄과 가치, 행복추구권, 사생활의 비밀과 자유 침해 여부를

판단도 부가적으로 할 필요가 있다.

④ 서울 용산경찰서장이 체포영장이 발부된 피의자인 청구인들의 소재를 신속하게 파악하여 적시에 청구인들을 검거할 수 있도록 하고 이를 통하여 국가형벌권의 적정한 수행에 기여하고자 하는 공익은 매우 중대하므로 이 사건 정보 제공행위는 이 사건 정보 제공조항 등이 정한 요건에 부합하는 것으로서 과잉금지원칙에 위배되어 청구인들의 개인정보자기결정권을 침해하였다고 볼 수 없다.

⑤ 이 사건 사실조회행위는 강제력이 개입되는 강제수사에 해당하므로, 이에 응하여 이루어진 이 사건 정보 제공행위에도 영장주의가 적용된다.

정답 및 해설

① [X] 이 사건 사실조회행위의 근거조항인 이 사건 사실조회조항은 수사기관에 공사단체 등에 대한 사실조회의 권한을 부여하고 있을 뿐이고, 국민건강보험공단은 서울 용산경찰서장의 사실조회에 응하거나 협조하여야 할 의무를 부담하지 않는다. 따라서 이 사건 사실조회행위만으로는 청구인들의 법적 지위에 어떠한 영향을 미친다고 보기 어렵고, 국민건강보험공단의 자발적인 협조가 있어야만 비로소 청구인들의 개인정보자기결정권이 제한된다. 그러므로 이 사건 사실조회행위는 공권력 행사성이 인정되지 않는다(2018.8.30, 2014헌마368).

② [O] 이 사건 사실조회조항은 수사기관에 사실조회의 권한을 부여하고 있을 뿐이고, 이에 근거한 이 사건 사실조회행위에 대하여 국민건강보험공단이 응하거나 협조하여야 할 의무를 부담하는 것이 아니다. 따라서 이 사건 사실조회행위는 강제력이 개입되지 아니한 임의수사에 해당하므로, 이에 응하여 이루어진 이 사건 정보 제공행위에도 영장주의가 적용되지 않는다. 그러므로 이 사건 정보 제공행위는 영장주의원칙에 위배되지 않는다(2018.8.30, 2014헌마368).

③ [X] 청구인들은 이 사건 정보 제공행위가 인간의 존엄과 가치, 행복추구권, 사생활의 비밀과 자유 등도 침해한다고 주장하나, 이 사건 정보 제공행위와 가장 밀접한 관계에 있는 개인정보자기결정권 침해 여부를 판단하는 이상 이에 관하여 별도로 판단하지 않는다(2018.8.30, 2014헌마368).

④ [X] 서울 용산경찰서장은 청구인들의 소재를 파악한 상태였거나 다른 수단으로 충분히 파악할 수 있었으므로 이 사건 정보 제공행위로 얻을 수 있는 수사상의 이익은 거의 없거나 미약하였던 반면, 청구인들은 자신도 모르는 사이에 민감정보인 요양급여정보가 수사기관에 제공되어 개인정보자기결정권에 대한 중대한 불이익을 받게 되었으므로, 이 사건 정보제공 행위는 법익의 균형성도 갖추지 못하였다. 결국 이 사건 정보제공 행위는 과잉금지원칙에 위배되어 청구인들의 개인정보자기결정권을 침해하였다(2018.8.30., 2014헌마368).

⑤ [X] 이 사건 사실조회조항은 수사기관에 사실조회의 권한을 부여하고 있을 뿐이고, 이에 근거한 이 사건 사실조회행위에 대하여 국민건강보험공단이 응하거나 협조하여야 할 의무를 부담하는 것이 아니다. 따라서 이 사건 사실조회행위는 강제력이 개입되지 아니한 임의수사에 해당하므로, 이에 응하여 이루어진 이 사건 정보 제공행위에도 영장주의가 적용되지 않는다. 그러므로 이 사건 정보 제공행위는 영장주의원칙에 위배되지 않는다(2018.8.30., 2014헌마368).

[정답] ②

081 변호사시험에 대한 설명으로 옳은 것을 모두 조합한 것은?

> ㄱ. 변호사시험 성적이 정보주체의 요구에 따라 수정되거나 삭제되는 등 정보주체의 통제권이 인정되는 성질을 가진 개인정보가 아니므로 변호사시험 성적을 합격자에게 공개하지 않도록 규정한 「변호사시험법」은 개인정보자기결정권을 제한하고 있다고 보기 어렵다.
>
> ㄴ. 특정시험에 대한 응시 및 합격 여부, 합격연도 등도 개인정보에 포함되지 않으므로 그러한 사실이 알려지는 시기, 범위 등을 응시자 스스로 결정할 권리는 개인정보자기결정권의 보장범위에 속한다고 할 수 없다.
>
> ㄷ. 법무부장관은 변호사시험 합격자가 결정되면 즉시 명단을 공고하여야 한다고 규정한 「변호사시험법」으로 응시자들의 개인정보자기결정권에 대한 제한이 발생한다.
>
> ㄹ. 법무부장관은 변호사시험 합격자가 결정되면 즉시 명단을 공고하여야 한다고 규정한 「변호사시험법」의 개인정보자기결정권에 대한 과잉금지원칙 위배 여부를 심사하는 이상 사생활의 비밀과 자유가 침해 여부는 따로 살펴보지 않는다.
>
> ㅁ. 시험 관리업무의 공정성과 투명성은 전체 합격자의 응시번호만을 공고하는 등의 방법으로도 충분히 확보될 수 있고, 법률서비스 수요자는 대한변호사협회 홈페이지 등을 통해 변호사에 대한 더 상세하고 정확한 정보를 얻을 수 있으므로, 합격자 명단을 공개하는 것보다 청구인들의 개인정보자기결정권을 덜 침해하면서 입법 목적을 달성할 수 있는 다른 수단이 존재한다.
>
> ㅂ. 변호사시험 합격자명단이 공고되면, 특정인의 재학 사실을 아는 사람은 그의 성명과 합격자명단을 대조하는 방법으로 그의 불합격 사실을 확인할 수 있는바, 변호사시험 응시 및 합격 여부에 관한 사실이 널리 공개되는 것은 청구인들의 개인정보자기결정권에 대한 중대한 제한이라 할 수 있다.

① ㄱ, ㄷ, ㄹ   ② ㄴ, ㄹ
③ ㄷ, ㄹ   ④ ㄷ, ㅁ, ㅂ
⑤ ㄴ, ㅁ, ㅂ

정답 및 해설

ㄱ. [○] 개인정보자기결정권의 한 내용인 자기정보공개청구권은 자신에 관한 정보가 부정확하거나 불완전한 상태로 보유되고 있는지 여부를 알기 위하여 정보를 보유하고 있는 자에게 자신에 관한 정보의 열람을 청구함으로써 개인정보를 보호하고, 개인정보의 수집, 보유, 이용에 관한 통제권을 실질적으로 보장하기 위하여 인정되는 것이다. 그런데 위 청구인의 변호사시험 성적 공개 요구는 개인정보의 보호나 개인정보의 수집, 보유, 이용에 관한 통제권을 실질적으로 보장해 달라는 것으로 보기 어렵고, 변호사시험 성적이 정보주체의 요구에 따라 수정되거나 삭제되는 등 정보주체의 통제권이 인정되는 성질을 가진 개인정보라고 보기도 어렵다. 따라서 심판대상조항이 개인정보자기결정권을 제한하고 있다고 보기 어렵다(2015.6.25, 2011헌마769 등).

ㄴ. [X] 특정 시험에 대한 응시 및 합격 여부, 합격연도 등도 개인정보에 포함되고, 그러한 사실이 알려지는 시기, 범위 등을 응시자 스스로 결정할 권리는 개인정보자기결정권의 보장범위에 속한다고 할 수 있다(2020.3.26, 2018헌마77 등).

ㄷ. [O] 심판대상조항에 따라 합격자명단이 공고되면, 법학전문대학원 졸업자 또는 졸업예정자라는 한정된 집단에 속한 사람이 응시하는 변호사시험 특성에 비추어, 특정인의 법학전문대학원 재학 또는 졸업 사실을 이미 알고 있는 그 주변 사람들은 성명이 공개된 사람의 합격 사실뿐만 아니라 위 정보를 결합하여 특정인의 불합격 사실도 알 수 있으므로, 결국 응시자들의 개인정보자기결정권에 대한 제한이 발생한다(2020.3.26, 2018헌마77 등).

ㄹ. [O] 청구인은 심판대상조항에 따라 합격자명단이 공개됨으로써 사생활의 비밀과 자유가 침해된다고 주장하나, 변호사라는 전문자격을 취득하거나 취득하지 못하였다는 사실이 내밀한 사적 영역에 속하는 것인지 의문일 뿐만 아니라, 설사 이에 속한다고 하더라도 개인정보자기결정권의 보호영역과 중첩되는 범위 안에서만 관련되어 있으므로, 개인정보자기결정권에 대한 과잉금지원칙 위배 여부를 심사하는 이상 따로 살펴보지 않는다(2020.3.26, 2018헌마77 등).

ㅁ. [X] 더욱이 변호사에게 직접 등록증서를 보여주도록 요청하거나 대한변호사협회 홈페이지를 통하여 검색하는 것은 자격시험에 합격한 법률전문가가 변호사등록을 한 경우에만 유용한 방법인데, 실무상 변호사 자격이 있는 사람이 법령에 의하여 변호사등록을 하지 않고도 법률서비스를 제공할 수 있는 경우도 있으므로, 일반 국민의 입장에서 볼 때는 매회 변호사시험 합격자명단이 널리 공개되는 것이 변호사 자격 소지에 대한 신뢰를 형성하는 데 기여하는 바가 적지 않다. 이처럼 심판대상조항은 변호사 자격 소지에 대한 일반 국민의 신뢰를 형성하고 법률서비스 수요자의 편의를 확보하는 데 도움이 되며, 달리 이를 대체할 만한 수단이 발견되지 않는다(2020. 3.26, 2018헌마77 등).

ㅂ. [X] 심판대상조항은 법무부장관이 시험관리업무를 위하여 수집한 응시자의 개인정보 중 합격자의 성명을 공개하도록 하는 데 그치므로, 청구인들의 개인정보자기결정권이 제한되는 범위와 정도는 매우 제한적이다(2020.3.26, 2018헌마77 등).

[정답] ①

082 사생활의 비밀과 자유에 대한 설명으로 옳지 않은 것은?

① 디엔에이신원확인정보는 개인식별을 위한 최소한의 정보인 단순한 숫자에 불과하여 이로부터 개인의 유전정보를 확인할 수 없는 것이어서 개인의 존엄과 인격권에 심대한 영향을 미칠 수 있는 민감한 정보라고 보기 어려운 바, 채취대상자가 사망할 때까지 디엔에이신원확인정보를 데이터베이스에 수록, 관리할 수 있도록 규정한 '디엔에이신원확인정보의 이용 및 보호에 관한 법률' 제13조 제3항 중 수형인등에 관한 부분이 청구인들의 개인정보자기결정권을 침해한다고 할 수 없다.

② 금융감독원의 4급 이상 직원에 대하여 공직자윤리법상 재산등록의무를 부과하는 공직자윤리법 제3조 제1항 제13호 중 공직자윤리법 시행령 제3조 제4항 제15호에 관한 부분이 금융감독원의 4급 직원인 청구인들의 사생활의 비밀의 자유를 침해한다고 할 수 없다.

③ 송·수신이 완료된 전기통신에 대한 압수·수색 사실을 수사대상이 된 가입자에게만 통지하도록 하고, 그 상대방에 대하여는 통지하지 않도록 한 통신비밀보호법은 적법절차원칙에 위배되어 개인정보자기결정권을 침해한다고 볼 수 없다.
④ 가축전염병의 발생 예방 및 확산 방지를 위해 축산관계시설 출입차량에 차량무선인식장치를 설치하여 이동경로를 파악할 수 있도록 한 구「가축전염병예방법」조항은 축산관계시설에 출입하는 청구인들의 개인정보자기결정권을 침해하지 않는다.
⑤ 변호사 정보 제공 웹사이트 운영자가 대법원 홈페이지에서 제공하는 '나의 사건검색' 서비스를 통해 수집한 사건정보를 이용하여 변호사들의 '승소율이나 전문성 지수 등'을 제공하는 서비스를 한 것은 인격권을 침해한 것으로 볼 수 있다.

정답 및 해설

① [O] 디엔에이신원확인정보는 개인식별을 위한 최소한의 정보인 단순한 숫자에 불과하여 이로부터 개인의 유전정보를 확인할 수 없는 것이어서 개인의 존엄과 인격권에 심대한 영향을 미칠 수 있는 민감한 정보라고 보기 어렵고, 디엔에이신원확인정보의 수록 후 디엔에이감식시료와 디엔에이의 즉시 폐기, 무죄 등의 판결이 확정된 경우 디엔에이신원확인정보의 삭제, 디엔에이인적관리자와 디엔에이신원확인정보담당자의 분리, 디엔에이신원확인정보데이터베이스관리위원회의 설치, 업무목적 외 디엔에이신원확인정보의 사용·제공·누설 금지 및 위반시 처벌, 데이터베이스 보안장치 등 개인정보보호에 관한 규정을 두고 있으므로 이 사건 삭제조항은 침해최소성 원칙에 위배되지 않는다. 디엔에이신원확인정보를 범죄수사 등에 이용함으로써 달성할 수 있는 공익의 중요성에 비하여 청구인의 불이익이 크다고 보기 어려워 법익균형성도 갖추었다. 따라서 이 사건 삭제조항이 과도하게 개인정보자기결정권을 침해한다고 볼 수 없다(헌재 2018. 8. 30. 2016헌마344등).

② [O] 이 사건 재산등록 조항에 의하여 제한되는 사생활 영역은 재산관계에 한정됨에 비하여 이를 통해 달성할 수 있는 공익은 금융감독원 업무의 투명성 및 책임성 확보 등으로 중대하므로 법익균형성도 충족하고 있다. 따라서 이 사건 재산등록 조항은 청구인들의 사생활의 비밀과 자유를 침해하지 아니한다(헌재 2014. 6. 26. 2012헌마331).

③ [O] 전기통신의 특성상 수사대상이 된 가입자와 전기통신을 송·수신한 상대방은 다수일 수 있는데, 이들 모두에 대하여 그 압수·수색 사실을 통지하도록 한다면, 수사대상이 된 가입자가 수사를 받았다는 사실이 상대방 모두에게 알려지게 되어 오히려 위 가입자가 예측하지 못한 피해를 입을 수 있고, 또한 통지를 위하여 상대방의 인적사항을 수집해야 함에 따라 또 다른 개인정보자기결정권의 침해를 야기할 수도 있다. 이상과 같은 점들을 종합하여 볼 때, 송·수신이 완료된 전기통신에 대한 압수·수색 사실을 수사대상이 된 가입자에게만 통지하도록 하고, 그 상대방에 대하여는 통지하지 않도록 한 심판대상조항은 적법절차원칙에 위배되어 청구인들의 개인정보자기결정권을 침해하지 않는다(2018. 4. 26. 2014헌마1178).

④ [O] 차량무선인식장치 장착대상 차량의 범위를 최소한으로 한정하고 차량출입정보의 수집범위와 용도를 제한하는 등 심판대상조항으로 인한 기본권 침해를 최소화하기 위한 조치들이 마련되어 있고, 이로 인해 제한되는 청구인들의 개인정보자기결정권에 비하여 가축전염병의 확산방지를 통해 달성하고자 하는 공익이 결코 작다고 할 수 없으므로, 심판대상조항은 청구인들의 개인정보자기결정권을 침해하지 아니한다(2015.4.30, 2013헌마81).

⑤ [×] 웹사이트 운영자가 사건정보를 이용하여 승소율이나 전문성 지수 등을 제공하는 서비스를 하는 행위는 그에 의하여 얻을 수 있는 법적 이익이 이를 공개하지 않음으로써 얻을 수 있는 정보주체의 인격적 법익에 비하여 우월한 것으로 보여 변호사들의 개인정보에 관한 인격권을 침해하는 위법한 행위로 평가할 수 없다(대판 전합체 2011.9.2, 2008다42430).

[정답] ⑤

제5절 | 양심의 자유, 종교의 자유, 학문과 예술의 자유

083 양심적 병역거부에 대한 헌법재판소 결정으로 옳은 것은 몇 개인가?

> ㄱ. 양심적 병역거부자인 청구인은 입법자가 병역의 종류에 관하여 병역종류조항에 입법은 하였으나 그 내용이 대체복무제를 포함하지 아니하여 불충분하다는 진정입법부작위를 다투는 것이라고 봄이 상당하다.
> ㄴ. '양심적' 병역 거부는 실상 당사자의 '양심에 따른' 혹은 '양심을 이유로 한' 병역거부를 가리키는 것일 뿐만 아니라 병역 거부가 '도덕적이고 정당하다'는 의미를 내포한다.
> ㄷ. 양심의 자유에서 파생하는 입법자의 의무는 단지 입법과정에서 양심의 자유를 고려할 것을 요구하는 '일반적 의무'이지 구체적 내용의 대안을 제시해야 할 헌법적 입법의무가 아니므로, 양심의 자유는 입법자가 구체적으로 형성한 병역의무의 이행을 양심상의 이유로 거부하거나 법적 의무를 대신하는 대체의무의 제공을 요구할 수 있는 권리가 아니다.
> ㄹ. 대체복무제를 규정하고 있지 않은 병역법 제5조는 정당한 입법목적을 달성하기 위한 적합한 수단으로 볼 수 있으나 최소성원칙에 위배되어 과잉금지 원칙에 위반되어 양심의 자유를 침해한다.
> ㅁ. 대체복무제를 규정하고 있지 않은 병역법 제5조는 '작위에 의한 양심실현의 자유'를 제한하고 있다.
> ㅂ. 헌법상 양심의 자유에 의해 보호받는 '양심'으로 인정할 것인지의 판단은 그것이 깊고, 확고하며, 진실된 것이어야만 하므로 양심적 병역 거부를 주장하는 사람은 자신의 '양심'을 외부로 표명하여 증명할 최소한의 의무를 진다.

① 1개　　② 2개
③ 3개　　④ 4개
⑤ 5개

정답 및 해설

ㄱ. [×] 비군사적 성격을 갖는 복무도 입법자의 형성에 따라 병역의무의 내용에 포함될 수 있고, 대체복무제는 그 개념상 병역종류조항과 밀접한 관련을 갖는다. 따라서 청구인들은 입법자가 병역의 종류에 관하여 병역종류조항에 입법은 하였으나 그 내용이 대체복무제를 포함하지 아니하여 불충분하다는 부진정입법부작위를 다투는 것이라고 봄이 상당하다(2018.06.28. 2011헌바379).

ㄴ. [×] '양심적' 병역 거부라는 말은 병역 거부가 '양심적', 즉 도덕적이고 정당하다는 것을 가리킴으로써, 그 반면으로 병역의무를 이행하는 사람은 '비양심적'이거나 '비도덕적'인 사람으로 치부하게 될 여지가 있다. 하지만 앞에서 살펴 본 양심의 의미에 따를 때, '양심적' 병역 거부는 실상 당사자의 '양심에 따른' 혹은 '양심을 이유로 한' 병역 거부를 가리키는 것일 뿐이지 병역 거부가 '도덕적이고 정당하다'는 의미는 아닌 것이다. 따라서 '양심적' 병역 거부라는 용어를 사용한다고 하여 병역의무 이행은 '비양심적'이 된다거나, 병역을 이행하는 거의 대부분의 병역의무자들과 병역의무 이행이 국민의 숭고한 의무라고 생각하는 대다수 국민들이 '비양심적'인 사람들이 되는 것은 결코 아니다(2018.6.28, 2011헌바379 등).

ㄷ. [×] 헌법재판소는 2004년 입법자에 대하여 국가안보라는 공익의 실현을 확보하면서도 병역거부자의 양심을 보호할 수 있는 대안이 있는지 검토할 것을 권고하였는데, 그로부터 14년이 경과하도록 이에 관한 입법적 진전이 이루어지지 못하였다. 그사이 국가인권위원회, 국방부, 법무부, 국회 등 국가기관에서 대체복무제 도입을 검토하거나 그 도입을 권고하였으며, 법원에서도 최근 하급심에서 양심적 병역거부에 대해 무죄판결을 선고하는 사례가 증가하고 있다. 이러한 모든 사정을 감안해 볼 때 국가는 이 문제의 해결을 더 이상 미룰 수 없으며, 대체복무제를 도입함으로써 병역종류조항으로 인한 기본권 침해 상황을 제거할 의무가 있다.

ㄹ. [○] 병역종류조항은, 병역부담의 형평을 기하고 병역자원을 효과적으로 확보하여 효율적으로 배분함으로써 국가안보를 실현하고자 하는 것이므로 정당한 입법목적을 달성하기 위한 적합한 수단이다. 양심적 병역거부자의 수는 병역자원의 감소를 논할 정도가 아니고, 이들을 처벌한다고 하더라도 교도소에 수감할 수 있을 뿐 병역자원으로 활용할 수는 없으므로, 대체복무제 도입으로 병역자원의 손실이 발생한다고 할 수 없다. 전체 국방력에서 병역자원이 차지하는 중요성이 낮아지고 있는 점을 고려하면, 대체복무제를 도입하더라도 우리나라의 국방력에 의미 있는 수준의 영향을 미친다고 보기는 어렵다. 국가가 관리하는 객관적이고 공정한 사전심사절차와 엄격한 사후관리절차를 갖추고, 현역복무와 대체복무 사이에 복무의 난이도나 기간과 관련하여 형평성을 확보해 현역복무를 회피할 요인을 제거한다면, 심사의 곤란성과 양심을 빙자한 병역기피자의 증가 문제를 해결할 수 있다. 따라서 대체복무제를 도입하면서도 병역의무의 형평을 유지하는 것은 충분히 가능하다. 위와 같이 대체복무제의 도입이 우리나라의 국방력에 유의미한 영향을 미친다거나 병역제도의 실효성을 떨어뜨린다고 보기 어려운 이상, 우리나라의 특수한 안보상황을 이유로 대체복무제를 도입하지 않거나 그 도입을 미루는 것이 정당화된다고 할 수는 없다. 따라서 대체복무제라는 대안이 있음에도 불구하고 군사훈련을 수반하는 병역의무만을 규정한 병역종류조항은, 침해의 최소성 원칙에 어긋난다(2018.06.28. 2011헌바379).

ㅁ. [×] 이 사건 청구인 등이 자신의 종교관·가치관·세계관 등에 따라 일체의 전쟁과 그에 따른 인간의 살상에 반대하는 진지한 내적 확신을 형성하였다면, 그들이 집총 등 군사훈련을 수반하는 병역의무의 이행을 거부하는 결정은 양심에 반하여 행동할 수 없다는 강력하고 진지한 윤리적 결정이며, 병역의무를 이행해야 하는 상황은 개인의 윤리적 정체성에 대한 중대한 위기상황에 해당한다. 이와 같이 병역종류조항에 대체복무제가 마련되지 아니한 상황에

서, 양심상의 결정에 따라 입영을 거부하거나 소집에 불응하는 이 사건 청구인 등이 현재의 대법원 판례에 따라 처벌조항에 의하여 형벌을 부과받음으로써 양심에 반하는 행동을 강요받고 있으므로, 이 사건 법률조항은 '양심에 반하는 행동을 강요당하지 아니할 자유', 즉, '부작위에 의한 양심실현의 자유'를 제한하고 있다(헌재 2018. 6. 28. 2011헌바379 등).

ㅂ. [O] 특정한 내적인 확신 또는 신념이 양심으로 형성된 이상 그 내용 여하를 떠나 양심의 자유에 의해 보호되는 양심이 될 수 있으므로, 헌법상 양심의 자유에 의해 보호받는 '양심'으로 인정할 것인지의 판단은 그것이 깊고, 확고하며, 진실된 것인지 여부에 따르게 된다. 그리하여 양심적 병역 거부를 주장하는 사람은 자신의 '양심'을 외부로 표명하여 증명할 최소한의 의무를 진다(2018.06.28, 2011헌바379 등).

[정답] ②

084 법률에 의한 사과 강요에 대한 설명 중 옳은 것은?

① '사과한다'는 행위는 내심의 윤리적 판단·감정 내지 의사의 표현이므로, 외부에서 강제할 수 있는 성질의 것이 아니다. 아직 성장과정에 있는 학생이라 하더라도 의사에 반한 윤리적 판단이나 감정을 외부에 표명하도록 강제하는 것은 학생들의 인격과 양심의 형성에 왜곡을 초래하는바, 가해학생에 대한 조치로 피해학생에 대한 서면사과를 규정한 구 학교폭력예방법은 양심의 자유와 인격권을 침해한다.

② 인간의 존엄과 가치에서 유래하는 인격권은 자연적 생명체로서 개인의 존재를 전제로 하는 기본권으로서 그 성질상 법인에게는 적용될 수 없다. 따라서 시청자사과를 규정한 방송법은 법인의 인격권을 제한하지 않으므로 헌법에 위반된다고 할 수 없다.

③ 선거기사심의위원회가 불공정한 선거기사를 보도하였다고 인정한 언론사에 대하여 언론중재위원회를 통하여 사과문을 게재할 것을 명하도록 하는 공직선거법은 헌법에 위반된다고 보기 어렵고 사과문 게재 명령을 이행하지 않은 언론사 발행인이나 대표자에 대하여 징역이나 벌금 등 형벌을 부과하도록 하고 있으므로 언론사 대표자나 발행인 등의 일반적 행동의 자유를 침해하여 헌법에 위반된다.

④ "명예회복에 적당한 처분"에 사죄광고를 포함시켜 법인에게 사죄광고를 명하는 것은 법인 대표자의 양심의 자유를 침해한다.

⑤ 법인도 헌법상 기본권의 주체가 될 수 있는 것은 두말할 필요가 없으나 법률에 따라 인격이 부여되는 법인의 특성상 자연인과 같은 기본권을 누릴 수는 없다.

정답 및 해설

① [×] 서면사과 조치는 내용에 대한 강제 없이 자신의 행동에 대한 반성과 사과의 기회를 제공하는 교육적 조치로 마련된 것이고, 가해학생에게 의견진술 등 적정한 절차적 기회를 제공한 뒤에 학교폭력 사실이 인정되는 것을 전제로 내려지는 조치이며, 이를 불이행하더라도 추가적인 조치나 불이익이 없다. 또한 이러한 서면사과의 교육적 효과는 가해학생에 대한 주의나 경고 또는 권고적인 조치만으로는 달성하기 어렵다. 따라서 이 사건 서면사과조항이 가해학생의 양심의 자유와 인격

권을 과도하게 침해한다고 보기 어렵다[2023. 2. 23. 2019헌바93].

*재판관 이선애, 재판관 김기영, 재판관 문형배의 이 사건 서면사과조항에 대한 반대의견 : '사과한다'는 행위는 내심의 윤리적 판단·감정 내지 의사의 표현이므로, 외부에서 강제할 수 있는 성질의 것이 아니다. 아직 성장과정에 있는 학생이라 하더라도 의사에 반한 윤리적 판단이나 감정을 외부에 표명하도록 강제하는 것은 학생들의 인격과 양심의 형성에 왜곡을 초래하고, 그 양심의 자유 및 인격권의 제한 정도가 성인들의 것보다 작다고 단정할 수 없다.

만약 가해학생에게 학교폭력에 대한 경각심이나 잘못된 행위임을 일깨울 필요가 있다면, 이 사건 서면사과조항과 같은 사과의 강제가 아니라 주의나 경고 등의 조치로도 충분히 목적을 달성할 수 있고, 피해학생에 대한 사과를 위한 교사의 적절한 개입과 지도가 이루어질 수 있는 법적 근거가 필요하다면 피해학생에 대한 서면사과를 권고적 조치로 규정하는 것도 가능하다. 따라서 가해학생에게 서면사과를 강제하는 이 사건 서면사과조항은 가해학생의 양심의 자유와 인격권을 침해한다[2023. 2. 23. 2019헌바93].

② [×] 법인도 법인의 목적과 사회적 기능에 비추어 볼 때 그 성질에 반하지 않는 범위 내에서 인격권의 한 내용인 사회적 신용이나 명예 등의 주체가 될 수 있고 법인이 이러한 사회적 신용이나 명예 유지 내지 법인격의 자유로운 발현을 위하여 의사결정이나 행동을 어떻게 할 것인지를 자율적으로 결정하는 것도 법인의 인격권의 한 내용을 이룬다고 할 것이다. 그렇다면 이 사건 심판대상조항은 방송사업자의 의사에 반한 사과행위를 강제함으로써 방송사업자의 인격권을 제한한다. …이 사건 심판대상조항은 시청자 등 국민들로 하여금 방송사업자가 객관성이나 공정성 등 저버린 방송을 했다는 점을 스스로 인정한 것으로 생각하게 만듦으로써 방송에 대한 신뢰가 무엇보다 중요한 방송사업자에 대하여 그 사회적 신용이나 명예를 저하시키고 법인격의 자유로운 발현을 저해하는 것인바, 방송사업자의 인격권에 대한 제한의 정도가 이 사건 심판대상조항이 추구하는 공익에 비해 결코 작다고 할 수 없으므로 이 사건 심판대상조항은 법익의 균형성원칙에도 위배된다(2012. 8. 23. 2009헌가27).

③ [×] 이 사건 법률조항들이 추구하는 목적, 즉 선거기사를 보도하는 언론사의 공적인 책임의식을 높임으로써 민주적이고 공정한 여론 형성 등에 이바지한다는 공익이 중요하다는 점에는 이론의 여지가 없으나, 언론에 대한 신뢰가 무엇보다 중요한 언론사에 대하여 그 사회적 신용이나 명예를 저하시키고 인격의 자유로운 발현을 저해함에 따라 발생하는 인격권 침해의 정도는 이 사건 법률조항들이 달성하려는 공익에 비해 결코 작다고 할 수 없다. 결국 이 사건 법률조항들은 언론사의 인격권을 침해하여 헌법에 위반된다(2015. 7. 30. 2013헌가8).

※ 재판관 강일원의 이 사건 사과문 게재 조항에 대한 반대의견 및 이 사건 처벌조항에 대한 별개의견
법인의 인격권, 즉 법인의 인격을 자유롭게 발현할 권리가 무엇을 뜻하는지, 그 헌법적 근거가 무엇인지는 분명하지 않다. 이 사건 사과문 게재 조항은 언론사인 법인으로 하여금 그 의사에 반하는 사과문을 게재하도록 강제하는 규정이므로, 언론사의 소극적 표현의 자유나 일반적 행동의 자유를 제한할 뿐이다. 공직선거의 중요성과 불공정한 선거기사를 바로 시정하지 않으면 원상회복이 사실상 불가능할 수 있는 점 등을 감안할 때, 사과문의 내용이 언론사의 권리를 지나치게 침해하는 것이 아닌 한, 불공정한 선거기사를 게재한 언론사에 대하여 사과문 게재를 명하는 것 자체는 언론사의 기본권에 대한 과도한 제한이라고 볼 수 없다. 이 사건에서 보더라도, 사과문 게재 명령은 법정의견이 대안으로 제시한 선거기사심의위원회의 결정 사실을 그대로 공표하는 방안과 본질적으로 다르지 않다. 따라서 사과문 게재 명령을 가능하게 한 입법자의 결단이 헌법에 위반된다고 보기 어렵다. 한편, 언론사가 사과문 게재 명령을 이행하지 않을 경우, 해당 언론사에게 벌금형을 부과하거나, 언론사 또는 그 발행인이나 대표자에게 행정제재를 가함으로써 이 사건 사과문 게재 조항의 입법목적을 달성할 수

있다. 그런데 이 사건 처벌조항은 사과문 게재 명령을 이행하지 않은 언론사 발행인이나 대표자에 대하여 징역이나 벌금 등 형벌을 부과하도록 하고 있으므로 언론사 대표자나 발행인 등의 일반적 행동의 자유를 침해하여 헌법에 위반된다.

④ [O] 사죄강제의 강제는 양심도 아닌 것이 양심인 것처럼 표현할 것의 강제로 인간양심의 왜곡·굴절이고 겉과 속이 다른 이중인격형성의 강요인 것으로 침묵의 자유의 파생인 양심에 반하는 행위의 강제금지에 저촉되는 것이며, 따라서 우리 헌법이 보호하고자 하는 정신적 기본권의 하나인 양심의 자유의 제약(법인의 경우라면 그 대표자에게 양심표명의 강제를 요구하는 결과가 된다)이라고 보지 않을 수 없다(헌재 1991. 4. 1. 89헌마160).

⑤ [×] 법인도 법인의 목적과 사회적 기능에 비추어 볼 때 그 성질에 반하지 않는 범위 내에서 인격권의 한 내용인 사회적 신용이나 명예 등의 주체가 될 수 있고 법인이 이러한 사회적 신용이나 명예 유지 내지 법인격의 자유로운 발현을 위하여 의사결정이나 행동을 어떻게 할 것인지를 자율적으로 결정하는 것도 법인의 인격권의 한 내용을 이룬다고 할 것이다. 그렇다면 이 사건 심판대상조항은 방송사업자의 의사에 반한 사과행위를 강제함으로써 방송사업자의 인격권을 제한한다(2012. 8. 23. 2009헌가27).

[정답] ④

085 양심의 자유에 대한 설명 중 옳은 것(O)과 옳지 않은 것(×)을 올바르게 조합한 것은? (다툼이 있는 경우 판례에 의함)

> ㄱ. 준법서약서사건에서 헌법재판소는 양심의 자유에 의해 보호되는 양심에는 개인의 세계관이나 주의·신조 등도 포함되고, 준법서약서를 쓰지 않을 경우 자신의 신조 또는 사상을 그대로 유지한다는 것을 소극적으로 표명하게 되므로, 양심의 영역을 건드린다고 볼 수 있다고 하였다.
> ㄴ. 사업자단체의「독점규제 및 공정거래에 관한 법률」위반행위가 있을 때 공정거래위원회가 당해 사업자단체에 대하여 '법 위반사실의 공표'를 명할 수 있도록 하는 법률조항은 양심의 자유를 제한한다.
> ㄷ. 법원이 피고인에게 유죄로 인정된 범죄행위를 뉘우치거나 그 범죄행위를 공개하는 취지의 말이나 글을 발표하도록 하는 내용의 사회봉사를 명하고 이를 위반할 경우「형법」제64조 제2항에 의하여 집행유예의 선고를 취소할 수 있도록 함으로써 그 이행을 강제하는 것은 피고인의 양심의 자유를 침해하지 않는다.
> ㄹ. 연말정산 간소화를 위하여 의료기관에게 환자들의 의료비 내역에 관한 정보를 국세청에 제출하는 의무를 부과하고 있는「소득세법」제165조 제1항에 대한 헌법소원심판에서 헌법재판소는 법적 강제수단의 존부와 관계없이 양심의 자유를 제한한다고 하였다.
> ㅁ. 연말정산 간소화를 위하여 의료기관에게 환자들의 의료비 내역에 관한 정보를 국세청에 제출하는 의무를 부과하고 있는「소득세법」제165조 제1항은 양심의 자유를 침해한다고 할 수 없다.

① ㄱ(○), ㄴ(○), ㄷ(×), ㄹ(○), ㅁ(○)
② ㄱ(×), ㄴ(×), ㄷ(×), ㄹ(○), ㅁ(○)
③ ㄱ(○), ㄴ(×), ㄷ(×), ㄹ(×), ㅁ(×)
④ ㄱ(×), ㄴ(○), ㄷ(○), ㄹ(○), ㅁ(×)
⑤ ㄱ(×), ㄴ(○), ㄷ(×), ㄹ(×), ㅁ(×)

정답 및 해설

ㄱ. [×] 이 사건 준법서약은 어떤 구체적이거나 적극적인 내용을 담지 않은 채 단순한 헌법적 의무의 확인·서약에 불과하다 할 것이어서 양심의 영역을 건드리는 것이 아니다(2002.4.25, 98헌마425 등).

ㄴ. [×] 누구라도 자신이 비행을 저질렀다고 믿지 않는 자에게 본심에 반하여 사죄 내지 사과를 강요한다면 이는 윤리적 도의적 판단을 강요하는 것으로서 경우에 따라서는 양심의 자유를 침해하는 행위에 해당한다고 할 여지가 있으나, '법 위반사실의 공표명령'은 법규정의 문언상으로 보아도 단순히 법 위반사실 자체를 공표하라는 것일 뿐, 사죄 내지 사과하라는 의미요소를 가지고 있지는 아니하다. 공정거래위원회의 실제 운용에 있어서도 '특정한 내용의 행위를 함으로써 「독점규제 및 공정거래에 관한 법률」을 위반하였다는 사실'을 일간지 등에 공표하라는 것이어서 단지 사실관계와 법을 위반하였다는 점을 공표하라는 것이지 행위자에게 사죄 내지 사과를 요구하고 있는 것으로는 보이지 않는다. 따라서 이 사건 법률조항의 경우 사죄 내지 사과를 강요함으로 인하여 발생하는 양심의 자유의 침해 문제는 발생하지 않는다. 그렇다면 이 사건 법률조항 중 '법 위반사실의 공표' 부분은 위반행위자의 양심의 자유를 침해한다고 볼 수 없다(2002.1.31., 2001헌바43).

ㄷ. [×] 법원이 피고인에게 유죄로 인정된 범죄행위를 뉘우치거나 그 범죄행위를 공개하는 취지의 말이나 글을 발표하도록 하는 내용의 사회봉사를 명하고 이를 위반할 경우 「형법」제64조 제2항에 의하여 집행유예의 선고를 취소할 수 있도록 함으로써 그 이행을 강제하는 것은, 헌법이 보호하는 피고인의 양심의 자유, 명예 및 인격에 대한 심각하고 중대한 침해에 해당하므로 허용될 수 없고, 또 법원이 명하는 사회봉사의 의미나 내용은 피고인이나 집행담당기관이 쉽게 이해할 수 있어 집행과정에서 그 의미나 내용에 관한 다툼이 발생하지 않을 정도로 특정되어야 하므로, 피고인으로 하여금 자신의 범죄행위와 관련하여 어떤 말이나 글을 공개적으로 발표하라는 사회봉사를 명하는 것은 경우에 따라 피고인의 명예나 인격에 대한 심각하고 중대한 침해를 초래할 수 있고, 그 말이나 글이 어떤 의미나 내용이어야 하는 것인지 쉽게 이해할 수 없어 집행과정에서 그 의미나 내용에 관한 다툼이 발생할 가능성이 적지 않으며, 유죄로 인정된 범죄행위를 뉘우치거나 그 범죄행위를 공개하는 취지의 말이나 글을 발표하도록 하는 취지의 것으로도 해석될 가능성이 적지 않으므로 이러한 사회봉사명령은 위법하다(대판 2008.4.11, 2007도8373).

ㄹ. [○] 소득공제증빙서류 제출의무자들인 의료기관 등으로서는 과세자료를 제출하지 않을 경우 국세청으로부터 행정지도와 함께 세무조사와 같은 불이익을 받을 수 있다는 심리적 강박감을 가지게 되는바, 결국 이 사건 법령조항에 대하여는 의무불이행에 대하여 간접적이고 사실적인 강제수단이 존재하므로 법적 강제수단의 존부와 관계없이 청구인들의 양심의 자유를 제한한다(2008.10.30, 2006헌마1401 등).

ㅁ. [○] 이 사건 법령조항으로 얻게 되는 납세자의 편의와 사회적 제비용의 절감을 위한 연말정산 간소화라는 공익이 이로 인하여 제한되는 의사들의 양심실현의 자유에 비하여 결코

적다고 할 수 없으므로, 이 사건 법령조항은 피해의 최소성원칙과 법익의 균형성도 충족하고 있다. 따라서 이 사건 법령조항은 헌법에 위반되지 아니한다(2008.10.30, 2006헌마1401 등).

[정답] ②

086 ○○학교가 실시한 종교과목 수업은 기독교 교리에 입각한 종파교육이라고 할 것인데 ○○학교가 이 사건 교육부고시와는 달리 대체과목을 개설하지 아니함으로써 학생들에게 선택의 기회를 부여하지 않았고 실질적인 참가의 자율성도 보장하지 아니하였다 하여 손해배상이 청구되었다. 이에 대한 설명 중 옳은 것은 몇 개인가?

> ㄱ. 사학 설립자나 학교법인이 가지는 사학 운영의 자유에는 설립자나 학교법인의 종교적·세계관적 교육이념에 따라 교과과정을 자유롭게 형성할 자유가 당연히 포함되므로 종교단체가 설립한 사립학교, 즉 '종립학교'에서 종교행사 및 종교과목 수업을 할 자유는 종교의 자유뿐만 아니라 사학의 자유라는 관점에서도 일반적으로 보장되어야 한다.
> ㄴ. 종립학교의 학교법인이 국·공립학교의 경우와는 달리 종교교육을 할 자유와 운영의 자유를 가진다고 하더라도, 그 종립학교가 공교육체계에 편입되어 있는 이상 원칙적으로 학생의 종교의 자유, 교육을 받을 권리를 고려한 대책을 마련하는 등의 조치를 취하는 속에서 그러한 자유를 누린다.
> ㄷ. 종립학교가 고등학교 평준화정책에 따라 강제배정으로 입학한 학생들을 상대로 특정 종교의 종교행사를 사전동의 없이 계속 실시하면서, 불참시 불이익을 주어 사실상 참가 거부가 불가능한 분위기를 조성하는 등 신앙이 없는 학생들이 그러한 행사에 대한 참가 여부를 자유로운 상태에서 결정할 수 없도록 하는 것은, 학생의 종교에 관한 인격적 법익을 침해하는 위법한 행위이다.
> ㄹ. 고등학교 평준화정책에 따른 학교 강제배정제도에 의하여 학생이나 학교법인의 기본권에 일부 제한이 가하여진다고 하더라도 그것만으로는 위 제도가 학생이나 학교법인의 기본권을 본질적으로 침해하는 위헌적인 것이라고까지 할 수는 없다.
> ㅁ. 종립학교(종교단체가 설립한 사립학교)가 가지는 종교교육의 자유 및 운영의 자유와 학생들이 가지는 소극적 종교행위의 자유 및 소극적 신앙고백의 자유 사이에 충돌이 생기게 되는데, 이와 같이 하나의 법률관계를 둘러싸고 두 기본권이 충돌하는 경우에는 구체적인 사안에서의 사정을 종합적으로 고려한 이익형량과 함께 양 기본권 사이의 실제적인 조화를 꾀하는 해석 등을 통하여 이를 해결하여야 한다.

① 1개 ② 2개
③ 3개 ④ 4개
⑤ 5개

정답 및 해설

ㄱ. [O] 설립자나 학교법인이 가지는 사학 운영의 자유에는 설립자나 학교법인의 종교적·세계관적 교육이념에 따라 교과과정을 자유롭게 형성할 자유가 당연히 포함되므로 종교단체가 설립한 사립학교 즉 '종립학교'에서 종교행사 및 종교과목 수업을 할 자유는 종교의 자유뿐만 아니라 사학의 자유라는 관점에서도 일반적으로 보장되어야 한다(대판 전합체 2010.4.22, 2008다38288).

ㄴ. [O] 종립학교의 학교법인이 국·공립학교의 경우와는 달리 종교교육을 할 자유와 운영의 자유를 가진다고 하더라도, 그 <u>종립학교가 공교육체계에 편입되어 있는 이상 원칙적으로 학생의 종교의 자유, 교육을 받을 권리를 고려한 대책을 마련하는 등의 조치를 취하는 속에서 그러한 자유를 누린다고 해석하여야 한다</u>(대판 전합체 2010. 4.22, 2008다38288).

ㄷ. [O] 종립학교가 고등학교 평준화정책에 따라 강제배정된 학생들을 상대로 특정 종교의 교리를 전파하는 종파적인 종교행사와 종교과목 수업을 실시하면서 참가 거부가 사실상 불가능한 분위기를 조성하고 대체과목을 개설하지 않는 등 신앙을 갖지 않거나 학교와 다른 신앙을 가진 학생의 기본권을 고려하지 않은 것은, 우리 사회의 건전한 상식과 법감정에 비추어 용인될 수 있는 한계를 벗어나 학생의 종교에 관한 인격적 법익을 침해하는 위법한 행위이고, 그로 인하여 인격적 법익을 침해받는 학생이 있을 것임이 충분히 예견가능하고 그 침해가 회피가능하므로 과실 역시 인정된다(대판 전합체 2010.04.22, 2008다38288).

ㄹ. [O] 공교육체계의 헌법적 도입과 우리의 고등학교 교육 현실 및 평준화정책이 고등학교 입시의 과열과 그로 인한 부작용을 막기 위하여 도입된 사정, 그로 인한 기본권의 제한 정도 등을 모두 고려한다면, 고등학교 평준화정책에 따른 학교 강제배정제도에 의하여 학생이나 학교법인의 기본권에 일부 제한이 가하여진다고 하더라도 그것만으로는 위 제도가 학생이나 학교법인의 기본권을 본질적으로 침해하는 위헌적인 것이라고까지 할 수는 없다.

ㅁ. [O] 고등학교 평준화정책에 따른 학교 강제배정제도가 위헌이 아니라고 하더라도 여전히 종립학교(종교단체가 설립한 사립학교)가 가지는 종교교육의 자유 및 운영의 자유와 학생들이 가지는 소극적 종교행위의 자유 및 소극적 신앙고백의 자유 사이에 충돌이 생기게 되는데, 이와 같이 하나의 법률관계를 둘러싸고 두 기본권이 충돌하는 경우에는 구체적인 사안에서의 사정을 종합적으로 고려한 이익형량과 함께 양 기본권 사이의 실제적인 조화를 꾀하는 해석 등을 통하여 이를 해결하여야 하고, 그 결과에 따라 정해지는 양 기본권 행사의 한계 등을 감안하여 그 행위의 최종적인 위법성 여부를 판단하여야 한다.

[정답] ⑤

087 종교의 자유에 대한 설명으로 옳지 않은 것은?

① 매년 반복하여 시행되는 사법시험의 시행일을 일요일로 정하는 것이 청구인의 일요일에 예배행사에 참석할 종교적 행위의 자유를 제한한다.

② 군종장교는 국가공무원인 참모장교로서 종교적 중립성을 견지해야 하므로 소속종단의 종교를 선전하거나 다른 종교를 비판하였다면 종교적 중립을 준수할 의무를 위반한 직무상의 위법이 있다고 할 수 있다.

③ 종교의 자유에는 자기가 신봉하는 종교를 선전하고 새로운 신자를 규합하기 위한 선교의 자유가 포함되고, 선교의 자유에는 다른 종교를 비판하거나 다른 종교의 신자에 대하여 개종을 권고하는 자유도 포함되는바, 종교의 자유에 관한 헌법 제20조 제1항은 표현의 자유에 관한 헌법 제21조 제1항에 대하여 특별규정의 성격을 갖는다 할 것이므로 종교적 목적을 위한 언론·출판의 경우에는 그 밖의 일반적인 언론·출판에 비하여 고도의 보장을 받게 된다.

④ 사회과학의 한 방법론으로서의 마르크스주의 관점을 수용하고 이에 입각하여 나름대로 한국사회의 현실을 분석하고 이를 해결하기 위하여 노동자 농민이 중심이 된 사회운동의 강화, 개혁의 중요성을 강조하는 취지이기는 하여도 대한민국의 안전 존립과 자유민주적 기본질서를 위협하는 적극적이고 공격적인 내용이 없는 이상 이 사건 서적을 국가보안법 제7조 제5항 소정의 이적표현물이라고 할 수 없고, 나아가 이 사건 서적과 같은 내용의 강의를 한 것을 가지고 반국가단체인 북한의 활동에 동조하였다고 볼 수는 없다.

⑤ 대학교수가 반국가단체로서의 북한의 활동을 찬양·고무·선전 또는 이에 동조할 목적 아래 '한국전쟁과 민족통일'이란 논문을 제작·반포하거나 발표한 것은 헌법이 보장하는 학문의 자유의 범위 안에 있지 않다.

> **정답 및 해설**
>
> ①[O] 일요일에 예배행사 참석과 기도, 봉사행위 이외의 다른 업무를 일체 금지한다는 교리에 위반하지 않으면 사법시험 응시가 불가능하게 되어 청구인의 종교적 확신에 반하는 행위를 강요하는 결과가 된다는 것이므로 그 점에서 종교적 행위의 자유에 제한이 될 수 있다(헌재 2001. 9. 27. 2000헌마159).
>
> ②[X] 군대 내에서 군종장교는 국가공무원인 참모장교로서의 신분뿐 아니라 성직자로서의 신분을 함께 가지고 소속 종단으로부터 부여된 권한에 따라 설교·강론 또는 설법을 행하거나 종교의식 및 성례를 할 수 있는 종교의 자유를 가지는 것이므로, 군종장교가 최소한 성직자의 신분에서 주재하는 종교활동을 수행함에 있어 소속종단의 종교를 선전하거나 다른 종교를 비판하였다고 할지라도 그것만으로 종교적 중립을 준수할 의무를 위반한 직무상의 위법이 있다고 할 수 없다(대법원 2007. 4. 26. 선고 2006다87903 판결).
>
> ③[O] 종교의 자유에는 자기가 신봉하는 종교를 선전하고 새로운 신자를 규합하기 위한 선교의 자유가 포함되고, 선교의 자유에는 다른 종교를 비판하거나 다른 종교의 신자에 대하여 개종을 권고하는 자유도 포함되는바, 종교적 선전과 타 종교에 대한 비판 등은 동시에 표현의

자유의 보호대상이 되는 것이나, 그 경우 종교의 자유에 관한 헌법 제20조 제1항은 표현의 자유에 관한 헌법 제21조 제1항에 대하여 특별규정의 성격을 갖는다 할 것이므로 종교적 목적을 위한 언론·출판의 경우에는 그 밖의 일반적인 언론·출판에 비하여 고도의 보장을 받게 되고, 특히 그 언론·출판의 목적이 다른 종교나 종교집단에 대한 신앙교리 논쟁으로서 같은 종파에 속하는 신자들에게 비판하고자 하는 내용을 알리고 아울러 다른 종파에 속하는 사람들에게도 자신의 신앙교리 내용과 반대종파에 대한 비판의 내용을 알리기 위한 것이라면 그와 같은 비판할 권리는 최대한 보장받아야 할 것이다(대법원 2007. 4. 26. 선고 2006다87903 판결).

④ [O] '한국사회의 이해'라는 서적은 비록 그 전체적인 내용이 학문의 중립성을 포기한 채 편향적 시각인 소희 사회과학의 한 방법론으로서의 마르크스주의 관점을 수용하고 이에 입각하여 나름대로 한국사회의 현실을 분석하고… 이를 해결하기 위하여 노동자 농민이 중심이 된 사회운동의 강화, 개혁의 중요성을 강조하는 취지이기는 하여도… 대한민국의 안전 존립과 자유민주적 기본질서를 위협하는 적극적이고 공격적인 내용이 없는 이상 이 사건 서적을 국가보안법 제7조 제5항 소정의 이적표현물이라고 할 수 없고, 나아가 이 사건 서적과 같은 내용의 강의를 한 것을 가지고 반국가단체인 북한의 활동에 동조하였다고 볼 수는 없다(대법원 2005. 3. 11. 선고 2002도4278 판결).

⑤ [O] 대학교수인 피고인이 제작·반포한 '한국전쟁과 민족통일'이라는 제목의 논문 및 피고인이 작성한 강연 자료, 기고문 등의 이적표현물에 대하여, 그 반포·게재된 경위 및 피고인의 사회단체활동 내용 등에 비추어 피고인이 절대적으로 누릴 수 있는 연구의 자유의 영역을 벗어나 헌법 제37조 제2항과 「국가보안법」 제7조 제1항, 제5항에 따른 제한의 대상이 되었고, 또한 피고인이 북한문제와 통일문제를 연구하는 학자로서 순수한 학문적인 동기와 목적 아래 위 논문 등을 제작·반포하거나 발표하였다고 볼 수 없을 뿐만 아니라, 피고인이 반국가단체로서의 북한의 활동을 찬양·고무·선전 또는 이에 동조할 목적 아래 위 논문 등을 제작·반포하거나 발표한 것이어서 그것이 헌법이 보장하는 학문의 자유의 범위 내에 있지 않다(대판 2010.12.9., 2007도10121).

[정답] ②

088 대학의 자유에 대한 설명으로 옳지 않은 것은?

① 대학의 자치의 주체를 기본적으로 대학으로 본다고 하더라도 교수나 교수회의 주체성이 부정된다고 볼 수는 없고, 가령 학문의 자유를 침해하는 대학의 장에 대한 관계에서는 교수나 교수회가 주체가 될 수 있고, 또한 국가에 의한 침해에 있어서는 대학 자체 외에도 대학 전 구성원이 자율성을 갖는 경우도 있을 것이므로 문제되는 경우에 따라서 대학, 교수, 교수회 모두가 단독 혹은 중첩적으로 주체가 될 수 있다.

② 국립대학교 교수나 교수회는 대학총장 후보자 선출에 참여할 권리가 있고 이 권리는 대학의 자치의 본질적인 내용에 포함된다고 할 것이므로 결국 헌법상의 기본권으로 인정할 수 있다.

③ 대학총장후보자 선정과 관련하여 대학에게 반드시 직접선출방식을 보장하여야 하는 것은 아니며, 다만 대학 교원들의 합의된 방식으로 그 선출방식을 정할 수 있는 기회를 제공하면 족하다.
④ 법인으로 설립되지 않은 국립대학교는 사립대학교와 다르게 대학의 자율권의 주체가 될 수 없으므로 헌법소원 청구능력이 인정된다고는 할 수 없다.
⑤ 단과대학장의 선출에 다시 한번 대학교수들이 참여할 권리가 대학의 자율에서 당연히 도출된다고 할 수 없는바, 대학의 장이 단과대학장을 보할 때 그 대상자의 추천을 받거나 선출의 절차를 거치지 아니하고, 해당 단과대학 소속 교수 또는 부교수 중에서 직접 지명하도록 하고 있는 「교육공무원 임용령」은 대학의 자율성을 침해할 가능성이 인정되지 않는다.

정답 및 해설

① [O] 대학의 자치의 주체를 기본적으로 대학으로 본다고 하더라도 교수나 교수회의 주체성이 부정된다고 볼 수는 없고, 가령 학문의 자유를 침해하는 대학의 장에 대한 관계에서는 교수나 교수회가 주체가 될 수 있고, 또한 국가에 의한 침해에 있어서는 대학 자체 외에도 대학 전구성원이 자율성을 갖는 경우도 있을 것이므로 문제되는 경우에 따라서 대학, 교수, 교수회 모두가 단독, 혹은 중첩적으로 주체가 될 수 있다고 보아야 할 것이다(2006.4.27, 2005헌마1047 등).
② [O] 국가에 의한 침해에 있어서는 대학 자체 외에도 대학 전구성원이 자율성을 갖는 경우도 있을 것이므로 문제되는 경우에 따라서 대학, 교수, 교수회 모두가 단독, 혹은 중첩적으로 주체가 될 수 있다고 보아야 할 것이다. 청구인들에게 대학총장 후보자 선출에 참여할 권리가 있고 이 권리는 대학의 자치의 본질적인 내용에 포함된다고 할 것이므로 결국 헌법상의 기본권으로 인정할 수 있다(2006.4.27, 2005헌마104 등).
③ [O] 대학의 장(총장) 후보자 선정과 관련하여 대학에게 반드시 직접선출방식을 보장하여야 하는 것은 아니며, 다만 대학 교원들의 합의된 방식으로 그 선출방식을 정할 수 있는 기회를 제공하면 족하다(2006.4.27, 2005헌마1047 등).
④ [X] 헌법 제31조 제4항이 규정하는 교육의 자주성 및 대학의 자율성은 헌법 제22조 제1항이 보장하는 학문의 자유의 확실한 보장을 위해 꼭 필요한 것으로서 대학에 부여된 헌법상 기본권인 대학의 자율권이므로, 국립대학인 청구인도 이러한 대학의 자율권의 주체로서 헌법소원심판의 청구인 능력이 인정된다(2015.12.23, 2014헌마1149).
⑤ [O] 단과대학은 대학을 구성하는 하나의 조직·기관일 뿐이고, 단과대학장은 그 지위와 권한 및 중요도에서 대학의 장과 구별된다. 또한 대학의 장을 구성원들의 참여에 따라 자율적으로 선출한 이상, 하나의 보직에 불과한 단과대학장의 선출에 다시 한번 대학교수들이 참여할 권리가 대학의 자율에서 당연히 도출된다고 보기 어렵다. 따라서 단과대학장의 선출에 참여할 권리는 대학의 자율에 포함된다고 볼 수 없어, 이 사건 심판대상조항에 의해 대학의 자율성이 침해될 가능성이 인정되지 아니한다(2014.1.28., 2011헌마239).

[정답] ④

089 예술의 자유와 표현의 자유에 대한 설명으로 옳지 않은 것은?

① 언론·출판의 자유의 내용 중 의사표현·전파의 자유에 있어서 의사표현 또는 전파의 매개체는 어떠한 형태이건 가능하며 그 제한이 없으므로, 담화·연설·토론·연극·방송·음악·영화·가요 등과 문서·소설·시가·도화·사진·조각·서화 등 모든 형상의 의사표현 또는 의사전파의 매개체를 포함한다.

② 청소년이용음란물의 제작·수입·수출 행위를 처벌하는 「청소년의 성보호에 관한 법률」은 표현의 자유, 즉 언론·출판의 자유를 제한하는 것으로 볼 수 있다.

③ 청소년이용음란물의 제작·수입·수출 행위를 처벌하는 「청소년의 성보호에 관한 법률」은 헌법 제37조 제2항의 과잉금지의 원칙 내지 비례의 원칙에 반하지 아니하여 표현의 자유를 침해한다고 할 수 없을 뿐 아니라 그 본질적인 내용을 침해한다고 볼 수도 없다.

④ 비디오물을 포함하는 음반제작자에 대하여 일정한 시설을 갖추어 문화공보부에 등록할 것을 명하는 음반에 관한 법률 제3조 제1항은 예술의 자유나 언론·출판의 자유를 본질적으로 침해하였다거나 헌법 제37조 제2항의 과잉금지의 원칙에 반한다고 할 수 있다.

⑤ 음반시설이 자기소유이어야 음반등록이 가능하다고 음반에 관한 법률을 해석하는 것은 헌법상 금지된 허가제의 수단으로 남용될 우려가 있으므로 예술의 자유, 언론·출판의 자유, 평등권을 침해할 수 있게 되고, 죄형법정주의에 반하는 결과가 된다.

정답 및 해설

①[O] 헌법 제21조에서 보장하고 있는 언론·출판의 자유 즉 표현의 자유는 전통적으로는 사상 또는 의견의 자유로운 표명(발표의 자유)과 그것을 전파할 자유(전달의 자유)를 의미하고, 개인이 인간으로서의 존엄과 가치를 유지하고 행복을 추구하며 국민주권을 실현하는데 필수불가결한 것으로서, 종교의 자유, 양심의 자유, 학문과 예술의 자유 등의 정신적인 자유를 외부적으로 표현하는 자유라고 할 수 있으며, 위 언론·출판의 자유의 내용으로서는 의사표현·전파의 자유, 정보의 자유, 신문의 자유 및 방송·방영의 자유 등이 있는데, 이러한 언론·출판의 자유의 내용 중 의사표현·전파의 자유에 있어서 의사표현 또는 전파의 매개체는 어떠한 형태이건 가능하며 그 제한이 없으므로, 담화·연설·토론·연극·방송·음악·영화·가요 등과 문서·소설·시가·도화·사진·조각·서화 등 모든 형상의 의사표현 또는 의사전파의 매개체를 포함한다(헌재 2002. 4. 25. 2001헌가27).

②[O] '청소년이용음란물' 역시 의사형성적 작용을 하는 의사의 표현·전파의 형식 중 하나임이 분명하므로 언론·출판의 자유에 의하여 보호되는 의사표현의 매개체라는 점에는 의문의 여지가 없는바, 청소년의 수치심을 야기시키는 신체의 전부 또는 일부 등을 노골적으로 노출하여 음란한 내용을 표현한 것으로서, 필름·비디오물·게임물 또는 컴퓨터 기타 통신매체를 통한 영상 등의 형태로 된 것의 제작·수입·수출 행위를 처벌하는 「청소년의 성보호에 관한 법률」은 위와 같은 의사표현의 매개체에 의한 일정한 내용의 표현을 금지하고 있다는 점에서 헌법상 보장되고 있는 표현의 자유, 즉 언론·출판의 자유를 제한하는 것으로 볼 수 있다(헌재 2002. 4. 25. 2001헌가27).

③ [O] 언론·출판 등 표현의 자유가 다소 제한된다 하더라도 청소년의 성을 보호한다는 입법목적과 청소년이용음란물의 성격과 그 제작행위 등 범죄의 죄질과 그 제작 유통에 따른 파급효과, 법정형 등을 감안하면 헌법 제37조 제2항의 과잉금지의 원칙 내지 비례의 원칙에 반하지 아니하여 표현의 자유를 침해한다고 할 수 없을 뿐 아니라 그 본질적인 내용을 침해한다고 볼 수도 없다(헌재 2002. 4. 25. 2001헌가27).

④ [X] 구 음반에 관한 법률 제3조 제1항이 비디오물을 포함하는 음반제작자에 대하여 일정한 시설을 갖추어 문화공보부에 등록할 것을 명하는 것은 음반제작에 필수적인 기본시설을 갖추지 못함으로써 발생하는 폐해방지 등의 공공복리목적을 위한 것으로서 헌법상 금지된 허가제나 검열제와는 다른 차원의 규정이고, 예술의 자유나 언론·출판의 자유를 본질적으로 침해하였다거나 헌법 제37조 제2항의 과잉금지의 원칙에 반한다고 할 수 없다(헌재 1993. 5. 13. 91헌바17).

⑤ [O] 법률 제3조 제1항 각호에 규정한 시설은 임차 또는 리스 등에 의하여도 갖출 수 있으므로, 동항 및 동법 제13조 제1항 제1호는 동법 제3조 제1항 각호에 규정한 시설을 자기소유여야 하는 것으로 해석하는 한, 헌법상 금지된 허가제의 수단으로 남용될 우려가 있으므로 예술의 자유, 언론·출판의 자유, 평등권을 침해할 수 있게 되고, 죄형법정주의에 반하는 결과가 된다(헌재 1993. 5. 13. 91헌바17).

[정답] ④

제6절 | 표현의 자유, 집회·결사의 자유

090 검열금지원칙에 대한 설명 중 옳은 것(○)과 옳지 않은 것(×)을 올바르게 조합한 것은? (다툼이 있는 경우 판례에 의함)

ㄱ. 헌법상 검열금지원칙은 검열의 주체와 무관하게 모든 형태의 사전적인 규제를 금지하는 것이다.
ㄴ. 검열은 행정권이 주체가 되어야 하고 표현하기 이전에 표현물의 제출의무와 이에 대한 사전적 통제 그리고 표현의 내용을 심사·선별하여 표현을 금지하고 심사절차를 관철할 수 있는 강제수단이 있어야 한다. 이 모든 요건이 충족되어야 검열에 해당하여 헌법에 위반되게 된다.
ㄷ. 언론·출판에 대한 사전검열은 법률로써도 불가능한 것으로서 절대적으로 금지되는 것이며, 그러한 사전검열은 비례의 원칙이나 명확성의 원칙에 반하는지 여부를 살펴볼 필요도 없이 헌법에 위반된다.
ㄹ. 헌법 제21조 제1항과 제2항은 모든 국민은 언론·출판의 자유를 가지며, 언론·출판에 대한 허가나 검열은 인정되지 아니한다고 규정하고 있으므로, 검열을 수단으로 한 제한은 국가안전보장·질서유지 또는 공공복리를 위하여 필요한 경우에 한하여 법률로써 하는 경우에만 허용될 수 있다.

ㅁ. 의료광고의 심의기관이 행정기관인가 여부는 기관의 형식에 의하기보다는 그 실질에 따라 판단되어야 하며, 민간심의기구가 심의를 담당하는 경우에도 행정권의 개입 때문에 자율성이 보장되지 않는다면 헌법이 금지하는 행정기관에 의한 사전검열에 해당하게 될 것이다.

① ㄱ(○), ㄴ(○), ㄷ(×), ㄹ(○), ㅁ(○)
② ㄱ(×), ㄴ(○), ㄷ(○), ㄹ(×), ㅁ(○)
③ ㄱ(○), ㄴ(×), ㄷ(×), ㄹ(×), ㅁ(×)
④ ㄱ(×), ㄴ(○), ㄷ(○), ㄹ(○), ㅁ(×)
⑤ ㄱ(×), ㄴ(○), ㄷ(×), ㄹ(○), ㅁ(×)

정답 및 해설

ㄱ. [×] 검열은 행정권이 주체가 되어 사상이나 의견 등이 발표되기 이전에 예방적 조치로서 그 내용을 심사·선별하여 발표를 사전에 억제하는 것이다. 의사표현 이후의 사법적 규제는 검열이 아니다. 영화상영 후 표현규제는 검열이 아니다. 그러나 사전적 규제라고 해서 모두 검열인 것은 아니다. 다른 검열 요건을 충족해야 하기 때문이다.

ㄴ. [○] 모든 요소가 충족되어야 검열에 해당한다.

ㄷ. [○] 헌법 제21조 제2항이 언론·출판에 대한 검열금지를 규정한 것은 비록 헌법 제37조 제2항이 국민의 자유와 권리를 국가안전보장·질서유지 또는 공공복리를 위하여 필요한 경우에 한하여 법률로써 제한할 수 있도록 규정하고 있다고 할지라도, 언론·출판의 자유에 대하여는 검열을 수단으로 한 제한만은 법률로써도 허용되지 아니 한다는 것을 밝힌 것이다(2005.2.3, 2004헌가8).

ㄹ. [×] 헌법 제37조 제2항이 국민의 자유와 권리를 국가안전보장·질서유지 또는 공공복리를 위하여 필요한 경우에 한하여 법률로써 제한할 수 있도록 규정하고 있다고 하여도 언론·출판의 자유에 대하여는 검열을 수단으로 한 제한만은 법률로써도 절대 허용되지 아니 한다고 할 것이다(1996.10.31., 94헌가6).

ㅁ. [○] 의료광고의 심의기관이 행정기관인가 여부는 기관의 형식에 의하기보다는 그 실질에 따라 판단되어야 한다. 따라서 검열을 행정기관이 아닌 독립적인 위원회에서 행한다고 하더라도, 행정권이 주체가 되어 검열절차를 형성하고 검열기관의 구성에 지속적인 영향을 미칠 수 있는 경우라면 실질적으로 그 검열기관은 행정기관이라고 보아야 한다. 그렇게 해석하지 아니한다면 검열기관의 구성은 입법기술상의 문제에 지나지 않음에도 불구하고 정부에게 행정관청이 아닌 독립된 위원회의 구성을 통하여 사실상 검열을 하면서도 헌법상 검열금지원칙을 위반하였다는 비난을 면할 수 있는 길을 열어주기 때문이다(2015.12.23, 2015헌바75).

[정답] ②

091 헌법 제21조 제2항의 허가제금지와 검열금지원칙에 대한 설명으로 옳은 것은?

① 사전허가금지의 대상은 언론·출판의 자유의 내재적 본질인 표현의 내용을 보장하는 것은 물론, 언론·출판을 위해 필요한 물적 시설이나 언론기업의 주체인 기업인으로서의 활동까지 포함하는 것이다.
② 헌법상 사전검열은 표현의 자유 보호대상이면 예외 없이 금지되고, 의료기기에 대한 광고는 표현의 자유의 보호대상이 됨과 동시에 사전검열금지원칙의 적용대상이 된다.
③ 인터넷신문의 등록요건으로 5인 이상의 취재 및 편집인력을 고용하도록 하는 것은 헌법 제21조 제2항의 사전허가금지원칙에 위배되어 표현의 자유를 침해한다.
④ 헌법 제21조 제2항의 '허가'는 '행정청이 주체가 되어 집회의 허용 여부를 사전에 결정하는 것'으로서 행정청에 의한 사전허가 뿐 아니라 입법자가 법률로써 일반적으로 집회를 제한하는 것도 헌법상 사전허가금지에 해당한다.
⑤ 방송사업허가제는 방송의 공적 기능을 보장하기 위한 제도로서 표현 내용에 대한 가치판단에 입각한 사전봉쇄 내지 그와 같은 실질을 가진다고 볼 수 있으므로, 헌법상 금지되는 언론·출판에 대한 허가에 해당한다.

> **정답 및 해설**
>
> ① [✕] 사전허가금지의 대상은 어디까지나 언론·출판 자유의 내재적 본질인 표현의 내용을 보장하는 것을 말하는 것이지, 언론·출판을 위해 필요한 물적 시설이나 언론기업의 주체인 기업인으로서의 활동까지 포함되는 것으로 볼 수는 없다. 즉, 언론·출판에 대한 허가·검열금지의 취지는 정부가 표현의 내용에 관한 가치판단에 입각해서 특정 표현의 자유로운 공개와 유통을 사전봉쇄하는 것을 금지하는 데 있으므로, 내용 규제 그 자체가 아니거나 내용 규제효과를 초래하는 것이 아니라면 헌법이 금지하는 '허가'에는 해당되지 않는다(2016.10.27, 2015헌마1206 등).
> ② [○] 현행 헌법상 사전검열은 표현의 자유 보호대상이면 예외 없이 금지된다. 의료기기에 대한 광고는 의료기기의 성능이나 효능 및 효과 또는 그 원리 등에 관한 정보를 널리 알려 해당 의료기기의 소비를 촉진시키기 위한 상업광고로서 헌법 제21조 제1항의 표현의 자유의 보호대상이 됨과 동시에 같은 조 제2항의 사전검열금지원칙의 적용대상이 된다(2020.8.28, 2017헌가35 등).
> ③ [✕] 등록조항은 인터넷신문의 명칭, 발행인과 편집인의 인적사항 등 인터넷신문의 외형적이고 객관적 사항을 제한적으로 등록하도록 하고 있고, 고용조항 및 확인조항은 5인 이상 취재 및 편집 인력을 고용하되, 그 확인을 위해 등록시 서류를 제출하도록 하고 있다. 이런 조항들은 인터넷신문에 대한 인적 요건의 규제 및 확인에 관한 것으로, 인터넷신문의 내용을 심사·선별하여 사전에 통제하기 위한 규정이 아님이 명백하다. 따라서 등록조항은 사전허가금지원칙에도 위배되지 않는다(2016.10.27, 2015헌마1206 등). ➡ 다만, 과잉금지원칙위반으로서 표현의 자유를 침해한다.
> ④ [✕] 헌법 제21조 제2항의 '허가'는 '행정청이 주체가 되어 집회의 허용 여부를 사전에 결정하는 것'으로서 행정청에 의한 사전허가는 헌법상 금지되지만, 입법자가 법률로써 일반적으로 집회를 제한하는 것은 헌법상 '사전허가금지'에 해당하지 않는다(2014.4.24., 2011헌가29).

⑤ [×] 내용 규제 그 자체가 아니거나 내용 규제의 효과를 초래하는 것이 아니라면 헌법 제21조 제2항의 금지된 '허가'에는 해당되지 않는다. 한편, 헌법 제21조 제3항은 통신·방송의 시설기준을 법률로 정하도록 규정하여 일정한 방송시설기준을 구비한 자에 대해서만 방송사업을 허가하는 허가제가 허용될 여지를 주는 한편 행정부에 의한 방송사업허가제의 자의적 운영이 방지되도록 하고 있다. 정보유통 통로의 유한성, 사회적 영향력 등 방송매체의 특성을 감안할 때, 그리고 위 헌법 제21조 제3항의 규정에 비추어 보더라도, <u>종합유선방송 등에 대한 사업허가제를 두는 것 자체는 허용된다</u>(2001.5.31, 2000헌바43 등).

[정답] ②

092 언론중재법에 대한 헌법재판소 결정에 대한 설명으로 옳지 않은 것은?

① 신문의 다양성 보장을 명분으로 국가가 신문사의 소유규제나 겸영규제 등의 방식으로 직접 개입하는 것은 그 자체로 신문의 자유 침해한다고 할 수 없다.

② 여론의 다양성을 보장하기 위해 일간신문사가 뉴스통신이나 방송(종합편성 및 보도전문편성에 한함) 사업을 겸영하지 못하도록 금지하는 신문법 제15조 제2항은 신문사업자인 청구인들(동아일보사·조선일보사)의 신문의 자유를 침해한다고 할 수 없다.

③ 일간신문의 지배주주(주식 또는 지분의 2분의1 이상을 소유하는 자)가 다른 일간신문을 경영하는 법인이 발행한 주식 또는 지분의 2분의 1 이상을 취득 또는 소유할 수 없도록 금지하는 것은 신문의 자유를 침해한다.

④ 일간신문의 지배주주가 뉴스통신 법인의 주식 또는 지분의 2분의 1 이상을 취득 또는 소유할 수 없도록 금지하는 것은 신문의 자유를 침해한다.

⑤ 신문시장의 투명성을 제고하고 겸영금지·소유제한 규제의 실효성을 담보하기 위하여 신문의 발행부수와 판매부수, 구독수입과 광고수입 등 신문사업의 내역을 신문발전위원회에 신고·공개하도록 요구하는 것은 신문의 자유를 침해한다고 할 수 없다.

정답 및 해설

① [○] 신문의 다양성을 보장하기 위한 국가의 적절한 규율은 경향보호와 모순된다기보다는 상호보완적인 것이라고 보아야 한다. 따라서 신문의 공적 기능과 책임, 신문의 다양성 보장에 관련된 입법규율들이 그 자체로 경향보호에 위배된다는 청구인들의 주장은 받아들일 수 없다(헌재 2006. 6. 29. 2005헌마165등)

② [○] 일간신문이 뉴스통신이나 방송사업과 같은 이종 미디어를 겸영하는 것을 어떻게 규율할 것인가 하는 것은 고도의 정책적 접근과 판단이 필요한 분야로서, 겸영금지의 규제정책을 지속할 것인지, 지속한다면 어느 정도로 규제할 것인지의 문제는 입법자의 미디어정책적 판단에 맡겨져 있다. [내용규제와 달리 구조적 규제에 대한 위헌심사의 기준을 완화함] 신문법 제15조 제2항은 신문의 다양성을 보장하기 위하여 필요한 한도 내에서 그 규제의 대상과

정도를 선별하여 제한적으로 규제하고 있다고 볼 수 있다. 규제 대상을 일간신문으로 한정하고 있고, 겸영에 해당하지 않는 행위, 즉 하나의 일간신문법인이 복수의 일간신문을 발행하는 것 등은 허용되며, 종합편성이나 보도전문편성이 아니어서 신문의 기능과 중복될 염려가 없는 방송채널사용사업이나 종합유선방송사업, 위성방송사업 등을 겸영하는 것도 가능하다. 그러므로 신문법 제15조 제2항은 헌법에 위반되지 아니한다(헌재 2006. 6. 29. 2005헌마165등).

③ [O] 제15조 제3항은 일간신문 지배주주에 의한 신문의 복수소유를 함께 규제하고 있는데, 신문의 다양성을 보장하기 위하여 신문의 복수소유를 제한하는 것 자체가 헌법에 위반된다고 할 수 없지만, 신문의 복수소유가 언론의 다양성을 저해하지 않거나 오히려 이에 기여하는 경우도 있을 수 있는 바, 이 조항은 신문의 복수소유를 일률적으로 금지하고 있어서 필요 이상으로 신문의 자유를 제약하고 있다(헌재 2006. 6. 29. 2005헌마165등).

④ [X] 이종 미디어 간의 교차소유를 어떻게 규율할 것인지의 문제는 고도의 정책적 접근과 판단이 필요한 분야로서 입법자의 미디어정책적 판단이 존중되어야 한다. 따라서 신문법 제15조 제3항에서 일간신문의 지배주주가 뉴스통신 법인의 주식 또는 지분의 2분의1 이상을 취득 또는 소유하지 못하도록 함으로써 이종 미디어간의 결합을 규제하는 부분은, 언론의 다양성을 보장하기 위한 필요한 한도 내의 제한이라고 할 것이어서, 신문의 자유를 침해한다고 할 수 없다(헌재 2006. 6. 29. 2005헌마165등).

⑤ [O] 신문법 제16조가 신문기업 자료의 신고 · 공개 제도를 둔 것은 신문시장의 투명성을 제고하고, 신문법 제15조의 겸영금지 및 소유제한 규정의 실효성을 담보함으로써 신문의 다양성이라는 헌법적 요청을 구현하기 위해서다. 신문기업은 일반기업에 비하여 공적 기능과 사회적 책임이 크기 때문에 그 소유구조는 물론 경영활동에 관한 자료를 신고 · 공개하도록 함으로써 그 투명성을 높이고 신문시장의 경쟁질서를 정상화할 필요성이 더욱 크다. 신문법 제16조에서 신고 · 공개하도록 규정하고 있는 사항 중 상당부분은 상법 등 다른 법률에 의해 이미 공시 또는 공개되고 있는 것들이고, 그 밖에 전체 발행부수, 유가 판매부수, 구독수입과 광고수입과 같은 사항을 추가적으로 신고 · 공개하도록 하고 있지만, 이는 신문 특유의 기능 보장을 위하여 필요한 범위 내의 것이다. 따라서 이 조항들이 신문의 자유를 지나치게 침해한다거나, 일반 사기업에 비하여 평등원칙에 반하는 차별을 가하는 위헌규정이라 할 수 없다(헌재 2006. 6. 29. 2005헌마165등).

[정답] ④

093 언론중재법에 대한 헌법재판소 결정에 대한 설명으로 옳지 않은 것은?

ㄱ. 1개 일간신문사의 시장점유율 30%, 3개 일간신문사의 시장점유율 60% 이상인 자를 시장지배적사업자로 추정하는 신문법 제17조가 신문사업자인 청구인들의 신문의 자유와 평등권을 침해한다.

ㄴ. 신문의 다양성을 보장하기 위하여 시장지배적 신문사업자를 신문발전기금의 지원대상에서 제외하는 것은 평등원칙에 위배된다.

ㄷ. 신문사에 고충처리인을 두어야 한다는 것과 고충처리인에 관한 사항을 공표하여야 한다고 규정한 언론중재법 제6조는 헌법에 위반되지 아니한다.

ㄹ. 사실적 주장에 관한 언론보도가 진실하지 않아 피해를 입은 자에게 신문사의 고의·과실이나 위법성이 없더라도 정정보도를 요구할 수 있는 권리(=정정보도청구권)를 인정하는 것은 신문사의 편집의 자유를 침해한다.
ㅁ. 정정보도청구의 소를 민사집행법상의 가처분절차에 의하여 재판하도록 함으로써 보도의 진실 여부에 대한 사실인정을 증명이 아닌 소명만으로도 할 수 있게 하는 것은 신문사의 공정한 재판을 받을 권리 및 보도의 자유를 침해한다.
ㅂ. 정정보도청구권을 인정하는 규정과 정정보도청구소송의 심리절차를 정하는 규정을 언론중재법의 시행 전에 행하여진 언론보도에 대해서 소급적용하도록 한 부칙조항은 허용될 수 없는 부진정소급입법에 해당하여 헌법에 위반되지 않는다.

① 1개 ② 2개
③ 3개 ④ 4개
⑤ 5개

정답 및 해설

ㄱ. [O] 시장점유율이 높다는 이유만으로, 즉 독자의 선호도가 높아서 발행부수가 많다는 점을 이유로 신문사업자를 차별하는 것, 그것도 시장점유율 등을 고려하여 신문발전기금 지원의 범위와 정도에 있어 합리적 차등을 두는 것이 아니라 기금 지원의 대상에서 아예 배제하는 것은 합리적이 아니다. 발행부수가 많은 신문사업자를 시장지배적사업자제도를 이용하여 규제하려고 한다면 먼저 그 지배력의 남용 유무를 조사하여 그 남용이 인정될 때에만 기금지원의 배제라는 추가적 제재를 가하는 것이 시장지배적사업자제도의 취지에 맞다. 따라서 신문법 제34조 제2항 제2호는 합리적인 이유 없이 발행부수가 많은 신문사업자를 차별하는 것이므로 평등원칙에 위배된다(헌재 2006. 6. 29. 2005헌마165등).

ㄴ. [O] 제17조의 시장지배적사업자를 신문발전기금의 지원대상에서 배제하는 것은 시장지배적사업자와 그렇지 아니한 신문사업자 사이에 차별을 가하는 것이다. 그런데, 시장점유율이 높다는 이유만으로, 즉 독자의 선호도가 높아서 발행부수가 많다는 점을 이유로 신문사업자를 차별하는 것, 그것도 시장점유율 등을 고려하여 신문발전기금 지원의 범위와 정도에 있어 합리적 차등을 두는 것이 아니라 기금 지원의 대상에서 아예 배제하는 것은 합리적이 아니다. 따라서 이 조항은 합리적인 이유 없이 발행부수가 많은 신문사업자를 차별하는 것이므로 평등원칙에 위배된다(헌재 2006. 6. 29. 2005헌마165등).

ㄷ. [O] 언론중재법 제6조에 의하여 신문사에게 강제되는 것은 고충처리인을 두어야 한다는 것과 고충처리인에 관한 사항을 공표하여야 한다는 것 뿐이고, 그 외에 고충처리인제도의 운영에 관한 사항은 전적으로 신문사업자의 자율에 맡겨져 있다. 뿐만아니라 고충처리인제도의 직무권한은 권고나 자문에 불과하여 실질적으로 신문사를 구속하는 효과도 적다. 이에 비해 고충처리인제도가 원활하게 기능할 경우 달성되는 공익은 매우 크다. 고충처리인제도는 언론피해의 예방, 피해발생시의 신속한 구제 및 분쟁해결에 있어서 적은 비용으로 큰 효과를 나타낼 수 있다. 그러므로 언론중재법 제6조 제1항·제4항·제5항은 헌법에 위반되지 아니한다(헌재 2006. 6. 29. 2005헌마165등).

ㄹ. [×] 신문사 측에 고의·과실이 없거나 위법성조각사유가 인정되는 등의 이유로 민사상의 불법행위책임이나 형사책임을 추궁할 수 없는 경우도 있다. 이러한 경우 피해자에 대한 적합한 구제책은 신문사나 신문기자 개인에 대한 책임추궁이 아니라, 문제의 보도가 허위임을 동일한 매체를 통하여 동일한 비중으로 신속히 보도·전파하도록 하는 것이다. 물론 신문이 공공의 이익에 관련되는 중요한 사안에 관하여 위축되지 않고 신속히 보도하는 것은 매우 중요하지만, 언론보도가 진실하지 않아 타인의 권리를 계속해서 침해하고 있는데도 이를 정정하지 않은 채로 그대로 내버려 두는 것은 정의에 반한다. 따라서 언론중재법 제14조 제2항이 신문의 자유를 침해하는 것이라고 볼 수 없다(헌재 2006. 6. 29. 2005헌마165등).

ㅁ. [○] 진실에 부합하지 않을 개연성이 있다는 소명만으로 정정보도 책임을 지게 되므로 언론사로서는 사후의 분쟁에 대비하여 진실임을 확신할 수 있는 증거를 수집·확보하지 못하는 한, 사실주장에 관한 보도를 주저하게 될 것이다. 이러한 언론의 위축효과는 중요한 사회적 관심사에 대한 신속한 보도를 자제하는 결과를 초래하고 그로 인한 피해는 민주주의의 기초인 자유언론의 공적 기능이 저하된다는 것이다. 이와 같이 피해자의 보호만을 우선하여 언론의 자유를 합리적인 이유 없이 지나치게 제한하는 것은 위헌이다.

ㅂ. [×] 언론중재법 부칙 제2조 본문은 언론중재법의 시행 전에 행하여진 언론보도에 대하여도 동법을 적용하도록 규정하고 있다. 이에 따라 정정보도청구권의 성립요건과 정정보도청구소송의 심리절차에 관하여 언론중재법이 소급하여 적용됨으로써 언론사의 종전의 법적 지위가 새로이 변경되었다. 이것은 이미 종결된 과거의 법률관계를 소급하여 새로이 규율하는 것이기 때문에 소위 진정 소급입법에 해당한다. 진정 소급입법은 헌법적으로 허용되지 않는 것이 원칙이고 이를 예외적으로 허용할 특단의 사정도 이 부칙조항에 대해 인정되지 않으므로 헌법에 위반된다(헌재 2006. 6. 29. 2005헌마165등).

[정답] ②

094 인터넷신문을 발행하기 위한 등록요건으로 취재 인력 3명 이상을 포함하여 취재 및 편집 인력 5명 이상을 상시 고용하도록 요구하는 신문법에 대한 헌법재판소 결정에 대한 설명으로 옳지 않은 것을 모두 조합한 것은?

ㄱ. 고용요건은 은 언론의 표현 방법이나 내용에 대한 규제, 즉 신문의 기능과 본질적으로 관련된 부분에 대한 규제라기보다는 인터넷신문의 형태로 언론 활동을 하기 위한 외적 조건을 규제하는 것에 불과하고, 외적 조건을 갖추지 못한 자들은 인터넷신문이 아닌 다른 형태의 언론 활동을 할 수 있다는 점 등을 고려할 때, 고용조항에 의해 언론의 자유가 직접 제한받는다고 볼 수 없다.

ㄴ. 5인 이상의 고용 요건을 갖추지 못한 경우에는 인터넷신문을 등록할 수 없게 되고, 이에 따라 자신이 선택한 직업(언론인으로서의 직업)을 자신이 결정한 방식(인터넷신문의 제호로 뉴스를 발행하는 방식)으로 수행할 수 없게 된다. 즉, 고용조항과 확인조항에 의해 청구인들은 직업수행의 자유를 직접 제한받는다. 따라서 이 사건은 언론의 자유가 아니라 직업수행의 자유를 침해하는지 여부를 중심으로 판단하여야 한다.

ㄷ. 신문법이 인터넷신문이 "독자적 기사 생산과 지속적인 발행 등 대통령령이 정하는 기준"을 충족하도록 규정하고 있고, 이에 따라 대통령령에서 그 기준의 하나로 위 상시고용 요건을 규정한 경우, 대통령령은 법률에 근거가 없는 것으로서 법률유보의 원칙에 위반된다.

ㄹ. 헌법 제21조 제2항의 사전허가금지의 대상은 어디까지나 언론·출판 자유의 내재적 본질인 표현의 내용을 보장하는 것을 말하는 것이지, 언론·출판을 위해 필요한 물적 시설이나 언론기업의 주체인 기업인으로서의 활동까지 포함되는 것으로 볼 수는 없다.

ㅁ. 5인 이상의 고용 요건을 갖추지 못한 경우에는 인터넷신문을 등록할 수 없게 한 고용조항은 인터넷신문에 대한 인적 요건의 규제 및 확인에 관한 것으로, 인터넷신문의 내용을 심사·선별하여 사전에 통제하기 위한 규정이 아님이 명백하다. 따라서 등록조항은 사전허가금지원칙에도 위배되지 않는다.

ㅂ. 5인 이상의 고용 요건을 갖추지 못한 경우에는 인터넷신문을 등록할 수 없게 한 고용조항은 최소성원칙에 반하여 청구인들의 언론의 자유를 침해한다. 고용조항은 취재 및 편집 역량을 갖춘 인터넷신문만 등록할 수 있도록 함으로써 인터넷신문의 언론으로서의 신뢰성 및 사회적 책임을 제고하기 위한 것이고, 확인조항은 인터넷신문의 고용 인원을 객관적으로 확인하기 위한 조항으로 입법목적의 정당성 및 수단의 적합성이 인정된다.

① ㄱㄴㄷ
② ㄴㅁㅂ
③ ㄱㄷㅁㅂ
④ ㄷㄹㅁ
⑤ ㄱㄷㅁ

정답 및 해설

ㄱ. [X] 고용조항의 입법목적이 인터넷신문의 신뢰성 제고이고, 신문법 규정들은 언론사로서의 인터넷신문의 규율 및 보호를 위한 규정들이다. 따라서 고용조항으로 인하여 청구인들의 직업수행의 자유보다는 언론의 자유가 보다 직접적으로 제한된다고 보이므로 언론의 자유 제한 여부를 중심으로 살펴본다(헌재 2016. 10. 27. 2015헌마1206등).

ㄴ. [X] 고용조항의 입법목적이 인터넷신문의 신뢰성 제고이고, 신문법 규정들은 언론사로서의 인터넷신문의 규율 및 보호를 위한 규정들이다. 따라서 고용조항으로 인하여 청구인들의 직업수행의 자유보다는 언론의 자유가 보다 직접적으로 제한된다고 보이므로 언론의 자유 제한 여부를 중심으로 살펴본다(헌재 2016. 10. 27. 2015헌마1206등).

ㄷ. [X] 법률(신문법)은 인터넷신문이 충족하여야 할 '독자적 기사 생산에 관한 기준'을 대통령령에 위임하고 있고, 대통령령은 이 위임에 따라 독자적 기사 생산을 위한 요건으로 상시고용 인원을 규정하고 있다. 신문법상 인터넷신문의 사회적 책임에 관한 규정과 물적 시설 요건이 필요하지 않은 인터넷신문의 특성 등에 비추어 볼 때, 인터넷신문이 갖추어야 할 인적 요건에 대해 정하고 있는 상시고용조항은 법률의 위임 범위 안에 있다고 인정된다(헌재 2016. 10. 27. 2015헌마1206등).

ㄹ. [O] 헌법 제21조 제2항은 행정권이 주체가 되어 사상이나 의견 등이 발표되기 전에 예방적 조치로 그 내용을 심사·선별하여 발표를 사전에 억제하는, 즉 허가받지 아니한 것의 발표를 금지하는 제도를 금지하고 있다. 여기에서 사전허가금지의 대상은 어디까지나 언론·출판 자유의 내재적 본질인 표현의 내용을 보장하는 것을 말하는 것이지, 언론·출판을 위해 필요한 물적 시설이나 언론기업의 주체인 기업인으로서의 활동까지 포함되는 것으로 볼 수는 없다.

ㅁ. [O] 등록조항은 인터넷신문의 명칭, 발행인과 편집인의 인적사항 등 인터넷신문의 외형적이고 객관적 사항을 제한적으로 등록하도록 하고 있고, 고용조항 및 확인조항은 5인 이상 취재 및 편집 인력을 고용하되, 그 확인을 위해 등록 시 서류를 제출하도록 하고 있다. 이런 조항들은 인터넷신문에 대한 인적 요건의 규제 및 확인에 관한 것으로, 인터넷신문의 내용을 심사·선별하여 사전에 통제하기 위한 규정이 아님이 명백하다. 따라서 등록조항은 사전허가금지원칙에도 위배되지 않는다(헌재 2016. 10. 27. 2015헌마1206등).

ㅂ. [O] 인터넷신문 기사의 품질 저하 및 그로 인한 폐해가 인터넷신문의 취재 및 편집 인력이 부족하여 발생하는 문제라고 단정하기 어렵다. 오히려 이런 폐해는 주요 포털사이트의 검색에 의존하는 인터넷신문의 유통구조로 인한 것이므로, 인터넷신문이 포털사이트에 의존하지 않고 독자적으로 유통될 수 있는 방안을 마련하는 것이 이런 문제를 해결하기 위한 더 근원적인 방법이다. 또한, 급변하는 인터넷 환경과 기술 발전, 매체의 다양화 및 신규 또는 대안 매체의 수요 등을 감안하더라도, 취재 및 편집 인력을 상시 일정 인원 이상 고용하도록 강제하는 것이 인터넷신문의 언론으로서의 신뢰성을 제고하기 위해 반드시 필요하다고 보기도 어렵다. 따라서 침해의 최소성이 인정되지 않는다. 고용조항 및 확인조항은 과잉금지원칙에 위배되어 청구인들의 언론의 자유를 침해한다(헌재 2016. 10. 27. 2015헌마1206등).

[정답] ①

095 표현의 자유에 대한 설명으로 옳은 것은?

① "음란" 개념은 적어도 수범자와 법집행자에게 적정한 지침을 제시하고 있다고 볼 수 있어 명확성원칙에 반하지 않으나, "저속"의 개념에는 출판사등록이 취소되는 성적 표현의 하한이 열려 있을 뿐만 아니라 폭력성이나 잔인성 및 천한 정도도 그 하한이 모두 열려 있기 때문에 출판을 하고자 하는 자는 어느 정도로 자신의 표현내용을 조절해야 되는지를 도저히 알 수 없도록 되어 있어 명확성의 원칙 및 과도한 광범성의 원칙에 반한다.

② 모든 표현이 시민사회의 자기교정기능에 의해서 해소될 수 있는 것은 아니다. 일정한 표현은 일단 표출되면 그 해악이 대립되는 사상의 자유경쟁에 의한다 하더라도 아예 처음부터 해소될 수 없는 성질의 것이거나 또는 다른 사상이나 표현을 기다려 해소되기에는 너무나 심대한 해악을 지닌 것이 있다. 바로 이러한 표현에 대하여는 국가의 개입이 1차적인 것으로 용인되고, 헌법상 언론·출판의 자유에 의하여 보호되지 않는데, 헌법 제21조 제4항이 바로 이러한 표현의 자유에 있어서의 한계를 설정한 것이라고 할 것이다.

③ "공공의 안녕질서 또는 미풍양속을 해하는 내의 통신"(불온통신)을 금지시키고 이를 위반하는 통신에 대해서는 정보통신부장관이 온라인서비스사업자에게 그 통신에 대한 취급을 거부·정지 또는 제한하는 명령을 내릴 수 있게 한 전기통신사업법은 헌법 제37조 제2항의 "국가의 안전보장·질서유지"와, "미풍양속"은 헌법 제21조 제4항의 "공중도덕이나 사회윤리"와 비교하여 볼 때 동어반복이라 해도 좋을 정도로 동이한 용어를 사용하고 있으므로 명확성원칙에 반하지 않는다.

④ 공익을 '해할 목적'은 행위의 주요 목적이 공익을 해하는 것인 때를 의미하는바, 그 의미가 불명확하다고 보기 어렵고 '내용의 허위'란 내용이 진실에 부합하지 않는 것으로서, "허위의 통신"은 그 의미가 명확하므로, 공익을 해할 목적으로 전기통신설비에 의하여 공연히 허위의 통신을 한 자를 형사 처벌하는 전기통신기본법 제47조 제1항은 죄형법정주의의 명확성원칙에 위배되지 않는다.

⑤ 방송통신심의위원회의 직무의 하나로 '건전한 통신윤리의 함양을 위하여 필요한 사항으로서 대통령령이 정하는 정보의 심의 및 시정요구'를 규정하고 있는 '방송통신위원회의 설치 및 운영에 관한 법률에서 '건전한 통신윤리'란 헌법 제21조 제4항의 '공중도덕이나 사회윤리', 방송통신위원회법 제18조 제1항의 '정보통신에서의 건전한 문화 창달'과 비교하여 볼 때 동어반복이라 해도 좋을 정도로 전혀 구체화되어 있지 않은 것으로, 어떠한 표현행위가 과연 '건전한 통신윤리'의 함양에 필요한 사항인지 아닌지에 관한 판단은 사람마다의 가치관, 윤리관에 따라 크게 달라질 수밖에 없고, 행정기관으로서도 그 의미내용을 객관적으로 확정하기 어렵다.

정답 및 해설

①[○] "음란" 개념은 적어도 수범자와 법집행자에게 적정한 지침을 제시하고 있다고 볼 수 있고 또 법적용자의 개인적 취향에 따라 그 의미가 달라질 수 있는 가능성도 희박하다고 하지 않을 수 없다. 따라서 이 사건 법률조항의 "음란" 개념은 그것이 애매모호하여 명확성의 원칙에 반한다고 할 수 없다. 음란"의 개념과는 달리 "저속"의 개념은 그 적용범위가 매우 광범위할 뿐만 아니라 법관의 보충적인 해석에 의한다 하더라도 그 의미내용을 확정하기 어려울 정도로 매우 추상적이다. 이 "저속"의 개념에는 출판사등록이 취소되는 성적 표현의 하한이 열려 있을 뿐만 아니라 폭력성이나 잔인성 및 천한 정도도 그 하한이 모두 열려 있기 때문에 출판을 하고자 하는 자는 어느 정도로 자신의 표현내용을 조절해야 되는지를 도저히 알 수 없도록 되어 있어 명확성의 원칙 및 과도한 광범성의 원칙에 반한다(헌재 1998. 4. 30. 95헌가16).

②[×] 문제의 선지는 헌법 제21조 제4항이 바로 이러한 표현의 자유에 있어서의 한계로 보아 음란한 표현이 표현의 자유에서 보호되지 않는다는 구판례의 논거이다(헌재 1998. 4. 30. 95헌가16). 그러나 판례변경으로 헌법 제21조 제4항은 언론·출판의 자유에 대한 제한의 요건을 명시한 규정으로 볼 것이고, 헌법상 표현의 자유의 보호영역 한계를 설정한 것이라고는 볼 수 없고 음란한 표현도 보호된다고 한다.

※ 관련판례 : 헌법 제21조 제4항은 "언론·출판은 타인의 명예나 권리 또는 공중도덕이나

사회윤리를 침해하여서는 아니 된다."고 규정하고 있는바, 이는 언론·출판의 자유에 따르는 책임과 의무를 강조하는 동시에 언론·출판의 자유에 대한 제한의 요건을 명시한 규정으로 볼 것이고, 헌법상 표현의 자유의 보호영역 한계를 설정한 것이라고는 볼 수 없다. 따라서 음란표현도 헌법 제21조가 규정하는 언론·출판의 자유의 보호영역에는 해당하되, 다만 헌법 제37조 제2항에 따라 국가 안전보장·질서유지 또는 공공복리를 위하여 제한할 수 있는 것이라고 해석하여야 할 것이다(2009. 5. 28. 2006헌바109).

③ [×] "공공의 안녕질서 또는 미풍양속을 해하는"이라는 불온 통신의 개념은 너무나 불명확하고 애매하다. 여기서의 "공공의 안녕질서"는 헌법 제37조 제2항의 "국가의 안전보장·질서유지"와, "미풍양속"은 헌법 제21조 제4항의 "공중도덕이나 사회윤리"와 비교하여 볼 때 동어반복이라 해도 좋을 정도로 전혀 구체화되어 있지 아니하다. 이처럼, "공공의 안녕질서", "미풍양속"은 매우 추상적인 개념이어서 어떠한 표현행위가 과연 "공공의 안녕질서"나 "미풍양속"을 해하는 것인지, 아닌지에 관한 판단은 사람마다의 가치관, 윤리관에 따라 크게 달라질 수밖에 없고, 법집행자의 통상적 해석을 통하여 그 의미내용을 객관적으로 확정하기도 어렵다. 따라서 전기통신사업법 제53조 제1항은 규제되는 표현의 내용이 명확하지 아니하여 명확성의 원칙에 위배된다(헌재 2002. 6. 27. 99헌마480).

④ [×] 이 사건 법률조항은 "공익을 해할 목적"의 허위의 통신을 금지하는바, 여기서의 "공익"은 형벌조항의 구성요건으로서 구체적인 표지를 정하고 있는 것이 아니라, 헌법상 기본권 제한에 필요한 최소한의 요건 또는 헌법상 언론·출판의 자유의 한계를 그대로 법률에 옮겨 놓은 것에 불과할 정도로 그 의미가 불명확하고 추상적이다. 따라서 어떠한 표현행위가 "공익"을 해하는 것인지, 아닌지에 관한 판단은 사람마다의 가치관, 윤리관에 따라 크게 달라질 수밖에 없으며, 이는 판단주체가 법전문가라 하여도 마찬가지이고, 법집행자의 통상적 해석을 통하여 그 의미내용이 객관적으로 확정될 수 있다고 보기 어렵다. 나아가 현재의 다원적이고 가치상대적인 사회구조 하에서 구체적으로 어떤 행위상황이 문제되었을 때에 문제되는 공익은 하나로 수렴되지 않는 경우가 대부분인바, 공익을 해할 목적이 있는지 여부를 판단하기 위한 공익간 형량의 결과가 언제나 객관적으로 명백한 것도 아니다. 결국, 이 사건 법률조항은 수범자인 국민에 대하여 일반적으로 허용되는 '허위의 통신' 가운데 어떤 목적의 통신이 금지되는 것인지 고지하여 주지 못하고 있으므로 표현의 자유에서 요구하는 명확성의 요청 및 죄형법정주의의 명확성원칙에 위배하여 헌법에 위반된다(2010. 12. 28. 2008헌바157).

⑤ [×] 이 사건 법률조항 중 '건전한 통신윤리'라는 개념은 다소 추상적이기는 하나, 전기통신회선을 이용하여 정보를 전달함에 있어 우리 사회가 요구하는 최소한의 질서 또는 도덕률을 의미하고, '건전한 통신윤리의 함양을 위하여 필요한 사항으로서 대통령령이 정하는 정보(이하 '불건전정보'라 한다)'란 이러한 질서 또는 도덕률에 저해되는 정보로서 심의 및 시정요구가 필요한 정보를 의미한다고 할 것이며, 정보통신영역의 광범위성과 빠른 변화속도, 그리고 다양하고 가변적인 표현형태를 문자화하기에 어려운 점을 감안할 때, 위와 같은 함축적인 표현은 불가피하다고 할 것이어서, 이 사건 법률조항이 명확성의 원칙에 반한다고 할 수 없다(2012. 2. 23. 2011헌가13).

[정답] ①

096 인터넷 게시판에 글을 쓰고자 하는 경우 본인확인을 받도록 한 법률들에 대한 설명 중 옳은 것(○)과 옳지 않은 것(×)을 올바르게 조합한 것은? (다툼이 있는 경우 판례에 의함)

ㄱ. 인터넷게시판 본인확인제는 인터넷이라는 매체에 글을 쓰고자 하는 자와 다른 매체에 글을 쓰는 자를 차별취급하고 있으나, 이러한 차별취급에 관한 판단은 익명표현의 자유의 침해 여부에 관한 판단과 동일하다고 할 수 있으므로 평등권 침해 여부는 별도로 판단하지 아니한다.

ㄴ. 인터넷게시판을 설치·운영하는 정보통신서비스 제공자에게 본인확인조치의무를 부과하여 게시판 이용자로 하여금 본인확인절차를 거쳐야만 게시판을 이용할 수 있도록 하는 본인확인제를 규정한 '정보통신망 이용촉진 및 정보보호 등에 관한 법률'은 표현의 자유, 개인정보자기결정권, 언론의 자유를 침해한다.

ㄷ. 인터넷언론사가 선거운동기간 중에 인터넷게시판과 대화방에 정당·후보자에 대해 지지·반대의 글을 게시할 수 있도록 운영하는 경우 게시자의 실명을 기입하도록 하는 기술적 조치를 취해야 한다는 의무를 부과하고 있는 법규정은 결국 인터넷 사용자가 실명을 거치지 않고는 정치적 의견을 표출할 수 없도록 사전에 막는 것이므로 사전검열금지의 원칙에 반하여 인터넷 사용자의 표현의 자유를 침해하는 것이다.

ㄹ. 국가기관, 지방자치단체, 「공공기관의 운영에 관한 법률」 제5조 제3항에 따른 공기업·준정부기관 및 「지방공기업법」에 따른 지방공사·지방공단으로 하여금 정보통신망 상에 게시판을 설치·운영하려면 게시판 이용자의 본인 확인을 위한 방법 및 절차의 마련 등 대통령령으로 정하는 필요한 조치를 하도록 규정한 '정보통신망 이용촉진 및 정보보호 등에 관한 법률'은 과잉금지원칙을 준수하고 있으므로 청구인의 익명표현의 자유를 침해한다.

ㅁ. 본인확인제는 정보통신서비스 제공자에게 인터넷게시판을 운영함에 있어서 본인확인조치를 이행할 의무를 부과하여 정보통신서비스 제공자의 직업수행의 자유도 제한하나, 본인확인제의 도입배경 등을 고려할 때 이 사건과 가장 밀접한 관계에 있고 또 침해의 정도가 큰 주된 기본권은 언론의 자유라고 할 수 있다.

① ㄱ(○), ㄴ(○), ㄷ(×), ㄹ(×), ㅁ(○)
② ㄱ(×), ㄴ(×), ㄷ(○), ㄹ(×), ㅁ(○)
③ ㄱ(○), ㄴ(×), ㄷ(×), ㄹ(○), ㅁ(×)
④ ㄱ(×), ㄴ(○), ㄷ(○), ㄹ(○), ㅁ(×)
⑤ ㄱ(×), ㄴ(○), ㄷ(×), ㄹ(○), ㅁ(×)

정답 및 해설

ㄱ. [○] 청구인은 본인확인제가 인터넷이라는 매체에 글을 쓰고자 하는 자에 대하여만 본인확인절차를 거치도록 함으로써 다른 매체에 글을 쓰는 자와 합리적 이유 없이 차별취급하여

인터넷에 글을 쓰고자 하는 자의 평등권을 침해한다고 주장하나, 청구인이 주장하는 차별취급은 본인확인제가 <u>인터넷상의 익명표현의 자유를 제한함에 따라 부수적으로 발생할 수밖에 없는 결과일 뿐인 것으로서 그에 관한 판단은 익명표현의 자유의 침해 여부에 관한 판단과 동일하다고 할 것이므로 별도로 판단하지 아니한다</u>(2012.8.23, 2010헌마47 등).

ㄴ. [O] 이 사건 법령조항들이 표방하는 건전한 인터넷 문화의 조성 등 입법목적은, 인터넷 주소 등의 추적 및 확인, 당해 정보의 삭제·임시조치, 손해배상, 형사처벌 등 인터넷 이용자의 표현의 자유나 개인정보자기결정권을 제약하지 않는 다른 수단에 의해서도 충분히 달성할 수 있음에도, 인터넷의 특성을 고려하지 아니한 채 본인확인제의 적용범위를 광범위하게 정하여 법집행자에게 자의적인 집행의 여지를 부여하고, 목적 달성에 필요한 범위를 넘는 과도한 기본권 제한을 하고 있으므로 침해의 최소성이 인정되지 아니한다. 이러한 인터넷게시판 이용자 및 정보통신서비스 제공자의 불이익은 본인확인제가 달성하려는 공익보다 결코 더 작다고 할 수 없으므로, 법익의 균형성도 인정되지 않는다. 따라서 본인확인제를 규율하는 이 사건 법령조항들은 과잉금지원칙에 위배하여 인터넷게시판 이용자의 표현의 자유, 개인정보자기결정권 및 인터넷게시판을 운영하는 정보통신서비스 제공자의 언론의 자유를 침해한다(2012. 8.23, 2010헌마47 등).

ㄷ. [×] 검열금지원칙 위반은 아니고 최근에 과잉금지원칙 위반으로 위헌결정되었다. 본인확인제는 표현을 금지하는 것은 아니므로 검열에 해당하지 않는다.

관련판례 : 청구인 손ㅇ규 등은 본인확인제가 인터넷상에서 자유로운 의견표명을 사전에 제한하는 실질적인 사전검열이라 주장하나, 이 사건 본인확인제는 게시 글의 내용에 따라 규제를 하는 것이 아니고, 정보통신서비스 제공자의 삭제의무를 규정하고 있지도 않은바, 의견발표 전에 국가기관에 의하여 그 내용을 심사, 선별하여 일정한 사상표현을 저지하는 사전적 내용심사로는 볼 수 없으므로 사전검열금지원칙에 위배된다고 할 수 없다(2012. 8. 23. 2010헌마47).

ㄹ. [×] 국가기관, 지방자치단체, 「공공기관의 운영에 관한 법률」 제5조 제3항에 따른 공기업·준정부기관 및 「지방공기업법」에 따른 지방공사·지방공단으로 하여금 정보통신망 상에 게시판을 설치·운영하려면 게시판 이용자의 본인 확인을 위한 방법 및 절차의 마련 등 대통령령으로 정하는 필요한 조치를 하도록 규정한 '정보통신망 이용촉진 및 정보보호 등에 관한 법률'은 공공기관등이 설치·운영하는 게시판이라는 한정적 공간에 적용되는 점 등에 비추어 볼 때 기본권 제한의 정도가 크지 않다. 그에 반해 공공기관등이 설치·운영하는 게시판에 언어폭력, 명예훼손, 불법정보의 유통이 이루어지는 것을 방지함으로써 얻게 되는 건전한 인터넷 문화 조성이라는 공익은 중요하다. 따라서 심판대상조항은 법익의 균형성을 충족한다. 심판대상조항은 과잉금지원칙을 준수하고 있으므로 청구인의 익명표현의 자유를 침해하지 않는다(2022.12.22. 2019헌마654).

ㅁ. [O] 본인확인제는 정보통신서비스 제공자에게 인터넷게시판을 운영함에 있어서 본인확인조치를 이행할 의무를 부과하여 정보통신서비스 제공자의 직업수행의 자유도 제한하나, 청구인 회사의 주장 취지 및 앞에서 살펴본 본인확인제의 도입배경 등을 고려할 때 이 사건과 가장 밀접한 관계에 있고 또 침해의 정도가 큰 주된 기본권은 언론의 자유라 할 것이고, 게시판 운영자의 언론의 자유의 제한은 게시판 이용자의 표현의 자유의 제한에 수반되는 결과라고 할 수 있으므로, 이하에서는 게시판 이용자의 표현의 자유 침해 여부를 중심으로 하여 게시판 운영자의 언론의 자유 등 침해 여부를 함께 판단하기로 한다(2012. 8.23, 2010헌마47 등).

[정답] ①

097 표현의 자유에 대한 설명 중 옳지 않은 것을 모두 조합한 것은?

> ㄱ. 상업광고도 표현의 자유의 보호영역에 속하는 것이나 상업광고 규제에 관한 비례의 원칙이 적용되지 않는다.
> ㄴ. 상업광고도 표현의 자유의 보호영역에 속하는 것이므로 상업광고 규제에 관한 비례의 원칙 심사에 있어서 피해의 최소성원칙에서는 같은 목적을 달성하기 위하여 달리 덜 제약적인 수단이 없을 것인지 혹은 입법목적을 달성하기 위하여 필요한 최소한의 제한인지를 심사한다.
> ㄷ. 상업광고 규제에 관하여 비례의 원칙에 의한 심사를 하더라도 그중 '피해의 최소성' 원칙은 같은 목적을 달성하기 위하여 달리 덜 제약적인 수단이 없을 것인지 혹은 입법목적을 달성하기 위하여 필요한 최소한의 제한인지를 심사하기보다는 '입법목적을 달성하기 위하여 필요한 범위 내의 것인지'를 심사하는 정도로 엄격한 심사를 요한다.
> ㄹ. 누구든지 특정의료기관이나 특정의료인의 기능이나 진료방법에 관한 광고를 하지 못하도록 금지하는 의료법은 비례의 원칙에 위배하여 표현의 자유와 직업수행의 자유를 침해한다.
> ㅁ. 일반적으로 국가가 개인의 표현행위를 규제하는 경우, 표현내용에 대한 규제는 원칙적으로 중대한 공익의 실현을 위하여 불가피한 경우에 한하여 엄격한 요건하에서 허용되는 반면, 표현내용과 무관하게 표현의 방법을 규제하는 것은 합리적인 공익상의 이유로 폭넓은 제한이 가능하다.

① ㄱㄴㄷ ② ㄷㄹ
③ ㄴㄷㄹ ④ ㄷㄹㅁ
⑤ ㄱㄹ

정답 및 해설

ㄱ. [✗] ㄴ. [✗] ㄷ. [✗] 상업광고는 표현의 자유의 보호영역에 속하지만 사상이나 지식에 관한 정치적 · 시민적 표현행위와는 차이가 있고, 직업수행의 자유에 있어서도 인격발현과 개성신장에 미치는 효과가 중대한 것이 아니다. 그러므로 상업광고 규제에 관하여 비례의 원칙에 의한 심사를 하더라도 그중 '피해의 최소성'원칙은 같은 목적을 달성하기 위하여 달리 덜 제약적인 수단이 없을 것인지 혹은 입법목적을 달성하기 위하여 필요한 최소한의 제한인지를 심사하기보다는 '입법목적을 달성하기 위하여 필요한 범위 내의 것인지'를 심사하는 정도로 완화되는 것이 상당하다 (2005.10.27., 2003헌가3).

ㄹ. [○] 이 사건 법률조항이 보호하고자 하는 공익의 달성 여부는 불분명한 것인 반면, 이 사건 조항은 의료인에게 자신의 기능과 진료방법에 관한 광고와 선전을 할 기회를 박탈함으로써 표현의 자유를 제한하고, 다른 의료인과의 영업상 경쟁을 효율적으로 수행하는 것을 방해함으로써 직업수행의 자유를 제한하고 있고, 소비자의 의료정보에 대한 알 권리를 제약하게 된다. 따라서 보호하고자 하는 공익보다 제한되는 사익이 더 중하다고 볼 것이므로 이 사

건 조항은 법익의 균형성 원칙에도 위배된다. 결국 이 사건 조항은 헌법 제37조 제2항의 비례의 원칙에 위배하여 표현의 자유와 직업수행의 자유를 침해하는 것이다 (2005.10.27., 2003헌가3)
ㅁ. [O] 일반적으로 국가가 개인의 표현행위를 규제하는 경우, 표현내용에 대한 규제는 원칙적으로 중대한 공익의 실현을 위하여 불가피한 경우에 한하여 엄격한 요건하에서 허용되는 반면, 표현내용과 무관하게 표현의 방법을 규제하는 것은 합리적인 공익상의 이유로 폭넓은 제한이 가능하다. 뿐만 아니라, 서명요청 활동은 주민소환청구권 행사의 전제 내지 실현수단의 의미를 가지므로 주민소환제도에 대한 경우와 마찬가지로 그 내용과 방법에 관하여 입법자의 형성의 자유가 인정되는 영역이라고도 할 수 있다. 따라서 주민소환투표청구를 위한 서명요청 활동을 '소환청구인서명부를 제시'하거나 '구두로 주민소환투표의 취지나 이유를 설명하는' 두 가지 경우로만 엄격히 제한하고 이에 위반할 경우 형사처벌하는 주민소환법에 대한 과잉금지원칙 위반 여부를 심사함에 있어서는, 일반적인 표현의 자유에 대한 제한에 적용되는 엄격한 의미의 과잉금지원칙 위반 여부의 심사가 아닌 실질적으로 완화된 심사를 함이 상당하고, 특히 '피해의 최소성' 요건은 입법목적을 달성하기 위한 덜 제약적인 수단은 없는지 혹은 필요한 최소한의 제한인지를 심사하기 보다는 '입법목적을 달성하기 위하여 필요한 범위 내의 것인지'를 심사하는 정도로 완화시켜 판단하여야 할 것이다(2011. 12. 29. 2010헌바368).

[정답] ①

098 정치자금에 대한 설명으로 옳지 않은 것은?

① 정당이 후원자들로부터 정당의 목적에 따른 활동에 필요한 정치자금을 모금하는 것은 정당의 조직과 기능을 원활하게 수행하는 필수적인 요소이자 정당활동의 자유를 보장하기 위한 필수불가결한 전제로서, 정당활동의 자유의 내용에 당연히 포함된다.
② 정당이 개인이나 단체로부터 정치자금을 받을 수 있는 후원회를 지정할 수 없도록 금지하는 정치자금법은 정치적 부패 방지라는 목적은 정당하나 수단의 적합성 요건과 침해최소성 요건을 갖추지 못하여 정당의 정당활동의 자유와 국민의 정치적 표현의 자유를 과도하게 침해한다.
③ 국민의 자발적 정치조직인 정당에 대한 과도한 국가보조는 정당의 국민의존성을 떨어뜨리고 정당과 국민을 멀어지게 할 우려가 있고 과도한 국가보조는 국민의 지지를 얻고자 하는 노력이 실패한 정당이 스스로 책임져야 할 위험부담을 국가가 상쇄하는 것으로서 정당간 자유로운 경쟁을 저해할 수 있다.
④ 노동단체의 정치자금 기부를 금지한 법률조항은 노동단체가 단지 단체교섭 및 단체협약 등의 방법으로 '근로조건의 향상'이라는 본연의 과제만을 수행해야 하고 그 외의 모든 정치적 활동을 해서는 안 된다는 사고에 바탕을 둔 것으로, 헌법상 보장된 정치적 자유의 의미 및 그 행사가능성을 공동화시키는 것이다.
⑤ 단체의 목적을 달성하기 위하여 필요한 경우에도 일률적으로 정치자금 기부를 금지하는 것은 적절한 수단이라고 할 수 없으며, 내부의 민주적 의사결정과정을 거친 정치자금 기부에 대하여도 단순히 단체 구성원의 의사에 어긋날 우려가 있다는 이유

로 일률적으로 제한하는 것 역시 입법목적 달성을 위한 적합한 방법이라고 할 수 없으므로 모든 단체와 법인의 정치자금을 기부할 수 없도록 하는 정치자금법은 과잉금지원칙에 반하여 단체의 정치적 활동의 자유나 결사의 자유를 과도하게 제한하므로 헌법에 위반된다.

> **정답 및 해설**
>
> ① [O] 정당에 대한 정치자금 기부는 국민이 자신의 정치적 견해를 표명하는 매우 효과적인 수단일 뿐만 아니라, 정당에 영향력을 행사하는 중요한 방법의 하나가 된다. 또한 이 사건 법률조항은 정당이 목적에 따른 활동에 필요한 비용을 마련하기 위해 후원회를 지정·운영하는 것을 금지함으로써 헌법 제8조가 보장하는 정당활동의 자유를 제한한다. 정당이 후원자들로부터 정당의 목적에 따른 활동에 필요한 정치자금을 모금하는 것은 정당의 조직과 기능을 원활하게 수행하는 필수적인 요소이자 정당활동의 자유를 보장하기 위한 필수불가결한 전제로서, 정당활동의 자유의 내용에 당연히 포함된다.
>
> ② [O] 이 사건 법률조항은 정당 후원회를 금지함으로써 불법 정치자금 수수로 인한 정경유착을 막고 정당의 정치자금 조달의 투명성을 확보하여 정당 운영의 투명성과 도덕성을 제고하기 위한 것이다. 정당과 기업의 유착은 필연적으로 민의를 왜곡시키고 정치적 부패를 야기함으로써 헌법이 지향하고 있는 정당제 민주주의를 훼손시킬 우려가 크기 때문에 이를 방지할 필요가 있다는 점에서, 이 사건 법률조항의 목적의 정당성을 인정할 수 있다. 이 사건 법률조항이 정당 후원회 자체를 금지하는 것은 일반 국민의 정치적 표현의 자유를 과도하게 침해하고, 스스로 재정을 충당하려는 정당활동의 자유를 과도하게 침해한다. 더군다나 현행 국고보조금 및 기탁금 제도가 거대정당 내지 원내 교섭단체가 구성된 기득정당에 비하여 군소정당 내지 신생정당에게 현저히 불리하게 운영되고 있는 현실에서, 이 사건 법률조항이 정당으로 하여금 일반 국민들로부터 정치자금을 조달하는 것마저 금지하는 것은 군소정당이나 신생정당에게 지나치게 가혹할 뿐만 아니라, 결과적으로 다양한 신진 정치세력의 진입을 막고 정당간 자유로운 경쟁을 막아 정당정치 발전을 가로막게 될 우려가 있다. 따라서 이 사건 법률조항은 수단의 적합성 요건과 침해최소성 요건을 갖추지 못하였다.
>
> ③ [O] 헌법 제8조 제3항은 "정당은 법률이 정하는 바에 의하여 국가의 보호를 받으며, 국가는 법률이 정하는 바에 의하여 정당운영에 필요한 자금을 보조할 수 있다."고 규정하고 있고, 이에 따라 정치자금법에서 정당 운영자금에 대한 국가보조를 규정하고 있다. 그러나 국가보조는 정당의 공적 기능의 중요성을 감안하여 정당의 정치자금 조달을 보완하는 데에 그 의의가 있으므로, 본래 국민의 자발적 정치조직인 정당에 대한 과도한 국가보조는 정당의 국민의존성을 떨어뜨리고 정당과 국민을 멀어지게 할 우려가 있다. 이는 국민과 국가를 잇는 중개자로서의 정당의 기능, 즉 공당으로서의 기능을 약화시킴으로써 정당을 국민과 유리된 정치인들만의 단체, 즉 사당으로 전락시킬 위험이 있다. 뿐만 아니라 과도한 국가보조는 국민의 지지를 얻고자 하는 노력이 실패한 정당이 스스로 책임져야 할 위험부담을 국가가 상쇄하는 것으로서 정당간 자유로운 경쟁을 저해할 수 있다. 정당 스스로 재정충당을 위하여 국민들로부터 모금 활동을 하는 것은 단지 '돈을 모으는 것'에 불과한 것이 아니라 궁극적으로 자신의 정강과 정책을 토대로 국민의 동의와 지지를 얻기 위한 활동의 일환이며, 이는 정당의 헌법적 과제 수행에 있어 본질적인 부분의 하나인 것이다 (2015. 12. 23. 2013헌바168).
>
> ④ [O] 노동단체가 단지 단체교섭 및 단체협약 등의 방법으로 '근로조건의 향상'이라는 본연의 과제만을 수행해야 하고 그외의 모든 정치적 활동을 해서는 안 된다는 사고에 바탕을 둔

> 이 사건 법률조항의 입법목적은 법의 개정에 따라 그 근거를 잃었을 뿐만 아니라 헌법상 보장된 정치적 자유의 의미 및 그 행사가능성을 공동화시키는 것이다(1999.11.25, 95헌마154).
> ⑤ [×] 국내외 법인단체의 정치자금 기부금지
> 금권정치와 정경유착의 차단, 단체와의 관계에서 개인의 정치적 기본권 보호 등 이 사건 기부금지조항에 의하여 달성되는 공익은 대의민주제를 채택하고 있는 민주국가에서 매우 크고 중요하다는 점에서 법익균형성원칙도 충족된다. 따라서 이 사건 기부금지조항이 과잉금지원칙에 위반하여 정치활동의 자유 등을 침해하는 것이라 볼 수 없다(2010.12.28., 2008헌바89).
>
> [정답] ⑤

099 선거운동에 대한 설명으로 옳지 않은 것은?

① 누구든지 선거일 전 180일(보궐선거등에서는 그 선거의 실시사유가 확정된 때)부터 선거일까지 선거에 영향을 미치게 하기 위한 벽보 게시, 인쇄물 배부·게시를 금지하는 공직선거법 제93조 제1항 본문 중 '벽보 게시, 인쇄물 배부·게시'에 관한 부분 및 이에 위반한 경우 처벌하는 공직선거법 제255조 제2항 제5호 중 '제93조 제1항 본문의 벽보 게시, 인쇄물 배부·게시'에 관한 부분은 정치적 표현의 자유를 침해한다고 할 수 없다.

② 선거일 전 180일부터 선거일까지 선거에 영향을 미치게 하기 위하여 정당 또는 후보자를 지지·추천하거나 반대하는 내용이 포함되어 있거나 정당의 명칭 또는 후보자의 성명을 나타내는 문서·도화의 배부·게시 등을 금지하고 처벌하는 공직선거법 제93조 제1항을 인터넷에서의 선거운동에까지 적용한다면 표현의 자유를 침해한다.

③ 선거일 전 180일부터 선거일까지 선거에 영향을 미치게 하기 위하여 선거에 영향을 미치게 하기 위한 광고물의 설치·진열·게시나 표시물의 착용을 금지하는 공직선거법 제90조 제1항 제1호는 정치적 표현의 자유를 침해한다.

④ 선거운동기간 중 어깨띠 등 표시물을 사용한 선거운동을 금지한 공직선거법 제68조 제2항 및 이에 위반한 경우 처벌하는 같은 법 제255조 제1항 제5호는 과잉금지원칙에 반하여 정치적 표현의 자유를 침해한다.

⑤ 당내경선과정에서 경선운동은 원칙적으로 공직선거에서의 당선 또는 낙선을 위한 행위인 선거운동에 해당한다고 할 수 없다.

> **정답 및 해설**
>
> ① [×] 인쇄물배부 등 금지조항은 선거에서의 균등한 기회를 보장하고 선거의 공정성을 확보하기 위한 것으로서 입법목적의 정당성 및 수단의 적합성이 인정된다. 그러나 벽보·인쇄물은 시설물 등과 비교하여 보더라도 투입되는 비용이 상대적으로 적어 경제력 차이로 인한 선거 기회 불균형의 문제가 크지 않고, 그러한 우려도 선거비용을 규제하거나 벽보·인쇄물의 종류나 금액 등을 제한하는 수단을 통해서 방지할 수 있다. 또한 공직선거법상 후보자 비방 금지 규정 등을 통해 무분별한 흑색선전 등의 방지도 가능한 점을 종합하면, 인쇄물배부

등 금지조항은 목적 달성에 필요한 범위를 넘어 장기간 동안 벽보 게시, 인쇄물 배부·게시를 금지·처벌하는 것으로서 침해의 최소성에 반한다. 또한 인쇄물배부 등 금지조항으로 인하여 일반 유권자나 후보자가 받는 정치적 표현의 자유에 대한 제약이 위 조항을 통하여 달성되는 공익보다 중대하므로 인쇄물배부 등 금지조항은 법익의 균형성에도 위배된다. 따라서 인쇄물배부 등 금지조항은 과잉금지원칙에 반하여 정치적 표현의 자유를 침해한다(2022. 7. 21. 2017헌바100).

② [O] 이 사건 법률조항에 대한 법익균형성 판단에는 국민의 선거참여를 통한 민주주의의 발전 및 민주적 정당성의 제고라는 공익 또한 감안하여야 할 것인데, 인터넷상 정치적 표현 내지 선거운동을 금지함으로써 얻어지는 선거의 공정성은 명백하거나 구체적이지 못한 반면, 인터넷을 이용한 의사소통이 보편화되고 각종 선거가 빈번한 현실에서 선거일 전 180일부터 선거일까지 장기간 동안 인터넷상 정치적 표현의 자유 내지 선거운동의 자유를 전면적으로 제한함으로써 생기는 불이익 내지 피해는 매우 크다 할 것이므로, 이 사건 법률조항은 법익균형성의 요건도 갖추지 못하였다고 할 것이다(헌재 2011. 12. 29. 2007헌마1001등).

③ [O] 심판대상조항은 선거에서의 균등한 기회를 보장하고 선거의 공정성을 확보하기 위한 것으로서 정당한 목적 달성을 위한 적합한 수단에 해당한다. 그러나 선거비용 제한·보전 제도 및 일반 유권자가 과도한 비용을 들여 물건을 설치·진열·게시하거나 착용하는 행위를 제한하는 수단을 통해서 선거에서의 기회 균등이라는 심판대상조항의 입법목적의 달성이 가능하며, 공직선거법상 후보자 비방 금지 규정 등을 통해 무분별한 흑색선전 등의 방지도 가능한 점을 종합하면, 심판대상조항은 목적 달성에 필요한 범위를 넘어 장기간 동안 선거에 영향을 미치게 하기 위한 광고물의 설치·진열·게시나 표시물의 착용을 금지·처벌하는 것으로서 침해의 최소성에 반한다. 또한 심판대상조항으로 인하여 일반 유권자나 후보자가 받는 정치적 표현의 자유에 대한 제약이 달성되는 공익보다 중대하므로 심판대상조항은 법익의 균형성에도 위배된다. 따라서 심판대상조항은 과잉금지원칙에 반하여 정치적 표현의 자유를 침해한다(2022. 7. 21. 2017헌가1).

④ [O] 공직선거법상 후보자 비방 금지 규정 등에 비추어 심판대상조항이 무분별한 흑색선전 방지 등을 위한 불가피한 수단이라고 보기도 어려우므로, 심판대상조항은 <u>필요한 범위를 넘어 표시물을 사용한 선거운동을 포괄적으로 금지·처벌하는 것으로서 침해의 최소성에 반한다</u>. 또한 심판대상조항으로 인하여 일반 유권자나 후보자가 받는 정치적 표현의 자유에 대한 제약이 달성되는 공익보다 중대하므로 심판대상조항은 법익의 균형성에도 위배된다(2022. 7. 21. 2017헌가4).

⑤ [O] 당내경선은 공직선거 자체와는 구별되는 정당 내부의 자발적인 의사결정에 해당하고, 경선운동은 원칙적으로 공직선거에서의 당선 또는 낙선을 위한 행위인 선거운동에 해당하지 않는다(헌재 2021.4.29., 2019헌가11).

[정답] ①

100 표현의 자유에 대한 설명으로 옳지 않은 것은?

① 반국가단체나 그 구성원 또는 그 지령을 받은 자의 활동을 찬양·고무를 금지하고 처벌하는 국가보안법은 그 소정 행위가 국가의 존립·안전을 위태롭게 하거나 자유민주적 기본질서에 위해를 줄 경우에 적용된다고 할 것이므로 이러한 해석하에 헌법에 위반되지 아니한다는 합헌적 법률해석을 하는 것이 타당하다.

② 헌법재판소는 어떤 법률의 개념이 다의적이고 그 어의의 테두리 안에서 여러 가지 해석이 가능할 때 위헌적인 결과가 될 해석을 배제하면서 합헌적이고 긍정적인 면은 살려야 한다.

③ 국가의 존립·안전을 위태롭게 한다 함은 모든 폭력적 지배와 자의적 지배 즉 반국가단체의 일인독재 내지 일당독재를 배제하고 다수의 의사에 의한 국민의 자치, 자유·평등의 기본 원칙에 의한 법치주의적 통치질서의 유지를 어렵게 만드는 것이고, 이를 보다 구체적으로 말하면 기본적 인권의 존중, 권력분립, 의회제도, 복수정당제도, 선거제도, 사유재산과 시장경제를 골간으로 한 경제질서 및 사법권의 독립 등 우리의 내부 체제를 파괴·변혁시키려는 것으로 풀이할 수 있을 것이다.

④ 대한민국을 모욕할 목적으로 국기를 손상, 제거 또는 오욕한 자를 처벌하는 「형법」 제105조의 국기모독죄는 표현의 자유를 침해한다고 할 수 없다.

⑤ 대한민국 또는 헌법상 국가기관을 모욕, 비방하거나 그에 관한 사실 왜곡, 허위사실 유포 또는 기타 방법으로 대한민국의 안전, 이익 또는 위신을 해하거나 해할 우려가 있는 표현이나 행위를 한 자에 대하여 형사처벌하도록 규정한 구 「형법」의 국가모독죄는 과잉금지원칙에 위반하여 표현의 자유를 침해한다.

정답 및 해설

① [○] 국가보안법 제7조 제1항 및 제5항(1980. 12. 31. 법률 제3318호)은 각 그 소정 행위가 국가의 존립·안전을 위태롭게 하거나 자유민주적 기본질서에 위해를 줄 경우에 적용된다고 할 것이므로 이러한 해석하에 헌법에 위반되지 아니한다(헌재 1990. 4. 2. 89헌가113).

② [○] 어떤 법률의 개념이 다의적이고 그 어의의 테두리 안에서 여러 가지 해석이 가능할 때 헌법을 그 최고 법규로 하는 통일적인 법질서의 형성을 위하여 헌법에 합치되는 해석 즉 합헌적인 해석을 택하여야 하며, 이에 의하여 위헌적인 결과가 될 해석을 배제하면서 합헌적이고 긍정적인 면은 살려야 한다는 것이 헌법의 일반 법리이다. 이러한 합헌적 제한해석과 주문례는 헌법재판제도가 정착된 여러 나라에 있어서 널리 활용되는 통례인 것으로서 법률에 일부 합헌적 요소가 있음에도 불구하고 위헌적 요소 때문에 전면위헌을 선언할 때 생길 수 있는 큰 충격을 완화하기 위한 방안이기도 하다(헌재 1990. 4. 2. 89헌가113).

③ [×] 국가의 존립·안전을 위태롭게 한다 함은 대한민국의 독립을 위협·침해하고 영토를 침략하며 헌법과 법률의 기능 및 헌법기관을 파괴·마비시키는 것으로 외형적인 적화공작(赤化工作) 등을 일컫는다. 자유민주적 기본질서에 위해를 준다 함은 모든 폭력적 지배와 자의적 지배 즉 반국가단체의 일인독재 내지 일당독재를 배제하고 다수의 의사에 의한 국민의 자치, 자유·평등의 기본 원칙에 의한 법치주의적 통치질서의 유지를 어렵게 만드는 것이고, 이를 보다 구체적으로 말하면 기본적 인권의 존중, 권력분립, 의회제도, 복수정당제도, 선거제도, 사유재산과 시장경제

를 골간으로 한 경제질서 및 사법권의 독립 등 우리의 내부 체제를 파괴·변혁시키려는 것으로 풀이할 수 있을 것이다(헌재 1990. 4. 2. 89헌가113).

④ [O] 국기는 국가의 역사와 국민성, 이상 등을 응축하고 헌법이 보장하는 질서와 가치를 담아 국가의 정체성을 표현하는 국가의 대표적 상징물이다. 심판대상조항은 국기를 존중, 보호함으로써 국가의 권위와 체면을 지키고, 국민들이 국기에 대하여 가지는 존중의 감정을 보호하려는 목적에서 입법된 것이다. 그러므로 심판대상조항은 과잉금지원칙에 위배되어 청구인의 표현의 자유를 침해한다고 볼 수 없고, 표현의 자유의 본질적 내용을 침해한다고도 할 수 없다(2019.12.27, 2016헌바96).

⑤ [O] 심판대상조항에서 규정하고 있는 '기타 방법', 대한민국의 '이익' 이나 '위신' 등과 같은 개념은 불명확하고 적용범위가 지나치게 광범위하며, 이미 「형법」, 「국가보안법」, 「군사기밀 보호법」에서 대한민국의 안전과 독립을 지키기 위한 처벌규정을 두고 있는 점, 국가의 '위신'을 훼손한다는 이유로 표현행위를 형사처벌하는 것은 자유로운 비판과 참여를 보장하는 민주주의 정신에 위배되는 점, 형사처벌조항에 의하지 않더라도 국가는 보유하고 있는 방대한 정보를 활용해 스스로 국정을 홍보할 수 있고, 허위사실 유포나 악의적인 왜곡 등에 적극적으로 대응할 수도 있는 점 등을 고려하면 심판대상조항은 침해의 최소성원칙에도 어긋난다. 나아가 민주주의 사회에서 국민의 표현의 자유가 갖는 가치에 비추어 볼 때, 기본권 제한의 정도가 매우 중대하여 법익의 균형성 요건도 갖추지 못하였으므로, 심판대상조항은 과잉금지원칙에 위배되어 표현의 자유를 침해한다(2015.10.21., 2013헌가20).

[정답] ③

101 알권리에 대한 설명으로 옳지 않은 것은?

① 사상 또는 의견의 자유로운 표명은 자유로운 의사의 형성을 전제로 하는데, 자유로운 의사의 형성은 충분한 정보에의 접근이 보장됨으로써 비로소 가능한 것이므로 정보에의 접근·수집·처리의 자유 즉 "알 권리"는 표현의 자유에 당연히 포함되는 것으로 보아야 하는 것이다.
② 토지조사부 열람 등사는 법률의 제정이 없더라도 불가능한 것이 아니라고 할 것이다.
③ 알 권리에 대한 제한의 정도는 청구인에게 이해관계가 있고 공익에 장애가 되지 않는다면 널리 인정해야 할 것으로 생각하며, 적어도 토지조사부 열람 등사는 직접의 이해관계가 있는 자에 대하여서는 의무적으로 공개하여야 한다는 점에 대하여는 이론의 여지가 없다.
④ 정치자금의 수입·지출내역 및 첨부서류 등의 열람기간을 공고일로부터 3월간으로 제한하고 있는 구 「정치자금법」 조항은 과잉금지원칙에 위배되어 알 권리를 침해한다.
⑤ 부모의 교육정보에 대한 알 권리에는 자신의 자녀를 가르치는 교원이 어떠한 자격과 경력을 가진 사람인지는 물론 어떠한 정치성향과 가치관을 가지고 있는 사람인지에 대한 정보가 포함된다고 할 수 없으므로, 개별 교원이 어떤 교원단체나 노동조합에 가입해 있는지에 대한 정보공개를 제한하는 것은 학부모인 청구인들의 알 권리를 제한하는 것은 아니다.

※ 정답 및 해설

① [○] 헌법 제21조가 보장하는 언론출판의 자유는 사상 또는 의견의 자유로운 표명(발표의 자유)과 그것을 전파할 자유(전달의 자유)를 의미한다. 사상 또는 의견의 자유로운 표명은 자유로운 의사의 형성을 전제로 하는데, 자유로운 의사의 형성은 충분한 정보에의 접근이 보장됨으로써 비로소 가능한 것이며, 다른 한편으로 자유로운 표명은 자유로운 수용 또는 접수와 불가분의 관계에 있다고 할 것이다. 그러한 의미에서 정보에의 접근·수집·처리의 자유 즉 "알 권리"는 표현의 자유에 당연히 포함되는 것으로 보아야 하는 것이다.

② [○] 알 권리가 헌법규정만으로 이를 실현할 수 있는가 구체적인 법률의 제정이 없이는 불가능한 것인가에 대하여서는 다시 견해가 갈릴 수 있지만, <u>본 건 서류에 대한 열람·복사 민원의 처리는 법률의 제정이 없더라도 불가능한 것이 아니라고 할 것이고</u>, 또 비록 공문서 공개의 원칙보다는 공문서의 관리·통제에 중점을 두고 만들어진 규정이기는 하지만 '정부공문서 규정' 제36조 제2항이 미흡하나마 공문서의 공개를 규정하고 있는 터이므로 이 규정을 근거로 해서 국민의 알 권리를 곧바로 실현시키는 것이 가능하다고 보아야 할 것이다(1989.9.4., 88헌마22).

③ [○] '알 권리'도 헌법유보(제21조 제4항)와 일반적 법률유보(제37조 제2항)에 의하여 제한될 수 있음은 물론이며,… 알 권리에 대한 제한의 정도는 청구인에게 이해관계가 있고 공익에 장애가 되지 않는다면 널리 인정해야 할 것으로 생각하며, 적어도 <u>직접적 이해관계가 있는 자에 대하여서는 의무적으로 공개하여야 한다는 점에 대하여는 이론의 여지가 없을 것으로 사료된다</u>(1989.9.4., 88헌마22).

④ [○] 선거관리위원회는 데이터 생성·저장기술의 발전을 이용해 자료 보관, 열람 등의 업무부담을 상당 부분 줄여왔고, 앞으로도 그 부담이 과도해지지 않도록 할 수 있을 것으로 보인다. 이를 종합하면 정치자금을 둘러싼 분쟁 등의 장기화 방지 및 행정부담의 경감을 위해 열람기간의 제한 자체는 둘 수 있다고 하더라도, 현행 기간이 지나치게 짧다는 점은 명확하다. 짧은 열람기간으로 인해 청구인 신ㅇㅇ는 회계보고된 자료를 충분히 살펴 분석하거나, 문제를 발견할 실질적 기회를 갖지 못하게 되는바, 달성되는 공익과 비교할 때 이러한 사익의 제한은 정치자금의 투명한 공개가 민주주의 발전에 가지는 의미에 비추어 중대하다. 그렇다면 이 사건 열람기간제한 조항은 과잉금지원칙에 위배되어 청구인 신ㅇㅇ의 알 권리를 침해한다(2021.5.27., 2018헌마1168).

⑤ [×] 자녀교육권을 실질적으로 보장하기 위해서는 자녀의 교육에 필요한 정보가 제공되어야 하는바 학부모는 교육정보에 대한 알 권리를 가진다. 이러한 정보 속에는 자신의 자녀를 가르치는 교원이 어떠한 자격과 경력을 가진 사람인지는 물론 어떠한 정치성향과 가치관을 가지고 있는 사람인지에 대한 정보도 포함되는 것이므로, 교원의 교원단체 및 노동조합 가입에 관한 정보도 알 권리의 한 내용이 될 수 있다. 그러므로 개별 교원이 어떤 교원단체나 노동조합에 가입해 있는지에 대한 정보 공개를 제한하는 것은 <u>학부모인 청구인들의 알 권리를 제한하는 것이다</u>(2011.12.29., 2010헌마293).

[정답] ⑤

102 다음 사례에 대한 설명으로 옳은 것은?

> 2017. 12. 12. 법률 제15154호로 개정된 「변호사시험법」은 시험에 응시한 사람이 본인의 성적 공개를 청구할 수 있도록 허용하면서, 시험에 응시한 사람은 해당 시험의 합격자 발표일부터 1년 내에 법무부장관에게 본인의 성적 공개를 청구할 수 있다고 규정하고(제18조 제1항), 개정법 시행 전에 시험에 합격한 사람은 법 시행일부터 6개월 내에 법무부장관에게 본인의 성적 공개를 청구할 수 있다고 규정하였다(부칙 제2조). 2015년 실시된 제4회 변호사시험에 합격한 자가 개정된 「변호사시험법」에 대해 헌법소원심판을 청구하였다.

① 시험에 응시한 사람은 해당 시험의 합격자 발표일부터 1년 내에 법무부장관에게 본인의 성적 공개를 청구할 수 있다고 규정한 「변호사시험법」은 알 권리를 침해한다.
② 헌법재판소는 변호사시험 성적을 공개하라는 것일 뿐, 성적 공개기간에 관해 어떠한 제한도 할 수 없다는 입장이 아니므로 개정법 시행 전에 시험에 합격한 사람은 법 시행일부터 6개월 내에 법무부장관에게 본인의 성적 공개를 청구할 수 있다고 규정한 「변호사시험법」은 신뢰보호원칙에 위반된다고 할 수 없다.
③ 개정법 시행 전에 시험에 합격한 사람은 법 시행일부터 6개월 내에 법무부장관에게 본인의 성적 공개를 청구할 수 있다고 규정한 「변호사시험법」이 표현의 자유를 침해하는지 여부를 중심으로 판단하여야 한다.
④ 성적공개조항을 「변호사시험법」이 개정된 2017. 12. 12. 이후에 실시하는 변호사시험에 응시한 사람에게 적용하도록 하면서 기존 합격자는 법시행일로부터 6개월 내에 법무부장관에게 본인의 성적 공개를 청구할 수 있도록 한 「변호사시험법」 부칙은 정보에 대한 접근을 본질적으로 침해하는 정도로 짧다고 보기 어려워 과잉금지원칙을 위반하여 청구인의 정보공개청구권을 침해한다고 할 수 없다.
⑤ 변호사성적 공개문제는 직업선택의 자유와 개인정보자기결정권을 제한한다.

> **정답 및 해설**
>
> ①[×] 성적 공개조항은 「변호사시험법」이 개정된 2017. 12. 12. 이후에 실시하는 변호사시험에 응시한 사람에게 적용되고, 특례조항은 그 이전에 실시된 변호사시험에 합격한 사람에게 적용된다. 청구인은 2015년 실시된 제4회 변호사시험에 합격하였으므로, 성적 공개조항의 수범자가 아닌 제3자에 불과하다. 따라서 성적 공개조항에 대한 심판청구는 기본권 침해의 자기관련성을 인정할 수 없어 부적법하다(2019.7.25, 2017헌마1329).
> ②[○] 청구인은 특례조항이 2015. 6. 25, 2011헌마769 등 결정의 취지에 어긋나므로 신뢰보호원칙에 위배된다고 주장한다. 신뢰보호원칙이란 국민이 어떤 법적 상태가 장래에도 그대로 존속될 것이라는 합리적인 신뢰를 바탕으로 하여 일정한 법적 지위를 형성한 경우, 국가는 국민의 신뢰를 보호하여야 한다는 원칙이다(2004.12. 16, 2003헌마226 등). 그런데 위 결정의 취지는 <u>변호사시험 성적을 공개하라는 것일 뿐, 성적 공개기간에 관해 어떠한 제한도 할 수 없다는 것이 아니다.</u> 위 결정에 따라 기간 제한 없는 성적 공개에 대한 신뢰가 형성될 수 없는 이상, 이에

관한 신뢰보호원칙 위반 여부에 대해서는 따로 판단하지 아니한다(2019.7.25, 2017헌마1329).

③ [×] 특례조항이 표현의 자유를 침해한다고 주장하나, 표현의 자유는 알 권리와 표리일체의 관계에 있으므로, 정보공개청구권 침해 여부를 판단하면서 함께 살펴보는 것으로 충분하다(2019.7.25, 2017헌마1329).

④ [×] 변호사시험 성적은 변호사시험 합격자의 우수성의 징표로 작용할 수 있고, 법조직역의 진출과정에서 객관적 지표로서 기능할 수 있다. 변호사 채용과정에서 변호사시험 성적 제출을 요구하는 경우도 적지 않으며, 구직자 스스로 채용에 유리하다고 판단하여 성적을 제출하는 경우도 있다. 이처럼 변호사시험 합격자는 변호사시험 성적에 관하여 특별한 이해관계를 맺는다. 변호사의 취업난이 가중되고 있다는 점, 이직을 위해서도 변호사시험 성적이 필요할 수 있다는 점 등을 고려하면, 변호사시험 합격자에게 취업 및 이직에 필요한 상당한 기간 동안 자신의 성적을 활용할 기회를 부여할 필요가 있다. 특례조항에서 정하고 있는 '이 법 시행일부터 6개월 내'라는 기간은 변호사시험 합격자가 취업시장에서 성적 정보에 접근하고 이를 활용하기에 지나치게 짧다. <u>변호사시험 합격자는 성적 공개청구기간 내에 열람한 성적 정보를 인쇄하는 등의 방법을 통해 개별적으로 자신의 성적 정보를 보관할 수 있으나, 성적 공개청구기간이 지나치게 짧아 정보에 대한 접근을 과도하게 제한하는 이상, 이러한 점을 들어 기본권 제한이 충분히 완화되어 있다고 보기도 어렵다. 이상을 종합하면, 특례조항은 과잉금지원칙에 위배되어 청구인의 정보공개청구권을 침해한다</u>(2019.7.25., 2017헌마1329).

⑤ [×] 심판대상조항은 변호사시험 합격자에 대하여 그 성적을 공개하지 않도록 규정하고 있을 뿐이고, 이러한 시험 성적의 비공개가 청구인들의 법조인으로서의 직역 선택이나 직업수행에 있어서 어떠한 제한을 두고 있는 것은 아니므로 심판대상조항이 청구인들의 직업선택의 자유를 제한하고 있다고 볼 수 없다. 청구인의 변호사시험 성적 공개 요구는 개인정보의 보호나 개인정보의 수집, 보유, 이용에 관한 통제권을 실질적으로 보장해 달라는 것으로 보기 어렵고, 변호사시험 성적이 정보주체의 요구에 따라 수정되거나 삭제되는 등 정보주체의 통제권이 인정되는 성질을 가진 개인정보라고 보기도 어렵다. 따라서 심판대상조항이 개인정보자기결정권을 제한하고 있다고 보기 어렵다(2015. 6. 25. 2011헌마769).

[정답] ②

103 집회의 자유에 대한 설명 중 옳은 것은?

① 헌법에서 금지하고 있는 집회에 대한 허가는 입법권이 주체가 되어 집회의 내용·시간·장소 등을 사전심사하여 일반적인 집회금지를 특정한 경우에 해제함으로써 집회를 할 수 있게 하는 제도를 의미한다.

② 일출시간 전, 일몰시간 후에는 옥외집회 또는 시위를 금지하고, 다만 옥외집회의 경우 예외적으로 관할 경찰관서장이 허용할 수 있도록 한 구 '집회 및 시위에 관한 법률'은 헌법 제21조 제2항이 규정하는 허가제 금지에 위반된다고 할 수 없다.

③ 헌법재판소가 <u>스스로 일정한 시간대를 기준으로 하여 일출시간 전, 일몰시간 후에는 옥외집회 또는 시위를 금지하고, 다만 옥외집회의 경우 예외적으로 관할 경찰관서장이 허용할 수 있도록 한 구 '집회 및 시위에 관한 법률'의 위헌적인 부분과 합헌적인 부분의 경계를 명확하게 정하는 것은 입법자의 일차적인 입법 권한과 책임에 대한 제약으로 작용하여 권력분립의 원칙을 침해할 가능성을 배제할 수 없으므로</u>, 전부위

헌결정을 하여야 한다.
④ 국회의사당 경계 지점으로부터 100미터 이내의 장소에서의 옥외집회를 전면적으로 금지하는 것은 국회의 기능을 보호하는 데 기여할 수 있으나 수단의 적합성은 인정되지 않는다.
⑤ 사법행정과 관련된 의사표시 전달을 목적으로 한 집회는 법관의 독립을 침해할 우려가 있으므로 금지되어야 한다.

정답 및 해설

① [×] 허가는 검열은 입법권이 주체가 되는 것이 아니라 행정권이 주체가 된다. 헌법 제21조 제2항은 집회에 대한 허가제는 집회에 대한 검열제와 마찬가지이므로 이를 절대적으로 금지하겠다는 헌법개정권력자인 국민들의 헌법가치적 합의이며 헌법적 결단이다. 또한 위 조항은 헌법 자체에서 직접 집회의 자유에 대한 제한의 한계를 명시한 것이므로 기본권 제한에 관한 일반적 법률유보조항인 헌법 제37조 제2항에 앞서서, 우선적이고 제1차적인 위헌심사기준이 되어야 한다. 헌법 제21조 제2항에서 금지하고 있는 '허가'는 행정권이 주체가 되어 집회 이전에 예방적 조치로서 집회의 내용·시간·장소 등을 사전심사하여 일반적인 집회금지를 특정한 경우에 해제함으로써 집회를 할 수 있게 하는 제도, 즉 허가를 받지 아니한 집회를 금지하는 제도를 의미한다(2009.9.24, 2008헌가25). 2021년 경찰승진

② [O] 헌법 제21조 제2항에 의하여 금지되는 '허가'는 '행정청이 주체가 되어 집회의 허용 여부를 사전에 결정하는 것'으로, 법률적 제한이 실질적으로 행정청의 허가 없는 옥외집회를 불가능하게 하는 것이라면 헌법상 금지되는 사전허가제에 해당하지만, 그에 이르지 아니하는 한 헌법 제21조 제2항에 반하는 것은 아니다. 이 사건 법률조항의 단서 부분은 본문에 의한 제한을 완화시키려는 것이므로 헌법이 금지하고 있는 '옥외집회에 대한 일반적인 사전허가'라고 볼 수 없다. 한편, 이 사건 법률조항 중 단서 부분은 시위에 대하여 적용되지 않으므로 야간 시위의 금지와 관련하여 헌법상 '허가제 금지' 규정의 위반 여부는 문제되지 아니한다(2014. 4. 24. 2011헌가29).

③ [×] 이 사건 법률조항은 사회의 안녕질서를 유지하고 시민들의 주거 및 사생활의 평온을 보호하기 위한 것으로서 정당한 목적 달성을 위한 적합한 수단이 된다. 그러나 '일출시간 전, 일몰시간 후'라는 광범위하고 가변적인 시간대의 옥외집회 또는 시위를 금지하는 것은 오늘날 직장인이나 학생들의 근무·학업 시간, 도시화·산업화가 진행된 현대사회의 생활형태 등을 고려하지 아니하고 목적 달성을 위해 필요한 정도를 넘는 지나친 제한을 가하는 것이어서 최소침해성 및 법익균형성 원칙에 반한다. 심판대상조항들은 '일몰시간 후부터 같은 날 24시까지의 옥외집회 또는 시위'에 적용되는 한 헌법에 위반된다.

④ [×] 심판대상조항은 국회의원과 국회에서 근무하는 직원, 국회에 출석하여 진술하고자 하는 일반 국민이나 공무원 등이 어떠한 압력이나 위력에 구애됨이 없이 자유롭게 국회의사당에 출입하여 업무를 수행하며, 국회의사당을 비롯한 국회 시설의 안전이 보장될 수 있도록 하기 위한 목적에서 입법된 것으로 그 목적은 정당하고, 국회의사당 경계 지점으로부터 100미터 이내의 장소에서의 옥외집회를 전면적으로 금지하는 것은 국회의 기능을 보호하는 데 기여할 수 있으므로 수단의 적합성도 인정된다(2018.5.31, 2013헌바322 등). 최소성원칙 위반이다.

⑤ [×] 법원 인근에서의 집회라 할지라도 법관의 독립을 위협하거나 재판에 영향을 미칠 염려가 없는 집회도 있다. 예컨대 법원을 대상으로 하지 않고 검찰청 등 법원 인근 국가기관이나 일반법인 또는 개인을 대상으로 한 집회로서 재판업무에 영향을 미칠 우려가 없는 집회가 있을 수 있다.

법원을 대상으로 한 집회라도 사법행정과 관련된 의사표시 전달을 목적으로 한 집회 등 법관의 독립이나 구체적 사건의 재판에 영향을 미칠 우려가 없는 집회도 있다. 한편 「집회 및 시위에 관한 법률」은 심판대상조항 외에도 집회·시위의 성격과 양상에 따라 법원을 보호할 수 있는 다양한 규제수단을 마련하고 있으므로, 각급 법원 인근에서의 옥외집회·시위를 예외적으로 허용한다고 하더라도 이러한 수단을 통하여 심판대상조항의 입법목적은 달성될 수 있다. 심판대상조항은 입법목적을 달성하는 데 필요한 최소한도의 범위를 넘어 규제가 불필요하거나 또는 예외적으로 허용가능한 옥외집회·시위까지도 일률적·전면적으로 금지하고 있으므로, 침해의 최소성원칙에 위배된다(2018.07.26, 2018헌바137).

[정답] ②

104 집회와 결사의 자유에 대한 설명 중 옳지 않은 것은?

① 미리 계획도 되었고 주최자도 있지만 집회시위법이 요구하는 시간 내에 신고를 할 수 없는 옥외집회 즉 긴급집회의 경우에, 신고 가능한 즉시 신고를 했거나, 또는 신고를 하지 않았지만 신고를 할 수 없는 긴급한 사정이 있고 옥외집회나 시위가 평화롭게 진행되어 타인의 법익이나 공공의 안녕질서에 대한 직접적인 위험이 명백하게 초래되지 않았다면, 미신고 위반을 이유로 처벌할 수 없다.

② 초·중·고 교사의 정치단체의 결성에 관여하거나 이에 가입할 수 없도록 한 국가공무원법 제65조는 '정치단체'는 '특정 정당이나 특정 정치인을 지지·반대하는 단체로서 그 결성에 관여하거나 가입하는 경우 공무원의 정치적 중립성 및 교육의 정치적 중립성을 훼손할 가능성이 높은 단체'로 한정할 수 있다. 따라서 '정치단체'의 범위가 지나치게 광범위하다거나 법관의 해석에 의하여 무한히 확대될 위험이 있다고 보기 어렵다.

③ 초·중등 교원이 정당의 당원이 되거나 정당의 결성에 관여하는 것을 금지하는 정당법 및 국가공무원법은 정당가입의 자유를 침해한다고 할 수 없다.

④ 구「주택건설촉진법」상의 주택조합은 주택이 없는 국민의 주거생활의 안정을 도모하고 모든 국민의 주거수준 향상을 기한다는 공공목적을 위하여 법이 구성원의 자격을 제한적으로 정해 놓은 특수조합이어서, 이는 헌법상 결사의 자유가 뜻하는 헌법상 보호법익의 대상이 되는 단체가 아니다.

⑤ 상공회의소가 결사의 자유의 주체가 되는 사법인으로 기본적으로는 임의단체라고 하더라도 일반결사에 비하여 여러 규제와 혜택을 법령으로 규정하고 있으므로, 결사의 자유의 제한과 관련하여 순수한 사적인 임의결사의 기본권이 제한되는 경우에 비해서는 완화된 심사기준을 적용할 수 있다.

정답 및 해설

① [O] 심판대상조항은 집회의 자유를 실질적으로 제한하거나 형해화하지 아니한다. 신고사항은 이익충돌을 조정하기 위하여 필요한 사항들이다. 또한 '48시간 전'의 신고시간이 지나치게 길다고 볼 수 없다. 한편, 심판대상조항은 예외 없이 모든 옥외집회에 대하여 신고의무를 부과하고 있으나, 미리 계획도 되었고 주최자도 있지만 집회시위법이 요구하는 시간 내에 신고를 할 수 없는 옥외집회, 즉 긴급집회의 경우에는 신고가능성이 존재하는 즉시 신고하여야 하는 것으로 해석된다. 따라서 신고 가능한 즉시 신고한 긴급집회의 경우에까지 심판대상조항을 적용하여 처벌할 수는 없다(헌재 2014. 1. 28. 2011헌바174등).

② [X] 「국가공무원법」 조항 중 '그 밖의 정치단체'에 관한 부분은, '그 밖의 정치단체'가 무엇인가에 대하여 규범 내용을 확정할 수 없는 불명확한 개념을 사용하고 있어, 표현의 자유를 규제하는 법률조항, 형벌의 구성요건을 규정하는 법률에 대하여 헌법이 요구하는 <u>명확성원칙의 엄격한 기준</u>을 충족하지 못하였다. 「국가공무원법」 조항 중 '<u>그 밖의 정치단체</u>'에 관한 부분은 어떤 단체에 가입하는가에 관한 집단적 형태의 '표현의 내용'에 근거한 규제이므로, 더욱 규제되는 표현의 개념을 명확하게 규정할 것이 요구된다. 그럼에도 위 조항은 '그 밖의 정치단체'라는 불명확한 개념을 사용하여, 수범자에 대한 위축효과와 법 집행 공무원의 자의적 판단 위험을 야기하고 있다. 위 조항이 명확성원칙에 위배된다(2020.4.23., 2018헌마551).

③ [O] 이 사건 정당가입 금지조항은 침해의 최소성 원칙에 반하지 않는다. 정치적 중립성, 초·중등학교 학생들에 대한 교육기본권 보장이라는 공익은 공무원들이 제한받는 사익에 비해 중대하므로 법익의 균형성 또한 인정된다(2020.4.23., 2018헌마551).

④ [O] 「주택건설촉진법」상의 주택조합은 주택이 없는 국민의 주거생활의 안정을 도모하고 모든 국민의 주거수준의 향상을 기한다는(동법 제1조) 공공목적을 위하여 법이 구성원의 자격을 제한적으로 정해 놓은 특수조합이어서 이는 헌법상의 결사의 자유가 뜻하는 헌법상 보호법익의 대상이 되는 단체가 아니다(1994.2.24, 92헌바43).

⑤ [O] 상공회의소는 상공업자들의 사적인 단체이기는 하나, 설립·회원·기관·의결방법·예산편성과 결산 등이 「상공회의소법」에 의하여 규율되고, 단체결성·가입·탈퇴에 상당한 제한이 있는 조직이며 다른 결사와 달리 일정한 공적인 역무를 수행하면서 지방자치단체의 행정지원과 자금지원 등의 혜택을 받고 있는 법인이므로, 이 사건 법률조항에 의한 결사의 자유 제한이 과잉금지원칙에 위배되는지 판단할 때에는, 순수한 사적인 임의결사에 비해서 완화된 기준을 적용할 수 있다(2006.5.25., 2004헌가1).

[정답] ②

제7절 | 직업의 자유, 재산권, 거주이전의 자유

105 직업의 자유의 자유에 대한 설명 중 옳지 않은 것은?

① 직업선택의 자유와 직업행사의 자유는 기본권 주체에 대한 그 제한의 효과가 다르기 때문에 제한에 대한 위헌심사기준도 다르며, 특히 직업행사의 자유에 대한 제한의 경우 인격발현에 대한 침해의 효과가 일반적으로 직업선택 그 자체에 대한 제한에 비하여 작기 때문에 그 제한이 보다 폭넓게 허용된다.

② 시설경비업을 허가받은 경비업자로 하여금 허가받은 경비업무 외의 업무에 경비원을 종사하게 하는 것을 금지하고, 이를 위반한 경비업자에 대한 허가를 취소하도록 정하고 있는 경비업법 제7조 제5항은 과잉금지원칙에 반하여 시설경비업을 수행하는 경비업자의 직업의 자유를 침해한다.

③ 경비업을 경영하고 있는 자들이나 다른 업종을 경영하면서 새로이 경비업에 진출하고자 하는 자들로 하여금, 경비업을 전문으로 하는 별개의 법인을 설립하지 않는 한 경비업과 그 밖의 업종을 겸영하지 못하도록 금지하고 있는 「경비업법」은 당사자의 능력이나 자격과 상관있는 주관적 사유에 의한 제한은 월등하게 중요한 공익을 위하여 명백하고 확실한 위험을 방지하기 위한 경우에만 정당화될 수 있고, 따라서 헌법재판소가 이 사건을 심사함에 있어서는 헌법 제37조 제2항이 요구하는바 과잉금지의 원칙, 즉 엄격한 비례의 원칙이 그 심사척도가 된다.

④ 경비업을 경영하고 있는 자들이나 다른 업종을 경영하면서 새로이 경비업에 진출하고자 하는 자들로 하여금, 경비업을 전문으로 하는 별개의 법인을 설립하지 않는 한 경비업과 그 밖의 업종을 겸영하지 못하도록 금지하고 있는 「경비업법」은 목적의 정당성은 있으나 방법의 적절성을 갖추지 못하여 직업의 자유를 침해한다.

⑤ 경비업자가 시설경비업무 또는 신변보호업무 중 집단민원현장에 일반경비원을 배치하는 경우 경비원을 배치하기 48시간 전까지 배치허가를 신청하고 허가를 받도록 정한 「경비업법」 제18조 제2항은 과잉금지원칙을 위반하여 경비업자의 직업수행의 자유를 침해하지 않는다.

정답 및 해설

① [O] 헌법재판소는 직업수행의 자유 제한의 경우에는 입법자의 재량의 여지가 많으므로, 그 제한을 규정하는 법령에 대한 위헌 여부를 심사하는데 있어서 좁은 의미의 직업선택의 자유에 비하여 상대적으로 폭넓은 법률상의 규제가 가능한 것으로 보아 <u>다소 완화된 심사기준을 적용하여 왔다</u>(헌재 2001. 6. 28. 2001헌마132).

② [O] 비경비업무의 수행이 경비업무의 전념성을 직접적으로 해하지 아니하는 경우가 있음에도 불구하고, 심판대상조항은 경비업무의 전념성이 훼손되는 정도를 고려하지 아니한 채 <u>경비업자가 경비원으로 하여금 비경비업무에 종사하도록 하는 것을 일률적·전면적으로 금지하고,</u>

경비업자가 허가받은 시설경비업무 외의 업무에 경비원을 종사하게 한 때에는 필요적으로 경비업의 허가를 취소하도록 규정하고 있는 점, 누구든지 경비원으로 하여금 경비업무의 범위를 벗어난 행위를 하게 하여서는 아니 된다며 이에 대한 제재를 규정하고 있는 「경비업법」 제15조의2 제2항, 제19조 제1항 제7호 등을 통해서도 경비업무의 전념성을 충분히 확보할 수 있는 점 등에 비추어 볼 때, 심판대상조항은 침해의 최소성에 위배되고, 경비업무의 전념성을 중대하게 훼손하지 않는 경우에도 경비원에게 비경비업무를 수행하도록 하면 허가받은 경비업 전체를 취소하도록 하여 경비업을 전부 영위할 수 없도록 하는 것은 법익의 균형성에도 반한다. 따라서 심판대상조항은 과잉금지원칙에 위반하여 시설경비업을 수행하는 경비업자의 직업의 자유를 침해한다[2023. 3. 23. 2020헌가19].

③ [×] 심판대상조항은 경비업을 경영하고 있는 자들이나 다른 업종을 경영하면서 새로이 경비업에 진출하고자 하는 자들로 하여금 경비업을 전문으로 하는 별개의 법인을 설립하지 않는 한 경비업과 그 밖의 업종간에 택일하도록 법으로 강제하고 있다. 이와 같이 당사자의 능력이나 자격과 상관없는 객관적 사유에 의한 제한은 월등하게 중요한 공익을 위하여 명백하고 확실한 위험을 방지하기 위한 경우에만 정당화될 수 있고, 따라서 헌법재판소가 이 사건을 심사함에 있어서는 헌법 제37조 제2항이 요구하는바 과잉금지의 원칙, 즉 엄격한 비례의 원칙이 그 심사척도가 된다(헌재 2002. 4. 25. 2001헌마614).

④ [○] 심판대상조항은 비전문적인 영세경비업체의 난립을 막고 전문경비업체를 양성하며, 경비원의 자질을 높이고 무자격자를 차단하여 불법적인 노사분규 개입을 막고자 하는 입법목적 자체는 정당하다고 보인다. 그러나 방법의 적절성의 관점에서 살펴볼 때 '경지업체의 전문화'라는 측면에서 현대의 경비업은 경비장비의 제조·설비·판매업이나 네트워크를 통한 정보산업, 시설물 유지관리, 나아가 경비원교육업 등을 포함하는 '토탈서비스(total service)'를 절실히 요구하고 있는 추세이고 법에서 규정하고 있는 좁은 의미의 경비업만을 영위하도록 하는 것은 영세한 경비업체의 난립을 방치하는 효과를 가진다는 점과 '경비원의 자질을 높이고 무자격자를 차단하여 불법적인 노사분규 개입을 방지하는 것'도 경비원교육의 강화·자격요건이나 보수 등의 근무여건의 향상을 통해 그 목적을 효과적이고 적절하게 달성할 수 있다는 점에서 방법의 적절성을 갖추지 못했다(헌재 2002. 4. 25. 2001헌마614).

⑤ [○] 배치허가 신청기한에 예외를 두거나 사후신고를 할 수 있도록 하는 경우에는 자격미달의 경비원을 기습 배치하는 등 악용의 소지가 있다. 따라서 심판대상조항이 일률적으로 경비업자에게 집단민원현장에 경비원을 배치하는 시점을 기준으로 48시간 전까지 배치허가를 신청하도록 한 것은 과도하지 않으며, 심판대상조항을 통해 달성되는 공익인 국민의 생명과 안전 및 재산은 제한되는 경비업자의 사익보다 월등히 크므로, 심판대상조항은 과잉금지원칙을 위반하여 경비업자의 직업수행의 자유를 침해하지 않는다[2023. 2. 23. 2018헌마246].

[정답] ③

106 직업의 자유에 대한 설명 중 옳지 않은 것은?

① 백화점 또는 대형 할인매장에서 운영하는 자가용자동차(셔틀버스)를 금지하는 「여객자동차운수사업법」은 직업행사의 자유제한이나 비례원칙에 위반되지 않는다.
② 제1종 운전면허의 취득요건으로 양쪽 눈의 시력이 각각 0.5 이상일 것을 요구하는 「도로교통법시행령」은 운전업무종사자에게는 주관적 사유에 의한 직업의 자유제한이고 시력기준에 미달하는 자는 제1종 운전면허 대상 차량을 자신이 직접 운전하는 방법으로는 자신의 영업에 제공할 수 없게 되어 직업수행의 자유에도 일정한 제한을 받게 된다.
③ 피보험자인 전 국민의 의료보험수급권을 보장할 목적으로 의료기관을 요양기관으로 강제로 지정하는 '강제지정제'의 경우는 직업선택의 자유의 제한이론인 단계이론에 의할 때, 가장 완화된 심사기준을 적용하여야 한다.
④ 학원강사 자격제는 주관적 사유에 의한 직업선택의 자유를 제한한다.
⑤ 방송문화진흥회가 최다 출자자인 방송사업자의 경우 한국방송광고진흥공사가 위탁하는 방송광고에 한하여 방송광고를 할 수 있도록 한 「방송광고판매 대행 등에 관한 법률」은 제3단계인 객관적 사유에 의한 직업선택의 자유 제한이다.

> **정답 및 해설**
>
> ①[O] 심판대상조항은 그 목적의 정당성과 방법의 적합성을 인정할 수 있고, 나아가 피해의 최소성과 법익의 균형성을 갖춘 것이므로, 비록 이로 말미암아 청구인들의 영업의 자유에 제약을 가한 점이 있다 하더라도 그 제약은 헌법상 정당한 범위 내의 제한이라고 할 수 있다(헌재 2001. 6. 28. 2001헌마132).
> ②[O] 심판대상조문에서 정한 시력기준에 미달하는 자는 제1종 운전면허를 요구하는 직업에 종사할 수 없게 되어 좁은 의미의 직업선택의 자유에 제한을 받게 된다. 운전면허는 운전업무종사자에 대한 일정한 자격을 설정한 것으로 볼 수 있는데, 자격요건의 설정은 원칙적으로 입법형성의 자유에 속하는 것이고, 다만 그 자격요건의 설정이 재량의 범위를 넘어 명백히 불합리하게 된 경우에는 기본권 침해 등의 문제가 생길 수 있다. 심판대상조문에서 정한 시력기준에 미달하는 자는 제1종 운전면허 대상 차량을 자신이 직접 운전하는 방법으로는 자신의 영업에 제공할 수 없게 되어 직업수행의 자유에도 일정한 제한을 받게 된다(헌재 2003. 6. 26. 2002헌마677).
> ③[O] 단계이론에 의할 때, '객관적 사유에 의한 직업결정의 자유의 제한'에 있어서 가장 엄격한 심사기준을 적용한다. 즉, 월등하게 중요한 공익을 위하여 명백하고 확실한 위험을 방지하기 위한 경우에만 정당화될 수 있다. '강제지정제'는 '직업행사의 자유 제한'에 해당한다.
> ④[O] 이 사건 심판대상은 주관적 사유로 직업의 자유를 제한하고 있으므로 직업행사의 자유 제한보다는 엄밀한 정당화가 요구되나 객관적 사유에 의한 직업 선택의 자유를 제한하는 경우에 비하면 입법자는 넓은 재량을 가지므로 보다 유연하고 탄력적 심사가 필요하다(2003.9.25, 2002헌마519).
> ⑤[X] 직업수행의 자유가 보장된다 하더라도 기본권 제한 입법의 한계조항인 헌법 제37조 제2항에 따라 국가안전보장·질서유지 또는 공공복리를 위하여 불가피한 경우에는 이를 제한할 수 있고, 이 경우 직업선택의 자유에 비하여 상대적으로 폭넓은 입법적 규제가 가능하다. 물론 이러한

경우 그 수단은 목적 달성에 적절한 것이어야 하고, 또한 필요한 정도를 넘는 지나친 것이어서는 아니 된다. 이 사건 심판대상조항이 공영방송사의 경우 공영미디어렙인 한국방송광고진흥공사만을 통해 방송광고 판매를 하도록 한 것은 미디어렙 경쟁체제에서 나타날 수 있는 방송의 상업화 등 부작용을 방지하고, 공영방송사에 대한 광고주나 특정인의 부당한 영향력 행사를 차단하여 방송의 공공성, 공정성, 다양성을 확보하기 위한 것으로, 방송문화진흥회가 최다출자자인 청구인과 같은 공영방송사는 그 존립근거나 운영주체의 특성상 상대적으로 더 높은 수준의 공공성을 요구받는 것이 당연하다. 방송광고의 가격이나 광고총량을 통제하여 방송이 시청률 위주의 지나친 상업적 방송이 되는 것을 막고, 시청률은 낮더라도 공익성이 높은 프로그램의 경우에는 적정한 가격에 방송광고를 판매할 수 있도록 그 규제가 가능한 공영미디어렙을 통해 방송광고를 판매하도록 하는 것은 과잉금지원칙에 위반된다고 볼 수 없다(2013.9.26, 2012헌마271).

[정답] ⑤

107 직업의 자유에 대한 설명으로 옳지 않은 것은?

① 시각장애인에 대하여만 안마사 자격인정을 받을 수 있도록 하는 것은 당사자의 능력이나 자격과 상관없으므로 객관적 허가요건에 의한 직업선택의 자유에 대한 제한에 해당한다.
② 시각장애인만이 안마사가 될 수 있도록 한 안마사규칙에 대해 헌법재판소는 위헌이라고 한 바 있었으나, 안마사법에 대해서는 위헌이 아니라고 하였다.
③ 치과전문의 자격인정요건으로 '외국의 의료기관에서 치과의사 전문의 과정을 이수한 사람'을 포함하지 아니한 「치과의사전문의의 수련 및 자격인정 등에 관한 규정」제18조 제1항이 청구인들의 직업수행의 자유를 침해한다.
④ 보건복지부장관이 의료법 및 위 규정의 위임에 따라 치과전문의 자격시험을 실시하기 위하여 필요한 시행규칙의 개정 등 절차를 마련하지 아니하는 입법부작위는 직업의 자유, 행복추구권 및 평등권뿐 아니라 학문의 자유를 침해한다.
⑤ 치과전문의제도의 불시행으로 인하여 치과의사의 재산권은 침해되었다고 할 수 없다.

> **정답 및 해설**
>
> ① [O] 안마사 자격인정에 있어서 비맹제외기준은 시각장애인이 아닌 사람의 직업선택의 자유를 직접 침해하고 있고, 이는 당사자의 능력이나 자격과 상관없는 객관적 허가요건에 의한 직업선택의 자유에 대한 제한을 의미하므로, 헌법 제37조 제2항이 요구하는 과잉금지의 원칙을 충족하여야 할 것이다(2006.5.25., 2003헌마715).
> ② [O] 헌법재판소는 과거 시각장애인에 한하여 안마사 자격인정을 받을 수 있도록 하는, 이른바 비맹제외기준을 설정하고 있는 안마사에 관한 규칙이 법률유보원칙에 위배하여 일반인의 직업선택의 자유를 침해한다고 보았다(2006.5.25, 2003헌마715 등). 그 후 국회에서 「의료법」을 개정하여 법률에서 비맹제외기준을 설정한 것이 직업선택의 자유를 침해하는지 여부가 문제된 사안에서는 시각장애인에 한하여 안마사 자격을 인정하는 것을 합헌으로 판시하였다(2008.10.30, 2006헌마1098 등).

③ [O] 외국의 의료기관에서 치과전문의 과정을 이수한 사람에 대해 그 외국의 치과전문의 과정에 대한 인정절차를 거치거나, 치과전문의자격시험에 앞서 예비시험제도를 두는 등 직업의 자유를 덜 제한하는 방법으로도 입법목적을 달성할 수 있고, 이미 국내에서 치과의사면허를 취득하고 외국의 의료기관에서 치과전문의 과정을 이수한 사람들에게 다시 국내에서 전문의 과정을 다시 이수할 것을 요구하는 것은 지나친 부담을 지우는 것이므로, 심판대상조항은 침해의 최소성원칙에 위배되고 법익의 균형성도 충족하지 못한다. 따라서 심판대상조항은 과잉금지원칙에 위배되어 청구인들의 직업수행의 자유를 침해한다(2015.9.24, 2013헌마197).

④ [X] 청구인들은 직업으로서 치과전문의를 선택하고 이를 수행할 자유(직업의 자유)를 침해당하고 있다. 또한 청구인들은 전공의수련과정을 사실상 마치고도 치과전문의 자격시험의 실시를 위한 제도가 미비한 탓에 치과전문의 자격을 획득할 수 없었고 이로 인하여 형벌의 위험을 감수하지 않고는 전문과목을 표시할 수 없게 되었으므로(「의료법」 제55조 제2항, 제69조 참조) 행복추구권을 침해받고 있고, 이 점에서 전공의수련과정을 거치지 않은 일반 치과의사나 전문의시험이 실시되는 다른 의료 분야의 전문의에 비하여 불합리한 차별을 받고 있다.

➡ 학문의 자유: 치과전문의 자격시험이 실시되지 아니하더라도 치과의사가 어느 전문 분야에 관하여 전문적인 교육을 받고, 연구를 함에 있어 법률상 또는 현실적으로 특별한 제한이나 불이익을 받고 있다고는 할 수 없으며, 따라서 치과전문의제도의 불시행으로 인하여 청구인들의 학문의 자유가 침해되었다고 할 수는 없다(1998.7.16, 96헌마246).

⑤ [O] 급료청구권이나 급료는 재산권이므로 이들 자체를 박탈하는 것은 재산권의 침해라고 할 수 있지만, 전문의 자격의 불비로 인하여 급료를 정함에 있어 불이익을 받는 것은 사실적·경제적 기회의 문제에 불과할 뿐 재산권의 침해라고 보기 어렵다(1998.7.16., 96헌마246).

[정답] ④

108 전문과목을 표시한 치과의원은 그 표시한 전문과목에 해당하는 환자만을 진료하여야 한다고 규정한 의료법에 대해 헌법소원심판이 청구되었다. 이에 대한 설명 중 옳지 않은 것을 모두 조합한 것은?

> ㄱ. 전문과목을 표시한 치과의원은 그 표시한 전문과목에 해당하는 환자만을 진료하여야 한다고 규정한 「의료법」이 치과전문의의 직업수행의 자유 및 의료소비자의 선택권을 침해하는지 여부가 주된 쟁점이다.
> ㄴ. 청구인이 가졌던 신뢰는 전문과목을 표시한 치과의원이 모든 전문과목의 진료를 할 수 있을 것으로 예측 내지 기대한 것에 불과하므로 심판대상 「의료법」이 신뢰보호원칙에 위배되어 청구인들의 직업수행의 자유를 침해한다고 볼 수 없다.
> ㄷ. 심판대상조항은 명확성원칙에 위배되어 청구인들의 직업수행의 자유를 침해한다.
> ㄹ. 심판대상조항은 전문의 자격제도를 둔 취지, 국내 실정에 맞는 의료지식 및 관행, 의료소비자의양상 등을 숙지한 사람만 치과전문의 자격인정을 받을 수 있게 한 입법목적, 심판대상조항은 청구인들이 국내에서 전공의 수련과정을 이수하지 못

하도록 하는 제한이 없는 점, 치과의사인 청구인들은 심판대상조항에 따라 외국에서 전문의 수련과정을 마치더라도 국내에서 전공의 수련과정을 마친 것과 동일하게 인정받지 못한다는 사실을 잘 알고 있었을 것으로 보이는 점 등을 종합적으로 고려할 때, 심판대상조항이 입법재량의 범위를 벗어나 청구인들의 직업선택의 자유를 침해한다고 볼 수 없다.

ㅁ. 1차 의료기관의 전문과목 표시에 대해 불이익을 주어 치과 전문의들이 2차 의료기관에 근무하도록 유도하는 것은 적정한 치과 의료 전달체계의 정립을 위해 적절한 방안이 될 수 없다.

ㅂ. 의사전문의와 치과전문의 모두 환자의 치료를 위한 전문성을 필요로 한다는 점을 감안하면, 치과전문의의 자격 인정 요건을 의사전문의의 경우와 다르게 규정할 특별한 사정이 있다고 보기도 어렵다. 따라서 심판대상조항은 청구인들의 평등권을 침해한다.

① ㄱㄷㅁ
② ㄴㄷㄹ
③ ㄷㄹㅁ
④ ㄱㄷㄹ
⑤ ㄴㄷㅁ

정답 및 해설

ㄱ. [×] 청구인들은 심판대상조항이 환자의 자기결정권을 침해한다고 주장한다. 청구인들이 의료인(치과전문의)의 지위와 의료소비자(환자)의 지위를 동시에 갖고 있기는 하나, 이 사건에서는 심판대상조항이 치과전문의의 직업수행의 자유 및 평등권을 침해하는지 여부가 주된 쟁점이고, 의료소비자의 선택권이 제한되는 것은 치과전문의의 진료영역을 제한함에 따라 발생하는 효과이므로, 치과전문의의 직업수행의 자유 및 평등권의 침해 여부를 판단하는 과정에서 이를 함께 고려하는 것으로 충분하다. 따라서 환자의 자기결정권 침해 여부는 별도로 판단하지 아니한다(2015.5.28, 2013헌마799).

ㄴ. [○] 심판대상조항이 2011.4.28. 신설되어 그 시행까지 2년 6개월이 넘는 유예기간을 두었던 점 등을 고려할 때, 청구인들의 신뢰이익에 대한 침해 정도가 그다지 중하다고 볼 수도 없다. 따라서 심판대상조항은 신뢰보호원칙에 위반하여 청구인들의 직업수행의 자유를 침해한다고 볼 수 없다.

ㄷ. [×] 심판대상조항이 명확성원칙에 위배되어 청구인들의 직업수행의 자유를 침해하는지 여부(소극)
치과전문의가 되기 위해서는 치과의사 면허를 받은 자가 치과전공의 수련과정을 거쳐 치과전문의 자격시험에 합격해야 하므로, 심판대상조항의 수범자인 치과전문의는 각 전문과목의 진료 내용과 진료영역 및 전문과목 간의 차이점 등을 알 수 있다. 따라서 심판대상조항은 명확성원칙에 위배되어 직업수행의 자유를 침해한다고 볼 수 없다.

ㄹ. [×] 일반적으로 직업수행의 자유에 대하여는 직업선택의 자유와는 달리 공익목적을 위하여 상대적으로 폭넓은 입법적 규제가 가능한 것이지만, 그렇다고 하더라도 그 수단은 목적달성에 적절한 것이어야 하고 또한 필요한 정도를 넘는 지나친 것이어서는 아니 된다.

ㅁ. [O] 1차 의료기관의 전문과목 표시에 대해 불이익을 주어 치과 전문의들이 2차 의료기관에 근무하도록 유도하는 것은 적정한 치과 의료 전달체계의 정립을 위해 적절한 방안이 될 수 없다. 또한 심판대상조항은 자신의 전문과목 환자만 진료해도 충분한 수익을 올릴 수 있는 전문과목에의 편중 현상을 심화시킬 수 있다. 따라서 심판대상조항은 수단의 적절성과 침해의 최소성을 갖추지 못하였다.

ㅂ. [O] 1976년부터 2003년까지 의사전문의와 치과전문의를 함께 규율하던 구 '전문의의 수련 및 자격 인정 등에 관한 규정'(2003. 6. 30. 대통령령 제18040호로 치과전문의 규정이 제정되기 전의 것)이 의사전문의 자격 인정 요건과 치과전문의 자격 인정 요건에 대하여 동일하게 규정하였던 점이나, 의사전문의와 치과전문의 모두 환자의 치료를 위한 전문성을 필요로 한다는 점을 감안하면, 치과전문의의 자격 인정 요건을 의사전문의의 경우와 다르게 규정할 특별한 사정이 있다고 보기도 어렵다. 따라서 심판대상조항은 청구인들의 평등권을 침해한다.

[정답] ④

109 직업의 자유에 대한 설명 중 옳은 것은?

① 한국방송광고공사와 이로부터 출자를 받은 회사가 아니면 지상파방송사업자에 대해 방송광고 판매대행을 할 수 없도록 규정하고 있는 구 방송법 제73조 제5항은 직업수행의 자유에 대한 제한이지만 그 실질이 직업수행의 자유를 형해화시키는 경우에는 그것이 직업선택이 아닌 직업수행의 자유에 대한 제한이라고 하더라도 엄격한 심사기준이 적용된다 할 것이다.

② 법령에서 사법시험 시행 전에 선발예정인원을 정하는 정원제를 규정하는 것은 사법시험을 통하여 변호사에게 필요한 자질과 능력을 검증하는 것이 아니라 변호사의 사회적 수급상황 등을 고려한 것이기에 객관적 사유에 의한 직업의 자유의 제한에 해당한다.

③ 학원설립·운영자가 구「학원의 설립·운영 및 과외교습에 관한 법률」을 위반하여 벌금형을 선고받은 경우 등록의 효력을 잃도록 규정하고 있는 것은 당사자의 능력이나 자격과는 하등 관련이 없는 객관적 사유에 의한 직업선택의 자유에 대한 제한이다.

④ 한국산업인력공단의 "2019년도 제56회 변리사 국가자격시험 시행계획 공고" 가운데 '2019년 제2차 시험과목 중 특허법과 상표법 과목에 실무형 문제를 각 1개씩 출제' 부분이 사건 공고가 과잉금지원칙을 위반하여 직업선택의 자유를 침해한다.

⑤ 변호사의 자격이 있는 자에게 더 이상 세무사 자격을 부여하지 않는 구 세무사법은 선택한 직업을 자기가 원하는 방식으로 자유롭게 수행할 수 있는 '직업수행의 자유'를 제한한다.

정답 및 해설

① [O] 지상파 방송광고가 전체 방송광고 시장의 대부분을 차지하고 있는 우리나라 광고시장의 현실을 감안할 때, 지상파방송사업자에 대한 방송광고 판매대행을 한국방송광고공사나 이로부터 출자를 받은 방송광고 판매대행사만 하도록 하는 것은 청구인과 같은 민영 방송광고 판매대행사의 직업수행의 자유를 유명무실하게 할 우려가 있다. 이와 같이 직업수행의 자유에 대한 제한이지만 그 실질이 직업수행의 자유를 형해화시키는 경우에는 그것이 직업선택이 아닌 직업수행의 자유에 대한 제한이라고 하더라도 엄격한 심사기준이 적용된다 할 것이다(헌재 2008. 11. 27. 2006헌마352).

② [×] 시험제도란 본질적으로 응시자의 자질과 능력을 측정하는 것이며, 합격자의 결정을 상대평가(정원제)와 절대평가 중 어느 것에 의할 것인지는 측정방법의 선택의 문제일 뿐이고, 이 사건 법률조항이 사법시험의 합격자를 결정하는 방법으로 정원제를 취한 이유는 상대평가라는 방식을 통하여 응시자의 자질과 능력을 검정하려는 것이므로 이는 객관적 사유가 아닌 주관적 사유에 의한 직업선택의 자유의 제한이다(2010.5.27., 2008헌바110).

③ [×] 청구인과 같은 학원설립·운영자는「학원의 설립·운영 및 과외교습에 관한 법률」위반으로 벌금형을 선고받을 경우 이 사건 효력상실조항에 따라 그 등록은 효력을 잃게 되고, 다시 등록을 하지 않는 이상 학원을 설립·운영할 수 없게 된다. 이는 일정한 직업을 선택함에 있어 기본권 주체의 능력과 자질에 따른 제한으로서 이른바 '주관적 요건에 의한 좁은 의미의 직업선택의 자유의 제한'에 해당한다(2014.1.28., 2011헌바252).

④ [×] 이 사건 공고는 변리사시험 응시자로 하여금 일정 수준 이상의 기술적 전문지식과 실무능력을 평가받도록 함으로써 심화되는 국내외 산업재산권 분쟁에 대응할 수 있는 능력을 갖춘 변리사를 선발·양성하기 위한 것으로, 목적의 정당성 및 수단의 적합성이 인정된다. 이 사건 공고로 인하여 청구인들이 실무형 문제를 풀어야 하는 부담을 지게 되지만, 청구인들이 제한받게 되는 사익이 이 사건 공고로 달성하고자 하는 공익보다 크다고 보기 어려우므로, 이 사건 공고는 법익의 균형성 원칙에 위배되지 않는다. 그렇다면 이 사건 공고는 과잉금지원칙을 위반하여 청구인들의 직업선택의 자유를 침해하지 않는다(2019. 5. 30. 2018헌마1208).

⑤ [×] 헌법 제15조는 "모든 국민은 직업선택의 자유를 가진다."라고 규정하여 개인이 원하는 직업을 자유롭게 선택하는 '좁은 의미의 직업선택의 자유'와 그가 선택한 직업을 자기가 원하는 방식으로 자유롭게 수행할 수 있는 '직업수행의 자유'를 보장하고 있다. 이 사건 법률조항은 종전과 달리 변호사의 자격이 있는 사람으로 하여금 '세무사로서' 세무대리업무를 수행하기 위해서는 별도로 세무사 자격시험에 합격할 것을 요구하여 세무사라는 직업을 선택할 수 있는 자유를 제한한다[2021. 7. 15. 2018헌마279].

[정답] ①

110 직업의 자유에 대한 설명 중 옳은 것(○)과 옳지 않은 것(×)을 올바르게 조합한 것은? (다툼이 있는 경우 판례에 의함)

> ㄱ. 허가받은 지역 밖에서의 이송업의 영업을 금지하고 처벌하는 '응급의료에 관한 법률'은 과잉금지원칙을 위반하여 직업수행의 자유를 침해한다고 볼 수 없다.
> ㄴ. 변호사의 자격이 있는 자에게 더 이상 세무사 자격을 부여하지 않는 구 세무사법은 신뢰보호원칙에 반하여 직업선택의 자유를 침해한다.
> ㄷ. 세무사 자격 보유 변호사로 하여금 세무사로서 세무사의 업무를 할 수 없도록 규정한 세무사법 제20조 제1항 본문 중 변호사에 관한 부분은 세무사 자격 보유 변호사의 직업선택의 자유를 침해한다.
> ㄹ. 유사군복의 판매 목적 소지를 금지하는 '군복 및 군용장구의 단속에 관한 법률'은 과잉금지원칙을 위반하여 직업의 자유 내지 일반적 행동의 자유를 침해한다.
> ㅁ. 의료인은 어떠한 명목으로도 둘 이상의 의료기관을 운영할 수 없다고 규정한 의료법은 과잉금지원칙에 반한다.

① ㄱ(○), ㄴ(○), ㄷ(×), ㄹ(○), ㅁ(○)
② ㄱ(×), ㄴ(×), ㄷ(○), ㄹ(×), ㅁ(○)
③ ㄱ(○), ㄴ(×), ㄷ(○), ㄹ(×), ㅁ(×)
④ ㄱ(×), ㄴ(○), ㄷ(○), ㄹ(○), ㅁ(×)
⑤ ㄱ(×), ㄴ(○), ㄷ(×), ㄹ(○), ㅁ(×)

정답 및 해설

ㄱ. [○] 허가받은 지역 밖에서의 이송업의 영업을 금지하고 처벌하는 '응급의료에 관한 법률'은 국민의 생명과 건강에 직결되는 응급이송체계를 적정하게 확립한다는 공익의 중요성에 비추어 영업지역의 제한에 따라 침해되는 이송업자의 사익이 크다고 보기는 어려우므로 법익의 균형성도 인정된다. 따라서 심판대상조항은 과잉금지원칙을 위반하여 직업수행의 자유를 침해한다고 볼 수 없다(2018. 2. 22. 2016헌바100).

ㄴ. [×] 청구인들의 신뢰는 입법자에 의하여 꾸준히 축소되어 온 세무사 자격 자동부여 제도에 관한 것으로서 그 보호의 필요성이 크다고 보기 어렵다. 나아가 설령 그것이 보호가치가 있는 신뢰라고 하더라도 변호사인 청구인들은 변호사법 제3조에 따라 변호사의 직무로서 세무대리를 할 수 있으므로 신뢰이익을 침해 받는 정도가 이 사건 부칙조항이 달성하고자 하는 공익에 비하여 크다고 보기 어렵다. 따라서 이 사건 부칙조항은 신뢰보호원칙을 위배하여 청구인들의 직업선택의 자유를 침해하지 않는다(2021. 7. 15. 2018헌마27).

ㄷ. [○] 세무사로서 세무대리를 일체 할 수 없게 됨으로써 세무사 자격 보유 변호사가 받게 되는 불이익이 심판대상조항으로 달성하려는 공익보다 경미하다고 보기 어려우므로, 심판대상조항은 법익의 균형성도 갖추지 못하였다. 그렇다면, 심판대상조항은 과잉금지원칙을 위반하여 세무사 자격 보유 변호사의 직업선택의 자유를 침해하므로 헌법에 위반된다(2018. 4. 26. 2015헌가19).

ㄹ. [×] 유사군복이 모방하고 있는 대상인 전투복은 군인의 전투용도로 세심하게 고안되어 제작된 특수한 물품이다. 이를 판매 목적으로 소지하지 못하여 입는 개인의 직업의 자유나 일반적 행동의 자유의 제한 정도는, 국가안전을 보장하고자 하는 공익에 비하여 결코 중하다고 볼 수 없다. 따라서 심판대상조항은 과잉금지원칙을 위반하여 직업의 자유 내지 일반적 행동의 자유를 침해한다고 볼 수 없다(2019. 4. 11. 2018헌가14).

ㅁ. [×] 이 사건 법률조항은 의료인으로 하여금 하나의 의료기관에서 책임 있는 의료행위를 하게 하여 의료행위의 질을 유지하고, 지나친 영리추구로 인한 의료의 공공성 훼손 및 의료서비스 수급의 불균형을 방지하며, 소수의 의료인에 의한 의료시장의 독과점 및 의료시장의 양극화를 방지하기 위한 것이다. 국가가 국민의 건강을 보호하고 적정한 의료급여를 보장해야 하는 사회국가적 의무 등을 종합하여 볼 때, 이 사건 법률조항은 과잉금지원칙에 반한다고 할 수 없다(2019. 8. 29. 2014헌바212).

[정답] ③

111 직업의 자유에 대한 설명 중 옳지 않은 것을 모두 조합한 것은?

> ㄱ. 공중보건의사에 편입되어 공중보건의사로 복무하는 것은 직업선택의 자유의 보호대상이 되는 '직업' 개념에 포함된다.
> ㄴ. 약사 또는 한약사가 아닌 자연인'의 약국 개설을 금지하고 위반 시 형사처벌하는 약사법 제20조 제1항이 과잉금지원칙에 반하여 직업의 자유를 침해한다고 할 수 없다.
> ㄷ. 안경사 면허를 가진 자연인에게만 안경업소의 개설 등을 할 수 있도록 하여 안경사들로만 구성된 법인 형태의 안경업소 개설까지 허용하지 않는 구 의료기사 등에 관한 법률은 직업의 자유에 대한 필요 이상의 제한으로 그 침해의 정도도 상당하므로, 과잉금지원칙에 반하여 직업수행의 자유를 침해한다.
> ㄹ. 변호사는 계쟁권리(係爭權利)를 양수할 수 없다고 규정한 변호사법 제32조는 변호사의 직업수행의 자유를 침해하지 않는다.
> ㅁ. 과세관청의 공무원을 증원하거나 세무사에게 성실신고확인서를 작성하는 공적 지위를 부여하거나 소득세 신고 이후 과세관청의 조사 결과 불성실신고가 확인된 사업자 등으로 성실신고확인서 제출의무 대상자를 한정하는 등 기본권을 덜 제한하는 방법이 있으므로, 심판대상조항은 과잉금지원칙에 위배되어 세무사의 직업행사의 자유를 침해한다.

① ㄱㄷㅁ ② ㄷㄹ
③ ㄴㄷㄹ ④ ㄷㄹㅁ
⑤ ㄱㄹ

정답 및 해설

ㄱ. [×] 청구인이 공중보건의사에 편입되어 공중보건의사로 복무하는 것은 병역의 종류의 하나인 보충역으로서 병역의무를 이행하기 위한 것이므로, 직업선택의 자유의 보호대상이 되는 '직업' 개념에 포함된다고 보기 어렵다. 따라서 직업선택의 자유 침해 여부는 문제되지 않는다(2020. 9. 24. 2017헌마643).

ㄴ. [○] 약국 개설은 전 국민의 건강과 보건, 나아가 생명과도 직결된다는 점에서, 달성되는 공익보다 제한되는 사익이 더 중하다고 볼 수 없다. 심판대상조항은 과잉금지원칙에 반하여 직업의 자유를 침해하지 않는다(2020. 10. 29. 2019헌바249).

ㄷ. [×] 대규모 자본을 가진 비안경사들이 법인의 형태로 안경시장을 장악하여 개인 안경업소들이 폐업하면 안경사와 소비자 간 신뢰관계 형성이 어려워지고, 독과점으로 인해 안경 구매비용이 상승할 수 있다. 반면 현행법에 의하더라도 안경사들은 협동조합, 가맹점 가입, 동업 등의 방법으로 법인의 안경업소 개설과 같은 조직화, 대형화 효과를 어느 정도 누릴 수 있다. 따라서 심판대상조항은 과잉금지원칙에 반하지 아니하여 자연인 안경사와 법인의 직업의 자유를 침해하지 아니한다(2021. 6. 24. 2017헌가31).

ㄹ. [○] 심판대상조항은 변호사에게 요구되는 윤리성을 담보하고, 의뢰인과의 신뢰관계 균열을 방지하며, 법률사무 취급의 전문성과 공정성 등을 확보하고자 마련된 것이다. 계쟁권리 양수는 변호사의 직무수행 과정에서 의뢰인과의 사이에 신뢰성과 업무수행의 공정성을 훼손할 우려가 크기에 양수의 대가를 지불하였는지를 불문하고 금지할 필요가 있다. 양수가 금지되는 권리에는 계쟁목적물은 포함되지 않으며 '계쟁 중'에만 양수가 금지된다는 점을 고려하면 변호사로 하여금 계쟁권리를 양수하지 못하도록 하는 것을 과도한 제한이라고 볼 수 없다. 따라서 이 조항은 변호사의 직업수행의 자유를 침해하지 않는다(2021. 10. 28. 2020헌바488).

ㅁ. [×] 세무사의 입장에서도 성실신고 확인업무를 충실히 수행하여 그 성실성을 담보하면 과태료나 직무정지와 같은 불이익 없이 오히려 수임을 통해 금전적 이득을 볼 수 있으므로 그 제한이 과중하다고 보기 어려워 법익균형성도 충족한다. 심판대상조항은 과잉금지원칙에 위배되어 세무사 등의 직업수행의 자유를 침해하지 않는다(2019. 7. 25. 2016헌바392).

[정답] ①

112 직업의 자유의 자유 설명 중 옳지 않은 것을 모두 조합한 것은?

ㄱ. 외국인근로자의 사업장 변경 사유를 제한하는 외국인고용법 제25조 제1항은 외국인근로자의 사업장 변경 사유를 제한하는 외국인고용법 제25조 제1항은 근로의 권리를 제한하지 않으나 직업선택의 자유 중 직장선택의 자유를 제한한다.

ㄴ. '특정 시점부터 해당 직업을 선택하고 직업수행을 개시할 자유'가 직업선택의 자유, 직업수행의 자유의 내용으로 보호된다.

ㄷ. 법무법인에 대하여 변호사법 제38조 제2항(변호사 겸직허가)을 준용하지 않고 있어 변호사업무 외의 업무를 수행할 수 없도록 한 변호사법이 법무법인의 영업의 자유를 침해한다.

ㄹ. 지역아동센터 시설별 신고정원의 80% 이상을 돌봄취약아동으로 구성하도록 정한

'2019년 지역아동센터 지원 사업안내'는 직업수행의 자유를 침해한다고 할 수 없다.
ㅁ. 집단급식소에 근무하는 영양사의 직무를 규정한 조항인 식품위생법 제52조 제2항을 위반한 자를 처벌하는, 식품위생법 제96조는 직무를 수행하지 아니한 행위 일체를 처벌대상으로 하는 것이 아니라 집단급식소의 위생과 안전을 침해할 위험이 있는 행위로 한정하여 처벌대상으로 하고 있다. 그러므로 처벌조항은 과잉금지원칙에 위반되지 않는다.

① ㄱㄷㅁ
② ㄷㄹ
③ ㄴㄷㅁ
④ ㄷㄹㅁ
⑤ ㄱㄹ

정답 및 해설

ㄱ. [O] 청구인들은 본안 심판대상조항들이 근로의 권리를 침해한다고 주장하나, 근로의 권리를 구체화한 근로기준법이나 산업안전보건법 등 법령은 외국인근로자에게도 모두 적용되고, 사용자가 의무를 위반한 경우 외국인근로자가 그에 따른 법정 구제절차를 이용하는 데 아무런 제한이 없다. 나아가 헌법상 근로의 권리에, 열악한 근로환경을 갖춘 사업장을 이탈하여 다른 사업장으로 이직함으로써 사적(私的)으로 근로환경을 개선하거나 해결하는 방법을 보장하는 것까지 포함된다고 볼 수는 없다. 따라서 본안 심판대상조항들은 근로의 권리를 제한하지 않는다. 이 사건 사유제한조항 및 이 사건 고시조항은 외국인근로자의 사업장 변경 사유를 제한하고 있는바, 이로 인하여 외국인근로자는 일단 형성된 근로관계를 포기하고 직장을 이탈하는 데 있어 제한을 받게 되므로 이는 직업선택의 자유 중 직장선택의 자유를 제한하고 있다(2021. 12. 23. 2020헌마395).

ㄴ. [X] 병역의무 이행을 이유로 수련기간에서 2개월이 제외되었다고 하여 어떠한 불이익한 처우를 받는 것도 아니므로, 이 사건에서 청구인들이 주장하는 취지의 '특정 시점부터 해당 직업을 선택하고 직업수행을 개시할 자유'가 직업선택의 자유, 직업수행의 자유의 내용으로 보호된다고 보기는 어렵다(2020. 9. 24. 2019헌마472).

ㄷ. [X] 법무법인이 변호사 직무와 구분되는 영리행위는 할 수 없도록 함으로써 법무법인이 단순한 영리추구 기업으로 변질되는 것을 방지하기 위한 것으로 과잉금지원칙에 위반되지 않는다(2020. 7. 16. 2018헌바195).

ㄹ. [O] 이용 아동구성이 달라진다고 하여 청구인 운영자들의 지역아동센터 운영에 어떠한 본질적인 차이를 가져온다고 보기 어렵고, 청구인 운영자들은 국가의 재정적 지원에 상응하는 공익적 의무를 부담할 수 있다는 것을 충분히 예견할 수 있다. 따라서 이 사건 이용아동규정이 청구인 운영자들의 직업 수행의 자유를 중대하게 제한하고 있다고 할 수 없다(2022. 1. 27. 2019헌마583).

ㅁ. [X] 처벌조항으로 인해 집단급식소에 근무하는 영양사는 그 경중 또는 실질적인 사회적 해악의 유무에 상관없이 직무수행조항에서 규정하고 있는 직무를 단 하나라도 불이행한 경우 상시적인 형사처벌의 위험에 노출된다. 이는 범죄의 설정에 관한 입법재량의 한계를 현저히 일탈하여 과도하다고 하지 않을 수 없다. 그러므로 처벌조항은 과잉금지원칙에 위반된다(2023. 3. 23. 2019헌바14).

[정답] ③

113 수용자와 접견이나 증인 신문에 대한 설명 중 옳은 것(○)과 옳지 않은 것(×)을 올바르게 조합한 것은? (다툼이 있는 경우 판례에 의함)

> ㄱ. 변호사와 접견하는 경우에도 수용자의 접견은 원칙적으로 접촉차단시설이 설치된 장소에서 하도록 규정하고 있는 형의 집행 및 수용자의 처우에 관한 법률 시행령 제58조 제4항은 재판청구권을 침해한다.
> ㄴ. 민사재판, 행정재판, 헌법재판 등에서 소송사건의 대리인이 되려고 하는 변호사는 아직 소송대리인으로 선임되기 전이라는 이유로 접촉차단시설이 설치된 장소에서 일반접견의 형태로 수용자를 접견하도록 한 '형의 집행 및 수용자의 처우에 관한 법률 시행령' 제58조 제4항 제2호는 과잉금지원칙에 반하여 변호사인 청구인의 직업수행의 자유를 침해한다.
> ㄷ. 소송사건의 대리인인 변호사가 수형자를 접견하고자 하는 경우 소송계속 사실을 소명할 수 있는 자료를 제출하도록 규정하고 있는 '형의 집행 및 수용자의 처우에 관한 법률 시행규칙' 제29조의2 제1항 제2호 중 '수형자 접견'에 관한 부분은 과잉금지원칙에 위배되어 변호사인 청구인의 직업수행의 자유를 침해한다.
> ㄹ. '피고인 등'에 대하여 차폐시설을 설치하고 증인을 신문할 수 있도록 한 부분이 청구인의 공정한 재판을 받을 권리 및 변호인의 조력을 받을 권리를 침해한다고 할 수 없다.
> ㅁ. '변호인이 되려는 자'의 자격으로 피의자 접견 신청을 하였음에도 이를 허용하기 위한 조치를 취하지 않은 검사의 행위(검사의 접견불허행위)가 직업의 자유를 침해한다.

① ㄱ(○), ㄴ(○), ㄷ(×), ㄹ(○), ㅁ(○)
② ㄱ(×), ㄴ(×), ㄷ(○), ㄹ(×), ㅁ(○)
③ ㄱ(○), ㄴ(×), ㄷ(×), ㄹ(×), ㅁ(×)
④ ㄱ(○), ㄴ(×), ㄷ(○), ㄹ(○), ㅁ(×)
⑤ ㄱ(×), ㄴ(○), ㄷ(×), ㄹ(○), ㅁ(×)

정답 및 해설

> ㄱ. [○] 이 사건 접견조항에 따르면 수용자는 효율적인 재판준비를 하는 것이 곤란하게 되고, 특히 교정시설 내에서의 처우에 대하여 국가 등을 상대로 소송을 하는 경우에는 소송의 상대방에게 소송자료를 그대로 노출하게 되어 무기대등의 원칙이 훼손될 수 있다. 변호사 직무의 공공성, 윤리성 및 사회적 책임성은 변호사 접견권을 이용한 증거인멸, 도주 및 마약 등 금지물품 반입 시도 등의 우려를 최소화시킬 수 있으며, 변호사접견이라 하더라도 교정시설의 질서 등을 해할 우려가 있는 특별한 사정이 있는 경우에는 예외를 두도록 한다면 악용될 가능성도 방지할 수 있다. 따라서 이 사건 접견조항은 과잉금지원칙에 위배하여 청구인의 재판청구권을 지나치게 제한하고 있으므로, 헌법에 위반된다(2013. 8. 29. 2011헌마122).

ㄴ. [×] 상소권회복 또는 재심청구 사건은 형 집행의 직접적 원인이 되는 확정판결에 대한 불복절차이고 청구요건과 절차가 까다롭기 때문에 변호사 선임 전이라도 접견상의 제약을 완화하고 있으나, 민사·행정 등 일반적인 소송사건의 경우 형 집행의 원인이 되는 확정판결과 직접 관련되어 있다거나 소송대리인이 되려는 변호사와의 접견 장소나 방법에 특례를 두어야 할 정도로 요건과 절차가 특별히 까다롭다고 볼 수 없다. 따라서 심판대상조항은 변호사인 청구인의 업무를 원하는 방식으로 자유롭게 수행할 수 있는 자유를 침해한다고 할 수 없다. [2022. 2. 24. 2018헌마1010] 기각결정

ㄷ. [O] 심판대상조항은 소송사건의 대리인인 변호사라 하더라도 변호사접견을 하기 위해서는 소송계속 사실 소명자료를 제출하도록 규정함으로써 이를 제출하지 못하는 변호사는 일반접견을 이용할 수밖에 없게 되었다. 일반접견은 접촉차단시설이 설치된 일반접견실에서 10분 내외 짧게 이루어지므로 그 시간은 변호사접견의 1/6 수준에 그친다. 또한 그 대화 내용은 청취·기록·녹음·녹화의 대상이 되므로 교정시설에서 부당한 처우를 당했다는 등의 사정이 있는 수형자는 위축된 나머지 법적 구제를 단념할 가능성마저 배제할 수 없다. 심판대상조항은 소제기 전 단계에서 충실한 소송준비를 하기 어렵게 하여 변호사의 직무수행에 큰 장애를 초래하고, 변호사의 도움이 가장 필요한 시기에 접견에 대한 제한의 정도가 위와 같이 크다는 점에서 수형자의 재판청구권 역시 심각하게 제한될 수밖에 없고, 이로 인해 법치국가원리로 추구되는 정의에 반하는 결과를 낳을 수도 있다.
따라서 심판대상조항은 과잉금지원칙에 위배되어 변호사인 청구인의 직업수행의 자유를 침해한다[2021. 10. 28. 2018헌마60].

ㄹ. [O] 강력범죄 또는 조직폭력범죄의 수사와 재판에서 범죄입증을 위해 증언한 자의 안전을 효과적으로 보장해 줄 수 있는 조치가 마련되어야 할 필요성은 매우 크고, 경우에 따라서는 증인이 피고인의 변호인과 대면하여 진술하는 것으로부터 보호할 필요성이 있을 수 있다. 피고인 등과 증인 사이에 차폐시설을 설치한 경우에도 피고인 및 변호인에게는 여전히 반대신문권이 보장되고, 증인신문과정에서 증언의 신빙성에 대한 최종 판단 권한을 가진 재판부가 증인의 진술태도를 충분히 관찰할 수 있으며, 형사소송법은 차폐시설을 설치하고 증인신문절차를 진행할 경우 피고인으로부터 의견을 듣도록 하는 등 피고인이 받을 수 있는 불이익을 최소화하기 위한 장치를 마련하고 있다. 따라서 심판대상조항은 과잉금지원칙에 위배되어 청구인의 공정한 재판을 받을 권리 및 변호인의 조력을 받을 권리를 침해한다고 할 수 없다[2016. 12. 29. 2015헌바221].

ㅁ. [×] 이 사건 접견시간 조항은 검사 또는 사법경찰관이 그 허가 여부를 결정하는 피의자신문 중 변호인 등의 접견신청의 경우에는 적용되지 않으므로, 위 조항을 근거로 변호인 등의 접견신청을 불허하거나 제한할 수는 없는 점 등을 종합해 볼 때, 청구인의 피의자 윤○현에 대한 접견신청은 '변호인이 되려는 자'에게 보장된 접견교통권의 행사 범위 내에서 이루어진 것이고, 또한 이 사건 검사의 접견불허행위는 헌법이나 법률의 근거 없이 이를 제한한 것이므로 청구인의 접견교통권을 침해하였다고 할 것이다(2019. 2. 28. 2015헌마1204]. *별개의견은 변호인의 접견교통권을 기본권으로 보지 않고 직업의 자유 침해라고 하였음.

[정답] ④

114 변호사 광고에 관한 규정에 대해 헌법소원심판이 청구되었다. 이에 대한 설명 중 옳은 것(○)과 옳지 않은 것(×)을 올바르게 조합한 것은? (다툼이 있는 경우 판례에 의함)

> ㄱ. 사건 또는 법률사무의 수임료에 관하여 공정한 수임질서를 저해할 우려가 있는 무료 또는 부당한 염가를 표방하는 광고와 변호사 등은 무료 또는 부당한 염가의 법률상담 방식에 의한 광고를 금지하는 변호사 광고에 관한 규정이 과잉금지원칙에 위반된다.
>
> ㄴ. 변호사 또는 소비자로부터 금전·기타 경제적 대가(알선료, 중개료, 수수료, 회비, 가입비, 광고비 등 명칭과 정기·비정기 형식을 불문한다)를 받고 법률상담 또는 사건 등을 소개·알선·유인하기 위하여 변호사등과 소비자를 연결하거나 변호사등을 광고·홍보·소개하는 행위를 금지하는 변호사 광고에 관한 규정 중 '변호사등과 소비자를 연결하거나' 부분이 과잉금지원칙에 위반된다고 할 수 없다.
>
> ㄷ. 수사기관과 행정기관의 처분·법원 판결 등의 결과 예측을 표방하는 광고와 변호사등이 아님에도 수사기관과 행정기관의 처분·법원 판결 등의 결과 예측을 표방하는 서비스를 취급·제공하는 행위를 금지하는 변호사 광고에 관한 규정이 과잉금지원칙에 위반된다고 할 수 없다.
>
> ㄹ. 변호사 또는 소비자로부터 금전·기타 경제적 대가(알선료, 중개료, 수수료, 회비, 가입비, 광고비 등 명칭과 정기·비정기 형식을 불문한다)를 받고 법률상담 또는 사건등을 소개·알선·유인하기 위하여 변호사등과 소비자를 연결하거나 변호사등을 광고·홍보·소개하는 행위를 금지한 변호사 광고에 관한 규정 중 '변호사등을 광고·홍보·소개하는 행위' 부분은 과잉금지원칙에 위반하여 청구인들의 표현의 자유, 직업의 자유를 침해한다고 할 수 없다.
>
> ㅁ. 협회의 유권해석에 반하는 내용의 광고를 금지하는 변호사 광고에 관한 규정, 협회의 회규, 유권해석에 위반되는 행위를 목적 또는 수단으로 하여 행하는 법률상담 광고를 금지하는 변호사 광고에 관한 규정이 법률유보원칙에 위반되지 않는다.

① ㄱ(○), ㄴ(○), ㄷ(×), ㄹ(○), ㅁ(○)
② ㄱ(×), ㄴ(×), ㄷ(○), ㄹ(×), ㅁ(○)
③ ㄱ(○), ㄴ(×), ㄷ(×), ㄹ(×), ㅁ(×)
④ ㄱ(○), ㄴ(×), ㄷ(○), ㄹ(○), ㅁ(×)
⑤ ㄱ(×), ㄴ(○), ㄷ(○), ㄹ(×), ㅁ(×)

정답 및 해설

ㄱ. [×] 무료 또는 부당한 염가의 수임료를 표방하거나 무료 또는 부당한 염가의 법률상담 방식을 내세운 광고를 금지하는 것은, 무고한 법률 소비자들의 피해를 막고 정당한 수임료나 법률상담료를 제시하는 변호사들을 보호함으로써 공정한 수임질서를 확립하기 위한 것으로 그 공익은 매우 중대하다. 위와 같은 내용의 광고를 제외하고도 청구인들에게는 다양한 방법과

내용의 광고가 원칙적으로 허용되는 점과 위 조항들로 인한 제한은 변호사에게 법률사무 전반을 독점시키고 있음에 따라 발생하는 규제인 점 등을 고려하면, 위 조항으로 달성하고자 하는 공익은 제한되는 사익보다 크다고 할 것이므로, 위 규정들은 법익의 균형성도 갖추었다. 따라서 위 규정들은 과잉금지원칙에 위배되지 아니한다(2022. 5. 26. 2021헌마619).

ㄴ. [O] 경제적 대가가 결부된 사건 등의 알선 행위에 터 잡은 광고 행위를 규제하는 위 규정들은 변호사의 공공성 및 공정한 수임질서의 유지, 소비자의 피해방지라는 입법목적을 달성하기 위한 적합한 수단이다.

위 규정들로 달성하고자 하는 변호사의 공공성이나 공정한 수임질서의 유지, 소비자 피해방지는 매우 중대한 데 반해, 법률상담 또는 사건 등의 연결이나 알선과 관련하여 경제적 대가를 지급하는 형태의 광고를 할 수 없게 됨으로써 침해되는 청구인들의 이익은 크다고 보기 어려우므로, 위 규정은 법익의 균형성도 갖추었다. 따라서 위 규정들은 과잉금지원칙에 위배되지 아니한다(2022. 5. 26. 2021헌마619).

ㄷ. [O] 수사기관과 행정기관의 처분이나 법원 판결 등의 결과 예측을 표방하는 광고를 금지하는 위 규정들은 법률사무 처리의 공공성과 신뢰성을 유지하고 소비자의 피해를 방지라는 입법목적을 달성하기 위한 적합한 수단이다.

특정한 내용의 광고만을 금지하는 위 규정으로 인하여 제한되는 청구인들의 사익은 위 규정들로 달성하려는 법률사무 처리의 공공성과 신뢰성 유지, 소비자 피해방지라는 공익보다 크다고 할 수 없으므로, 위 규정들은 법익의 균형성도 갖추었다. 따라서 위 규정들은 과잉금지원칙에 위배되지 아니한다(2022. 5. 26. 2021헌마619).

ㄹ. [X] 이 사건 대가수수 광고금지규정으로 인하여 청구인 변호사들은 광고업자에게 유상으로 광고를 의뢰하는 것이 사실상 금지되어 표현의 자유, 직업의 자유에 중대한 제한을 받게 되고, 청구인 회사로서도 변호사들로부터 광고를 수주하지 못하게 되어 영업에 중대한 제한을 받게 된다. 따라서 위 규정은 법익의 균형성도 갖추지 못하였다. 그러므로 이 사건 대가수수 광고금지규정은 과잉금지원칙을 위반하여 청구인들의 표현의 자유, 직업의 자유를 침해한다(2022. 5. 26. 2021헌마619).

ㅁ. [X] 이 사건 유권해석위반 광고금지규정의 '협회의 유권해석'을 전자의 일반적·추상적인 법령 해석이라고 보든, 후자의 개별적·구체적인 사안에 대한 질의 회신이라고 보든, 위 규정 위반이 징계사유가 될 수 있음을 고려하면 적어도 수범자인 변호사등은 이 사건 유권해석위반 광고금지규정에서 유권해석을 통해 금지될 수 있는 내용들의 대강을 알 수 있어야 한다. 그런데 수범자들은 유권해석이 내려지기 전까지는 금지되는 내용이 무엇인지 도저히 알 수 없다. 따라서 이 사건 유권해석위반 광고금지규정은 수권법률로부터 위임된 범위를 벗어나는 규율 내용까지 포함할 가능성이 있으므로, 위임 범위 내에서 명확하게 규율 범위를 정하고 있다고 보기 어렵다. 그러므로 이 사건 유권해석위반 광고금지규정은 법률유보원칙을 위반하여 청구인들의 표현의 자유, 직업의 자유를 침해한다(2022. 5. 26. 2021헌마619).

[정답] ⑤

115 재산권에 대한 설명 옳은 것(○)과 옳지 않은 것(×)을 올바르게 조합한 것은? (다툼이 있는 경우 판례에 의함)

> ㄱ. 주주권은 주주의 자격과 분리하여 양도·질권설정·압류할 수 없고 시효에 걸리지 않아 보통의 채권과 상이한 성질을 가지므로 헌법상 재산권 보장의 대상이 되지 않는다.
> ㄴ. 특수임무와 관련하여 국가를 위하여 특별한 희생을 한 특수임무수행자의 경우, '특수임무수행자 보상심의위원회'의 심의·의결을 거쳐 특수임무수행자로 인정되기 전에는 당사자의 보상금수급권은 헌법이 보장하는 재산권이라고 할 수 없다.
> ㄷ. 약사의 한약조제권은 구체적인 권리가 아닌 단순한 이익이나 재화의 획득에 관한 기회 등은 재산권 보장의 대상이 아니다.
> ㄹ. 장기미집행 도시계획시설결정의 실효제도는 도시계획시설부지로 하여금 도시계획시설결정으로 인한 사회적 제약으로부터 벗어나게 하는 것으로서 결과적으로 개인의 재산권이 보다 보호되는 측면이 있는 것은 사실이며, 이와 같은 보호는 헌법상 재산권으로부터 당연히 도출되는 권리이다.
> ㅁ. 구 「태평양전쟁 전후 국외 강제동원희생자 등 지원에 관한 법률」에 규정된 위로금 등의 각종 지원은 태평양전쟁이라는 특수한 상황에서 일제에 의한 강제동원희생자와 그 유족이 입은 고통을 치유하기 위한 시혜적 조치이며, 이러한 시혜적 급부를 받을 권리는 헌법 제23조에 의하여 보장되는 재산권이라고 할 수 없다.

① ㄱ(○), ㄴ(○), ㄷ(×), ㄹ(○), ㅁ(○)
② ㄱ(×), ㄴ(×), ㄷ(○), ㄹ(×), ㅁ(○)
③ ㄱ(○), ㄴ(×), ㄷ(×), ㄹ(×), ㅁ(×)
④ ㄱ(○), ㄴ(×), ㄷ(○), ㄹ(○), ㅁ(×)
⑤ ㄱ(×), ㄴ(○), ㄷ(○), ㄹ(×), ㅁ(○)

정답 및 해설

> ㄱ. [×] 주주권은 비록 주주의 자격과 분리하여 양도·질권 설정·압류할 수 없고 시효에 걸리지 않아 보통의 채권과는 상이한 성질을 갖지만, 다른 한편 주주의 자격과 함께 사용(결의)·수익(담보 제공)·처분(양도·상속)할 수 있다는 점에서는 분명히 '사적 유용성 및 그에 대한 원칙적 처분권을 내포하는 재산가치 있는 권리'로 볼 수 있으므로 헌법상 재산권 보장의 대상에 해당한다고 볼 것이다(2008.12.26., 2005헌바34).
> ㄴ. [○] 이러한 심의·의결에 의하여 특수임무수행자로 인정되기 전에는 특임자보상법에 의한 보상금수급권은 헌법이 보장하는 재산권이라고 할 수 없고, 심의·의결이 있기 전의 신청인의 지위는 보상금수급권 취득에 대한 기대이익을 가지고 있는 것에 불과하다(대판 2014.7.24., 2012두23501).
> ㄷ. [○] 헌법 제23조 제1항 및 제13조 제2항에 의하여 보호되는 재산권은 사적 유용성 및 그에 대한 원칙적 처분권을 내포하는 재산가치있는 구체적 권리이므로 구체적인 권리가 아닌

단순한 이익이나 재화의 획득에 관한 기회 등은 재산권 보장의 대상이 아니라 할 것이다(1997.11.27., 97헌바10).

ㄹ. [×] 장기미집행 도시계획시설결정의 실효제도는 도시계획시설부지로 하여금 도시계획시설결정으로 인한 사회적 제약으로부터 벗어나게 하는 것으로서 결과적으로 개인의 재산권이 보다 보호되는 측면이 있는 것은 사실이나, 이와 같은 보호는 입법자가 새로운 제도를 마련함에 따라 얻게 되는 법률에 기한 권리일 뿐 헌법상 재산권으로부터 당연히 도출되는 권리는 아니다(2005.9.29, 2002헌바84 등).

ㅁ. [○] 헌법재판소는 「태평양전쟁 전후 국외 강제동원희생자 등 지원에 관한 법률」에 규정된 위로금 등의 각종 지원이 태평양전쟁이라는 특수한 상황에서 일제에 의한 강제동원 희생자와 그 유족이 입은 고통을 치유하기 위한 시혜적 조치라고 판단한 바 있고, 「태평양전쟁 전후 국외 강제동원희생자 등 지원에 관한 법률」은 이 사건 미수금 지원금이 강제동원희생자와 그 유족 등에게 인도적 차원에서 지급하는 위로금임을 명시적으로 밝히고 있으며, 위 지원금을 받게 될 '유족'의 범위를 강제동원으로 인한 고통과 슬픔을 함께한 '친족'으로 한정하고 있으므로, 위 지원금은 인도적 차원의 시혜적인 금전 급부에 해당한다. 인도적 차원의 시혜적 급부를 받을 권리는 헌법 제23조에 의하여 보장된 재산권이라고 할 수 없으나, 이 지원금 산정방식은 입법자가 자의적으로 결정해서는 안되고 미수금의 가치를 합리적으로 반영하는 것이어야 한다는 입법적 한계를 가진다(2015.12.23, 2009헌바317 등).

[정답] ⑤

116 재산권에 대한 설명으로 옳지 않은 것은?

① 해수로 포락된 토지("자연해몰지")를 법률로써 재산권으로 보호하고 있지 않은 것이 재산권보장정신에 반한다고 할 수 없다.

② 「공공용지의취득 및 손실보상에 관한 특례법」 제9조 제11항 소정의 환매권이 헌법상 재산권 보장규정의 내용에 포함되는 권리이다.

③ 법률에 의하여 직접 수용이 이루어지는 소위 "입법적" 수용이 헌법에 위반된고 할 수 없다.

④ 산재보험수급권은 사회보장수급권의 하나이면서 수급권자의 보험급여를 받을 권리를 대위하여 보험급여의 지급을 구한 청구인에게 있어서는 재산권의 성질을 갖는다고 보아야 할 것이다.

⑤ 어업면허의 우선순위에 관한 기대는 헌법상 보장되는 재산권에 포함되므로 신규어장을 개발하거나 어업면허의 유효기간 또는 연장허가기간이 끝난 어장에 관하여 새로이 어업면허를 부여할 때 우선순위의 적용을 배제하는 수산업법 재산권을 제한한다.

정답 및 해설

① [O] 자연해몰지를 사유재산권으로 인정할 경우에도 자연해몰지의 특성상 그 시기, 범위 및 보호정도에 관하여 입법자는 광범위한 선택·결정의 재량권을 가지는바, 우리나라 현행 법체계상 자연해몰지를 재산권으로 법률로써 보장하고 있지 않는데, 이는 입법자가 해면의 공공성, 해면에 대한 경제적 이용가능성, 바다와 육지의 기술적 구분가능성 등 여러 가지 자연적·사회적·경제적 사정을 고려하여 결정한 것으로서, 헌법 제23조 제1항의 재산권보장 정신이나 사유재산제에 반하는 것이라 할 수 없다(헌재 1999. 11. 25. 98헌마456).

② [O] 「토지수용법」에 의한 강제취득방법이 사실상의 후속조치로 남아 있어 토지(土地) 등의 소유자로서는 협의에 불응하면 바로 수용을 당하게 된다는 심리적강박감으로 인하여 실제로는 그 의사에 반하여 협의에 응하는 경우가 많기 때문에, 위 특례법은 실질적으로는 토지수용법과 비슷한 공법적 기능을 수행하고 있다 할 것이다. 또한 국민의 재산권 보장이라는 헌법이념의 관점에서 위 협의취득은 이를 헌법 제23조 제3항 소정의 "재산권의 수용"과 동일한 것으로 보아 다루는 것이 보다 여러 가지 반위법적 사례가 생기는 것을 막을 수 있는 건전한 헌법해석이라 할 것이다. 따라서 위 특례법 제9조의 환매권도「토지수용법」제71조 소정의 환매권과 마찬가지로 헌법이 보장하는 재산권의 내용에 포함되는 권리라고 할 것이다(헌재 1994. 2. 24. 92헌가15등).

③ [O] "입법적" 수용은 법률에 근거하여 일련의 절차를 거쳐 별도의 행정처분에 의하여 이루어지는 소위 "행정적" 수용과 달리 법률에 의하여 직접 수용이 이루어지는 것이므로 "법률"에 의하여 수용하라는 헌법적 요청을 충족한다(헌재 1998. 3. 26. 93헌바12).

④ [O] 산재보험제도는 보험가입자(사업주)가 납부하는 보험료와 국고부담을 재원으로 하여 근로자에게 발생하는 업무상 재해라는 사회적 위험을 보험방식에 의하여 대처하는 사회보험제도이므로 이 제도에 따른 산재보험수급권은 사회보장수급권의 하나에 속한다. 한편 산업재해보상보험법상의 보험급여가 보험사고로 초래되는 가입자의 재산상의 부담을 전보하여 주는 경제적 유용성을 가진다(산재보험은 보험급여의 지급에 대응하여 사용자의 보상책임을 면제한다)는 점에서 산재보험수급권은, 적어도 이 사건에서와 같이 수급권자의 보험급여를 받을 권리를 대위하여 보험급여의 지급을 구한 청구인에게 있어서는 재산권의 성질을 갖는다고 보아야 할 것이다(헌재 2004. 11. 25. 2002헌바52).

⑤ [X] 어촌계 등에 어업면허를 하는 경우 우선순위규정의 적용대상에서 제외하도록 규정한 수산업법 재산권을 제한하는지 여부(소극)

심판대상조항은 어업면허의 유효기간 내에 있는 어업면허를 취소하거나 변경하는 것이 아니라, 신규어장을 개발하거나 어업면허의 유효기간 또는 연장허가기간이 끝난 어장에 관하여 새로이 어업면허를 부여할 때 우선순위의 적용을 배제하는 규정으로서, 어업면허의 우선순위에 관한 기대는 헌법상 보장되는 재산권에 포함되지 아니한다. 설령 우선순위에 관한 기대가 구체적인 기대권으로서 재산권에 포함된다고 보더라도 어업면허는 공유수면에서 장기간 어업을 독점적·배타적으로 경영할 수 있는 권리를 부여하는 것으로서 내재된 공적제약이 강하다고 할 것인바, 어업면허가 부여될 당시부터 내재되어 있는 제약이 구체화·현실화됨에 따라 면허기간이 만료된 후 다시 어업면허를 취득할 수 없다고 하더라도 그로 인하여 재산권에 어떠한 제한 또는 침해가 있다고는 할 수 없다. 따라서 심판대상조항은 재산권을 제한하지 아니한다(2019. 7. 25. 2017헌바133).

[정답] ⑤

117 개발제한구역지정과 개발제한구역 내 건축금지에 대한 설명으로 옳은 것을 모두 조합한 것은?

> ㄱ. 자신의 토지를 장래에 건축이나 개발목적으로 사용할 수 있으리라는 기대가능성이나 신뢰 및 이에 따른 지가상승의 기회는 원칙적으로 재산권의 보호범위에 속한다.
> ㄴ. 토지가 종래 농지 등으로 사용되었으나 개발제한구역의 지정이 있은 후에 주변지역의 도시과밀화로 인하여 농지가 오염되거나 수로가 차단되는 등의 사유로 토지를 더 이상 종래의 목적으로 사용하는 것이 불가능하거나 현저히 곤란하게 되어버린 경우 그 손실은 개발제한구역지정으로 인한 것으로 볼 수 없으므로 개발제한구역지정에 따른 보상이 필요하다고 할 수 없다.
> ㄷ. 개발제한구역지정 당시의 상태대로 토지를 사용·수익·처분할 수 있는 경우, 구역지정에 따른 단순한 토지이용의 제한은 원칙적으로 재산권에 내재하는 사회적 제약의 범주를 넘지 않으므로 보상을 요하지 않는다.
> ㄹ. 개발제한구역의 지정으로 말미암아 예외적으로 토지를 종래의 목적으로도 사용할 수 없는 나대지 소유자에 대한 재산권 제한은 비례원칙에 위반되므로 보상을 통해 특별한 희생을 완화시켜줄 필요가 있다.
> ㅁ. 개발제한구역지정으로 인하여 토지를 종래의 목적으로도 사용할 수 없거나 더 이상 법적으로 허용된 토지이용의 방법이 없기 때문에, 실질적으로 토지의 사용·수익의 길이 없는 경우 토지소유자에게 헌법 제23조 제3항에 의한 정당한 보상이 지급되어야 한다.

① ㄱ, ㄴ, ㅁ
② ㄴ, ㄷ
③ ㄷ, ㄹ
④ ㄱ, ㄹ, ㅁ
⑤ ㄴ, ㄷ, ㄹ

정답 및 해설

ㄱ. [×] 개발제한구역의 지정으로 인한 개발가능성의 소멸과 그에 따른 지가의 하락이나 지가상승률의 상대적 감소는 토지소유자가 감수해야 하는 사회적 제약의 범주에 속하는 것으로 보아야 한다. 자신의 토지를 장래에 건축이나 개발목적으로 사용할 수 있으리라는 기대가능성이나 신뢰 및 이에 따른 지가상승의 기회는 원칙적으로 재산권의 보호범위에 속하지 않는다(1998.12.24, 89헌마214 등).

ㄴ. [×] 토지재산권의 내재적 한계로서 허용되는 사회적 제약의 범위를 넘어 감수하라고 할 수 없는 특별한 재산적 손해가 발생하였다고 볼 수 있는 구체적 예는 다음과 같은 경우를 들 수 있다. 토지가 종래 농지 등으로 사용되었으나 개발제한구역의 지정이 있은 후에 주변지역의 도시과밀화로 인하여 농지가 오염되거나 수로가 차단되는 등의 사유로 토지를 더 이상 종래의 목적으로 사용하는 것이 불가능하거나 현저히 곤란하게 되어버린 경우에도 당해 토지소유자에게 위 나대지의 경우에서와 유사한 가혹한 부담이 발생한다. 개발제한구역으로 지정된 토지는 토지 주변상황의 변화로 인하여 지정 당시에 행사된 용도대로의 사용이 불가능한 경우에도 원칙적으로 형질변경이 허용되지 아니하여 다른 용도로도 이용할 수 없기 때문이다(1998.12.24, 89헌마214 등).

ㄷ. [○] 개발제한구역의 지정으로 인한 개발가능성의 소멸과 그에 따른 지가의 하락이나 지가상승률의 상대적 감소는 토지소유자가 감수해야 하는 사회적 제약의 범주에 속하는 것으로 보아야 한다. 자신의 토지를 장래에 건축이나 개발목적으로 사용할 수 있으리라는 기대가능성이나 신뢰 및 이에 따른 지가상승의 기회는 원칙적으로 재산권의 보호범위에 속하지 않는다. 구역지정 당시의 상태대로 토지를 사용·수익·처분할 수 있는 이상, 구역지정에 따른 단순한 토지이용의 제한은 원칙적으로 재산권에 내재하는 사회적 제약의 범주를 넘지 않는다(1998.12.24, 89헌마214 등).

ㄹ. [○] 개발제한구역지정으로 인하여 토지를 종래의 목적으로도 사용할 수 없거나 또는 더 이상 법적으로 허용된 토지이용의 방법이 없기 때문에 실질적으로 토지의 사용·수익의 길이 없는 경우에는 토지소유자가 수인해야 하는 사회적 제약의 한계를 넘는 것으로 보아야 한다(1998.12.24, 89헌마214 등).

ㅁ. [×] 입법자가 구「도시계획법」제21조를 통하여 국민의 재산권을 비례의 원칙에 부합하게 합헌적으로 제한하기 위해서는, 수인의 한계를 넘어 가혹한 부담이 발생하는 예외적인 경우에는 이를 완화하는 보상규정을 두어야 한다. 이러한 보상규정은 입법자가 헌법 제23조 제1항 및 제2항에 의하여 재산권의 내용을 구체적으로 형성하고 공공의 이익을 위하여 재산권을 제한하는 과정에서 이를 합헌적으로 규율하기 위하여 두어야 하는 규정이다(1998.12.24, 89헌마214 등). 헌법재판소가 취하고 있는 분리이론에 따르면 보상규정이 없는 경우 헌법 제23조 제3항으로 전환되지 않는다.

[정답] ③

118 재산권에 대한 설명 중 옳지 않은 것은?

① 헌법재판소는 수급권자 자신이 종전에 지급받던 평균임금을 기초로 산정된 장해보상연금을 수령하고 있던 수급권자에게, 실제의 평균임금이 노동부장관(현 고용노동부장관)이 고시한 한도금액 이상일 경우 그 한도금액을 실제임금으로 의제하는 내용으로 신설된 최고보상제도를, 2년 6개월의 유예기간 후 적용하는「산업재해보상보험법」부칙조항은 진정 소급입법에는 해당하지 아니한다.

② 헌법재판소는 수급권자 자신이 종전에 지급받던 평균임금을 기초로 산정된 장해보상연금을 수령하고 있던 수급권자에게, 실제의 평균임금이 노동부장관(현 고용노동부장관)이 고시한 한도금액 이상일 경우 그 한도금액을 실제임금으로 의제하는 내용으로 신설된 최고보상제도를, 2년 6개월의 유예기간 후 적용하는「산업재해보상보험법」부칙조항이 신뢰보호원칙에 위배된다고 판시하였다.

③ 헌법 제23조 제3항은 정당한 보상을 전제로 하여 재산권의 수용 등에 관한 가능성을 규정하고 있지만, 재산권 수용의 주체를 한정하지 않으므로 사인이나 민간기업을 수용의 주체로 규정한 자체를 두고 위헌이라고 할 수 없다.

④ 고급골프장, 고급리조트 건설을 위한 토지수용은 국토균형발전, 지역경제활성화 등의 공공이익이 인정되는 것으로서 법익의 형량에 있어서 사인의 재산권 보호의

이익보다 월등하게 우월한 공익으로 판단되므로 공공필요에 의한 수용에 해당한다.
⑤ 헌법 제23조 제3항의 '공공필요'의 요건에 관하여, 공익성은 추상적인 공익 일반 또는 국가의 이익 이상의 중대한 공익을 요구하므로 기본권 일반의 제한사유인 '공공복리'보다 좁게 보는 것이 타당하다.

정답 및 해설

① [O] 심판대상조항은 청구인들과 같은 기존의 장해보상연금 수급권자에 대하여 이미 발생하여 이행기가 도래한 장해연금 수급권의 내용을 변경하지는 아니하고, 산재법 제38조 제6항 시행 이후의 법률관계, 즉 장래 이행기가 도래하는 장해연금 수급권의 내용을 변경하는 것에 불과하므로, 이미 종료된 과거의 사실관계 또는 법률관계에 새로운 법률이 소급적으로 적용되어 과거를 법적으로 새로이 평가하는 진정 소급입법에는 해당하지 아니한다(헌재 2009. 5. 28. 2005헌바20등).

② [O] 그러한 입법자의 결단은 최고보상제도 시행 이후에 산재를 입는 근로자들부터 적용될 수 있을 뿐, 제도 시행 이전에 이미 재해를 입고 산재보상수급권이 확정적으로 발생한 청구인들에 대하여 그 수급권의 내용을 일시에 급격히 변경하여 가면서까지 적용할 수 있는 것은 아니라고 보아야 할 것이다. 따라서 심판대상조항은 신뢰보호의 원칙에 위배하여 청구인들의 재산권을 침해하는 것으로서 헌법에 위반된다(헌재 2009. 5. 28. 2005헌바20등).

③ [O] 헌법 제23조 제3항은 정당한 보상을 전제로 하여 재산권의 수용 등에 관한 가능성을 규정하고 있지만, 재산권 수용의 주체를 한정하지 않고 있다. 위 헌법조항의 핵심은 당해 수용이 공공필요에 부합하는가, 정당한 보상이 지급되고 있는가 여부 등에 있는 것이지, 그 수용의 주체가 국가인지 민간기업인지 여부에 달려 있다고 볼 수 없다. 또한 국가 등의 공적 기관이 직접 수용의 주체가 되는 것이든 그러한 공적 기관의 최종적인 허부판단과 승인결정하에 민간기업이 수용의 주체가 되는 것이든, 양자 사이에 공공필요에 대한 판단과 수용의 범위에 있어서 본질적인 차이를 가져올 것으로 보이지 않는다. 따라서 위 수용 등의 주체를 국가 등의 공적 기관에 한정하여 해석할 이유가 없다. 오늘날 산업단지의 개발에 투입되는 자본은 대규모로 요구될 수 있는데, 이러한 경우 산업단지개발의 사업시행자를 국가나 지방자치단체로 제한한다면 예산상의 제약으로 인해 개발사업의 추진에 어려움이 있을 수 있고, 만약 이른바 공영개발방식만을 고수할 경우에는 수요에 맞지 않는 산업단지가 개발되어 자원이 비효율적으로 소모될 개연성도 있다. 또한 기업으로 하여금 산업단지를 직접 개발하도록 한다면, 기업들의 참여를 유도할 수 있는 측면도 있을 것이다. 그렇다면 민간기업을 수용의 주체로 규정한 자체를 두고 위헌이라고 할 수 없으며, 나아가 심판대상조항을 통해 민간기업에게 사업시행에 필요한 토지를 수용할 수 있도록 규정할 필요가 있다는 입법자의 인식에도 합리적인 이유가 있다 할 것이다(헌재 2009. 9. 24. 2007헌바114).

④ [X] 이 사건에서 문제된 지구개발사업의 하나인 '관광휴양지 조성사업' 중에는 고급골프장, 고급리조트 등(이하 '고급골프장 등'이라 한다)의 사업과 같이 입법목적에 대한 기여도가 낮을 뿐만 아니라, 대중의 이용·접근가능성이 작아 공익성이 낮은 사업도 있다. 또한 고급골프장 등 사업은 그 특성상 사업운영 과정에서 발생하는 지방세수 확보와 지역경제 활성화는 부수적인 공익일 뿐이고, 이 정도의 공익이 그 사업으로 인하여 강제수용 당하는 주민들의 기본권 침해를 정당화할 정도로 우월하다고 볼 수는 없다. 따라서 이 사건 법률조항은 공익적 필요성이 인정되기 어려운 민간개발자의 지구개발사업을 위해서까지 공공수용이 허용될 수 있는 가능성을 열어두고 있어 헌법 제23조 제3항에 위반된다(2014.10.30, 2011헌바172 등).

⑤ [O] 오늘날 공익사업의 범위가 확대되는 경향에 대응하여 재산권의 존속보장과의 조화를 위해서는, '공공필요'의 요건에 관하여, 공익성은 추상적인 공익 일반 또는 국가의 이익 이상의 중대한 공익을 요구하므로 기본권 일반의 제한사유인 '공공복리'보다 좁게 보는 것이 타당하며, 공익성의 정도를 판단함에 있어서는 공용수용을 허용하고 있는 개별법의 입법목적, 사업내용, 사업이 입법목적에 이바지 하는 정도는 물론, 특히 그 사업이 대중을 상대로 하는 영업인 경우에는 그 사업 시설에 대한 대중의 이용·접근가능성도 아울러 고려하여야 한다 (2014.10.30, 2011헌바172 등).

[정답] ④

119 재산권에 대한 설명 중 옳은 것(○)과 옳지 않은 것(×)을 올바르게 조합한 것은? (다툼이 있는 경우 판례에 의함)

ㄱ. 지방의원 임기중 연금지급을 정지한 공무원연금법 제47는 공무원연금 재원을 확보하기 위한 것으로 입법자의 재량의 범위내 입법으로서 재산권을 침해한다고 할 수 없다.

ㄴ. 「군인연금법」상 퇴역연금수급권자가 「군인연금법」·「공무원연금법」 및 「사립학교교직원 연금법」의 적용을 받는 군인·공무원 또는 사립학교교직원으로 임용된 경우 그 재직기간 중 해당 연금 전부의 지급을 정지하도록 하고 있는 구 「군인연금법」 제21조의2 제1항은 퇴역연금수급권자의 재산권을 침해한다.

ㄷ. 환매권의 발생기간을 토지의 협의취득일 또는 수용의 개시일부터 10년 이내로 제한하고 있는 '공익사업을 위한 토지 등의 취득 및 보상에 관한 법률' 제91조 제1항은 재산권을 침해한다고 할 수 없다.

ㄹ. 청중이나 관중으로부터 당해 공연에 대한 반대급부를 받지 아니하는 경우에는 상업용 목적으로 공표된 음반 또는 상업용 목적으로 공표된 영상저작물을 재생하여 공중에게 공연할 수 있다고 규정한 저작권법은 헌법 제23조 제1항, 제2항에 따라 장래에 있어서 일반·추상적인 형식으로 재산권의 내용을 형성하고 확정하는 규정이자 재산권의 사회적 제약을 구체화하는 규정으로 볼 수 있다.

ㅁ. 헌법적으로 가혹한 부담의 조정이란 '목적'을 달성하기 위하여 이를 완화·조정할 수 있는 '방법'의 선택에 있어서는 반드시 직접적인 금전적 보상의 방법에 한정되지 아니하고, 입법자에게 광범위한 형성의 자유가 부여된다.

① ㄱ(○), ㄴ(○), ㄷ(○), ㄹ(○), ㅁ(○)
② ㄱ(×), ㄴ(×), ㄷ(×), ㄹ(○), ㅁ(○)
③ ㄱ(○), ㄴ(×), ㄷ(×), ㄹ(×), ㅁ(×)
④ ㄱ(×), ㄴ(○), ㄷ(○), ㄹ(○), ㅁ(×)
⑤ ㄱ(×), ㄴ(○), ㄷ(○), ㄹ(○), ㅁ(×)

정답 및 해설

ㄱ. [×] 이 사건 구법 조항과 같이 소득 수준을 고려하지 않으면 재취업 유인을 제공하지 못하여 정책목적 달성에 실패할 가능성도 크다. 다른 나라의 경우 연금과 보수 중 일부를 감액하는 방식으로 선출직에 취임하여 보수를 받는 것이 생활보장에 더 유리하도록 제도를 설계하고 있다. 따라서 기본권을 덜 제한하면서 입법목적을 달성할 수 있는 다양한 방법이 있으므로 이 사건 구법 조항은 침해의 최소성 요건을 충족하지 못하고, 법익의 균형성도 충족하지 못한다. 이 사건 구법 조항은 과잉금지원칙에 위배되어 청구인들의 재산권을 침해하므로 헌법에 위반된다(2022.01.27. 2019헌바161).

ㄴ. [×] 군인연금·공무원연금과 사립학교교직원연금은 보험의 대상이 서로 달라 각각 독립하여 운영되고 있을 뿐 동일한 사회적 위험에 대비하기 위한 하나의 통일적인 제도이므로 퇴직한 군인으로서 퇴역연금 수급자가 직역연금법 적용기관에 재취업한 경우에는 퇴역연금 지급사유가 발생하지 않은 것으로 볼 수 있다. 또한 이 사건 법률조항으로 인해 퇴직수당 등 다른 급여의 지급이 정지되는 것은 아니고, 수급자의 선택에 따라 종전 재직기간을 연금 계산의 기초가 되는 재직기간에 합산할 수 있다. 특히, 군인연금의 경우 퇴직연금 지급개시연령을 두지 않고 있어 연금 수급을 위한 최소가입기간 요건만 충족하면 퇴직 후 바로 연금이 지급되고, 계급별 조기정년제로 인해 연금 혜택이 다른 직역연금에 비해 높은 점 등을 더하여 보면, 이 사건 법률조항은 퇴역연금수급권자의 재산권을 침해하지 아니한다(2015.7.30, 2014헌바371).

ㄷ. [×] 2000년대 이후 다양한 공익사업이 출현하면서 공익사업 간 중복·상충 사례가 발생하였고, 산업구조 변화, 비용 대비 편익에 대한 지속적 재검토, 인근 주민들의 반대 등에 직면하여 공익사업이 지연되다가 폐지되는 사례가 다수 발생하고 있다. 이와 같은 상황에서 이 사건 법률조항의 환매권 발생기간 '10년'을 예외 없이 유지하게 되면 토지수용 등의 원인이 된 공익사업의 폐지 등으로 공공필요가 소멸하였음에도 단지 10년이 경과하였다는 사정만으로 환매권이 배제되는 결과가 초래될 수 있다. 다른 나라의 입법례에 비추어 보아도 발생기간을 제한하지 않거나 더 길게 규정하면서 행사기간 제한 또는 토지에 현저한 변경이 있을 때 환매거절권을 부여하는 등 보다 덜 침해적인 방법으로 입법목적을 달성하고 있다. 이 사건 법률조항은 침해의 최소성 원칙에 어긋난다(2020. 11. 26. 2019헌바131).

ㄹ. [O] 심판대상조항은 입법자가 헌법 제23조 제1항, 제2항에 따라 장래에 있어서 일반·추상적인 형식으로 재산권의 내용을 형성하고 확정하는 규정이자 재산권의 사회적 제약을 구체화하는 규정으로 볼 수 있다(2019. 11. 28. 2016헌마1115).

ㅁ. [O] 헌법적으로 가혹한 부담의 조정이란 '목적'을 달성하기 위하여 이를 완화·조정할 수 있는 '방법'의 선택에 있어서는 반드시 직접적인 금전적 보상의 방법에 한정되지 아니하고, 입법자에게 광범위한 형성의 자유가 부여된다(2019. 11. 28. 2016헌마1115).

[정답] ②

120 재산권에 대한 설명 중 옳지 않은 것은?(정답2개)

① 피상속인에 대한 부양의무를 이행하지 않은 직계존속의 경우를 상속결격사유로 규정하지 않은 민법은 입법형성권의 한계를 일탈하여 다른 상속인인 청구인의 재산권을 침해한다고 볼 수 없다.

② 공무원과 이혼한 배우자에 대한 분할연금액은 공무원의 퇴직연금액 또는 조기퇴직연금액 중 혼인기간에 해당하는 연금액을 균등하게 나눈 금액으로 한다는 공무원연금법 제46조의3 제2항에도 불구하고, 민법상 재산분할청구에 따라 연금분할이 별도로 결정된 경우에는 그에 따르도록 한 공무원연금법은 분할연금 수급권자의 사회보장수급권 및 재산권을 침해한다고 볼 수 없다.

③ 총포의 소지허가를 받은 자는 총포와 그 실탄 또는 공포탄을 허가관청이 지정하는 곳에 보관하도록 한 총포·도검·화약류 등의 안전관리에 관한 법률은 재산권을 침해한다고 할 수 없다.

④ 별거나 가출 등으로 실질적인 혼인관계가 존재하지 아니하여 연금 형성에 기여가 없는 이혼배우자에 대해서까지 법률혼 기간을 기준으로 분할연금 수급권을 인정하는 국민연금법 제64조 제1항이 재산권을 침해한다고 할 수 없다.

⑤ 직무와 관련이 없는 과실로 인한 경우 및 소속상관의 정당한 직무상의 명령에 따르다가 과실로 인한 경우는 제외하고는 직무와 관련성 유무와 상관없이 범죄의 종류와 그 형의 경중을 가리지 않고 일률적으로 재직 중의 사유로 금고 이상의 형이 있으면 퇴직급여 및 퇴직수당의 일부를 감액하도록 규정하고 있는 공무원연금법은 금고 이상의 형이 확정되었다는 사정만으로 공무원의 지위를 박탈하는 것에서 나아가 일률적으로 퇴직급여와 퇴직수당을 감액하도록 규정하고 있는바, 과잉금지원칙에 위배되어 재산권을 침해한다.

정답 및 해설

① [O] 직계존속이 피상속인에 대한 부양의무를 이행하지 않은 경우를 상속결격사유로 본다면, 과연 어느 경우에 상속결격인지 여부를 명확하게 판단하기 어려워 이에 관한 다툼으로 상속을 둘러싼 법적 분쟁이 빈번하게 발생할 가능성이 높고, 그로 인하여 상속관계에 관한 법적 안정성이 심각하게 저해된다. 피상속인에 대한 부양의무를 이행하지 않은 직계존속의 경우를 상속결격사유로 규정하지 않은 민법은 입법형성권의 한계를 일탈하여 다른 상속인인 청구인의 재산권을 침해한다고 보기 어렵다(2018. 2. 22. 2017헌바59).

② [O] 지급특례 조항은, 연금형성에 대한 실질적 기여도나 당사자 쌍방이 혼인생활 중 협력하여 취득한 모든 재산을 고려하여 연금분할에 관하여 달리 정할 수 있는 여지를 둠으로써, 당사자의 의사를 존중하고 구체적 타당성을 도모하기 위한 것이다. 재산분할에 관한 당사자의 합의 또는 법원의 결정을 존중하는 것이 당사자들 사이의 이해관계와 실질적 공평에 부합하므로, 지급특례조항이 입법재량의 한계를 일탈하여 분할연금 수급권자의 사회보장수급권이나 재산권을 침해한다고 볼 수 없다(2018. 4. 26. 2016헌마54).

③ [○] 심판대상조항들을 통하여 달성하고자 하는 공익은 공기총으로 인하여 야기될 수 있는 국민의 생명, 신체 및 재산에 대한 위험·재해의 예방과 이를 통한 질서유지 내지 공공의 안전 유지라는 공익은 공기총을 직접 보관하지 못하게 됨으로써 입는 불이익보다 훨씬 크다. 따라서 법익의 균형성도 인정된다. 따라서 심판대상조항들은 과잉금지원칙에 반하지 않는다(2019. 6. 28. 2018헌바400).

④ [×] 분할연금제도는 재산권적인 성격과 사회보장적 성격을 함께 가진다. 분할연금제도의 재산권적 성격은 노령연금 수급권도 혼인생활 중에 협력하여 이룬 부부의 공동재산이므로 이혼 후에는 그 기여분에 해당하는 몫을 분할하여야 한다는 것이고, 여기서 노령연금 수급권 형성에 대한 기여란 부부공동생활 중에 역할분담의 차원에서 이루어지는 가사·육아 등을 의미하므로, 분할연금은 국민연금 가입기간 중 실질적인 혼인 기간을 고려하여 산정하여야 한다. 따라서 법률혼 관계를 유지하고 있었다고 하더라도 실질적인 혼인관계가 해소되어 노령연금 수급권의 형성에 아무런 기여가 없었다면 그 기간에 대하여는 노령연금의 분할을 청구할 전제를 갖추었다고 볼 수 없다. 그럼에도 불구하고 심판대상조항은 법률혼 관계에 있었지만 별거·가출 등으로 실질적인 혼인관계가 존재하지 않았던 기간을 일률적으로 혼인 기간에 포함시켜 분할연금을 산정하도록 하고 있는바, 이는 분할연금제도의 재산권적 성격을 몰각시키는 것으로서 그 입법형성권의 재량을 벗어났다고 보아야 한다. 2015. 12. 29. 개정된 국민연금법은 제64조의2를 신설하여 민법상 재산분할청구제도에 따라 연금의 분할에 관하여 별도로 결정된 경우에는 그에 따르도록 하였다. 그런데, 위 조항이 신설되었다 하더라도 심판대상조항이 유효하다면 노령연금 수급권자로서는 하여금 먼저 재산분할청구권을 행사하여야 자신의 정당한 연금을 확보할 수 있으므로, 위 조항이 신설되었다 하여 심판대상조항은 법률혼 관계에 있었지만 별거·가출 등으로 실질적인 혼인관계가 존재하지 않았던 기간을 일률적으로 혼인 기간에 포함시켜 분할연금을 산정하도록 하고 있는바, 이는 분할연금제도의 재산권적 성격을 몰각시키는 것으로서 그 입법형성권의 재량을 벗어났다고 보아야 한다. 2015. 12. 29. 개정된 국민연금법은 제64조의2를 신설하여 민법상 재산분할청구제도에 따라 연금의 분할에 관하여 별도로 결정된 경우에는 그에 따르도록 하였다. 그런데, 위 조항이 신설되었다 하더라도 심판대상조항이 유효하다면 노령연금 수급권자로서는 하여금 먼저 재산분할청구권을 행사하여야 자신의 정당한 연금을 확보할 수 있으므로, 위 조항이 신설되었다 하여 심판대상조항의 위헌성이 해소되는 것은 아니다. 따라서 심판대상조항은 재산권을 침해한다[2016. 12. 29. 2015헌바182].

⑤ [×] 이 사건 시행령조항이 공무원에게 금고 이상의 형이 있는 경우 재직기간 5년을 기준으로 퇴직급여 감액의 정도를 달리한 것은, 퇴직급여 산정방법상 재직기간이 짧을수록 급여액 중 본인의 기여금이 차지하는 비율이 상대적으로 높은 것을 감안하여 재직기간이 짧은 사람의 경우에는 감액의 수준을 낮게 하고 재직기간이 긴 사람은 감액의 수준을 높게 하여 감액의 정도를 실질화한 것이고, 퇴직급여를 감액하는 경우에도 이미 낸 기여금 및 그에 대한 이자의 합산액 이하로는 감액할 수 없다고 하여 공무원의 퇴직급여를 보호하는 장치도 마련하고 있는바, 재직 중의 사유로 금고 이상의 형을 받은 경우 재직기간이 5년 이상인 공무원에 대하여 그 퇴직급여를 2분의 1 감액하도록 한 것은 입법재량의 한계를 넘은 것이라고 보기 어려우므로, 이 사건 시행령조항은 재산권, 인간다운생활을 할 권리, 평등권을 침해하지 아니한다[2019. 2. 28. 2017헌마403·2017헌바372(병합)].

[정답] ④,⑤

121 대통령이 2016. 2. 10.경 개성공단의 운영을 즉시 전면 중단 조치와 통일부장관이 2010. 5. 24. 발표한 북한에 대한 신규투자 불허 및 진행 중인 사업의 투자확대 금지 등을 내용으로 하는 대북조치관련 보상입법부작위에 대해 헌법소원이 청구되었다. 이에 대한 설명으로 옳은 것을 모두 조합한 것은?

> ㄱ. 이 사건 중단조치는 고도의 정치행위로서 통치행위에 해당하나 사법심사가 배제된다고 할 수 없다.
> ㄴ. 이 사건 중단조치가 긴급재정경제처분·명령의 형태로 취해지지 않았다면 헌법과 법률에 근거하지 않은 조치이므로 법률유보원칙에 위배된다.
> ㄷ. 이 사건 중단조치는 헌법 제89조 제2호의 선전·강화 기타 중요한 대외정책 또는 헌법 제89조13호의 행정각부의 중요한 정책의 수립과 조정이 필요한 사항에 해당하므로 국무회의 심의를 거쳐야 한다.
> ㄹ. 이 사건 중단조치를 위해 이해관계자 등의 의견청취절차는 적법절차원칙에 따라 반드시 요구되는 절차라고 보기 어렵다. 따라서 이 사건 중단조치가 적법절차원칙에 위반되어 청구인들의 영업의 자유나 재산권을 침해한 것으로 볼 수 없다.
> ㅁ. 통일부장관이 2010. 5. 24. 발표한 북한에 대한 신규투자 불허 및 진행 중인 사업의 투자확대 금지 등을 내용으로 하는 대북조치로 인한 재산상 손실에 대해 헌법 해석상 보상입법의 의무가 도출된다.

① ㄱㄴㅁ
② ㄷㄹ
③ ㄴㄷㄹ
④ ㄷㄹㅁ
⑤ ㄱㄹ

정답 및 해설

ㄱ. [O] 국민의 기본권 제한과 직접 관련된 공권력의 행사는 고도의 정치적 고려가 필요한 대통령의 행위라도 헌법과 법률에 따라 정책을 결정하고 집행하도록 함으로써 국민의 기본권이 침해되지 않도록 견제하는 것이 국민의 기본권 보장을 사명으로 하는 헌법재판소 본연의 임무이므로, 그 한도에서 헌법소원심판의 대상이 될 수 있다고 보아야 한다. 따라서 이 사건 중단조치에 대한 헌법소원심판이 사법심사가 배제되는 행위를 대상으로 한 것이어서 부적법하다고는 볼 수 없다(2022. 1. 27. 2016헌마364).

ㄴ. [X] 이 사건 중단조치가 긴급재정경제처분·명령의 형태로 취해지지 않았다고 하더라도 헌법과 법률에 근거하지 않은 조치라고 볼 수는 없고, 남북교류협력법 등 규정에 근거하여 개성공단 내 사업 중단을 결정하고 집행할 수 있다고 보더라도 그것이 헌법이 엄격하게 요건과 절차를 통제하고자 하는 긴급재정경제처분·명령에 따른 긴급한 재정, 경제상의 처분을 우회하는 방법을 허용하는 것이라고 볼 것도 아니다(2022. 1. 27. 2016헌마364).

ㄷ. [X] 헌법 제89조는 긴급재정경제처분·명령이 아니라도 정부의 중요한 대외정책(제2호), 행정각부의 중요한 정책의 조정(제13호)의 경우 국무회의 심의를 거치도록 하고 있다. 이 사건 중단조치는 개성공단의 운영 중단이라는 피청구인 대통령의 정책 결정을 포함하고 있는바, 국제 공조 하에 북한 핵개발을 저지하기 위한 제재조치로서 개성공단 운영을 중단하는

것은 국가 안보와 관련된 중요한 대외정책의 결정일 수 있다. 또한 개성공단은 한반도의 평화와 통일에 이바지하도록 하기 위해 정부가 정책적으로 개발과 운영을 지원하고 통일부가 주요 사업으로 선정하여 주무관청으로 관리, 감독해 왔으므로, 그 운영을 중단하기로 하는 결정은 행정각부인 통일부의 중요 정책의 조정이 될 수도 있다. 따라서 <u>그 결정에 앞서 헌법 제89조 제2호, 제13호의 규정에 따라 반드시 국무회의 심의를 거쳐야 하는 것이 아닌가 하는 의문이 있을 수 있다.</u>

ㄹ. [○] 피청구인 통일부장관은 이 사건 중단조치 전 개성공단기업협회 회장단과의 간담회를 개최하여 결정 배경을 설명하고 세부조치 내용을 고지하기도 하였으므로, 이 사건 중단조치의 특성, 절차 이행으로 제고될 가치, 국가작용의 효율성 등의 종합적 형량에 따른 필수적 절차는 거친 것으로 봄이 타당하고, <u>이해관계자 등의 의견청취절차는 적법절차원칙에 따라 반드시 요구되는 절차라고 보기 어렵다.</u> 따라서 이 사건 중단조치가 적법절차원칙에 위반되어 청구인들의 영업의 자유나 재산권을 침해한 것으로 볼 수 없다.

ㅁ. [×] 경제협력사업에 참여하는 기업이나 개인으로서는 남북관계의 개선과 평화적 통일의 기틀을 마련하는 데 기여한 측면이 있고, <u>헌법 전문과 제4조 등에서 평화통일에 관한 내용을 규정하고 있으며, 경제협력사업이 평화적 통일을 위한 기반 조성의 일환으로 이루어진 것이라 하더라도, 재산상 손실의 위험성이 이미 예상된 상황에서 발생한 재산상 손실에 대해 헌법 해석상으로 어떠한 보상입법의 의무가 도출된다고까지 보기는 어렵다.</u>(2022. 5. 26. 2016헌마95)

[정답] ⑤

122 경제적 권리에 대한 설명 중 옳지 않은 것을 모두 조합한 것은?

> ㄱ. 학원법에 따라 체육시설을 운영하는 자로서 어린이통학버스에 보호자를 동승하도록 강제하는 도로교통법이 과잉금지원칙에 반하여 청구인들의 직업수행의 자유를 침해한다고 볼 수 없다.
> ㄴ. 만성신부전증환자에 대한 외래 혈액투석 의료급여수가의 기준을 정액수가로 규정한 '의료급여수가의 기준 및 일반기준'이 원가에도 미치지 못할 정도로 낮다면 의사들의 재산권이 제한된다.
> ㄷ. 법무부장관이 2020. 11. 23.에 한 '코로나19 관련 제10회 변호사시험 응시자 유의사항 등 알림' 중 코로나바이러스감염증-19확진환자의 시험 응시를 금지한 부분은 청구인들의 직업선택의 자유를 침해한다.
> ㄹ. 어린이집 원장 또는 보육교사가 아동학대 관련 범죄로 처벌을 받은 경우 행정청이 재량으로 그 자격을 취소할 수 있도록 정한 영유아보육법 제48조 제1항 제3호 중 '아동복지법 제17조 제5호를 위반하여 아동복지법 제71조 제1항 제2호에 따라 처벌받은 경우'에 관한 부분이 직업선택의 자유를 침해한다고 할 수 없다.
> ㅁ. '거짓이나 그 밖의 부정한 수단으로 받은 운전면허를 취소하는 것'은 과잉금지원칙에 반하여 일반적 행동의 자유 또는 직업의 자유를 침해한다.

① ㄴㅁ ② ㄷㄹ
③ ㄴㄷㄹ ④ ㄷㄹㅁ
⑤ ㄱㄹ

정답 및 해설

ㄱ. [O] 이 사건 보호자동승조항이 학원 등 운영자로 하여금 어린이통학버스에 학원 강사 등의 보호자를 함께 태우고 운행하도록 한 것은 어린이 등이 안전사고 위험으로부터 벗어나 안전하고 건강한 생활을 영위하도록 하기 위한 것이다. 어린이통학버스의 동승보호자는 운전자와 함께 탑승함으로써 승·하차 시 뿐만 아니라 운전자만으로 담보하기 어려운 '차량 운전 중' 또는 '교통사고 발생 등의 비상상황 발생 시' 어린이 등의 안전을 효과적으로 담보하는 중요한 역할을 하는 점 등에 비추어 보면, 이 사건 보호자동승조항이 과잉금지원칙에 반하여 청구인들의 직업수행의 자유를 침해한다고 볼 수 없다(2020. 4. 23. 2017헌마479).

ㄴ. [X] 의사인 청구인들은 정액수가조항으로 정한 금액이 혈액투석 진료행위에 소요되는 원가에도 미치지 못할 정도로 낮아서 재산권이 침해된다고 주장한다. 그러나 헌법상 보호되는 재산권은 사적 유용성 및 그에 대한 원칙적 처분권을 내포하는 재산가치 있는 구체적 권리로서, 구체적인 이익이 아니라 단순한 이익이나 재화의 획득에 관한 기회 등은 재산권 보장의 대상이 아니다. 그러므로 위 조항이 의사인 청구인들의 재산권을 제한한다고 보기는 어렵다(2020. 4. 23. 2017헌마103).

ㄷ. [O] 감염병의 확산으로 인하여 의료자원이 부족할 수도 있다는 막연한 우려를 이유로 확진환자 등의 응시를 일률적으로 금지하는 것은 청구인들의 기본권을 과도하게 제한한 것이라고 볼 수밖에 없다. 확진환자가 시험장 이외에 의료기관이나 생활치료센터 등 입원치료를 받거나 격리 중인 곳에서 시험을 치를 수 있도록 한다면 감염병 확산 방지라는 목적을 동일하게 달성하면서도 확진환자의 시험 응시 기회를 보장할 수 있다. 따라서 이 사건 알림 중 코로나19 확진환자의 시험 응시를 금지한 부분은 청구인들의 직업선택의 자유를 침해한다[2023. 2. 23. 2020헌마1736].

ㄹ. [O] 심판대상조항으로 실현하고자 하는 공익은 영유아를 건강하고 안전하게 보육하는 것으로서, 이로 인하여 어린이집 원장 또는 보육교사 자격을 취득하였던 사람이 그 자격을 취소당한 결과 일정 기간 어린이집에 근무하지 못하는 제한을 받더라도, 그 제한의 정도가 위 공익에 비하여 더 중대하다고 할 수 없다. 따라서 심판대상조항은 과잉금지원칙에 반하여 직업선택의 자유를 침해하지 아니한다(2023. 5. 25. 2021헌바234).

ㅁ. [X] 부정 취득한 운전면허는 그 요건이 처음부터 갖추어지지 못한 것으로서 해당 면허를 박탈하더라도 기본권이 추가적으로 제한된다고 보기 어려워, 법익의 균형성 원칙에도 위배되지 않는다(2020. 6. 25. 2019헌가9·10(병합)). 다만 위법이나 비난의 정도가 미약한 사안을 포함한 모든 경우에 부정 취득하지 않은 운전면허까지 필요적으로 취소하고 이로 인해 2년 동안 해당 운전면허 역시 받을 수 없게 하는 것은, 공익의 중대성을 감안하더라도 지나치게 기본권을 제한하는 것이므로, 법익의 균형성 원칙에도 위배된다. 따라서 심판대상조항 중 각 '거짓이나 그 밖의 부정한 수단으로 받은 운전면허를 제외한 운전면허'를 필요적으로 취소하도록 한 부분은, 과잉금지원칙에 반하여 일반적 행동의 자유 또는 직업의 자유를 침해한다(2020. 6. 25. 2019헌가9·10(병합)).

[정답] ①

123 재산권에 대한 설명으로 옳지 않은 것은?

① '감염병의 예방 및 관리에 관한 법률'상 집합제한 조치로 발생한 손실을 보상하는 규정을 두지 않은' 감염병의 예방 및 관리에 관한 법률' 제70조 제1항이 재산권을 제한한다고 할 수 없다.

② 세종시 공무원이 주택특별공급을 신청할 수 있는 지위는 재산권에서 보호되지 않으므로 행정중심복합도시 예정지역 이전기관 종사자 주택특별공급제도를 폐지하는 '주택공급에 관한 규칙 일부개정령'은 재산권을 침해할 가능성이 없다.

③ 요양기관이 의료법 제33조 제2항을 위반하였다는 사실을 수사기관의 수사 결과로 확인한 경우 공단으로 하여금 해당 요양기관이 청구한 요양급여비용의 지급을 보류할 수 있도록 규정한 구 국민건강보험법 제47조의2 제1항이 의료기관 개설자의 재산권을 침해한다.

④ 요양기관이 의료법 제33조 제2항을 위반하였다는 사실을 수사기관의 수사 결과로 확인한 경우 공단으로 하여금 해당 요양기관이 청구한 요양급여비용의 지급을 보류할 수 있도록 규정한 구 국민건강보험법 제47조의2 제1항이 무죄추정의 원칙에 위반된다.

⑤ 고용보험법상 육아휴직 급여수급권은 경제적 가치가 있는 권리로서 헌법 제23조에 의하여 보장되는 재산권에서 보호된다.

정답 및 해설

① [O] 헌법 제23조에서 보장하는 재산권은 사적 유용성 및 그에 대한 원칙적 처분권을 내포하는 재산가치 있는 구체적 권리이므로, 구체적인 권리가 아닌 단순한 이익이나 재화의 획득에 관한 기회 또는 기업활동의 사실적·법적 여건 등은 재산권보장의 대상에 포함되지 아니한다. 감염병예방법 제49조 제1항 제2호에 근거한 집합제한 조치로 인하여 청구인들의 일반음식점 영업이 제한되어 영업이익이 감소되었다 하더라도, 청구인들이 소유하는 영업 시설·장비 등에 대한 구체적인 사용·수익 및 처분권한을 제한받는 것은 아니므로, 보상규정의 부재가 청구인들의 재산권을 제한한다고 볼 수 없다(2023. 6. 29. 2020헌마1669).

② [O] 청구인들이 이 사건 주택특별공급을 신청할 수 있는 지위에 있었다고 하더라도 이는 그 자체로 어떠한 확정적인 권리를 취득한 것이 아니라, 이 사건 주택특별공급에 당첨될 수 있을 것이라는 단순한 기대이익을 가진 것에 불과하므로, 심판대상조항이 청구인들의 재산권을 침해할 가능성은 인정되지 않는다(2022. 12. 22. 2021헌마902).

③ [O] 지급보류처분은 잠정적 처분이고, 그 처분 이후 사무장병원에 해당하지 않는다는 사실이 밝혀져서 무죄판결의 확정 등 사정변경이 발생할 수 있다는 점 등을 고려하면, 지급보류처분의 '처분요건'뿐만 아니라 '지급보류처분의 취소'에 관하여도 명시적인 규율이 필요하고, 그 '취소사유'는 '처분요건'과 균형이 맞도록 규정되어야 한다. 또한 무죄판결이 확정되기 전이라도 하급심 법원에서 무죄판결이 선고되는 경우에는 그때부터 일정 부분에 대하여 요양급여비용을 지급하도록 할 필요가 있다. 나아가, 사정변경사유가 발생할 경우 지급보류처분이 취소될 수 있도록 한다면, 이와 함께 지급보류기간 동안 의료기관의 개설자가 수인해야 했던 재산권 제한상황에 대한 적절하고 상당한 보상으로서의 이자 내지 지연손해금의 비율에 대해서도 규율이

필요하다. 이러한 사항들은 이 사건 지급보류조항으로 인한 기본권 제한이 입법목적 달성에 필요한 최소한도에 그치기 위해 필요한 조치들이지만, 현재 이에 대한 어떠한 입법적 규율도 없다. 따라서 이 사건 지급보류조항은 과잉금지원칙에 반하여 요양기관 개설자의 재산권을 침해한다[2023. 3. 23. 2018헌바433].

④ [×] 이 사건 지급보류조항은 사후적인 부당이득 환수절차의 한계를 보완하고, 건강보험의 재정 건전성이 악화될 위험을 방지하고자 마련된 조항으로서, 사무장병원일 가능성이 있는 요양기관이 일정 기간 동안 요양급여비용을 지급받지 못하는 불이익을 받더라도 이를 두고 유죄의 판결이 확정되기 전에 죄 있는 자에 준하여 취급하는 것이라고 보기 어렵다. 따라서 이 사건 지급보류조항은 무죄추정의 원칙에 위반된다고 볼 수 없다[2023. 3. 23. 2018헌바433].

⑤ [○] 육아휴직 급여제도는 고용보험료의 납부를 통하여 육아휴직 급여수급권자도 그 재원의 형성에 일부 기여한다는 점에서 후불임금의 성격도 가미되어 있으므로, 고용보험법상 육아휴직 급여수급권은 경제적 가치가 있는 권리로서 헌법 제23조에 의하여 보장되는 재산권의 성격도 가지고 있다[2023. 2. 23. 2018헌바240].

[정답] ④

124 거주이전의 자유에 대한 설명으로 옳지 않은 것은?

① 복수국적자가 병역준비역에 편입된 때부터 3개월이 지난 경우 병역의무 해소 전에는 대한민국국적에서 이탈할 수 없도록 제한하는 국적법 조항은 국적이탈의 자유를 침해한다.

② 아프가니스탄 등 전쟁 또는 테러위험이 있는 해외 위난지역에서 여권사용을 제한하거나 방문 또는 체류를 금지한 외교통상부 고시는 거주이전의 자유를 침해한다고 할 수 없다.

③ 종교(선교활동)의 자유는 국민에게 그가 선택한 임의의 장소에서 자유롭게 행사할 수 있는 권리까지 보장한다고 할 수 없으므로 아프가니스탄 등 전쟁 또는 테러위험이 있는 해외 위난지역에서 여권사용을 제한하거나 방문 또는 체류를 금지한 외교통상부 고시는 종교의 자유를 제한한다고 할 수 없다.

④ 거주·이전의 자유는 국민에게 그가 선택할 직업 내지 그가 취임할 공직을 그가 선택하는 임의의 장소에서 자유롭게 행사할 수 있는 권리까지 포함한다고 할 수 없다.

⑤ 고속도로 또는 자동차전용도로에서 이륜자동차와 원동기장치자전거에 대해서 통행을 제한하는 것은 거주·이전의 자유를 제한한다.

※ 정답 및 해설

① [○] 국적법 조항의 존재로 인하여 복수국적을 유지하게 됨으로써 대상자가 겪어야 하는 실질적 불이익은 구체적 사정에 따라 상당히 클 수 있다. 국가에 따라서는 복수국적자가 공직 또는 국가안보와 직결되는 업무나 다른 국적국과 이익충돌 여지가 있는 업무를 담당하는 것이 제한될 가능성이 있다. 현실적으로 이러한 제한이 존재하는 경우, 특정 직업의 선택이나

업무 담당이 제한되는 데 따르는 사익 침해를 가볍게 볼 수 없다. 심판대상 법률조항은 과잉금지원칙에 위배되어 청구인의 국적이탈의 자유를 침해한다(헌재 2020. 9. 24. 2016헌마889).

② [O] 대상지역을 당시 전쟁이 계속 중이던 이라크와 소말리아, 그리고 실제로 한국인에 대한 테러 가능성이 높았던 아프가니스탄 등 3곳으로 한정하고, 그 기간도 1년으로 하여 그다지 장기간으로 볼 수 없을 뿐 아니라, 부득이한 경우 예외적으로 외교통상부장관의 허가를 받아 여권의 사용 및 방문·체류가 가능하도록 함으로써 국민의 거주·이전의 자유에 대한 제한을 최소화하고 법익의 균형성도 갖추었다(헌재 2008. 6. 26. 2007헌마1366).

③ [O] 종교(선교활동)의 자유는 국민에게 그가 선택한 임의의 장소에서 자유롭게 행사할 수 있는 권리까지 보장한다고 할 수 없으며, 그 임의의 장소가 대한민국의 주권이 미치지 아니하는 지역 나아가 국가에 의한 국민의 생명·신체 및 재산의 보호가 강력히 요구되는 해외위난지역인 경우에는 더욱 그러하다(헌재 2008. 6. 26. 2007헌마1366).

④ [O] 거주·이전의 자유가 국민에게 그가 선택할 직업 내지 그가 취임할 공직을 그가 선택하는 임의의 장소에서 자유롭게 행사할 수 있는 권리까지 보장하는 것은 아니다. 물론 직업에 관한 규정이나 공직취임의 자격에 관한 제한규정에 의하여 헌법 제15조의 직업의 자유 내지 헌법 제25조의 공무담임권이 제한될 수는 있어도 헌법 제14조의 거주·이전의 자유가 제한되었다고 볼 수 없다(1996.6.26, 96헌마200).

⑤ [X] 청구인들은 원동기장치자전거 운전면허 또는 제2종 소형자동차 운전면허를 취득하여 이륜자동차와 원동기장치자전거(이하 두 가지를 합쳐 '이륜차'라고 한다)를 운전할 수 있지만, 이 사건 법률조항에 의하여 고속도로 또는 자동차전용도로(이하 '고속도로 등'이라 한다)의 통행이 금지되므로, 이륜차를 이용하여 고속도로 등을 통행할 수 있는 자유를 제한당하고 있다. 이는 행복추구권에서 우러나오는 일반적 행동의 자유를 제한하는 것이다. 그러나 이 사건 법률조항이 청구인들의 거주이전의 자유를 제한한다고 보기는 어렵다(2007. 1. 17. 2005헌마1111).

[정답] ⑤

제8절 | 선거권, 공무담임임권, 청원권

125 집행유예자와 수형자 선거권 제한에 대한 설명 중 옳은 것(○)과 옳지 않은 것(×)을 올바르게 조합한 것은? (다툼이 있는 경우 판례에 의함)

> ㄱ. 집행유예자와 수형자의 선거권 제한은 범죄자가 범죄의 대가로 선고받은 자유형의 본질에서 당연히 도출되는 것이다.
> ㄴ. 수형자에 대해 선거권을 제한하고 있는 「공직선거법」 제18조 제1항 제2호가 헌법불합치결정됨에 따라 「공직선거법」이 개정되어 1년 이상의 징역 또는 금고의 형의 선고를 받고 그 집행이 종료되지 아니하거나 그 집행을 받지 아니하기로 확정되지 아니한 사람에 한해 선거권이 제한되고 있다.
> ㄷ. 범죄자가 저지른 범죄의 경중을 전혀 고려하지 않고 수형자와 집행유예자 모두의 선거권을 제한하더라도 헌법에 위반되는 것은 아니다.
> ㄹ. '유기징역 또는 유기금고의 선고를 받고 그 집행유예기간 중인 자'의 선거권을 전면적·획일적으로 제한하는 「공직선거법」 조항은 선거권 제한이 지나치게 광범위하므로 과잉금지원칙에 반하여 헌법에 위반된다. 다만, '유기징역 또는 유기금고의 선고를 받고 그 집행유예기간 중인 자'에게 선거권을 부여하는 구체적인 방안은 입법자의 형성재량에 속하므로 헌법불합치결정을 선고하는 것이 타당하다.
> ㅁ. 선거일 현재 1년 이상의 형의 집행유예를 선고받고 유예기간 중에 있는 사람은 선거권을 가진다.

① ㄱ(×), ㄴ(○), ㄷ(×), ㄹ(×), ㅁ(○)
② ㄱ(×), ㄴ(×), ㄷ(○), ㄹ(○), ㅁ(○)
③ ㄱ(○), ㄴ(×), ㄷ(×), ㄹ(×), ㅁ(×)
④ ㄱ(×), ㄴ(○), ㄷ(○), ㄹ(○), ㅁ(×)
⑤ ㄱ(○), ㄴ(○), ㄷ(×), ㄹ(○), ㅁ(×)

정답 및 해설

ㄱ. [×] 보통선거원칙 및 그에 기초한 선거권을 법률로써 제한하는 것은 필요 최소한에 그쳐야 한다. 집행유예자와 수형자의 선거권 제한은 범죄자가 범죄의 대가로 선고받은 자유형의 본질에서 당연히 도출되는 것이 아니므로, 범죄자의 선거권 제한 역시 보통선거원칙에 기초하여 필요 최소한의 정도에 그쳐야 한다. 심판대상조항의 입법목적에 비추어 보더라도, 구체적인 범죄의 종류나 내용 및 불법성의 정도 등과 관계없이 일률적으로 선거권을 제한하여야 할 필요성이 있다고 보기는 어렵다. 범죄자가 저지른 범죄의 경중을 전혀 고려하지 않고 수형자와 집행유예자 모두의 선거권을 제한하는 것은 침해의 최소성원칙에 어긋난다(2014.1.28, 2012헌마409 등).

> 「공직선거법」 제18조【선거권이 없는 자】① 선거일 현재 다음 각 호의 어느 하나에 해당하는 사람은 선거권이 없다.
>   2. 1년 이상의 징역 또는 금고의 형의 선고를 받고 그 집행이 종료되지 아니하거나 그 집행을 받지 아니하기로 확정되지 아니한 사람. 다만, 그 형의 집행유예를 선고받고 유예기간 중에 있는 사람은 제외한다.

ㄴ. [O] 수형자에 관한 부분의 위헌성은 지나치게 전면적·획일적으로 수형자의 선거권을 제한한다는 데 있다. 그런데 그 위헌성을 제거하고 수형자에게 헌법합치적으로 선거권을 부여하는 것은 입법자의 형성재량에 속하므로 심판대상조항 중 수형자에 관한 부분에 대하여 헌법불합치결정을 선고한다(2014.1.28, 2012헌마409 등).

> 「공직선거법」 제18조【선거권이 없는 자】① 선거일 현재 다음 각 호의 어느 하나에 해당하는 사람은 선거권이 없다.
>   2. 1년 이상의 징역 또는 금고의 형의 선고를 받고 그 집행이 종료되지 아니하거나 그 집행을 받지 아니하기로 확정되지 아니한 사람. 다만, 그 형의 집행유예를 선고받고 유예기간 중에 있는 사람은 제외한다.

ㄷ. [X] 범죄자의 선거권을 제한할 필요가 있다 하더라도 그가 저지른 범죄의 경중을 전혀 고려하지 않고 수형자와 집행유예자 모두의 선거권을 제한하는 것은 침해의 최소성원칙에 어긋난다. 이와 같이 심판대상조항은 입법목적의 정당성과 수단의 적합성은 인정할 수 있지만 침해의 최소성과 법익의 균형성이 인정되지 않으므로, 헌법 제37조 제2항에 위반하여 청구인들의 선거권을 침해한 것이다(2014.1.28, 2012헌마409 등).

ㄹ. [X] '<u>유기징역 또는 유기금고의 선고를 받고 그 집행유예기간 중인 자' 부분은 위헌결정을, '유기징역 또는 유기금고의 선고를 받고 그 집행이 종료되지 아니한 자(수형자)'에 관한 부분은 헌법불합치결정</u>을 하였다.

> 범죄자가 저지른 범죄의 경중을 전혀 고려하지 않고 수형자와 집행유예자 모두의 선거권을 제한하는 것은 침해의 최소성원칙에 어긋난다. 특히 집행유예자는 집행유예 선고가 실효되거나 취소되지 않는 한 교정시설에 구금되지 않고 일반인과 동일한 사회생활을 하고 있으므로, 그들의 선거권을 제한해야 할 필요성이 크지 않다. 따라서 심판대상조항은 청구인들의 선거권을 침해하고, 보통선거원칙에 위반하여 집행유예자와 수형자를 차별취급하는 것이므로 평등원칙에도 어긋난다. 심판대상조항 중 수형자에 관한 부분의 위헌성은 지나치게 전면적·획일적으로 수형자의 선거권을 제한한다는 데 있다. 그런데 그 위헌성을 제거하고 수형자에게 헌법합치적으로 선거권을 부여하는 것은 입법자의 형성재량에 속하므로 심판대상조항 중 수형자에 관한 부분에 대하여 헌법불합치결정을 선고한다(2014.1.28, 2012헌마409 등).

ㅁ. [O] 「공직선거법」 제18조 제1항 제2호 단서에 따라 집행유예선고를 받은 자의 선거권은 제한되지 않는다.

> 「공직선거법」 제18조【선거권이 없는 자】① 선거일 현재 다음 각 호의 어느 하나에 해당하는 사람은 선거권이 없다.
>   1. 금치산선고를 받은 자
>   2. 1년 이상의 징역 또는 금고의 형의 선고를 받고 그 집행이 종료되지 아니하거나 그 집행을 받지 아니하기로 확정되지 아니한 사람. 다만, 그 형의 집행유예를 선고받고 유예기간 중에 있는 사람은 제외한다.

[정답] ①

126 1년 이상 징역형 수형자의 선거권 제한한 공직선거법에 대한 설명 중 옳은 것(○)과 옳지 않은 것(×)을 올바르게 조합한 것은? (다툼이 있는 경우 판례에 의함)

> ㄱ. 선거권이 제한되는 수형자의 범위를 정함에 있어서 선고형이 중대한 범죄 여부를 결정하는 합리적 기준이 될 수 있다.
> ㄴ. 1년 이상의 징역형 선고를 받고 그 집행이 종료되지 아니한 사람의 선거권을 제한하는 「공직선거법」 조항에 의한 선거권 박탈은 범죄자에 대해 가해지는 형사적 제재의 연장으로 범죄에 대한 응보적 기능을 갖는다.
> ㄷ. 형 집행 중 가석방처분을 받았다는 후발적 사유를 고려하지 아니하고 1년 이상의 징역형 선고를 받은 사람의 선거권을 일률적으로 제한하는 것은 불필요한 제한에 해당한다.
> ㄹ. 1년 이상의 징역형을 선고받은 사람의 범죄행위가 국가적 · 사회적 법익이 아닌 개인적 법익을 침해하는 경우라면 사회적 · 법률적 비난가능성의 정도는 달리 판단할 수 있다.
> ㅁ. 수형자에 대한 형벌 이외의 기본권 제한은 수형자의 정상적 사회복귀라는 목적에 부응하는 것일 때 정당화될 수 있다. 수형자라고 하여 선거권을 제한하는 것은 이러한 목적에 부합한다고 볼 수 없으므로 수형자에 대한 사회적 · 형사적 제재라는 입법목적은 정당하지 않다.

① ㄱ(○), ㄴ(○), ㄷ(×), ㄹ(○), ㅁ(○)
② ㄱ(×), ㄴ(×), ㄷ(○), ㄹ(×), ㅁ(○)
③ ㄱ(○), ㄴ(○), ㄷ(×), ㄹ(×), ㅁ(×)
④ ㄱ(×), ㄴ(○), ㄷ(○), ㄹ(○), ㅁ(×)
⑤ ㄱ(×), ㄴ(○), ㄷ(×), ㄹ(○), ㅁ(×)

정답 및 해설

ㄱ. [○] 「공직선거법」에서 범죄의 종류나 침해된 법익을 기준으로 선거권이 제한되는 수형자의 범위를 일반적으로 정하는 것은 실질적으로 곤란하다. 대신 선거권이 제한되는 수형자의 범위를 정함에 있어서 선고형이 중대한 범죄 여부를 결정하는 합리적인 기준이 될 수 있다. 선고형에는 범인의 연령, 성행, 지능과 환경, 피해자에 대한 관계, 범행의 동기, 수단과 결과, 범행 후의 정황 등의 양형조건이 참작되기 때문이다(2017.5.25, 2016헌마292 등).

ㄴ. [○] 이 사건 법률조항은 공동체 구성원으로서 반드시 지켜야 할 기본적 의무를 저버린 범죄자에게 그 공동체의 운용을 주도하는 통치조직의 구성에 참여하도록 하는 것은 바람직하지 않다는 기본적 인식과 이러한 반사회적 행위에 대한 사회적 제재의 의미를 가지고 있다. 또한 이 사건 법률조항에 의한 선거권 박탈은 범죄자에 대해 가해지는 형사적 제재의 연장으로서 범죄에 대한 응보적 기능도 갖는다. 나아가 이 사건 법률조항이 그가 선고받은 1년 이상의 징역의 형 외에 별도로 선거권을 박탈하는 것은 그 자신을 포함하여 일반 국민으로 하여금 시민으로서의 책임성을 함양하고 법치주의에 대한 존중의식을 제고하는 데에도 기여할 수 있다. 이 사건 법률조항이 담고 있는 이러한 목적은 정당하고, 1년 이상의 징역의 형의 선고

를 받고 그 집행이 종료되지 아니한 사람에 대하여 선거권을 제한하는 것은 이를 달성하기 위한 적합한 방법이다. 따라서 이 사건 법률조항은 입법목적의 정당성과 수단의 적합성을 갖추고 있다(2017.5.25, 2016헌마292 등).

ㄷ. [×] 이 사건 법률조항은 가석방되었으나 가석방기간 중에 있어 형의 집행 중에 있는 사람의 선거권은 제한하고 있다. 그런데 가석방은 수형자의 사회복귀를 촉진하기 위하여 형 집행 중에 있는 자 가운데 행상이 양호하고 개전의 정이 현저한 자를 그 형의 집행종료 전에 석방함으로써 수형자에 대한 무용한 구금의 연장을 피하고 수형자의 윤리적 자기형성을 촉진하고자 하는 의미에서 취해지는 형사정책적 행정처분으로서, 수형자의 개별적 요청이나 희망에 따라 행하여지는 것이 아니라 교정기관의 교정정책 혹은 형사정책적 판단에 따라 이루어지는 재량적 조치이다. 형 집행 중에 가석방을 받았다고 하여, 형의 선고 당시 법관에 의하여 인정된 범죄의 중대성이 감쇄되었다고 보기 어려운 점을 고려하면, 입법자가 가석방처분을 받았다는 후발적 사유를 고려하지 아니하고 1년 이상 징역의 형을 선고받은 사람의 선거권을 일률적으로 제한하였다고 하여 불필요한 제한이라고 보기는 어렵다(2017.5.25, 2016헌마292 등).

ㄹ. [×] 이 사건 법률조항은 1년 이상의 징역의 형을 선고받았는지 여부만을 기준으로 할 뿐, 과실범과 고의범 등 범죄의 종류를 불문하고, 범죄로 인하여 침해된 법익이 국가적 법익인지, 사회적 법익인지, 개인적 법익인지 그 내용 또한 불문한다. 그러나 재판을 통하여 1년 이상의 징역의 형을 선고받았다면, 범죄자의 사회적·법률적 비난가능성이 결코 작지 아니함은 앞서 본 바와 같으며, 이러한 사정은 당해 범죄자가 저지른 범죄행위가 과실에 의한 것이라거나 국가적·사회적 법익이 아닌 개인적 법익을 침해하는 것이라도 마찬가지이다(2017.5.25, 2016헌마292 등).

ㅁ. [×] 선지는 반대의견의 논리다.

> 이 사건 법률조항이 그가 선고받은 1년 이상의 징역의 형 외에 별도로 선거권을 박탈하는 것은 그 자신을 포함하여 일반 국민으로 하여금 시민으로서의 책임성을 함양하고 법치주의에 대한 존중의식을 제고하는 데에도 기여할 수 있다. 이 사건 법률조항이 담고 있는 이러한 목적은 정당하고, 1년 이상의 징역의 형의 선고를 받고 그 집행이 종료되지 아니한 사람에 대하여 선거권을 제한하는 것은 이를 달성하기 위한 적합한 방법이다(2017.5.25, 2016헌마292 등).

[정답] ③

127 후보자등록요건으로서 기탁금에 대한 설명으로 옳지 않은 것은 모두 몇 개인가?

ㄱ. 대통령 선거의 기탁금은 5억 원이었는데, 헌법재판소가 헌법불합치결정을 함에 따라 3억원으로 낮춰졌고, 대통령 예비후보자로 등록하려면 6천만 원의 기탁금을 납부하여야 한다.

ㄴ. 정당후보자와 무소속후보자를 차별하여 기탁금을 정하는 것은 보통·평등선거에 위반한다.

ㄷ. 국회의원후보자등록요건으로서 기탁금 1,500만 원은 정당활동의 자유를 침해한다.

ㄹ. 「공직선거법」상 후보자등록을 신청하는 자는 등록신청시에 후보자 1명마다 일정 금액의 기탁금을 중앙선거관리위원회의 규칙으로 정하는 바에 따라 관할선거구

선거관리위원회에 납부하여야 하는데, 특히 대통령 선거는 기탁금이 3억 원이다.
ㅁ. 헌법재판소는 공직선거에 입후보하려는 자에 대하여 기탁금을 부과하는 것 자체가 선거에 입후보하려고 하는 후보자의 공무담임권을 침해한다고 결정하였다.
ㅂ. 지역구국회의원 예비후보자에게 지역구국회의원이 납부할 기탁금의 100분의 20에 해당하는 금액을 기탁금으로 납부하도록 하는 것은 예비후보자의 공무담임권을 침해하고, 비례대표 기탁금조항은 비례대표국회의원후보자가 되어 국회의원에 취임하고자 하는 자의 공무담임권을 침해한다.
ㅅ. 전북대학교 총장후보자로 지원하려는 사람에게 1,000만 원의 기탁금 납부를 요구하고, 납입하지 않을 경우 총장후보자에 지원하는 기회를 주지 않는 것은 공무담임권을 침해한다.
ㅇ. 대구교육대학교 총장임용후보자 선거에서 후보자가 되려는 사람은 1,000만 원의 기탁금을 납부하도록 규정한 '대구교육대학교 총장임용후보자 선정규정' 제23조 제1항 제2호 및 제24조 제1항이 과잉금지원칙에 위배되어 후보자가 되려는 청구인의 공무담임권을 침해한다.
ㅈ. 대구교육대학교 총장임용후보자 선거 후보자가 제1차 투표에서 최종 환산득표율의 100분의 15 이상을 득표한 경우에만 기탁금의 반액을 반환하도록 하고 반환하지 않는 기탁금은 대학 발전기금에 귀속되도록 규정한 '대구교육대학교 총장임용후보자 선정규정' 제24조 제2항이 과잉금지원칙에 위배되어 청구인의 재산권을 침해한다.

① 1개 ② 2개
③ 3개 ④ 4개
⑤ 5개

정답 및 해설

ㄱ. [O] 대통령 기탁금 5억 원에 대하여 헌법재판소가 헌법불합치결정하였고(2008.11.27, 2007헌마1024), 이에 따라 3억 원으로 법이 개정되었다. 대통령 예비후보자로 등록하려면 기탁금의 20%를 등록시 납부하여야 하므로 6천만 원을 납부하여야 한다.

ㄴ. [O] 기탁금은 후보자의 난립방지를 목적으로 하지 정당 보호라는 측면은 없다. 따라서 헌법재판소는 국회의원 선거에서 정당후보자 1000만 원, 무소속후보자 2000만 원으로 기탁금을 달리하는 것에 대하여 보통·평등선거원칙에 반한다 하여 헌법불합치결정을 한 바 있다.

ㄷ. [×] 지역구국회의원 기탁금 1500만 원은 합헌이었으나, 비례대표국회의원 기탁금 1500만 원은 위헌이었다.

후보자등록신청시에 후보자 1명마다 1,500만 원의 기탁금을 납부하도록 규정한 「공직선거법」 제56조 제1항 제2호 중 비례대표국회의원 선거에 관한 부분은 지나치게 과다하여 공무담임권 등을 침해한다(2016.12.29, 2015헌마509 등).

ㄹ. [O] 대통령 선거에서의 기탁금은 3억원이다(「공직선거법」 제56조 제1항 제11호).

ㅁ. [X] 시·도지사 선거에서 무분별한 후보난립을 방지하기 위한 제재금 예납의 의미와 함께, 「공직선거 및 선거부정방지법」 위반행위에 대한 과태료 및 불법시설물 등에 대한 대집행비용과 부분적으로 선전벽보 및 선거공보의 작성비용에 대한 예납의 의미도 아울러 가지고 있는 기탁금제도는 그 기탁금액이 지나치게 많지 않는 한 이를 위헌이라고 할 수는 없다(1996.8.29, 95헌마108).

➡ 주의 : 기탁금제도 자체는 합헌이다.

ㅂ. [X] 일정한 범위의 이 허용된 예비후보자의 기탁금 액수를 해당 선거의 후보자등록시 납부해야 하는 기탁금의 100분의 20으로 설정한 것은 입법재량의 범위를 벗어난 것으로 볼 수 없다(2010.12.28, 2010헌마79).

ㅅ. [O] 이 사건 기탁금조항으로 인하여 기탁금을 납입할 자력이 없는 교원 등 학내 인사 및 일반 국민들은 총장후보자에 지원하는 것 자체를 단념하게 되므로, 이 사건 기탁금조항으로 제약되는 공무담임권의 정도는 결코 과소평가될 수 없다. 이 사건 기탁금조항으로 달성하려는 공익이 제한되는 공무담임권 정도보다 크다고 단정할 수 없으므로, 이 사건 기탁금조항은 법익의 균형성에도 반한다. 따라서, 이 사건 기탁금조항은 과잉금지원칙에 반하여 청구인의 공무담임권을 침해한다(2018.4.26, 2014헌마274).

ㅇ. [X] 이 사건 기탁금납부조항은 후보자 난립에 따른 선거의 과열을 방지하고 후보자의 성실성을 확보하기 위한 것이다. 대구교육대학교는 총장임용후보자 선거에서 과거 간선제를 채택하였을 때 어떤 홍보수단도 활용할 수 없도록 하였던 것과 달리 직선제를 채택하면서 다양한 방법의 선거운동을 허용하고 있으므로, 선거가 과열되거나 혼탁해질 위험성이 증대되었다. 기탁금제도를 두는 대신에 피선거권자의 자격요건을 강화하면 공무담임권이 오히려 더 제한될 소지가 있고, 추천인 요건을 강화하는 경우 사전 선거운동이 과열될 수 있으며, 선거운동방법의 제한 및 이에 관한 제재를 강화하면 선거운동이 위축될 염려도 있다. 이 사건 기탁금납부조항이 규정하는 1,000만 원이라는 기탁금액이 후보자가 되려는 사람이 납부할 수 없을 정도로 과다하다거나 입후보 의사를 단념케 할 정도로 과다하다고 할 수도 없다. 따라서 이 사건 기탁금납부조항은 청구인의 공무담임권을 침해하지 아니한다(2022.01.27, 2019헌바161).

ㅈ. [O] 이 사건 기탁금귀속조항에 따르면, 선거를 완주하여 성실성을 충분히 검증 받은 후보자는 물론, 최다득표를 하여 총장임용후보자로 선정된 사람조차도 기탁금의 반액은 반환받지 못하게 된다. 이는 난립후보라고 할 수 없는 성실한 후보자들을 상대로도 기탁금의 발전기금 귀속을 일률적으로 강요함으로써 대학의 재정을 확충하는 것과 다름없다. 기탁금반환 조건을 현재보다 완화하더라도 충분히 후보자의 난립을 방지하고 후보자의 성실성을 확보할 수 있음에도, 이 사건 기탁금귀속조항은 후보자의 성실성이나 노력 여하를 막론하고 기탁금의 절반은 반드시 대학 발전기금에 귀속되도록 하고 나머지 금액의 반환 조건조차 지나치게 까다롭게 규정하고 있다. 그러므로 이 사건 기탁금귀속조항은 과잉금지원칙에 위반되어 청구인의 재산권을 침해한다(2018.4.26., 2014헌마274).

[정답] ④

128 재외국민의 선거권에 대한 설명으로 옳지 않은 것은?(정답2개)

① 「공직선거법」상 재외선거인의 임기만료 지역구국회의원 선거권을 인정하지 않은 것이 재외선거인의 선거권을 침해하거나 보통선거원칙에 위배된다.

② 주민등록이 되어 있지 아니한 재외국민이 일정한 요건을 갖춘 경우, 외국에서 참여할 수 있는 선거에는 대통령선거와 임기만료에 따른 지역구국회의원 선거가 있고, 주민등록이 되어 있는 재외국민(18세 이상) 국내에서 참여할 수 있는 선거에는 대통령선거와 임기만료에 따른 비례대표 국회의원 선거 지역구 국회의원 선거, 지방자치단체의 장 과 지방의원 선거가 있다.

③ 국내거주 재외국민은 주민등록을 할 수 없을 뿐이지 '국민인 주민'이라는 점에서는 '주민등록이 되어 있는 국민인 주민'과 실질적으로 동일하므로, 지방선거 선거권 부여에 있어 양자에 대한 차별을 정당화할 어떠한 사유도 존재하지 않는다.

④ 국내거주 재외국민에 대해 그 체류기간을 불문하고 지방선거 선거권을 전면적·획일적으로 박탈하는 것은 국내거주 재외국민의 지방의회의원 선거권을 침해하는 것이다.

⑤ 재외선거인에게 국회의원 재·보궐선거의 선거권을 인정하지 않은 재외선거인 등록신청조항이 재외선거인의 선거권을 침해하거나 보통선거원칙에 위배된다고 할 수 없다.

> **정답 및 해설**
>
> ①[×] 지역구국회의원은 국민의 대표임과 동시에 소속 지역구의 이해관계를 대변하는 역할을 하고 있다. 전국을 단위로 선거를 실시하는 대통령 선거와 비례대표국회의원 선거에 투표하기 위해서는 국민이라는 자격만으로 충분한 데 반해, 특정한 지역구의 국회의원 선거에 투표하기 위해서는 '해당 지역과의 관련성'이 인정되어야 한다. 주민등록과 국내거소신고를 기준으로 지역구국회의원 선거권을 인정하는 것은 해당 국민의 지역적 관련성을 확인하는 합리적인 방법이다. 따라서 선거권조항과 재외선거인 등록신청조항이 재외선거인의 임기만료 지역구국회의원 선거권을 인정하지 않은 것이 재외선거인의 선거권을 침해하거나 보통선거원칙에 위배된다고 볼 수 없다(2014.7.24, 2009헌마256 등).
>
> ②[×] 주민등록이 되어 있지 아니한 재외국민은 외국에서 지역구국회의원 선거권을 행사할 수 없다. 주민등록이 되어 있는 재외국민(18세 이상) 국내에서 참여할 수 있는 선거에는 대통령 선거와 임기만료에 따른 비례대표 국회의원 선거, 지역구 국회의원 선거, 지방자치단체의 장과 지방의원 선거가 있다.
>
> > 「공직선거법」제218조의5【재외선거인 등록신청】① 주민등록이 되어 있지 아니하고 재외선거인명부에 올라 있지 아니한 사람으로서 외국에서 투표하려는 선거권자는 대통령 선거와 임기만료에 따른 비례대표국회의원 선거를 실시하는 때마다 해당 선거의 선거일 전 60일까지(이하 이 장에서 '재외선거인 등록신청기한'이라 한다) 다음 각 호의 어느 하나에 해당하는 방법으로 중앙선거관리위원회에 재외선거인 등록신청을 하여야 한다.
> > 〈각 호 생략〉

제15조【선거권】 ① 18세 이상의 국민은 대통령 및 국회의원의 선거권이 있다. 다만, 지역구국회의원의 선거권은 18세 이상의 국민으로서 제37조 제1항에 따른 선거인명부작성기준일 현재 다음 각 호의 어느 하나에 해당하는 사람에 한하여 인정된다.
  1. 「주민등록법」 제6조 제1항 제1호 또는 제2호에 해당하는 사람으로서 해당 국회의원지역선거구 안에 주민등록이 되어 있는 사람
  2. 「주민등록법」 제6조 제1항 제3호에 해당하는 사람으로서 주민등록표에 3개월 이상 계속하여 올라 있고 해당 국회의원지역선거구 안에 주민등록이 되어 있는 사람
② 18세 이상으로서 제37조 제1항에 따른 선거인명부작성기준일 현재 다음 각 호의 어느 하나에 해당하는 사람은 그 구역에서 선거하는 지방자치단체의 의회의원 및 장의 선거권이 있다.
  1. 「주민등록법」 제6조 제1항 제1호 또는 제2호에 해당하는 사람으로서 해당 지방자치단체의 관할 구역에 주민등록이 되어 있는 사람
  2. 「주민등록법」 제6조 제1항 제3호에 해당하는 사람으로서 주민등록표에 3개월 이상 계속하여 올라 있고 해당 지방자치단체의 관할 구역에 주민등록이 되어 있는 사람
  3. 「출입국관리법」 제10조에 따른 영주의 체류자격 취득일 후 3년이 경과한 외국인으로서 같은 법 제34조에 따라 해당 지방자치단체의 외국인등록대장에 올라 있는 사람

③ [O] 국내거주 재외국민은 주민등록을 할 수 없을 뿐이지 '국민인 주민'이라는 점에서는 '주민등록이 되어 있는 국민인 주민'과 실질적으로 동일하므로 지방선거 선거권 부여에 있어 양자에 대한 차별을 정당화할 어떠한 사유도 존재하지 않으며, 또한 헌법상의 권리인 국내거주 재외국민의 선거권이 법률상의 권리에 불과한 '영주의 체류자격 취득일로부터 3년이 경과한 18세 이상의 외국인'의 지방선거 선거권에 못 미치는 부당한 결과가 초래되고 있다는 점에서, 국내거주 재외국민에 대해 그 체류기간을 불문하고 지방선거 선거권을 전면적 · 획일적으로 박탈하는 법 제15조 제2항 제1호, 제37조 제1항은 국내거주 재외국민의 평등권과 지방의회의원 선거권을 침해한다(2007.6.28, 2004헌마644 등).
④ [O] 국내거주 재외국민에 대해 그 체류기간을 불문하고 지방선거 선거권을 전면적 · 획일적으로 박탈하는 법 제15조 제2항 제1호, 제37조 제1항은 국내거주 재외국민의 평등권과 지방의회의원 선거권을 침해한다(2007.6.28, 2004헌마644 등).
⑤ [O] 입법자는 재외선거제도를 형성하면서, 잦은 재 · 보궐선거는 재외국민으로 하여금 상시적인 선거체제에 직면하게 하는 점, 재외 재·보궐선거의 투표율이 높지 않을 것으로 예상되는 점, 재·보궐선거 사유가 확정될 때마다 전 세계 해외 공관을 가동하여야 하는 등 많은 비용과 시간이 소요된다는 점을 종합적으로 고려하여 재외선거인에게 국회의원의 재·보궐선거권을 부여하지 않았다고 할 것이고, 이와 같은 선거제도의 형성이 현저히 불합리하거나 불공정하다고 볼 수 없다. 따라서 재외선거인 등록신청조항은 재외선거인의 선거권을 침해하거나 보통선거원칙에 위배된다고 볼 수 없다(2014.7.24, 2009헌마256 등).

[정답] ①, ②

129 선거제도에 대한 설명으로 옳은 것은?

① 투표를 통한 정치적 의사표현은 가장 내밀한 영역에 해당하므로, 무엇보다 선거인은 자신이 신뢰할 수 있는 사람을 스스로 투표보조인으로 선정할 수 있어야 하지만, 신체의 장애로 인하여 자신이 기표할 수 없는 선거인에 대해 투표보조인이 가족이 아닌 경우 반드시 2인을 동반하여서만 투표를 보조하게 할 수 있도록 정하고 있는 공직선거법은 선거인이 자신에게 필요한 투표보조인의 수를 스스로 결정할 수 없게 하고, 2인의 투표보조인에게 투표의 내용을 공개하도록 하여 선거권 행사를 위축시킨다.

② 공개장소에서의 연설·대담장소 또는 대담·토론회장에서 연설·대담·토론용으로 사용하는 경우를 제외하고는 선거운동을 위하여 확성장치를 사용할 수 없도록 한 공직선거법 제91조 제1항 및 이에 위반한 경우 처벌하는 구 공직선거법 제255조 제2항 제4호는 정치적 표현의 자유를 침해한다.

③ 선거운동기간 중 어깨띠 등 표시물을 사용한 선거운동을 금지한 공직선거법 제68조 제2항 및 이에 위반한 경우 처벌하는 같은 법 제255조 제1항 제5호는 과잉금지원칙에 반하여 정치적 표현의 자유를 침해한다고 할 수 없다.

④ 한국철도공사의 상근직원에 대하여 선거운동을 금지하고 이를 위반한 경우 처벌하도록 규정한 공직선거법은 선거운동의 자유를 침해한다.

⑤ 재외투표기간 개시일 이후 귀국한 재외선거인에 대해 국내에서 선거일에 투표할 수 있도록 하는 절차를 마련하지 아니한 공직선거법 제218조의16는 재외투표기간 개시일에 임박하여 또는 재외투표기간 중에 재외선거사무 중지결정이 있었고 그에 대한 재개결정이 없었던 예외적인 상황에서 재외투표기간 개시일 이후에 귀국한 재외선거인등이 국내에서 선거일에 투표할 수 있도록 하는 절차를 마련하지 아니한 것은 과잉금지원칙을 위반하여 청구인의 선거권을 침해한다고 할 수 없다.

정답 및 해설

① [×] 심판대상조항으로 인해 청구인이 받는 불이익은 투표보조인이 가족이 아닌 경우 2인을 동반해야 하므로, 투표보조인이 1인인 경우에 비하여 투표의 비밀이 더 유지되기 어렵고, 투표보조인을 추가로 섭외해야 한다는 불편에 불과하므로, 심판대상조항은 법익의 균형성 원칙에 반하지 않는다.

② [×] 확성장치사용 금지조항은 선거운동 과정에서 확성장치 사용으로 인한 소음을 규제하여 국민의 건강하고 쾌적한 환경에서 생활할 권리를 보장하고자 한 것으로, 목적의 정당성 및 수단의 적합성이 인정된다. 확성장치의 출력수나 사용시간을 규제하는 입법이 확성장치 사용 자체를 제한하는 방안과 동등하거나 유사한 효과를 불러온다고 보기 어려운 점 등을 종합하면, 확성장치사용 금지조항은 침해의 최소성에 어긋나지 않는다. 나아가 확성장치사용 금지조항이 달성하고자 하는 공익이 그로써 제한되는 정치적 표현의 자유보다 작다고 할 수 없으므로, 위 조항은 법익의 균형성에도 어긋나지 않는다. 따라서 확성장치사용 금지조항은 과잉금지원칙에 반하여 정치적 표현의 자유를 침해하지 않는다[2022. 7. 21. 2017헌바100].

③ [X] 공직선거법상 후보자 비방 금지 규정 등에 비추어 심판대상조항이 무분별한 흑색선전 방지 등을 위한 불가피한 수단이라고 보기도 어려우므로, 심판대상조항은 <u>필요한 범위를 넘어 표시물을 사용한 선거운동을 포괄적으로 금지·처벌하는 것으로서 침해의 최소성에 반한다</u>. 또한 심판대상조항으로 인하여 일반 유권자나 후보자가 받는 정치적 표현의 자유에 대한 제약이 달성되는 공익보다 중대하므로 심판대상조항은 법익의 균형성에도 위배된다[2022. 7. 21. 2017헌가4].

④ [O] 한국철도공사의 상근직원에 대하여 선거운동을 금지하고 이를 위반한 경우 처벌하도록 규정한 공직선거법은 더욱이 그 직을 유지한 채 공직선거에 입후보할 수 없는 상근임원과 달리, 한국철도공사의 상근직원은 그 직을 유지한 채 공직선거에 입후보하여 자신을 위한 선거운동을 할 수 있음에도 타인을 위한 선거운동을 전면적으로 금지하는 것은 과도한 제한이다. 따라서 심판대상조항은 선거운동의 자유를 침해한다(2018. 2. 22. 2015헌바124).

⑤ [X] 재외투표기간 개시일에 임박하여 또는 재외투표기간 중에 재외선거사무 중지결정이 있었고 그에 대한 재개결정이 없었던 예외적인 상황에서 재외투표기간 개시일 이후에 귀국한 재외선거인등이 국내에서 선거일에 투표할 수 있도록 하는 절차를 마련하지 아니한 것은 과잉금지원칙을 위반하여 청구인의 선거권을 침해한다[2022. 1. 27. 2020헌마895].

[정답] ④

130 국회의원과 지방의원 지역선거구에 대한 설명으로 옳지 않은 것은?

① 헌법 제41조 제3항은 국회의원선거에 있어 필수적인 요소라고 할 수 있는 선거구에 관하여 직접 법률로 정하도록 규정하고 있으므로, 국회의원의 선거구를 법률로 정할 것인지는 입법형성의 자유가 존재한다.

② 자치구·시·군의회의원 선거구획정에서는 시·도의회의원 선거구획정에서 요구되는 허용편차기준은 동일하다.

③ 현시점에서는 해당 선거구가 속한 각 자치구·시·군의회의원 1인당 평균인구 수 대비 인구편차 상하 50%(인구비례 3:1)기준으로 삼는 것이 가장 적절하다.

④ 국회의원의 지역대표성이나 도농 간의 인구격차, 불균형한 개발 등은 인구편차 상하 33⅓%, 인구비례 2:1의 기준을 넘어 인구편차를 완화할 수 있는 사유가 된다고 할 수 없다.

⑤ 인구편차의 허용기준을 제시함에 있어 최소선거구의 인구 수를 기준으로 할 것인가, 전국 선거구의 평균인구 수를 기준으로 할 것인가의 문제가 있으나, 평균선거구의 인구 수를 기준으로 하여 인구편차의 허용기준을 검토하기로 한다.

정답 및 해설

① [X] 헌법 제41조 제3항은 국회의원선거에 있어 필수적인 요소라고 할 수 있는 선거구에 관하여 직접 <u>법률로 정하도록 규정하고 있으므로, 피청구인에게는 국회의원의 선거구를 입법할 명시적인 헌법상 입법의무가 존재한다</u>. 나아가 헌법이 국민주권의 실현 방법으로 대의민주주의를 채택하고 있고 선거구는 이를 구현하기 위한 기초가 된다는 점에 비추어 보면, 헌법 해석상으로도 피청구인

에게 국회의원의 선거구를 입법할 의무가 인정된다. 따라서 헌법재판소가 입법개선시한을 정하여 헌법불합치결정을 하였음에도 국회가 입법개선시한까지 개선입법을 하지 아니하여 국회의원의 선거구에 관한 법률이 존재하지 아니하게 된 경우, 국회는 이를 입법 하여야 할 헌법상 의무가 있다(헌재 2016. 4. 28. 2015헌마1177등).

② [O] 국회의원 선거구획정기준(평균 인구 수 기준 상하 33,33%)보다 완화된 기준에 의하였을 뿐이고, 자치구·시·군의원 선거구획정에 있어서도 시·도의회의원 선거구획정에서 요구되는 기준과 동일한 기준인 1인당 평균인구 수 대비 상하 50%를 적용하여 판단하였다.

③ [O] 현시점에서는 시·도의원지역구획정에서 허용되는 인구편차기준을 인구편차 상하 50%(인구비례 3:1)로 변경하는 것이 타당하다(2018.6.28., 2014헌마189).

④ [O] 헌법재판소는 2000헌마92 결정에서 단원제를 채택하고 있는 우리나라의 경우 국회의원이 국민의 대표이면서 현실적으로는 어느 정도의 지역대표성도 겸하고 있는 점, 인구의 도시집중으로 인한 도시와 농어촌 간의 인구편차와 각 분야에 있어서의 개발 불균형이 현저한 현실 등을 근거로 국회의원 선거구획정에 있어 인구편차를 완화할 수 있다고 판단하였다. 그러나 국회의원의 지역대표성이나 도농 간의 인구격차, 불균형한 개발 등은 더 이상 인구편차 상하 33⅓%, 인구비례 2:1의 기준을 넘어 인구편차를 완화할 수 있는 사유가 되지 않는다고 판단된다(2014.10.30, 2012헌마190 등).

⑤ [O] 인구편차의 허용기준을 제시함에 있어 최소선거구의 인구 수를 기준으로 할 것인가, 전국 선거구의 평균 인구 수를 기준으로 할 것인가의 문제가 있으나, 우리 재판소는 이미 헌재 95헌마224 등 결정에서 독일 연방선거법의 규정이나 독일 연방헌법재판소의 판시기준 및 당시 중앙선거관리위원회의 의견 등의 예에 따라 전국 선거구의 평균인구 수를 기준으로 하여 인구편차의 허용기준을 제시한 바 있으므로, 이에 따라 전국 선거구의 평균인구 수를 기준으로 하여 인구편차의 허용기준을 검토하기로 한다(2001.10.25, 2000헌마92 등).

[정답] ①

131 법학전문대학원 졸업연도에 실시된 변호사시험에 불합격하고 그 후 변호사자격을 취득하고 2021년 사회복무요원 소집해제 예정인 사람을 신규 검사임용대상자에서 제외한 2021년도 검사신규임용계획 공고에 대해 헌법소원심판을 청구하였다. 이에 대한 설명 중 옳지 않은 것을 모두 조합한 것은?

ㄱ. 헌법 제25조는 "모든 국민은 법률이 정하는 바에 의하여 공무담임권을 가진다."라고 규정하고 있는데, 공무담임권이란 입법부·집행부·사법부는 물론 지방자치단체 등 국가, 공공단체의 구성원으로서 그 직무를 담당할 수 있는 권리를 말한다. 여기서 직무를 담당한다는 것은 모든 국민이 현실적으로 그 직무를 담당할 수 있다는 의미이다.

ㄴ. 검사신규임용의 지원 기회가 부여되는 법무관 전역예정자 등 다른 신규법조인에 비하여 자신과 같은 사회복무요원 소집해제예정 변호사를 불합리하게 차별취급하여 평등권을 침해라는 청구인의 평등권 침해 주장에 관한 판단은 이 사건 공고가

청구인의 공무담임권을 침해하는지 여부에 관한 판단과 중복되므로 별도로 판단하지 않는다.

ㄷ. 법학전문대학원 졸업 직후 변호사자격을 취득할 경우 공백 없이 검사로 임용될 수 있는 졸업예정자나 이에 준하여 볼 수 있는 법무관 전역예정자로 검사신규임용 대상을 한정한 것은 우수한 자질을 갖춘 신규 법조인을 선발하여 검사로 즉시 임용이라는 목적을 위한 것으로 수단의 적합성도 인정된다.

ㄹ. 사회복무요원 소집해제예정 변호사는 검사의 임명요건인 변호사자격을 취득한 사람이므로 특별한 결격사유가 없는 한 검사로 신규임용되는 것에 법적 문제가 없으므로 그 지원단계에서부터 사회복무요원 소집해제예정 변호사를 배제해야 할 필요성과 합리적인 이유가 있다고 볼 수 없다. 따라서 이 사건 공고는 과잉금지원칙에 반하여 사회복무요원 소집해제예정 변호사인 청구인의 공무담임권을 침해한다.

ㅁ. 사회복무요원 소집해제예정 변호사가 법학전문대학원 졸업 직후 변호사자격을 취득하지 못한 것이 검사에게 요구되는 자질을 갖추지 못하였음을 의미한다고 볼 수 없다. 검사신규임용절차에서 다양한 전형절차를 실시하여 지원자의 자질을 종합적으로 평가하고 있는 이상, 그 지원단계에서부터 사회복무요원 소집해제예정 변호사를 배제해야 할 필요성과 합리적인 이유가 있다고 볼 수 없다.

① ㄱㄴㅁ ② ㄷㄹ
③ ㄴㄷㄹ ④ ㄷㄹㅁ
⑤ ㄱㄹㅁ

정답 및 해설

ㄱ. [×] 헌법 제25조는 "모든 국민은 법률이 정하는 바에 의하여 공무담임권을 가진다."라고 규정하고 있는데, 공무담임권이란 입법부·집행부·사법부는 물론 지방자치단체 등 국가, 공공단체의 구성원으로서 그 직무를 담당할 수 있는 권리를 말한다. 여기서 직무를 담당한다는 것은 모든 국민이 현실적으로 그 직무를 담당할 수 있다는 의미가 아니라, 국민이 공무담임에 관해서 자의적이지 않고 평등한 기회를 보장받음을 의미한다(헌재 2021.4.29, 2020헌마999).

ㄴ. [O] 청구인은 이 사건 공고가 검사신규임용의 지원 기회가 부여되는 법무관 전역예정자 등 다른 신규법조인에 비하여 자신과 같은 사회복무요원 소집해제예정 변호사를 불합리하게 차별취급하여 평등권을 침해한다고 주장한다. 그런데 위와 같은 평등권 침해 주장은 사회복무요원 소집해제예정 변호사를 검사신규임용대상에서 제외한 데서 비롯된 공직취임의 기회균등 문제를 다투는 것으로, 이는 본질적으로 위 공고로 인한 공무담임권 침해 주장과 다르지 아니하다. 따라서 청구인의 평등권 침해 주장에 관한 판단은 이 사건 공고가 청구인의 공무담임권을 침해하는지 여부에 관한 판단과 중복되므로 별도로 살피지 않기로 한다(헌재 2021.4.29, 2020헌마999).

ㄷ. [O] 법학전문대학원 졸업 직후 변호사자격을 취득할 경우 공백 없이 검사로 임용될 수 있는 졸업예정자나 이에 준하여 볼 수 있는 법무관 전역예정자로 검사신규임용대상을 한정한 것은 위와 같은 목적의 달성에 기여할 수 있는 적합한 수단이라 할 것이므로, 위 공고는

수단의 적합성도 인정된다(헌재 2021.4.29, 2020헌마999).
ㄹ. [×] 졸업 직후 변호사자격을 취득하지 못할 경우 검사로 신규임용될 수 없는 여성이나 군면제인 사람보다 유리한 기준을 적용받는 것이 된다. 또한, 검사신규임용에 지원할 수 없다 하더라도 청구인에게는 추후 경력검사임용절차를 통하여 검사로 임용될 수 있는 기회가 여전히 남아 있다. 따라서 이 사건 공고는 사회복무요원 소집해제예정 변호사인 청구인의 공무담임권을 침해하지 않는다(헌재 2021.4.29., 2020헌마999).
ㅁ. [×] 문제의 선지는 위헌이라는 반대의견 논리이다.

[정답] ⑤

132 공무담임권에 대한 설명으로 옳지 않은 것을 모두 조합한 것은?

ㄱ. 지방자치단체의 장 선거권 역시 다른 선거권과 마찬가지로 헌법 제24조에 의해 보호되는 헌법상의 권리로 인정하여야 할 것이다
ㄴ. 지방자치단체의 장 선거권이 헌법상 보장되는 기본권인지 여부와 지방자치단체의 장 선거에서 후보자 등록 마감시간까지 후보자 1인만이 등록한 경우 투표를 실시하지 않고 그 후보자를 당선인으로 결정하도록 하는 것은 선거권을 침해한다.
ㄷ. 지방자치단체의 장이 그 임기 중에 그 직을 사퇴하여 대통령 선거, 국회의원 선거, 지방의회의원 선거 및 다른 지방자치단체의 장 선거에 입후보할 수 없도록 하는 것은 공무담임권을 침해한다.
ㄹ. 지방자치단체의 장으로 하여금 당해 지방자치단체의 관할 구역과 같거나 겹치는 선거구역에서 실시되는 지역구국회의원 선거에 입후보하고자 하는 경우 당해 선거의 선거일 전 180일까지 그 직을 사퇴하도록 하는 것은 해당 지방자치단체장의 공무담임권을 침해하지 않는다.
ㅁ. 지방자치단체의 장으로 하여금 당해 지방자치단체의 관할 구역과 겹치는 선거구역에서 실시되는 지역구 국회의원 선거에 입후보하고자 하는 경우 당해 선거의 선거일 전 120일까지 그 직을 사퇴하도록 한 「공직선거법」 조항은 해당 지방자치단체장의 평등권을 침해하지 않는다.

① ㄱ, ㄷ, ㅁ
② ㄴ, ㄹ
③ ㄴ, ㄹ, ㅁ
④ ㄷ, ㄹ
⑤ ㄴ, ㅁ

정답 및 해설

ㄱ. [○] 주민자치제를 본질로 하는 민주적 지방자치제도가 안정적으로 뿌리내린 현 시점에서 지방자치단체의 장 선거권을 지방의회의원 선거권, 더 나아가 국회의원 선거권 및 대통령 선거권과 구별하여 하나는 법률상의 권리로, 나머지는 헌법상의 권리로 이원화하는 것은 무의미한 것으로 보인다. 그러므로 지방자치단체의 장 선거권 역시 다른 선거권과 마찬가지로

헌법 제24조에 의해 보호되는 헌법상의 권리로 인정하여야 할 것이다(헌재 2016. 10. 27. 2014헌마797).

ㄴ. [×] 후보자가 1인일 경우에도 투표를 실시하도록 하면 당선자가 없어 재선거를 하게 되는 경우도 발생할 수 있는데 이 경우 재선거 실시에 따르는 새로운 후보자 확보 가능성의 문제, 행정적인 번거로움과 시간·비용의 낭비는 물론이고 지방자치단체의 장 업무의 공백 역시 필연적으로 뒤따르게 된다. 입법자가 위와 같은 사정을 고려하여 후보자가 1인일 경우 투표를 실시하지 않고 해당 후보자를 지방자치단체의 장 당선자로 정하도록 결단한 것은 입법목적 달성에 필요한 범위를 넘은 과도한 제한이라 할 수 없으므로 심판대상조항은 청구인의 선거권을 침해하지 않는다(헌재 2016. 10. 27. 2014헌마797).

ㄷ. [O] 「공직선거법」 제53조 제1항의 '선거 전 공직사퇴조항'을 통하여 충분히 선거의 공정성을 확보하고 있다고 판단되므로, 이를 넘어서 포괄적인 입후보금지규정을 두는 것은, 입법목적을 달성하기 위하여 필요한 조치를 넘어 청구인들의 피선거권을 과도하게 제한하는 것이다(1999.5.27, 98헌마214).

ㄹ. [×] 이 사건 조항의 입법목적은 정당하고, 그 수단의 적정성도 긍정되나, 이 사건 조항은 선거의 공정성과 직무전념성이라는 입법목적 달성을 위한 적절한 수단들이 이미 공선법에 존재하고 있음에도 불구하고 불필요하고 과도하게 청구인들의 공무담임권을 제한하는 것이라 할 것이므로 침해의 최소성원칙에 위반되고, 이 사건 조항에 의해 실현되는 공익과 그로 인해 청구인들이 입는 기본권 침해의 정도를 비교형량할 경우 양자 간에 적정한 비례관계가 성립하였다고 할 수 없어 법익의 균형성원칙에 위배된다(2003.9.25, 2003헌마106).

ㅁ. [O] 이 사건 조항은 지방자치단체장에 대하여 공직사퇴시한을 '선거일 전 120일 전까지'로 하여 종전 조항보다 '60일'을 단축하고 있다. 단체장의 지위와 권한의 특수성, 이로 인한 단체장의 불이익의 크기, 단체장의 사퇴에 따른 업무공백의 정도 등을 고려할 때 합리성을 결여한 것이라 보기는 어렵다(2006.7.27, 2003헌마758 등).

[정답] ②

133 공무원의 선거운동 제한에 대한 설명으로 옳지 않은 것은?

① 공무원에 대해 선거운동 기획에 참여할 수 없도록 한 「공직선거법」 제86조는 공무원의 지위를 이용한 행위에 적용되면 헌법에 위반되지 않는다.

② 공무원이 그 지위를 이용하지 않고 사적인 지위에서 선거운동의 기획행위를 하는 것까지 금지하는 것은 선거의 공정성을 보장하려는 입법목적을 달성하기 위한 합리적인 차별취급이라고 볼 수 있으므로 평등권을 침해한다고 할 수 없다.

③ 공무원의 지위를 이용하여 선거에 영향을 미치는 행위를 금지하는 「공직선거법」이 죄형법정주의의 명확성원칙에 위배된다고 할 수 없다.

④ 대통령, 지방자치단체장, 국무총리, 국무위원과 다르게 국회의원과 지방의회의원은 선거운동의 주체로서 그에게는 선거에서의 정치적 중립성이 요구될 수 없으므로, 선거 결과에 영향을 미치는 행위를 금지하는 「공직선거법」 제9조의 공무원에 포함되지 않는다고 해석된다.

⑤ 선거에서의 공무원의 정치적 중립의무는 헌법적 요청이며, 대통령, 지방자치단체의 장 등에게는 다른 공무원보다도 선거에서의 정치적 중립성이 특히 요구된다.

정답 및 해설

① [O] 공무원의 편향된 영향력 행사를 배제하여 선거의 공정성을 확보한다는 공익은, 그 지위를 이용한 선거운동 내지 영향력 행사만을 금지하면 대부분 확보될 수 있으므로 공무원이 그 지위를 이용하였는지 여부에 관계없이 선거운동의 기획행위 일체를 금지하는 것은 정치적 의사표현의 자유라는 개인의 기본권을 중대하게 제한하는 반면, 그러한 금지가 선거의 공정성이라는 공익의 확보에 기여하는 바는 매우 미미하다는 점에서, 이 사건 법률조항은 공무원의 정치적 표현의 자유를 침해하나, 다만 위와 같은 위헌성은 공무원이 '그 지위를 이용하여' 하는 선거운동의 기획행위 외에 사적인 지위에서 하는 선거운동의 기획행위까지 포괄적으로 금지하는 것에서 비롯된 것이므로, 이 사건 법률조항은 공무원의 지위를 이용하지 아니한 행위에까지 적용하는 한 헌법에 위반된다 (2008.5.29, 2006헌마1096).

② [×] 공무원이 그 지위를 이용하여 한 선거운동의 기획행위를 금지하는 것은 선거의 공정성을 보장하기 위한 것인바, 이로써 공무원인 입후보자와 공무원이 아닌 다른 입후보자, 지방자치단체의 장과 국회의원과 그 보좌관, 비서관, 비서 및 지방의회의원을 차별하는 것은 합리적 이유가 있다. 그러나 이 사건 법률조항이 공무원이 그 지위를 이용하지 않고 사적인 지위에서 선거운동의 기획행위를 하는 것까지 금지하는 것은 선거의 공정성을 보장하려는 입법목적을 달성하기 위한 합리적인 차별취급이라고 볼 수 없으므로 평등권을 침해한다 (2008.5.29., 2006헌마1096).

③ [O] 이 사건 금지조항의 문언해석과 입법목적 및 「공직선거법」상 다른 유사조항의 해석례 등에 비추어 보면, '선거에 영향을 미치는 행위'란 「공직선거법」이 적용되는 선거에 있어 선거과정 및 선거결과에 변화를 주거나 그러한 영향을 미칠 우려가 있는 일체의 행동으로 해석할 수 있고, 구체적인 사건에서 그 행위가 이루어진 시기, 동기, 방법 등 제반 사정을 종합하여 그 내용을 판단할 수 있으므로, 이 사건 금지조항은 죄형법정주의의 명확성원칙에 위배되지 아니한다(2016.7.28., 2015헌바6).

④ [O] 지방의회의원이 정당을 대표하며, 선거운동의 주체로서 그에게는 선거에서의 정치적 중립성이 요구될 수 없으므로, 선거 결과에 영향을 미치는 행위를 금지하는 「공직선거법」 제9조의 공무원에 포함되지 않는다고 해석된다(2020.3.26., 2018헌바3).

⑤ [O] 선거에서의 공무원의 정치적 중립의무는 국민 전체에 대한 봉사자로서 공무원의 지위를 규정하는 헌법 제7조 제1항, 자유선거원칙을 규정하는 헌법 제41조 제1항, 제67조 제1항 및 정당의 기회균등을 보장하는 헌법 제116조 제1항으로부터 나오는 헌법적 요청이다. 특히 직무의 기능이나 영향력을 이용하여 선거에서 국민의 자유로운 의사형성과정에 영향을 미치고 정당간의 경쟁관계를 왜곡할 가능성은 정부나 지방자치단체의 집행기관에 있어서 더욱 크므로, 대통령, 지방자치단체의 장 등에게는 다른 공무원보다도 선거에서의 정치적 중립성이 특히 요구된다(2020.3.26., 2018헌바90).

[정답] ②

134 지방자치단체장에 대한 설명 중 옳은 것(○)과 옳지 않은 것(×)을 올바르게 조합한 것은? (다툼이 있는 경우 판례에 의함)

> ㄱ. 지방자치단체장을 위한 별도의 퇴직급여제를 마련해야할 입법의무는 헌법 제7조, 헌법 제25조에서 도출된다.
> ㄴ. 지방자치단체장은 헌법 제7조 제2항에 따라 신분 보장이 필요하고 정치적 중립성이 요구되는 공무원에 해당한다고 보기 어렵다.
> ㄷ. 지방자치단체의 장이 금고 이상의 형을 선고받고 그 형이 확정되지 아니한 경우 부단체장이 그 권한을 대행하도록 규정한 지방자치법 조항이 자치단체의 장의 공무담임권을 침해한다.
> ㄹ. 지방자치단체의 장이 '공소 제기된 후 구금상태에 있는 경우' 부단체장이 그 권한을 대행하도록 규정한 지방자치법은 구금되는 즉시로부터 민주적 정당성을 부여받은 자치단체장의 포괄적인 권한을 정지시키고 임명직에 불과한 부단체장에게 구금이 해소될 때까지라는 불확정 기간 동안 권한을 대행시키고 있으므로 필요 최소한의 범위를 넘어 자치단체장의 공무담임권을 과잉제한하고 있다.
> ㅁ. 선거로 취임하는 공무원인 지방자치단체장을 「공무원연금법」의 적용대상에서 제외하는 법률조항은, 지방자치단체장도 국민 전체에 대한 봉사자로서 공무원법상 각종 의무를 부담하고 영리업무 및 겸직금지 등 기본권 제한이 수반된다는 점에서 경력직공무원 또는 다른 특수경력직공무원 등과 차이가 없는데도 「공무원연금법」의 적용에 있어 지방자치단체장을 다른 공무원에 비하여 합리적 이유 없이 차별하는 것으로, 지방자치단체장들의 평등권을 침해한다.

① ㄱ(○), ㄴ(○), ㄷ(×), ㄹ(○), ㅁ(○)
② ㄱ(×), ㄴ(×), ㄷ(○), ㄹ(×), ㅁ(○)
③ ㄱ(○), ㄴ(×), ㄷ(×), ㄹ(×), ㅁ(×)
④ ㄱ(×), ㄴ(○), ㄷ(○), ㄹ(○), ㅁ(×)
⑤ ㄱ(×), ㄴ(○), ㄷ(○), ㄹ(×), ㅁ(×)

정답 및 해설

> ㄱ. [×] 지방자치단체장을 위한 별도의 퇴직급여제도를 마련하지 않은 입법부작위가 헌법소원의 대상에 해당하는지 여부(소극)
> 「공무원연금법」의 공무원에서 지방자치단체장을 배제하는 「공무원연금법」 제3조는 평등권을 침해하지 않는다. 헌법 제7조 제2항에 따라 신분 보장이 필요하고 정치적 중립성이 요구되는 공무원에 해당한다고 보기 어려우므로 헌법 제7조의 해석상 지방자치단체장을 위한 퇴직급여제도를 마련하여야 할 입법적 의무가 도출된다고 볼 수 없고, 그 외에 헌법 제34조나 공무담임권 보장에 관한 헌법 제25조로부터 위와 같은 입법의무가 도출되지 않는다. 따라서 이 사건 입법부작위는 헌법소원의 대상이 될 수 없는 입법부작위를 그 심판대상으로 한 것으로 부적법하다(2014.6.26., 2012헌마).

ㄴ. [○]

ㄷ. [○] 이 사건 법률조항은 필요최소한의 범위를 넘어선 기본권제한에 해당할 뿐 아니라, 이 사건 법률조항으로 인하여 해당 자치단체장은 불확정한 기간 동안 직무를 정지당함은 물론 주민들에게 유죄가 확정된 범죄자라는 선입견까지 주게 되고, 더욱이 장차 무죄판결을 선고받게 되면 이미 침해된 공무담임권은 회복될 수도 없는 등의 심대한 불이익을 입게 되므로, 법익균형성 요건 또한 갖추지 못하였다. 따라서 이 사건 법률조항은 자치단체장인 청구인의 공무담임권을 침해한다. (2010.9.2., 2010헌마418).

ㄹ. [×] 정식 형사재판절차를 앞두고 있는 '공소 제기된 후'부터 시작하여 '구금상태에 있는' 동안만 직무를 정지시키고 있어 그 침해가 최소한에 그치도록 하고 있고, 이 사건 법률조항이 달성하려는 공익은 매우 중대한 반면, 일시적·잠정적으로 직무를 정지당할 뿐 신분을 박탈당하지도 않는 자치단체장의 사익에 대한 침해는 가혹하다고 볼 수 없으므로 과잉금지원칙에 위반되지 않는다(2011. 4. 28. 2010헌마474).

ㅁ. [×] 지방자치단체장은 특정 정당을 정치적 기반으로 할 수 있는 선출직공무원으로 임기가 4년이고 계속 재임도 3기로 제한되어 있어, 장기근속을 전제로 하는 공무원을 주된 대상으로 하고 이들이 재직 기간 동안 납부하는 기여금을 일부 재원으로 하여 설계된「공무원연금법」의 적용대상에서 지방자체단체장을 제외하는 것에는 합리적 이유가 있다. 선출직공무원의 경우 선출 기반 및 재임가능성이 모두 투표권자에게 달려 있고, 정해진 임기가 대체로 짧으며, 공무원연금의 전체 기금은 기본적으로 기여금 및 국가 또는 지방자치단체의 비용으로 운용되는 것이므로 공무원연금급여의 종류를 구별하여 기여금 납부를 전제로 하지 않는 급여의 경우 선출직공무원에게 지급이 가능하다고 보기도 어렵다. 따라서 심판대상조항은 청구인들의 평등을 침해하지 않는다(2014.6.26., 2012헌마459).

[정답] ⑤

제9절 | 재판청구권, 형사보상청구권, 국가배상청구권

135 청구권에 대한 설명으로 옳지 않은 것은?

① 국회에 청원하는 방법으로 국회의원의 소개를 받도록 정한 구 국회법 제123조 제1항 중 '의원의 소개를 얻어' 부분과 국회법 제123조 제1항 중 '의원의 소개를 받거나' 부분이 청원권을 침해한다고 할 수 없다.

② 법관에 의한 재판을 받을 권리를 보장한다고 함은 결국 법관이 사실을 확정하고 법률을 해석·적용하는 재판을 받을 권리를 보장한다는 뜻이고, 그와 같은 법관에 의한 사실 확정과 법률의 해석적용의 기회에 접근하기 어렵도록 제약이나 장벽을 쌓는 것은 허용되지 않는다.

③ 대법원은 특허청의 사실확정을 토대로 재판을 할 수밖에 없어, 특허심판위원회의 결정에 대해 대법원에 상고하도록 한「특허법」제186조는 법관에 의하여 사실확정을 받을 권리를 보장하는 재판청구권을 침해한다.

④ 대한변호사협회징계위원회에서 징계를 받은 변호사가 법무부 변호사징계위원회에서의 이의절차를 밟은 후 대법원에 즉시항고하도록 하였다면, 이를 가지고 재판을 받을 권리를 침해한 것이라 할 수 없다.
⑤ 법관에 대한 징계처분 취소청구소송을 대법원의 단심재판에 의하도록 한 구「법관징계법」제27조는 사실확정이 법관징계위원회에서 결정되므로 법관에 의한 사실확정을 받을 권리인 재판청구권을 침해한 것이라 할 수 없다.

정답 및 해설

① [O] 구 의원소개조항이 이후 개정되면서 국회에 대한 청원방법으로 국민의 동의를 받는 방식이 추가되었다. 그러나 이 사건에서 문제되는, 의원소개를 받아 하는 청원방법에 근본적인 변화가 있었던 것은 아니며, 또한 구 의원소개조항의 실질적인 내용은 현 의원소개조항과 동일하므로, 위 선례의 판단은 구 의원소개조항 및 현 의원소개조항 모두에 대해서 그대로 타당하고, 이를 변경할 만한 사정변경이 없다. 따라서 의원소개조항이 청원권을 침해한다고 보기 어렵다(2023. 3. 23. 2018헌마460).

② [O] 재판이라 함은 구체적 사건에 관하여 사실의 확정과 그에 대한 법률의 해석적용을 그 본질적인 내용으로 하는 일련의 과정이다. 따라서 법관에 의한 재판을 받을 권리를 보장한다고 함은 결국 법관이 사실을 확정하고 법률을 해석·적용하는 재판을 받을 권리를 보장한다는 뜻이고, 그와 같은 법관에 의한 사실확정과 법률의 해석적용의 기회에 접근하기 어렵도록 제약이나 장벽을 쌓아서는 아니된다고 할 것이며, 만일 그러한 보장이 제대로 이루어지지 아니한다면 헌법상 보장된 재판을 받을 권리의 본질적 내용을 침해하는 것으로서 우리 헌법상 허용되지 아니한다(1995.9.28, 92헌가11).

③ [O] 헌법 제27조 제1항의 법관에 의한 재판을 받을 권리란 법관에 의한 사실확정 및 법률적용을 받을 권리를 의미한다. 그런데 대법원은 법률심으로서 사실관계에 대한 판단을 하지 아니한다. 따라서 특허청의 사실확정을 토대로 재판을 할 수밖에 없어, 특허심판위원회의 결정에 대해 대법원에 상고하도록 한「특허법」제186조는 법관에 의하여 사실확정을 받을 권리를 보장하는 재판청구권 침해이다(1995.9.28, 92헌가11).

④ [X] 대한변호사협회징계위원회에서 징계를 받은 변호사는 법무부변호사징계위원회에서의 이의절차를 밟은 후 곧바로 대법원에 즉시항고토록 하고 있는「변호사법」제81조 제4항 내지 제6항은 행정심판에 불과한 법무부변호사징계위원회의 결정에 대하여 법원의 사실적 측면과 법률적 측면에 대한 심사를 배제하고 대법원으로 하여금 변호사징계사건의 최종심 및 법률심으로서 단지 법률적 측면의 심사만을 할 수 있도록 하고 재판의 전심절차로서만 기능해야 할 법무부변호사징계위원회를 사실확정에 관한 한 사실상 최종심으로 기능하게 하고 있으므로, 일체의 법률적 쟁송에 대한 재판기능을 대법원을 최고법원으로 하는 법원에 속하도록 규정하고 있는 헌법 제101조 제1항 및 재판의 전심절차로서 행정심판을 두도록 하는 헌법 제107조 제3항에 위반된다(2000.6.29., 99헌가9).

⑤ [O] 구「법관징계법」제27조는 법관에 대한 대법원장의 징계처분 취소청구소송을 대법원에 의한 단심재판에 의하도록 규정하고 있는바, 이는 독립적으로 사법권을 행사하는 법관이라는 지위의 특수성과 법관에 대한 징계절차의 특수성을 감안하여 재판의 신속을 도모하기 위한 것으로 그 합리성을 인정할 수 있고, 대법원이 법관에 대한 징계처분 취소청구소송을 단심으로 재판하는 경우에는 사실확정도 대법원의 권한에 속하여 법관에 의한 사실확정의 기회가 박탈되었다고 볼 수 없으므로, 헌법 제27조 제1항의 재판청구권을 침해하지 아니한다(2012.2.23., 2009헌바34).

[정답] ④

136 재판청구권에 대한 설명으로 옳지 않은 것은?

① 심리불속행재판의 판결이유를 생략할 수 있도록 규정한 「상고심절차에 관한 특례법」 관련 규정은 이유기재가 없는 재판이 가능하도록 한 특례법 제5조 제1항은 헌법과 법률이 정한 바에 따라 재판이 이루어져야 한다는 법치주의원리에 따른 재판을 무의미하게 만들고 당사자의 주장에 대해 실질적으로 아무런 대답이 없는 재판을 가능하게 하는 것으로 재판의 본질에도 반하는 부당한 규정이다.
② 중요사건에 한해 심리하고 그렇지 않은 사건은 심리를 하지 않고 기각할 수 있도록 한 「상고심절차에 관한 특례법」은 재판청구권을 침해한다고 할 수 없다.
③ 중형에 해당하는 사건에 대하여 검사의 청구에 의하여 법원으로 하여금 처음부터 의무적으로 궐석재판을 행하도록 한 「반국가행위자의 처벌에 관한 특별조치법」 제7조 제5항의 궐석재판제도는 피고인의 공정한 재판을 받을 권리를 과도하게 침해한 것이다.
④ 피고인이 체포되거나 임의로 검사에게 출석하지 아니하면 상소를 할 수 없도록 제한하고 상소권회복청구에 관한 「형사소송법」 규정도 적용 배제하도록 하는 「반국가행위자의 처벌에 관한 특별조치법」 조항은 상소권을 본질적으로 박탈하는 것이어서 재판청구권을 침해한다고 할 수 없다.
⑤ 법원의 범죄인인도심사를 서울고등법원의 전속관할로 하고 그 심사결정에 대한 불복절차를 인정하지 않은 것이 재판청구권 등을 침해한다고 할 수 없다.

> **정답 및 해설**
>
> ①[×] 심리불속행재판의 판결이유를 생략할 수 있도록 규정한 「상고심절차에 관한 특례법」 제4조 제1항 및 제5조 제1항 중 제4조에 관한 부분은 비록 국민의 재판청구권을 제약하고 있기는 하지만 심급제도와 대법원의 기능에 비추어 볼 때 헌법이 요구하는 대법원의 최고법원성을 존중하면서 민사, 가사, 행정 등 소송사건에 있어서 상고심재판을 받을 수 있는 객관적 기준을 정함에 있어 개별적 사건에서의 권리구제보다 법령해석의 통일을 더 우위에 둔 규정으로서 그 합리성이 있다고 할 것이므로 헌법에 위반되지 아니한다(2009.4.30., 2007헌마589).
> ②[○] 제4조 제1항 및 제3항과 제5조 제1항 및 제2항은 비록 국민의 재판청구권을 제약하고 있기는 하지만 위 심급제도와 대법원의 기능에 비추어 볼 때 헌법이 요구하는 대법원의 최고법원성을 존중하면서 민사, 가사, 행정 등 소송사건에 있어서 상고심 재판을 받을 수 있는 객관적인 기준을 정함에 있어 개별적 사건에서의 권리구제보다 법령해석의 통일을 더 우위에 둔 규정으로서 그 합리성이 있다고 할 것이므로 헌법에 위반되지 아니한다(헌재 1997. 10. 30. 97헌바37등).
> ③[○] 중형에 해당하는 사건에 대하여 검사의 청구에 의하여 법원으로 하여금 처음부터 의무적으로 궐석재판을 행하도록 하고 있고, 재판의 연기도 전혀 허용하지 않는 것은 피고인의 방어권이 일절 행사될 수 없는 상태에서 재판이 진행되도록 한 것이므로 그 입법목적의 달성에 필요한 최소한의 범위를 넘어서 피고인의 공정한 재판을 받을 권리를 과도하게 침해한 것이다(1996.1.25., 95헌가5).
> ④[○] 위 조항은 사실인정이나 형의 양정을 전권사항으로 하는 하급심과 법령의 해석·적

용의 통일을 기하는 상고심 간의 재판기능에 따라 사법자원을 적절히 분배하고, 불필요한 상고제기를 방지하며, 하급심의 충실한 재판을 도모하는 동시에 소송경제도 꾀하기 위한 필요하고도 합리적인 제한이라 할 수 있고, 한정된 사법자원을 효율적으로 분배하고 상고심재판의 법률심 기능을 제고할 필요성, 제1심과 제2심에서 사실오인이나 양형부당을 다툴 충분한 기회가 부여되어 있다는 점 등을 감안할 때, 이로 인해 당사자가 입게 되는 불이익과 이로써 달성하고자 하는 공익을 법익형량함에 있어 현저히 합리성을 결하였다고 할 수도 없으므로, 과잉금지원칙에 위반하여 당사자의 재판받을 권리를 침해한 것으로 볼 수 없다(2012.5.31, 2010헌바90 등).
⑤ [○] 이 사건에서 설사 범죄인인도를 형사처벌과 유사한 것이라 본다고 하더라도, 이 사건 법률조항이 적어도 법관과 법률에 의한 한 번의 재판을 보장하고 있고, 그에 대한 상소를 불허한 것이 적법절차원칙이 요구하는 합리성과 정당성을 벗어난 것이 아닌 이상, 그러한 상소불허 입법이 입법재량의 범위를 벗어난 것으로서 재판청구권을 과잉 제한하는 것이라고 보기는 어렵다(헌재 2003. 1. 30. 2001헌바95).

[정답] ①

137 재판청구권에 대한 설명으로 옳은 것은?

① 공공단체인 한국과학기술원의 총장이 교원소청심사위원회의 결정에 대하여 행정소송법으로 정하는 바에 따라 소송을 제기할 수 없도록 하는 구 '교원의 지위 향상 및 교육활동 보호를 위한 특별법' 제10조 제3항 중 '교원, 사립학교법 제2조에 따른 학교법인 또는 사립학교 경영자 등 당사자'에 관한 부분은 교원소청심사결정에 대하여 행정소송을 제기함으로써 법관에 의한 재판을 받을 권리를 합리적 이유 없이 부인하고 있으므로 공공단체인 한국과학기술원의 총장의 재판청구권을 침해한다.

② 교원징계재심위원회의 재심결정에 대하여 교원에게만 행정소송을 제기할 수 있도록 하고 학교법인에게는 이를 금지한 교원지위향상을 위한 특별법은 학교법인의 재판청구권을 침해한다고 할 수 없다.

③ '군용물'의 사전적 의미, 헌법 제27조 제1항과 제2항의 내용과 입법취지, 구 「군형법」의 내용과 구조 등을 종합적으로 고려하면, 헌법 제27조 제2항의 '군용물'은 널리 군사시설을 포함하여 군사상의 용도로 사용되거나 사용될 가능성이 있는 모든 물건을 포함하는 의미로 새기는 것이 타당하고, 이 사건 법률조항의 '전투용에 공하는 시설' 역시 헌법 제27조 제2항의 군용물에 당연히 포함된다고 해석하여야 할 것이다.

④ '전투용에 공하는 시설'을 평시에 손괴한 일반인을 모두 군사법원에서 재판받도록 한 군사법원법은 국민이 일반법원에서 재판받을 권리를 침해한다.

⑤ 학교안전사고에 대한 공제급여결정에 대하여 학교안전공제중앙회 소속의 학교안전공제보상재심사위원회가 재결을 행한 경우 재심사청구인이 공제급여와 관련된 소를 제기하지 아니하거나 소를 취하한 경우에는 학교안전공제회와 재심사청구인 간에 당해 재결 내용과 동일한 합의가 성립된 것으로 간주하는 「학교안전사고 예방 및 보상에 관한 법률」 제64조는 재판청구권을 침해한다고 할 수 없다.

정답 및 해설

① [×] 해당 대학의 공공단체로서의 지위를 고려하여 교원의 지위를 두텁게 제도를 형성하는 것이 가능하다. 교원소청심사위원회의 인용결정이 있을 경우 한국과학기술원 총장의 제소를 금지하여 교원으로 하여금 확정적이고 최종적으로 징계 등 불리한 처분에서 벗어날 수 있도록 한 것은 공공단체의 책무를 규정한 교원지위법의 취지에도 부합한다. 따라서 심판대상조항은 청구인의 재판청구권을 침해하지 아니한다(2022.10.27. 2019헌바117).

② [×] 학교법인에게 재심결정에 불복할 제소권한을 부여한다고 하여 이 사건 법률조항이 추구하는 사립학교 교원의 신분보장에 특별한 장애사유가 생긴다든가 그 권리구제에 공백이 발생하는 것도 아니므로 이 사건 법률조항은 분쟁의 당사자이자 재심절차의 피청구인인 학교법인의 재판청구권을 침해한다(2006. 2. 23. 2005헌가7).

③ [×] 헌법개정의 취지, 군사법원의 재판권범위에 대한 엄격해석의 필요성 등을 종합하면, 현행헌법 제27조 제2항의 '군용물'은 '군사시설'을 포함하지 아니하는 것으로 해석함이 상당하다 (2013.11.28., 2012헌가10).

④ [○] 헌법 제27조 제2항의 '군용물'은 '군사상의 용도로 사용되고 있거나 사용될 가능성이 있는 물건'을 통칭하므로, '군사시설'도 포함한다. 다만 헌법 제27조 제2항은 '중대한' 군용물에 관한 죄 중 '법률이 정한 경우'에 한하여 평시 군사법원의 재판권을 인정한다. 이 사건 법률조항은 군사적인 중요성과 관계없이 '전투용에 공하는 시설'을 평시에 손괴한 일반인을 모두 군사법원에서 재판받도록 함으로써, 군사법원의 재판에 의하지 아니하면 군의 조직과 기능을 보존하기 어렵다는 특별한 사정이 있는 유형과 내용의 중대한 범죄로 그 범위를 한정하지 아니하므로, 국민이 일반법원에서 재판받을 권리를 침해한다.

⑤ [×] 공제중앙회는 공제회의 상급기관이라거나 지휘·감독기관으로 볼 수 없으므로 공제중앙회 소속 재심위원회의 재심사절차는 제3자적 입장에서 공제회와 재심사청구인 사이의 사법적 분쟁을 해결하기 위한 간이분쟁해결절차에 불과하다. 따라서 이러한 재심사절차에서 공제회는 재심사청구인과 마찬가지로 공제급여의 존부 및 범위에 관한 법률상 분쟁의 일방당사자의 지위에 있으므로, 공제회 역시 이에 관하여 법관에 의하여 재판받을 기회를 보장받아야 함에도 불구하고 이를 박탈하는 것은 헌법상 용인될 수 없다. 그런데 합의간주조항은 실질적으로 재심사청구인에게만 재결을 다툴 수 있도록 하고 있으므로, 합리적인 이유 없이 분쟁의 일방당사자인 공제회의 재판청구권을 침해한다(2015.7.30., 2014헌가7).

[정답] ④

138 재판청구권에 대한 설명으로 옳은 것은?

① 즉시항고 제기기간을 3일로 제한하고 있는 형사소송법은 입법재량의 한계를 일탈하여 재판청구권을 침해한다고 할 수 없다.

② 행정심판의 피청구인이 된 경우 그 심판청구를 인용하는 재결에 기속되도록 정한 행정심판법 제49조 제1항은 행정심판청구를 인용하는 재결은 피청구인인 국립대학법인을 기속한다고 규정함으로써 서울대학교의 총장인 청구인으로 하여금 이 사건 재결 및 결정에 불복하여 행정소송을 제기할 수 없도록 하고 있다. 따라서 심판대상조항은 청구인의 재판청구권을 제한한다.

③ 촬영한 영상물에 수록된 피해자의 진술을 공판준비기일 또는 공판기일에 피해자나 조사 과정에 동석하였던 신뢰관계에 있는 사람 또는 진술조력인의 진술에 의하여 그 성립의 진정함이 인정된 경우에 증거로 할 수 있도록 성폭력범죄의 처벌 등에 관한 특례법 제30조는 성폭력 피해자의 2차 피해를 방지하기 위한 것이고 미성년 피해자의 보호만을 앞세워 피고인의 방어권을 무력화하고 있다고 볼 수 있으므로 공정한 재판을 받을 권리를 침해한다.
④ 행정소송법 제20조 제1항(처분이 있음을 안날로부터 90일이내 소제기) 중 '처분 등이 있음을 안 날'은 지나치게 짧은 기간이어서 재판청구권을 침해한다.
⑤ 배심원 연령을 '만 20세 이상'으로 정한 것은 당시 민법상 행위능력이 인정되는 성년 연령과 일치시킨 결과였으므로, 2011년 성년연령이 만 19세 이상으로 민법이 개정된 이상 배심원 연령만을 그대로 유지할 합리적인 이유는 존재하지 않는다.

정답 및 해설

① [×] 민사소송, 민사집행, 행정소송, 형사보상절차 등의 즉시항고기간 1주나, 외국의 입법례와 비교하더라도 3일이라는 제기기간은 지나치게 짧다. 심판대상조항은 즉시항고 제도를 단지 형식적이고 이론적인 권리로서만 기능하게 함으로써 헌법상 재판청구권을 공허하게 하므로 입법재량의 한계를 일탈하여 재판청구권을 침해하는 규정이다(2018. 12. 27. 2015헌바77).
② [×] 서울대학교가 기본권의 수범자로 기능하면서 그 대표자가 행정심판의 피청구인이 된 경우에 적용되는 심판대상조항의 위헌성을 다투는 이 사건에서 서울대학교는 기본권의 주체가 된다고 할 수 없으므로, 청구인의 재판청구권 침해 주장은 더 나아가 살필 필요 없이 이유 없다[2023. 3. 23. 2018헌바385].
※ 재판관 이은애, 재판관 이종석, 재판관 문형배의 반대의견
국립대학법인이 비공개 대상 정보에 해당한다는 이유로 한 정보비공개결정은 대학의 자율권 행사의 일환으로 볼 수 있으므로, 서울대학교의 총장인 청구인은 대학의 자율권과 관련된 분쟁에 있어 재판청구권의 주체가 될 수 있다.
심판대상조항은 행정심판청구를 인용하는 재결은 피청구인인 국립대학법인을 기속한다고 규정함으로써 서울대학교의 총장인 청구인으로 하여금 이 사건 재결 및 결정에 불복하여 행정소송을 제기할 수 없도록 하고 있다. 따라서 심판대상조항은 청구인의 재판청구권을 제한한다.
③ [○] 우리 사회에서 성폭력범죄의 피해자가 겪게 되는 심각한 피해를 고려할 때 신체적·정신적으로 성인에 비하여 취약할 수 있는 미성년 피해자의 2차 피해를 방지하는 것이 중요한 공익에 해당함에는 의문의 여지가 없다. 그러나 심판대상조항으로 인하여 피고인의 방어권이 제한되는 정도가 중대하고, 미성년 피해자의 2차 피해를 방지할 수 있는 여러 조화로운 대안들이 존재함은 앞서 살핀 바와 같다. 이러한 점들을 고려할 때, 심판대상조항이 달성하려는 공익이 제한되는 피고인의 사익보다 우월하다고 쉽게 단정하기는 어렵다. 따라서 심판대상조항은 법익의 균형성 요건도 갖추지 못하였다. 심판대상조항은 과잉금지원칙을 위반하여 청구인의 공정한 재판을 받을 권리를 침해한다(2021. 12. 23. 2018헌바524).
④ [×] 지나치게 짧은 기간이라고 보기 어려워 재판청구권을 침해하지 아니한다(2018. 6. 28. 2017헌바66).

⑤ [×] 형사재판에서 적극적으로 공무를 담당할 배심원의 최저 연령을 정함에 있어서 민법상 성년 연령과 일치시킬 필요는 없다. 또한 선거권 행사에 요구되는 일정한 수준의 정치적 판단능력과 배심원으로서 권한을 행사하고 책임을 부담할 수 있는 능력은 그 내용에서 구분되므로, 양자를 반드시 일치시켜야 할 논리적 연관성도 인정되지 않는다[2021. 5. 27. 2019헌가19].

[정답] ③

139 위원회결정을 민사소송법 규정에 의한 재판상 화해가 성립한 것으로 보는 법률에 대한 설명으로 옳은 것은?

① 보상금 등의 지급결정은 신청인이 동의한 때에는 민주화운동과 관련하여 입은 피해에 대하여 「민사소송법」의 규정에 의한 재판상 화해가 성립된 것으로 보는 「민주화운동 관련자 명예회복 및 보상 등에 관한 법률」은 재판청구권을 침해한다.

② 특수임무수행자 등이 보상금 등의 지급결정에 동의한 때에는 특수임무수행 또는 이와 관련한 교육훈련으로 입은 피해에 대하여 재판상 화해가 성립된 것으로 보는 「특수임무수행자 보상에 관한 법률」 제17조의2 가운데 특수임무수행 또는 이와 관련한 교육훈련으로 입은 피해 중 '정신적 손해'에 관한 부분은 국가배상청구권 또는 재판청구권을 침해한다.

③ 보상금 등의 지급결정은 신청인이 동의한 때에는 민주화운동과 관련하여 입은 피해에 대하여 「민사소송법」의 규정에 의한 재판상 화해가 성립된 것으로 보는 민주화보상법은 적극적·소극적 손해(재산적 손해)에 대한 국가배상청구권을 침해한다.

④ 「4·16세월호참사 피해구제 및 지원 등을 위한 특별법」은 피해에 상응하는 보상이 이루어질 수 있도록 규정하고 있으므로 심의위원회의 배상금 등 지급결정에 동의한 때에는 재판상 화해가 성립한 것으로 간주하여 손해배상금의 지급을 청구할 수 없도록 한 것은 국가배상청구권을 침해한 것은 아니었다.

⑤ 5·18 민주화운동과 관련하여 보상금지급결정에 동의하면 '정신적 손해'에 관한 부분도 재판상 화해가 성립된 것으로 보는 구 「광주민주화운동 관련자 보상 등에 관한 법률」은 국가배상청구권을 침해한다고 할 수 없다.

> **정답 및 해설**
>
> ① [×] 민주화보상법은 관련 규정을 통하여 보상금 등을 심의·결정하는 위원회의 중립성과 독립성을 보장하고 있고, 심의절차의 전문성과 공정성을 제고하기 위한 장치를 마련하고 있으며, 신청인으로 하여금 그에 대한 동의 여부를 자유롭게 선택하도록 정하고 있다. 따라서 심판대상조항은 관련자 및 유족의 재판청구권을 침해하지 아니한다(2018.8.30, 2014헌바108 등).
> ② [×] 특수임무수행자보상심의위원회는 위원 구성에 제3자성과 독립성이 보장되어 있고, 보상금 등 지급 심의절차의 공정성과 신중성이 갖추어져 있다. 특수임무수행자는 보상금 등 지급결정에 동의할 것인지 여부를 자유롭게 선택할 수 있으며, 보상금 등을 지급받을 경우

향후 재판상 청구를 할 수 없음을 명확히 고지받고 있다. 보상금 중 기본공로금은 채용·입대 경위, 교육훈련여건, 특수임무종결일 이후의 처리사항 등을 고려하여 위원회가 정한 금액으로 지급되는데, 위원회는 음성적 모집 여부, 기본권 미보장 여부, 인권유린, 종결 후 사후관리 미흡 등을 참작하여 구체적인 액수를 정하므로, 여기에는 특수임무교육훈련에 관한 정신적 손해 배상 또는 보상에 해당하는 금원이 포함된다. 특수임무수행자는 보상금 등 산정과정에서 국가 행위의 불법성이나 구체적인 손해항목 등을 주장·입증할 필요가 없고 특수임무수행자의 과실이 반영되지도 않으며, 국가배상청구에 상당한 시간과 비용이 소요되는 데 반해 보상금 등 지급결정은 비교적 간이·신속한 점까지 고려하면, 특수임무수행자 보상에 관한 법령이 정한 보상금 등을 지급받는 것이 국가배상을 받는 것에 비해 일률적으로 과소보상된다고 할 수도 없다. 따라서 심판대상조항이 과잉금지원칙을 위반하여 국가배상청구권 또는 재판청구권을 침해한다고 보기 어렵다(2021.9.30, 2019헌가28).

③ [×] 적극적·소극적 손해(재산적 손해)에 대한 국가배상청구권 침해 여부에 대하여 살펴본다. 관련자와 유족이 위원회의 보상금 등 지급결정이 일응 적절한 배·보상에 해당된다고 판단하여 이에 동의하고 보상금 등을 수령한 경우 보상금 등의 성격과 중첩되는 적극적·소극적 손해에 대한 국가배상청구권의 추가적 행사를 제한하는 것은, 동일한 사실관계와 손해를 바탕으로 이미 적절한 보상을 받았음에도 불구하고 다시 동일한 내용의 손해배상청구를 금지하는 것이므로, 이를 지나치게 가혹한 제재로 볼 수 없다(2018.8.30, 2014헌바108 등).

④ [O] 「4·16세월호참사 피해구제 및 재원 등을 위한 특별법」(이하 '세월호피해지원법'이라 한다)은 피해에 상응하는 충분한 배상과 보상이 이루어질 수 있도록 제6조 제1항 제1호에서 배상금이 「민법」, 「국가배상법」 등 관계 법령에 따른 손해배상금이라는 점을 명시하고 있다. 신청인은 배상금 등 지급에 대한 동의를 포함한 지급 신청을 지급 결정서 정본을 송달받은 날부터 1년 이내에 하도록 하여(제15조 제3항) 충분히 생각하고 검토할 시간을 보장하고 있다. 또 신청인이 심의위원회의 배상금 등 지급결정에 동의하지 않는 경우 직접 손해배상금의 지급을 청구할 수 있으므로, 배상금 등 지급결정에 대한 동의 여부를 자유롭게 선택할 수 있다. 세월호피해지원법에는 피해에 상응하는 배상 등을 받을 수 있는 제도적 장치가 충분히 마련되어 있으므로 심의위원회의 배상금 등 지급결정에 동의한 때에는 재판상 화해가 성립한 것으로 간주하더라도 이것이 재판청구권 행사에 대한 지나친 제한이라고 보기 어렵다(2017.6.29., 2015헌마654).

⑤ [×] 5·18보상법 및 같은 법 시행령의 관련조항을 살펴보면 정신적 손해배상에 상응하는 항목은 존재하지 아니하고, 보상심의위원회가 보상금 등 항목을 산정함에 있어 정신적 손해를 고려할 수 있다는 내용도 발견되지 아니한다. … 따라서 이 조항이 5·18보상법상 보상금 등의 성격과 중첩되지 않는 정신적 손해에 대한 국가배상청구권의 행사까지 금지하는 것은 국가배상청구권을 침해한다(2021.5.27., 2019헌가17).

[정답] ④

140 헌법재판소는 "형법 제129조 제1항의 '공무원'에 구 '제주특별자치도 설치 및 국제자유도시 조성을 위한 특별법' 제299조 제2항의 제주특별자치도통합영향평가심의위원회 심의위원 중 위촉위원이 포함되는 것으로 해석하는 한 헌법에 위반된다."는 한정위헌결정하였다. 청구인은 헌법재판소의 한정위헌결정이 있자 헌법재판소법 제75조 제7항에 따라 재심을 청구하였으나 대법원은 한정위헌결정이 헌법재판소법 제75조 제7항의 인용결정에 해당하지 않는다고 보고 재심청구를 기각하였다. 이에 청구인은 대법원재판과 헌법재판소법 제68조 제1항의 법원의 재판에 대해 헌법소원심판을 청구하였다. 이에 대한 설명으로 옳지 않은 것은?

① 한정위헌결정도 일부위헌결정으로서, 헌법재판소가 헌법에서 부여받은 위헌심사권을 행사한 결과인 법률에 대한 위헌결정에 해당한다.

② 헌법재판소가 위헌으로 결정한 법령을 적용함으로써 국민의 기본권을 침해한 재판은 위헌결정의 기속력에 반하는 재판이므로 헌법소원심판을 청구를 부정하다면 헌법재판소법 제68조 제1항의 '법원의 재판을 제외'부분은 헌법에 위반된다.

③ 형법 제129조 제1항(수뢰죄) 중 "공무원"에 구 '제주특별자치도 설치 및 국제자유도시 조성을 위한 특별법'제299조 제2항의 제주특별자치도통합영향평가심의위원회 심의위원 중 위촉위원이 포함되는 것으로 해석하는 것은 죄형법정주의원칙에 위배된다.

④ "제주특별자치도통합영향평가심의위원회 심의위원 중 위촉위원이 포함되는 것으로 해석하는 한 헌법에 위반된다."는 한정위헌결정은 헌법재판소법 제75조 제6항, 제47조 제1항에 따라 법원과 그 밖의 국가기관 및 지방자치단체에 대하여 기속력이 있다.

⑤ 헌법재판소법 제68조 제1항은 법원재판을 헌법소원에서 제외하고 있으므로 한정위헌결정이 헌법재판소법 제75조 제7항의 인용결정에 해당하지 않는다고 보고 재심청구를 기각한 대법원의 결정은 헌법소원심판의 대상이 되지 않는다.

> **정답 및 해설**
>
> ① [O] 헌법재판소가 법률의 위헌성 심사를 하면서 합헌적 법률해석을 하고 그 결과로서 이루어지는 한정위헌결정도 일부위헌결정으로서, 헌법재판소가 헌법에서 부여받은 위헌심사권을 행사한 결과인 법률에 대한 위헌결정에 해당한다(2020. 6. 30. 2014헌마760).
>
> ② [O] 헌법재판소법 제68조 제1항 본문 중 '법원의 재판' 가운데 '헌법재판소가 위헌으로 결정한 법령을 적용함으로써 국민의 기본권을 침해한 재판' 부분에 대하여 위헌결정을 한 바 있다. 그러나 위 결정의 효력은 위 부분에 국한되므로, 재판소원금지조항의 적용 영역에서 '법률에 대한 위헌결정의 기속력에 반하는 재판' 부분을 모두 제외하기 위해서는 해당 부분에 대한 별도의 위헌결정이 필요하다. 따라서 헌법재판소는 이번 결정에서 재판소원금지조항 가운데 '법률에 대한 위헌결정의 기속력에 반하는 재판' 부분은 헌법에 위반된다(2020. 6. 30. 2014헌마760).

③ [○] 사용하기 위해서는 법률에 명시하는 것이 일반적 입법례인데, 우리의 경우에는 구 형법의 공무원 개념규정을 형법 제정 당시 두지 않았고, 국가공무원법·지방공무원법에 의한 공무원이 아니라고 하더라도 국가나 지방자치단체의 사무에 관여하거나 공공성이 높은 직무를 담당하여 청렴성과 직무의 불가매수성이 요구되는 경우에, 개별 법률에 '공무원 의제' 조항을 두어 공무원과 마찬가지로 뇌물죄로 처벌하거나, 특별규정을 두어 처벌하고 있다. 그런데 국가공무원법·지방공무원법에 따른 공무원이 아님에도 법령에 기하여 공무에 종사한다는 이유로 공무원 의제규정이 없는 사인(私人)을 이 사건 법률조항의 '공무원'에 포함된다고 해석하는 것은 처벌의 필요성만을 지나치게 강조하여 범죄와 형벌에 대한 규정이 없음에도 구성요건을 확대한 것으로서 죄형법정주의와 조화될 수 없다.

따라서 이 사건 법률조항의 '공무원'에 국가공무원법·지방공무원법에 따른 공무원이 아니고 공무원으로 간주되는 사람도 아닌 제주자치도 위촉위원이 포함된다고 해석하는 것은 법률해석의 한계를 넘은 것으로서 죄형법정주의에 위배된다(2012. 12. 27. 2011헌바117).

④ [○] 헌법재판소는 2012. 12. 27. 2011헌바117 결정에서 "형법 제129조 제1항의 '공무원'에 구 '제주특별자치도 설치 및 국제자유도시 조성을 위한 특별법' 제299조 제2항의 제주특별자치도통합영향평가심의위원회 심의위원 중 위촉위원이 포함되는 것으로 해석하는 한 헌법에 위반된다."는 한정위헌결정을 하였다. 이는 형벌조항의 일부가 헌법에 위반되어 무효라는 내용의 일부위헌결정으로, 법 제75조 제6항, 제47조 제1항에 따라 법원과 그 밖의 국가기관 및 지방자치단체에 대하여 기속력이 있다(2020. 6. 30. 2014헌마760).

⑤ [×] 이 사건 재심기각결정들은 이 사건 한정위헌결정의 기속력을 부인하여 헌법재판소법에 따른 청구인들의 재심청구를 기각하였다. 따라서 이 사건 재심기각결정들은 모두 '법률에 대한 위헌결정의 기속력에 반하는 재판'으로 이에 대한 헌법소원은 허용되고 청구인들의 헌법상 보장된 재판청구권을 침해하였으므로, 헌법재판소법 제75조 제3항에 따라 취소되어야 한다(2020. 6. 30. 2014헌마760).

[정답] ⑤

141 형사보상청구권에 대한 설명으로 옳지 않은 것을 모두 조합한 것은?

ㄱ. 형사피고인으로서 무죄판결을 받은 자는 재판서 등본과 확정증명서를 송부 받게 되므로 형사보상청구권의 존재사실을 알고 있는 경우가 대부분이고, 이후 형사보상청구시 특별한 증거를 수집할 필요가 없다는 등의 사정을 고려하면, 무죄판결이 선고된 때로부터 '1년'이라는 기간은 형사보상청구권의 권리행사를 현저히 곤란하게 하는 것이라고 보기 어려우며, 형사보상청구권과 같이 그 발생을 예상하기 어려운 경우 불안정성이 적지 아니하여 단기간에 법률관계를 안정시켜야 할 필요성이 상대적으로 크다.

ㄴ. 구금에 대한 보상은 헌법 제28조의 형사보상청구권에서 보호되나 형사소송법은 구금여부와 관계없이 소송비용에 대한 보상을 규정하고 있는데 이는 헌법 제28조의 형사보상청구권에서 보호되는 것은 아니다.

ㄷ. 형사보상청구의 구체적 내용과 금액 및 절차에 관한 사항을 정하고 있는 입법을 함에 있어서는 비록 완화된 의미일지언정 헌법 제37조 제2항의 비례의 원칙이 준수되어야 한다.

ㄹ. 비용보상청구권의 제척기간을 무죄판결이 확정된 날부터 6개월로 규정한 구 형사소송법이 보호하고자 하는 공익은 경제적·금전적인 것에 불과하고, 그 액수 또한 국가 전체 예산규모에 비추어 매우 미미한 정도인 반면, 국가의 형사사법작용에 내재한 위험성에서 불가피하게 소송비용을 지출한 비용보상청구권자의 재판청구권 및 재산권은 보호할 필요성이 매우 크고, 비용보상청구권의 제척기간을 장기로 규정한다 하여 국가재정의 합리성이 결여된다고 보기도 어려우므로 이 사건 법률조항은 법익의 균형성 요건 또한 갖추었다고 할 수 없다. 따라서 이 사건 법률조항은 입법형성의 한계를 벗어난 것으로서, 비용보상청구권자의 재판청구권과 재산권을 침해한 것이다.

ㅁ. 원판결의 근거가 된 가중처벌규정에 대하여 헌법재판소의 위헌결정이 있었음을 이유로 개시된 재심절차에서, 공소장의 교환적 변경을 통해 위헌결정된 가중처벌규정보다 법정형이 가벼운 처벌규정으로 적용법조가 변경되어 피고인이 무죄판결을 받지는 않았으나 원판결보다 가벼운 형으로 유죄판결이 확정됨에 따라 원판결에 따른 구금형 집행이 재심판결에서 선고된 형을 초과하게 된 경우, 재심판결에서 선고된 형을 초과하여 집행된 구금에 대하여 보상요건을 규정하지 아니한 '형사보상 및 명예회복에 관한 법률'은 평등원칙에 위배된다.

① ㄱㄴㅁ
② ㄷㄹ
③ ㄴㄷㄹ
④ ㄷㄹㅁ
⑤ ㄱㄹ

정답 및 해설

ㄱ. [×] 헌법재판소는 형사보상의 청구는 무죄재판이 확정된 때로부터 1년 이내에 하도록 규정하고 있는 형사보상법 제7조가 지나치게 짧다고 하여 청구인의 형사보상청구권을 침해한 것으로 보았다(헌재 2010. 7. 29. 2008헌가4). 선지는 반대의견이다.

ㄴ. [○] 형사소송법 제194조의2 내지 제194조의5에 따른 비용보상청구 제도는 형사사법절차에 내재하는 불가피한 위험성으로 인해 손해를 입은 사람에게 그 위험에 관한 부담을 덜어주기 위해 국가의 고의나 과실 여부를 불문하고 그 손해를 보상해주는 것이다. 이는 구금되었음을 전제로 하는 헌법 제28조의 형사보상청구권이나 국가의 귀책사유를 전제로 하는 헌법 제29조의 국가배상청구권이 헌법적 차원에서 명시적으로 규정되어 보호되고 있는 것과 달리, 입법자가 입법의 목적, 국가의 경제적·사회적·정책적 사정들을 참작하여 제정하는 법률에 적용요건, 적용대상, 범위 등 구체적인 사항이 규정될 때 비로소 형성되는 권리이다(2015. 4. 30. 2014헌바408).

ㄷ. [○] 형사보상청구권이라 하여도 '법률이 정하는 바에 의하여' 행사되므로(헌법 제28조) 그 내용은 법률에 의하여 정해지는바, 이 과정에서 입법자에게 일정한 입법재량이 부여될 수 있고, 따라서 형사보상의 구체적 내용과 금액 및 절차에 관한 사항은 입법자가 정하여야 할 사항이라 할 것이다.
그러나 이러한 입법을 함에 있어서는 비록 완화된 의미일지언정 헌법 제37조 제2항의 비례의 원칙이 준수되어야 한다. 형사보상청구권은 국가가 형사사법절차를 운영함에 있어 결과적으로 무고한 사람을 구금한 것으로 밝혀진 경우 구금당한 개인에게 인정되는 권리이고, 헌법 제28조는 이에 대하여 '정당한 보상'을 명문으로 보장하고 있으므로, 따라서 법률에 의하여 제한되는 경우에도 이러한 본질적인 내용은 침해되어서는 아니되기 때문이다(2010. 10. 28. 2008헌마514).

ㄹ. [×] 이 사건 법률조항이 비용보상청구에 관한 제척기간을 규정한 것은 비용보상에 관한 국가의 채무관계를 조속히 확정하여 국가재정을 합리적으로 운영하기 위한 것으로 입법목적의 정당성 및 수단의 적합성이 인정된다. 비용보상청구권은 그 보상기준이 법령에 구체적으로 정해져 있어 비용보상청구인은 특별한 증명책임이나 절차적 의무의 부담 없이 객관적 재판 진행상황에 관한 간단한 소명만으로 권리의 행사가 가능하므로 이 사건 법률조항에 규정된 제척기간이 현실적으로 비용보상청구권 행사를 불가능하게 하거나 현저한 곤란을 초래할 정도로 지나치게 짧다고 단정할 수 없다. 이 사건 법률조항을 통해 달성하려고 하는 비용보상에 관한 국가 채무관계를 조기에 확정하여 국가재정을 합리적으로 운영한다는 공익이 청구인 등이 입게 되는 경제적 불이익에 비해 작다고 단정하기도 어려워 법익의 균형성도 갖추었다. 따라서 이 사건 법률조항은 과잉금지원칙에 위반되어 청구인의 재판청구권 및 재산권을 침해하지는 않는다(2015. 4. 30. 2014헌바408).

ㅁ. [○] 원판결의 근거가 된 가중처벌규정에 대하여 헌법재판소의 위헌결정이 있었음을 이유로 개시된 재심절차에서, 공소장의 교환적 변경을 통해 위헌결정된 가중처벌규정보다 법정형이 가벼운 처벌규정으로 적용법조가 변경되어 피고인이 무죄판결을 받지는 않았으나 원판결보다 가벼운 형으로 유죄판결이 확정됨에 따라 원판결에 따른 구금형 집행이 재심판결에서 선고된 형을 초과하게 된 이 사건과 같은 경우, 소송법상 이유로 무죄재판을 받을 수는 없으나 그러한 사유가 없었다면 무죄재판을 받았을 것임이 명백하고 원판결의 형 가운데 재심절차에서 선고된 형을 초과하는 부분의 전부 또는 일부에 대해서는 결과적으로 부당한 구금이 이루어진 것으로 볼 수 있다는 점에서 심판대상조항이 형사보상 대상으로 규정하고 있는 경우들과 본질적으로 다르다고 보기 어렵다(2022. 2. 24. 2018헌마998).

[정답] ⑤

142 국가배상청구권에 대한 설명으로 옳지 않은 것은?

① 다양한 법해석이 가능한 상태에서 공무원이 그중 하나의 해석을 택하여 처분하였는데 그 후 대법원이 다른 법해석을 하여 그 처분이 위법하게 된 경우 과실이 인정된다고 할 수 없다.
② 공무원이 직무수행 중 불법행위로 타인에게 손해를 입힌 경우에 국가나 지방자치단체가 국가배상책임을 부담하는 외에 공무원 개인도 고의가 있는 경우에는 불법행위로 인한 손해배상책임을 지지만, 공무원에게 과실이 있을 뿐인 경우에는 공무원 개인은 불법행위로 인한 손해배상책임을 부담하지 아니한다.
③ 대한변호사협회장으로서 국가로부터 위탁받은 공행정사무인 '변호사등록에 관한 사무'를 수행하는 범위 내에서는 「국가배상법」 제2조에서 정한 공무원에 해당한다.
④ 대한변호사협회장 甲의 등록 거부는 경과실에 의한 것이므로 甲은 배상책임을 지지 않는다.
⑤ 대한변호사협회장인 甲은 변호사 등록 거부사유가 없음에도 乙의 변호사등록신청을 거부한 경우 대한변호사협회장 甲의 등록 거부는 경과실에 의한 것이나 대한변호사협회는 배상책임을 진다.

정답 및 해설

① [O] 대법원 판례가 나오기 전에 다양한 법해석이 가능한 상태에서 그 중 하나의 해석을 택했는데 그 후 대법원이 다른 법해석을 한 경우에는 과실이 인정되지 않으나, 다양한 법해석이 없는 경우와 대법원의 확립된 법령해석이 나온 후 이에 어긋난 처분을 한 경우 고의·과실이 인정된다.
② [×] 공무원이 직무수행 중 불법행위로 타인에게 손해를 입힌 경우에 국가 등이 국가배상책임을 부담하는 외에 공무원 개인도 고의 또는 중과실이 있는 경우에는 불법행위로 인한 손해배상책임을 진다고 할 것이지만, 공무원에게 경과실뿐인 경우에는 공무원 개인은 손해배상책임을 부담하지 아니한다고 해석하는 것이 헌법 제29조 제1항 본문과 단서 및 「국가배상법」 제2조의 입법취지에 조화되는 올바른 해석이다(대판 1996.2.15., 95다38677).
③ [O] 피고 2는 대한변호사협회의 장으로서 국가로부터 위탁받은 공행정사무인 '변호사등록에 관한 사무'를 수행하는 범위 내에서는 「국가배상법」 제2조에서 정한 공무원에 해당한다(대판 2021.1.28., 2019다260197).
④ [O] 대한변호사협회는 乙 및 등록심사위원회 위원들이 속한 행정주체의 지위에서 甲에게 변호사등록이 위법하게 지연됨으로 인하여 얻지 못한 수입 상당액의 손해를 배상할 의무가 있는 반면, 乙은 경과실 공무원의 면책법리에 따라 甲에 대한 배상책임을 부담하지 않는다(대판 2021.1.28, 2019다260197).
⑤ [O] 대한변호사협회는 乙 및 등록심사위원회 위원들이 속한 행정주체의 지위에서 甲에게 변호사등록이 위법하게 지연됨으로 인하여 얻지 못한 수입 상당액의 손해를 배상할 의무가 있는 반면, 乙은 경과실 공무원의 면책법리에 따라 甲에 대한 배상책임을 부담하지 않는다(대판 2021.1.28., 2019다260197).

[정답] ②

143 군인 등에 대한 보상외 배상금지를 규정한 국가배상법 제2조 제1항 단서에 대한 설명으로 옳지 않은 것은 모두 몇 개인가?

> ㄱ. 전투·훈련 또는 이에 준하는 직무집행가 아닌 '일반 직무집행'에 관하여도 국가나 지방자치단체의 배상책임을 제한하는 것이 아니므로 경찰공무원이 낙석사고 현장으로 이동하던 중 낙석이 순찰차를 덮쳐 사망한 경우, 도로를 관리하는 지방자치단체는 「국가배상법」 제2조 제1항 단서에 따른 면책되지 아니한다.
> ㄴ. 대법원은 전투경찰순경은 헌법 제29조 제2항 및 「국가배상법」 제2조 제1항 단서 등의 경찰공무원에 해당한다고 보아야 하지만, 현역병으로 입영하여 소정의 군사교육을 마치고 경비교도로 임용된 자는 군인의 신분을 상실하고 군인과는 다른 경비교도로서의 신분을 취득하게 되어 국가배상청구권을 행사할 수 있다고 판시하였다.
> ㄷ. 헌법재판소에 따르면 군인·군무원·경찰공무원 또는 향토예비군대원이 전투·훈련 등 직무집행과 관련하여 전·순직하거나 공상을 입은 경우에 본인이나 그 유족이 다른 법령에 따라 재해보상금·유족연금·상이연금 등의 보상을 지급받을 수 있을 때에는 이 법 및 「민법」에 따른 손해배상을 청구할 수 없도록 한 「국가배상법」 제2조 제1항 단서는 헌법 제29조 제2항에 직접 근거하고, 실질적으로 그 내용을 같이하는 것이므로 헌법에 위반되지 아니한다.
> ㄹ. 헌법은 이중배상청구가 금지될 수 있는 자를 법률로 정할 수 있도록 하였고, 「국가배상법」은 향토예비군대원을 규정하고 있는데, 향토예비군대원은 전역 당시의 계급과 복무기간에 따른 보상금만을 지급하고 있어, 사고 발생 당시의 보수액을 기준으로 산정하는 군인·군무원·경찰공무원에 비해 형평에 반하므로 위헌이다.
> ㅁ. 군인이 직무집행과 관련하여 공상을 입었더라도 「군인연금법」 또는 「국가유공자 등 예우 및 지원에 관한 법률」에 의하여 재해보상금, 상이연금 등 별도의 보상을 받을 수 없는 경우에도 「국가배상법」 제2조 제1항 단서의 적용대상에서 제외되어 배상을 청구할 수 있다.
> ㅂ. 숙직실 연탄가스 중독으로 사망한 경우 「공무원연금법」상 순직연금을 받는 경우라도 국가배상을 청구할 수 있다.
> ㅅ. 훈련 후 경찰서 복귀과정에서 사고 전투경찰대원이 국민학교 교정에서 다중범죄 진압훈련을 일단 마치고 점심을 먹기 위하여 근무하던 파출소를 향하여 걸어가다가 경찰서 소속 대형버스에 충격되어 사망하였고 보상을 받았더라도 배상을 청구할 수 있다.

① 1개　　　　　② 2개
③ 3개　　　　　④ 4개
⑤ 5개

정답 및 해설

ㄱ. [X] 경찰공무원이 낙석사고 현장 주변 교통정리를 위하여 사고현장 부근으로 이동하던 중 대형 낙석이 순찰차를 덮쳐 사망하자, 도로를 관리하는 지방자치단체가 「국가배상법」 제2조 제1항 단서에 따른 면책을 주장한 사안에서, 경찰공무원 등이 '전투·훈련 등 직무집행과 관련하여' 순직 등을 한 경우 같은 법 및 「민법」에 의한 손해배상책임을 청구할 수 없다고 정한 「국가배상법」 제2조 제1항 단서의 면책조항은 구 「국가배상법」 제2조 제1항 단서의 면책조항과 마찬가지로 <u>전투·훈련 또는 이에 준하는 직무집행뿐만 아니라 '일반 직무집행'에 관하여도 국가나 지방자치단체의 배상책임을 제한하는 것이라고 해석하여, 위 면책 주장을 받아들인 원심판단은 정당하다</u>(대판 2011.3.10, 2010다85942).

ㄴ. [O] <u>전투경찰순경은 「국가배상법」 제2조 제1항 단서 소정의 '경찰공무원'에 해당한다고 보아야 한다</u>(대판 1995.3.24, 94다25414) 반면, 경비교도로 근무 중 공무수행과 관련하여 사망한 자에 대하여 구 「국가유공자 예우 등에 관한 법률」 제4조 제1항 제5호 소정의 순직군경에 해당한다 하여 국가유공자로 결정하고 사망급여금 등이 지급되었다 하더라도 그러한 사실 때문에 신분이 군인 또는 경찰공무원으로 되는 것은 아니다(대판 1993.4.9, 92다43395). 2002년 사시

ㄷ. [O] 「국가배상법」 제2조 제1항 단서는 헌법 제29조 제1항에 의하여 보장되는 국가배상청구권을 헌법 내재적으로 제한하는 헌법 제29조 제2항에 직접 근거하고, 실질적으로 그 내용을 같이하는 것이므로 헌법에 위반되지 아니한다(1995.12.28, 95헌바3).

ㄹ. [X] 합헌으로 보았다.

> 심판대상조항은 <u>헌법 제29조 제2항의 명시적인 위임에 따라</u> 임무수행 중 사고를 당한 향토예비군대원에 대한 이중의 보상으로 인한 일반인들과의 불균형을 시정하고 국가재정의 지출부담을 절감한다는 공공의 이익을 보호하기 위하여 다른 법령의 규정에 의하여 재해보상금 등을 지급받을 수 있는 권리가 보장된 향토예비군대원의 개별적인 국가배상청구권의 행사를 금지하는 것이므로 그로 인하여 보호되는 법익과 침해되는 법익 간에 입법자의 자의라고 할 정도의 불균형이 있다고 보여지지 아니한다(1996.6.13, 94헌바20).

ㅁ. [O] 군인 또는 경찰공무원으로서 교육훈련 또는 직무 수행중 상이(공무상의 질병 포함)를 입고 전역 또는 퇴직한 자라고 하더라도 「국가유공자 예우 등에 관한 법률」에 의하여 국가보훈처장이 실시하는 신체검사에서 대통령령이 정하는 상이등급에 해당하는 신체의 장애를 입지 않은 것으로 판명되고 또한 「군인연금법」상의 재해보상 등을 받을 수 있는 장애등급에도 해당하지 않는 것으로 판명된 자는 위 각 법에 의한 적용대상에서 제외되고, 따라서 그러한 자는 「국가배상법」 제2조 제1항 단서의 적용을 받지 않아 국가배상을 청구할 수 있다(대판 1997.2.14, 96다28066).

ㅂ. [O] 대법원은 경찰관이 숙직실에서 숙직하다가 연탄가스중독으로 사망한 경우 숙직실이 전투훈련에 관련된 시설이 아니므로 「공무원연금법」에 의한 순직연금 외에도 손해배상청구소송이 가능하다고 판결하여 국가보상과 국가배상을 양립시키려 하고 있다(대판 전합체 1979.1.30, 77다2389).

ㅅ. [O] 훈련 후 경찰서 복귀과정에서 사고
전투경찰대원이 국민학교 교정에서 다중범죄진압훈련을 일단 마치고 점심을 먹기 위하여 근무하던 파출소를 향하여 걸어가다가 경찰서소속 대형버스에 충격되어 사망하였다면 망인이 그와 같은 경위로 도로상을 걷는 것이 진압훈련과정의 일부라고 할 수 없고 또 그가 경찰관전투복을 착용하고 있었고 전투경찰이 치안업무의 보조를 그 임무로 하고 있더라도 <u>「국가배상법」 제2조 제1항 단서에서 말하는 전투, 훈련 기타 직무집행과 관련하여 사망한 것이라고 단정하기 어렵다</u>(대판 1989.4.11, 88다카4222).

[정답] ②

144 甲은 승용차를 운전하고 있었고 오토바이를 운전하여 직무를 집행하던 육군중사 乙의 과실이 경합하여 교통사고가 발생하였다. 이 사고로 오토바이 뒷좌석에 동승했던 丙은 상해를 입었다. 甲은 丙에게 그로 인한 손해배상을 하였다. 甲은 乙의 과실로 인한 손해배상 부담 부분에 관하여 그 사용자인 대한민국을 상대로 서울민사지방법원에 구상금청구소송 제기하였고 국가배상법 제2조 제1항 단서에 대해 위헌제청을 신청하였다가 기각되자 헌법재판소법 제68조 제2항의 헌법소원심판을 청구하였다. 이에 대한 설명으로 옳지 않은 것은? (별도의 언급이 없는 경우 헌법재판소 결정에 따름)

> 「국가배상법」제2조(배상책임) ① … 다만, 군인·군무원·경찰공무원 또는 예비군대원이 전투·훈련 등 직무 집행과 관련하여 전사·순직하거나 공상을 입은 경우에 본인이나 그 유족이 다른 법령에 따라 재해보상금·유족연금·상이연금 등의 보상을 지급받을 수 있을 때에는 이 법 및 민법에 따른 손해배상을 청구할 수 없다.

① 대법원은 甲이 전액을 배상했다고 하더라도 육군중사 乙의 불법행위를 이유로 국가에게 구상권을 행사할 수 없다고 한다.
② 대법원은 甲은 丙이 받은 손해 전부를 배상할 필요는 없고 자신의 부담부분에 한하여 손해배상의무를 부담하면 된다고 한다.
③ 헌법재판소는 甲이 전액을 배상했다면 乙이 부담할 부분에 대해 국가에게 구상권을 행사할 수 있다고 한다.
④ 국가에 대한 구상권은 헌법 제23조 제1항에 의하여 보장되는 재산권이고 국가에 대한 구상권 행사를 허용하지 않는 것으로 심판대상을 해석한다면 재산권의 제한에 해당한다.
⑤ 헌법 제29조 제2항은 군인등의 보상 외 배상 청구를 금지하고 있으므로 이에 근거한 국가배상법 제2조 제1항 단서의 적용 범위를 폭넓게 해석해야 한다.

> **정답 및 해설**
>
> ① [O] 헌법 제29조 제2항, 국가배상법 제2조 제1항 단서의 입법 취지를 관철하기 위하여는 국가배상법 제2조 제1항 단서가 적용되는 공무원의 직무상 불법행위로 인하여 직무집행과 관련하여 피해를 입은 군인 등에 대하여 위 불법행위에 관련된 일반국민이 그 손해를 자신의 귀책부분을 넘어서 배상한 경우에도, 국가 등은 피해 군인 등에 대한 국가배상책임을 면할 뿐만 아니라, 나아가 <u>민간인에 대한 국가의 귀책비율에 따른 구상의무도 부담하지 않는다</u>고 하여야 할 것이다(대판 2001.2.15. 96다42420).
>
> ② [O] 공동불법행위자 등이 부진정연대채무자로서 각자 피해자의 손해 전부를 배상할 의무를 부담하는 공동불법행위의 일반적인 경우와 달리 예외적으로 민간인은 피해 군인 등에 대하여 그 손해 중 국가 등이 민간인에 대한 구상의무를 부담한다면 그 내부적인 관계에서 부담하여야 할 부분을 제외한 나머지 자신의 부담부분에 한하여 손해배상의무를 부담하고, 한편 국가 등에 대하여는 그 귀책부분의 구상을 청구할 수 없다고 해석함이 상당하다 할 것이고, 이러한 해석이 손해의 공평·타당한 부담을 그 지도원리로 하는 손해배상제도의 이상에도 맞는다 할 것이다(대판 2001.2.15. 96다42420).

③ [O] 이 사건 심판대상 부분은, 일반국민이 직무집행 중인 군인과의 공동불법행위로 직무집행 중인 다른 군인에게 공상을 입혀 그 피해자에게 공동의 불법행위로 인한 손해를 배상한 다음 공동불법행위자인 군인의 부담부분에 관하여 국가에 대하여 구상권을 행사하는 것을 허용하지 아니한다고 해석하는 한, 헌법 제117조, 제23조 제1항, 제29조 및 제37조 제2항에 위반된다(1994.12.29, 93헌바21).

④ [O] 국가에 대한 구상권은 헌법 제23조 제1항에 의하여 보장되는 재산권이고 위와 같은 해석은 그러한 재산권의 제한에 해당하며 재산권의 제한은 헌법 제37조 제2항에 의한 기본권 제한의 한계 내에서만 가능한데, 위와 같은 해석은 헌법 제37조 제2항에 의하여 기본권을 제한할 때 요구되는 비례의 원칙에 위배하여 일반 국민의 재산권을 과잉제한하는 경우에 해당하여 헌법 제23조 제1항 및 제37조 제2항에도 위반된다고 할 것이다(1994.12.29., 93헌바21).

⑤ [X] 국가는 국민의 기본권을 보장할 의무가 있고, 헌법 제29조 제2항은 제1항 의하여 보장되는 국가배상청구권을 헌법내재적으로 제한하는 규정이므로 그 적용범위에 대하여는 엄격하고도 제한적으로 해석하여야 할 것이다. 그러므로 헌법 제29조 제2항의 입법목적은, 피해자인 군인 등이 법률이 정하는 보상 외에 국가에 대하여 직접 손해배상청구권을 행사하지 못하게 하는 범위 내에서, 즉 일반 국민에게 경제적 부담을 전가시키지 아니하는 범위 내에서 군인 등의 국가에 대한 손해배상청구권을 상대적으로 소멸시킴으로써 군인 등에 대한 이중배상을 금지하여 국가의 재정적 부담을 줄인다고 하는 의미로 제한하여 이해하여야 할 것이다(1994.12.29., 93헌바21).

[정답] ⑤

145 국가배상법 제2조의 배상요건으로서 고의 또는 과실에 대한 설명으로 옳은 것은?

① 헌법상 국가배상청구권이 성립하기 위한 요건으로서 헌법 제29조 제1항 제1문은 '공무원의 직무상 불법행위로 손해를 받은' 것을 요건으로 하나, 한편으로 '법률이 정하는 바에 의하여'라고 하여 국가배상청구권의 구체적 제한을 법률에 유보하고 있다.

② 헌법상의 국가배상청구권에 관한 규정은 국가배상청구권을 청구권적 기본권으로 보장하며, 국가배상청구권은 그 요건에 해당하는 사유가 발생한 개별 국민에게는 금전청구권으로서의 재산권으로 보장된다.

③ 긴급조치 제1호, 제9호의 발령·적용·집행을 통한 국가의 의도적·적극적 불법행위는 우리 헌법의 근본이념인 자유민주적 기본질서를 정면으로 훼손하고, 국민의 기본권을 존중하고 보호하여야 한다는 국가의 본질을 거스르는 행위이므로 국가배상책임의 성립요건으로서 공무원의 고의 또는 과실 요건에 예외를 인정하여야 한다.

④ '긴급조치 제1호, 제9호의 발령·적용·집행을 통한 국가의 의도적·적극적 불법행위에 관한 부분'에 고의 또는 과실을 요건으로 한다면 국가배상법 제2조 제1항은 청구인들의 국가배상청구권을 침해하여 헌법에 위반된다.

⑤ 국가배상청구권의 성립요건으로서 공무원의 고의 또는 과실을 규정한 것은 법률은 국가배상청구권의 내용을 형성하는 것이라고 할 것이 아니라 이미 형성된 국가배상청구권의 행사 및 존속을 제한하는 것이므로, 국가배상청구권의 성립요건으로서

공무원의 고의 또는 과실을 규정한 것은 법률의 위헌여부는 과잉금지원칙 위반여부를 기준으로 심사하여야 한다.

> **정답 및 해설**
>
> ① [X] 헌법상 국가배상청구권이 성립하기 위한 요건으로서 <u>헌법 제29조 제1항 제1문은 '공무원의 직무상 불법행위로 손해를 받은' 것을 요건으로 하나, 한편으로 '법률이 정하는 바에 의하여'라고 하여 국가배상청구권의 구체적 형성을 법률에 유보하고 있다. 따라서 헌법상 국가배상청구권의 '불법행위' 역시 이를 법률에서 구체적으로 형성할 수 있는 개념이라고 할 것이다</u>(2020. 3. 26. 2016헌바55).
> ② [O] 헌법상의 국가배상청구권에 관한 규정은 국가배상청구권을 청구권적 기본권으로 보장하며, 국가배상청구권은 그 요건에 해당하는 사유가 발생한 개별 국민에게는 금전청구권으로서의 재산권으로 보장된다(2020. 3. 26. 2016헌바55).
> ③ [X] ④ [X] 국가의 행위로 인한 모든 손해가 이 조항으로 구제되어야 하는 것은 아니다. 긴급조치 제1호 또는 제9호로 인한 손해의 특수성과 구제 필요성 등을 고려할 때 공무원의 고의 또는 과실 여부를 떠나 국가가 더욱 폭넓은 배상을 할 필요가 있는 것이라면, 이는 <u>국가배상책임의 일반적 요건을 규정한 심판대상조항이 아니라 국민적 합의를 토대로 입법자가 별도의 입법을 통해 구제하면 된다</u>. 이상의 내용을 종합하면, 심판대상조항이 헌법상 국가배상청구권을 침해하지 않는다고 판단한 헌법재판소의 선례는 여전히 타당하고, 이 사건에서 선례를 변경해야 할 특별한 사정이 있다고 볼 수 없다(2020. 3. 26. 2016헌바55).
> ⑤ [X] 심판대상조항이 국가배상청구권의 성립요건으로서 공무원의 고의 또는 과실을 규정한 것은 법률로 이미 형성된 국가배상청구권의 행사 및 존속을 <u>제한</u>한다고 보기 보다는 <u>국가배상청구권의 내용을 형성하는 것이라고 할 것이므로, 헌법상 국가배상제도의 정신에 부합하게 국가배상청구권을 형성하였는지의 관점에서 심사하여야 한다</u>. 이하에서는 심판대상조항이 국가배상청구권의 성립요건으로서 공무원의 고의 또는 과실을 요구함으로써 무과실책임을 인정하지 않은 것이 입법형성권의 자의적 행사로서 헌법상 국가배상청구권을 침해하는지 여부를 살펴본다(헌재 2020. 3. 26. 2016헌바55 등).
>
> [정답] ②

146 국가배상청구권의 소멸시효에 대한 설명으로 옳지 않은 것은?

> 「민법」 제766조(손해배상청구권의 소멸시효) ① 불법행위로 인한 손해배상의 청구권은 피해자나 그 법정대리인이 그 손해 및 가해자를 안 날로부터 3년간 이를 행사하지 아니하면 시효로 인하여 소멸한다.
> ② 불법행위를 한 날로부터 10년을 경과한 때에도 전항과 같다.

① 헌법 제28조와 제29조 제1항에서 규정하고 있는 형사보상청구권 및 국가배상청구권은 청구권이자 재산권을 보장하는 권리이다.

② 헌법 제28조, 제29조 제1항은 형사보상청구권 및 국가배상청구권의 내용을 법률에 의해 구체화하도록 규정하고 있으므로, 그 구체적인 내용은 입법자가 형성할 수 있으

며 권리구제의 실효성이 상당한 정도로 보장되도록 하여야 한다.

③ 「진실·화해를 위한 과거사정리 기본법」 제2조 제1항 제3호·제4호의 민간인 집단희생사건, 중대한 인권침해·조작의혹사건에 「민법」 제766조 제1항의 '주관적 기산점'이 적용되도록 하는 것은 합리적 이유가 인정된다.

④ 「민법」 제166조 제1항, 제766조 제2항의 '객관적 기산점'을 「진실·화해를 위한 과거사정리 기본법」 제2조 제1항 제3호·제4호의 민간인 집단희생사건, 중대한 인권 침해·조작의혹사건에 적용하도록 규정하는 것은 소멸시효제도를 통한 법적 안정성을 위한 것으로 입법형성의 한계를 일탈하여 청구인들의 국가배상청구권을 침해한다고 할 수 없다.

⑤ 국가배상청구권에 적용되는 소멸시효의 기산점과 시효기간을 어떻게 정할 것인가의 문제는 원칙적으로 입법자의 형성재량에 맡겨져 있어 민법의 소멸시효 조항들이 입법형성의 한계를 일탈하여 헌법이 보장한 국가배상청구권을 침해하고 있는지를 기준으로 심사한다.

정답 및 해설

① [O] 헌법은 제23조 제1항에서 국민의 재산권을 일반적으로 규정하고 있으나, 제28조와 제29조 제1항에서 그 특칙으로 형사보상청구권 및 국가배상청구권을 규정함으로써, 형사피의자·피고인으로 구금되어있었으나 불기소처분·무죄판결을 받은 경우 및 공무원의 직무상 불법행위로 손해를 받은 경우에 국민이 국가에 대하여 물질적·정신적 피해에 대한 정당한 보상 및 배상을 청구할 수 있는 권리를 보장하고 있다. 이러한 형사보상청구권과 국가배상청구권은 일반적인 재산권으로서의 보호 필요성뿐만 아니라, 국가의 형사사법작용 및 공권력 행사로 인하여 신체의 자유 등이 침해된 국민의 구제를 헌법상 권리로 인정함으로써 관련 기본권의 보호를 강화하는 데 그 목적이 있다(2018.8.30, 2014헌바148 등).

② [O] 헌법 제28조, 제29조 제1항은 형사보상청구권 및 국가배상청구권의 내용을 법률에 의해 구체화하도록 규정하고 있으므로, 그 구체적인 내용은 입법자가 형성할 수 있다. 그러나 국가의 형사사법절차 및 공권력 행사에 내재하는 불가피한 위험에 의해 국민의 신체의 자유 등에 피해가 발생한 경우 국가가 이에 대하여 보상 및 배상을 할 것을 헌법에서 명문으로 선언하고 있으므로, 형사보상 및 국가배상의 구체적 절차에 관한 입법은 단지 그 보상 및 배상을 청구할 수 있는 형식적인 권리나 이론적인 가능성만을 허용하는 것이어서는 아니되고, 권리구제의 실효성이 상당한 정도로 보장되도록 하여야 한다(2018.8.30, 2014헌바148 등).

③ [O] 불법행위의 피해자가 '손해 및 가해자를 인식하게 된 때'로부터 3년 이내에 손해배상을 청구하도록 하는 것은 불법행위로 인한 손해배상청구에 있어 피해자와 가해자 보호의 균형을 도모하기 위한 것이므로, 「진실·화해를 위한 과거사정리 기본법」 제2조 제1항 제3호·제4호에 규정된 사건에 「민법」 제766조 제1항의 '주관적 기산점'이 적용되도록 하는 것은 합리적 이유가 인정된다. 그러나, 국가가 소속 공무원들의 조직적 관여를 통해 불법적으로 민간인을 집단 희생시키거나 장기간의 불법구금·고문 등에 의한 허위자백으로 유죄판결을 하고 사후에도 조작·은폐를 통해 진상규명을 저해하였음에도 불구하고, 그 불법행위 시점을 소멸시효의 기산점으로 삼는 것은 피해자와 가해자 보호의 균형을 도모하는 것으로 보기 어렵고, 발생한 손해의 공평·타당한 분담이라는 손해배상제도의 지도원리에도 부합하지 않는다. 그러므로 「진실·화해를 위한 과거사정리 기본법」 제2조 제1항 제3호·제4호에 규정

된 사건에 「민법」 제166조 제1항, 제766조 제2항의 '객관적 기산점'이 적용되도록 하는 것은 합리적 이유가 인정되지 않는다(2018.8.30, 2014헌바148 등).

④ [X] 「민법」 제166조 제1항, 제766조 제2항의 객관적 기산점을 「진실·화해를 위한 과거사정리 기본법」 제2조 제1항 제3호·제4호의 민간인 집단희생사건, 중대한 인권침해·조작의혹사건에 적용하도록 규정하는 것은, 소멸시효제도를 통한 법적 안정성과 가해자 보호만을 지나치게 중시한 나머지 합리적 이유 없이 위 사건 유형에 관한 국가배상청구권 보장필요성을 외면한 것으로서 입법형성의 한계를 일탈하여 청구인들의 국가배상청구권을 침해한다(2018.8. 30, 2014헌바148 등).

⑤ [O] 심판대상조항들은 공무원의 직무상 불법행위로 손해를 받은 국민의 손해배상청구권에 적용되는 소멸시효의 기산점과 시효기간을 정하고 있다. 국가배상청구권에 적용되는 소멸시효의 기산점과 시효기간을 어떻게 정할 것인가의 문제는 원칙적으로 입법자의 형성재량에 맡겨져 있는 것이지만, 그것이 지나치게 단기간이거나 불합리하여 국민의 국가배상청구를 현저히 곤란하게 만들거나 사실상 불가능하게 한다면 이는 입법형성의 한계를 넘어선 것으로서 위헌이라 하지 않을 수 없다. 이하에서는 심판대상조항들이 입법형성의 한계를 일탈하여 헌법이 보장한 국가배상청구권을 침해함으로써 위헌인지 여부를 살펴본다[2018. 8. 30. 2014헌바148].

[정답] ④

147 국가배상청구권의 소멸시효에 대한 설명으로 옳지 않은 것을 모두 조합한 것은?

> 민법 제166조(소멸시효의 기산점) ① 소멸시효는 권리를 행사할 수 있는 때로부터 진행한다.
> 제766조(손해배상청구권의 소멸시효) ① 불법행위로 인한 손해배상의 청구권은 피해자나 그 법정대리인이 그 손해 및 가해자를 안 날로부터 3년간 이를 행사하지 아니하면 시효로 인하여 소멸한다.
> ② 불법행위를 한 날로부터 10년을 경과한 때에도 전항과 같다.

ㄱ. 헌법 제28조와 제29조 제1항에서 규정하고 있는 형사보상청구권 및 국가배상청구권은 국민의 재산권을 일반적으로 규정하고 있는 헌법 제23조 제1항의 특칙이기도 하므로 재산권을 보장하는 권리이기도 하다.
ㄴ. 국가배상청구권에 관한 3년의 단기시효기간 기산에는 민법 제766조 제1항가 적용되므로 소멸시효의 기산점에 관한 일반규정인 민법 제166조 제1항이 적용된다고 할 수 없어 3년의 단기시효기간은 그 '손해 및 가해자를 안 날'에 진행되므로 그 '권리를 행사할 수 있는 때'가 도래하여야 비로소 시효가 진행한다고 할 수 없다.
ㄷ. 과거사정리법 제2조 제1항 제3, 4호의 민간인 집단희생사건, 중대한 인권침해·조작의혹사건에 민법 제766조 제1항의 '주관적 기산점'이 적용되도록 하는 것은 합리적 이유가 인정된다.
ㄹ. 민법 제166조 제1항, 제766조 제2항의 객관적 기산점을 과거사정리법 제2조 제1

항 제3, 4호의 민간인 집단희생사건, 중대한 인권침해·조작의혹사건에 적용하도록 규정하는 것은, 소멸시효제도를 통한 법적 안정성과 가해자 보호만을 지나치게 중시한 나머지 합리적 이유 없이 위 사건 유형에 관한 국가배상청구권 보장 필요성을 외면한 것으로서 입법형성의 한계를 일탈하여 청구인들의 국가배상청구권을 침해한다.

ㅁ. 진실·화해를 위한 과거사정리 기본법 제2조 제1항 제3호의 '민간인 집단 희생사건', 같은 항 제4호의 '중대한 인권침해사건·조작의혹사건'에서 공무원의 위법한 직무집행으로 입은 손해에 대한 국가배상청구권에 민법 제766조 제2항에 따른 장기소멸시효가 적용된다.

① ㄱ, ㄴ, ㄹ
② ㄱ, ㄹ
③ ㄴ, ㅁ
④ ㄷ, ㅁ
⑤ ㄱ, ㄷ, ㅁ

정답 및 해설

ㄱ. [O] 헌법은 제23조 제1항에서 국민의 재산권을 일반적으로 규정하고 있으나, 제28조와 제29조 제1항에서 그 특칙으로 형사보상청구권 및 국가배상청구권을 규정함으로써, 형사피의자·피고인으로 구금되어있었으나 불기소처분·무죄판결을 받은 경우 및 공무원의 직무상 불법행위로 손해를 받은 경우에 국민이 국가에 대하여 물질적·정신적 피해에 대한 정당한 보상 및 배상을 청구할 수 있는 권리를 보장하고 있다. 이러한 형사보상청구권과 국가배상청구권은 일반적인 재산권으로서의 보호 필요성뿐만 아니라, 국가의 형사사법작용 및 공권력행사로 인하여 신체의 자유 등이 침해된 국민의 구제를 헌법상 권리로 인정함으로써 관련 기본권의 보호를 강화하는 데 그 목적이 있다(2018. 8. 30. 2014헌바148).

ㄴ. [X] 국가배상청구권에 관한 3년의 단기시효기간 기산에는 민법 제766조 제1항 외에 소멸시효의 기산점에 관한 일반규정인 민법 제166조 제1항이 적용된다. 따라서 3년의 단기시효기간은 그 '손해 및 가해자를 안 날'에 더하여 그 '권리를 행사할 수 있는 때'가 도래하여야 비로소 시효가 진행한다(대법원 2023. 1. 12. 선고 2021다201184 판결).

ㄷ. [O] 불법행위의 피해자가 '손해 및 가해자를 인식하게 된 때'로부터 3년 이내에 손해배상을 청구하도록 하는 것은 불법행위로 인한 손해배상청구에 있어 피해자와 가해자 보호의 균형을 도모하기 위한 것이므로, 과거사정리법 제2조 제1항 제3, 4호에 규정된 사건에 민법 제766조 제1항의 '주관적 기산점'이 적용되도록 하는 것은 합리적 이유가 인정된다. 그러나, 국가가 소속 공무원들의 조직적 관여를 통해 불법적으로 민간인을 집단 희생시키거나 장기간의 불법구금·고문 등에 의한 허위자백으로 유죄판결을 하고 사후에도 조작·은폐를 통해 진상규명을 저해하였음에도 불구하고, 그 불법행위 시점을 소멸시효의 기산점으로 삼는 것은 피해자와 가해자 보호의 균형을 도모하는 것으로 보기 어렵고, 발생한 손해의 공평·타당한 분담이라는 손해배상제도의 지도원리에도 부합하지 않는다. 그러므로 과거사정리법 제2조 제1항 제3, 4호에 규정된 사건에 민법 제166조 제1항, 제766조 제2항의 '객관적 기산점'이 적용되도록 하는 것은 합리적 이유가 인정되지 않는다.

ㄹ. [O] 민법 제166조 제1항, 제766조 제2항의 객관적 기산점을 과거사정리법 제2조 제1항 제3, 4호의 민간인 집단희생사건, 중대한 인권침해·조작의혹사건에 적용하도록 규정하는 것은, 소멸시효제도를 통한 법적 안정성과 가해자 보호만을 지나치게 중시한 나머지 합리적 이유 없이 위 사건 유형에 관한 국가

ㅁ. [X] 헌법재판소는 2018. 8. 30. 민법 제166조 제1항, 제766조 제2항 중 '진실·화해를 위한 과거사정리 기본법'(이하 '과거사정리법'이라 한다) 제2조 제1항 제3호의 '민간인 집단 희생사건', 같은 항 제4호의 '중대한 인권침해사건·조작의혹사건'에 적용되는 부분은 헌법에 위반된다는 결정을 선고하였다. 따라서 과거사정리법상 '민간인 집단 희생사건', '중대한 인권침해사건·조작의혹사건'에서 공무원의 위법한 직무집행으로 입은 손해에 대한 국가배상청구권에 대해서는 민법 제766조 제2항에 따른 장기소멸시효가 적용되지 않는다(대법원 2023. 1. 12. 선고 2021다201184 판결).

배상청구권 보장 필요성을 외면한 것으로서 입법형성의 한계를 일탈하여 청구인들의 국가배상청구권을 침해한다.

[정답] ③

제10절 | 교육의 권리, 근로의 권리, 근로3권

148 검정고시로 고등학교 졸업학력을 취득한 사람들의 수시모집 지원을 제한하는 내용의 피청구인 국립교육대학교 등의 2017학년도 신입생 수시모집 입시요강에 대한 헌법재판소 판례와 일치하지 않는 것은?

① 수시모집에서 검정고시 출신자의 지원을 제한하는 사유로 제시된 공교육을 정상화하기 위한 조치라는 이유는 합리적 이유에 해당하지 않는다.

② 검정고시로 고등학교 졸업학력을 취득한 사람들의 수시모집 지원을 제한하는 내용의 피청구인 국립교육대학교 등의 2017학년도 신입생 수시모집 입시요강은 균등하게 교육을 받을 권리를 침해한다.

③ 능력에 따라 균등하게 교육을 받을 권리는 개인의 정신적·육체적·경제적 능력에 따른 차별만을 허용할 뿐 성별·종교·사회적 신분에 의한 차별은 허용하지 않는다.

④ 헌법 제31조 제4항에서 보장하고 있는 대학의 자율성에 따라 대학이 학생의 선발 및 전형 등 대학입시제도를 자율적으로 마련할 수 있다 하더라도, 이러한 대학의 자율적 학생 선발권을 내세워 국민의 '균등하게 교육을 받을 권리'를 침해할 수 없다.

⑤ 헌법 제31조는 취학의 기회에 있어서 고려될 수 있는 차별의 기준으로서 능력을 제시하고 있는데, 수학능력은 학교 입학에 있어서 고려될 수 있는 합리적인 차별기준이 될 수 있다.

정답 및 해설

① [○] 피청구인들은 수시모집에서 검정고시 출신자의 지원을 제한하는 것은 공교육을 정상화하기 위한 조치라는 취지로 주장한다. 그러나 대학입학제도에서 학교생활기록부를 활용하는 것이 공교육을 정상화하기 위한 하나의 수단이 될 수 있음을 인정하더라도, 학교라는 공교육과정과는 별도로 동일한 학력을 인정하는 검정고시제도를 둔 이상, 공교육에서 이탈한 학생들을 수시모집에서 제외하는 방식으로 공교육의 정상화를 달성하려는 것은 바람직한 방법이라고 보기 어렵다. 이러한 사정을 종합하면, 이 사건 수시모집요강은 검정고시 출신자인 청구인들을 합리적인 이유 없이 차별하여 청구인들의 교육을 받을 권리를 침해한다고 할 수 있다(2017.12.28, 2016헌마649).

② [○] 수시모집에서 검정고시 출신자에게 수학능력이 있는지 여부를 평가받을 기회를 부여하지 아니하고 이를 박탈한다는 것은 수학능력에 따른 합리적인 차별이라고 보기 어렵다. 피청구인들은 정규 고등학교 학교생활기록부가 있는지 여부, 공교육 정상화, 비교내신 문제 등을 차별의 이유로 제시하고 있으나 이러한 사유가 차별취급에 대한 합리적인 이유가 된다고 보기 어렵다. 그렇다면 이 사건 수시모집요강은 검정고시 출신자인 청구인들을 합리적인 이유 없이 차별함으로써 청구인들의 균등하게 교육을 받을 권리를 침해한다(2017.12.28, 2016헌마649).

③ [×] 교육을 받을 권리의 중요성을 인식하고 이를 실현하기 위하여 우리 헌법은 제31조 제1항에서 "모든 국민은 능력에 따라 균등하게 교육을 받을 권리를 가진다."고 규정함으로써 모든 국민의 교육의 기회균등권을 보장하고 있다. 이는 정신적·육체적 능력 이외의 성별·종교·경제력·사회적 신분 등에 의하여 교육을 받을 기회를 차별하지 않고, 즉 합리적 차별사유 없이 교육을 받을 권리를 제한하지 아니함과 동시에 국가가 모든 국민에게 균등한 교육을 받게 하고 특히 경제적 약자가 실질적인 평등교육을 받을 수 있도록 적극적 정책을 실현해야 한다는 것이다(1994. 2. 24. 선고 93헌마192).

④ [○] 헌법 제22조 제1항이 보장하고 있는 학문의 자유와 헌법 제31조 제4항에서 보장하고 있는 대학의 자율성에 따라 대학이 학생의 선발 및 전형 등 대학입시제도를 자율적으로 마련할 수 있다 하더라도, 이러한 대학의 자율적 학생 선발권을 내세워 국민의 '균등하게 교육을 받을 권리'를 침해할 수 없으며, 이를 위해 대학의 자율권은 일정 부분 제약을 받을 수 있다(2017.12.28, 2016헌마649).

⑤ [○] 헌법 제31조 제1항은 취학의 기회에 있어서 고려될 수 있는 차별기준으로 '능력'을 제시함으로써, 능력 이외의 다른 요소에 의한 차별을 원칙적으로 제한하고 있다. 여기서 '능력'이란 '수학능력'을 의미하고 교육제도에서 '수학능력'은 개인의 인격발현과 밀접한 관계에 있는 인격적 요소이며, 학교 입학에 있어서 고려될 수 있는 합리적인 차별기준을 의미한다(2017.12.28, 2016헌마649).

[정답] ③

149 자율형 사립고등학교를 후기학교로 정하여 신입생을 일반고와 동시에 선발하도록 한 초·중등교육법 시행령에 관한 헌법소원청구에 대한 설명으로 옳지 않은 것은 몇 개인가?

> ㄱ. 과학고를 지원하는 학생은 전기학교와 후기학교 모두 지원할 수 있으나 자사고를 지원하는 학생은 자사고를 제외한 후기학교에 지원이 불가능하므로 전기학교 지원자와 후기학교 지원자는 상호 배타적인 두 개의 비교집단이라고 볼 수 있다.
> ㄴ. 자율형 사립고등학교를 후기학교로 정하여 신입생을 일반고와 동시에 선발하도록 한 초·중등교육법 시행령과 자사고를 지원한 학생에게 평준화지역 후기학교에 중복지원하는 것을 금지한 시행령 제81조 제5항은 교육제도 법정주의에 위반하여 청구인들의 기본권을 침해한다고 할 수 없다.
> ㄷ. 자율형 사립고등학교를 후기학교로 정하여 신입생을 일반고와 동시에 선발하도록 한 초·중등교육법 시행령은 학교법인의 사학운영의 자유를 침해한다고 할 수 없다.
> ㄹ. '대통령령'으로 '전기학교 선발'을 보장함으로써 형성된 학교법인의 이러한 신뢰는 헌법상 특별히 보호가치가 있는 신뢰이므로 자사고를 후기선발로 전환하면서 일반고와 동시선발하도록 한 시행령은 신뢰보호원칙에 위배하여 청구인 학교법인의 사학운영의 자유를 침해한다고 할 수 없다.
> ㅁ. 이 사건 동시선발 조항이 자사고를 후기학교로 규정함으로써 과학고와 달리 취급하고, 일반고와 같이 취급하는 데에는 합리적인 이유가 없으므로 청구인 학교법인의 평등권을 침해한다.
> ㅂ. 자율형 사립고등학교를 후기학교로 정하여 신입생을 일반고와 동시에 선발하도록 하여 일반고와 자사고 중복지원을 금지한 초·중등교육법 시행령의 평등원칙 위반여부는 자의금지원칙에 따라 심사하여야 한다.
> ㅅ. 자율형 사립고등학교를 후기학교로 정하여 신입생을 일반고와 동시에 선발하도록 하여 일반고와 자사고 중복지원을 금지한 초·중등교육법 시행령은 학부모와 학생의 평등권을 침해한다.

① 1개　　② 2개
③ 3개　　④ 4개
⑤ 5개

정답 및 해설

ㄱ. [×] 청구인 학생 및 학부모는, 심판대상조항으로 인하여 자사고를 지원하는 학생은 ① 과학고에 지원하는 학생과 달리 해당 자사고를 제외한 후기학교에 지원이 불가능하고, ② 평준화지역 일반고에 지원하는 학생과 달리 중복지원이 불가능하므로, 심판대상조항은 청구인 학생 및 학부모의 평등권을 침해한다고 주장한다. 그러나 평등원칙 위반의 특수성은 대상 법률이 정하는 '법률효과' 자체가 위헌이 아니라, 그 법률효과가 수범자의 한 집단에만 귀속하여 '다른 집단과 사이에 차별'이 발생한다는 점에 있기 때문에, 평등원칙의 위반을 인정하기 위해서는 우선 법적용에

관련하여 상호 배타적인 '두 개의 비교집단'을 일정한 기준에 따라서 구분할 수 있어야 한다. 전기학교 지원은 누구나 할 수 있고, 전기학교에 지원하였다가 불합격한 학생은 다시 후기학교에 지원할 수 있다(시행령 제85조 제2항 참조). 그렇다면 전기학교 지원자와 후기학교 지원자는 상호 배타적인 두 개의 비교집단이라고 볼 수 없다. 따라서 이 사건 중복지원금지 조항이 청구인 학생 및 학부모를 평준화지역 일반고에 지원하는 학생과 달리 취급하여 청구인 학생 및 학부모의 평등권을 침해하는지 여부만을 살펴본다.

ㄴ. [O] 초·중등교육법은 고등학교 교육제도와 그 운영에 관하여 기본적인 사항을 이미 규정하고 있고, 다만 고등학교의 입학방법과 절차 등 입학전형에 관한 사항은 각 지역과 시점에 따라 달라지는 고등학교 교육에 대한 수요 및 공급의 상황과, 각종 고등학교별 특성 등을 고려하여야 할 필요성으로 인하여 행정입법에 위임하고 있다(제47조 제2항). 따라서 심판대상 조항이 신입생 선발시기와 지원 방법을 대통령령으로 규정한 것 자체가 교육제도 법정주의에 위반된다고 보기는 어렵다.

ㄷ. [O] 시행령은 입학전형 실시권자나 학생 모집 단위 등도 그대로 유지하여 자사고의 사학 운영의 자유 제한을 최소화하였다. 또한 일반고 경쟁력 강화만으로 고교서열화 및 입시경쟁 완화에 충분하다고 단정할 수 없다. 따라서 이 사건 동시선발 조항은 국가가 학교 제도를 형성할 수 있는 재량 권한의 범위 내에 있다.

ㄹ. [O] 자사고가 전기학교로 유지되리라는 기대 내지 신뢰는 자사고의 교육과정을 도입취지에 충실하게 운영할 것을 전제로 한 것이므로 그 전제가 충족되지 않은 이상 청구인 학교법인의 신뢰를 보호하여야 할 가치나 필요성은 그만큼 약하다. 고교서열화 및 입시경쟁 완화라는 공익은 매우 중대하고, 자사고를 전기학교로 유지할 경우 우수학생 선점 문제를 해결하기 곤란하여 고교서열화 현상을 완화시키기 어렵다는 점, 청구인 학교법인의 신뢰의 보호가치가 작다는 점을 고려하면 이 사건 동시선발 조항은 신뢰보호원칙에 위배되지 아니한다.

ㅁ. [X] 과학고는 '과학분야의 인재 양성'이라는 설립 취지나 전문적인 교육과정의 측면에서 과학 분야에 재능이나 소질을 가진 학생을 후기학교보다 먼저 선발할 필요성을 인정할 수 있으나, 자사고의 경우 교육과정 등을 고려할 때 후기학교보다 먼저 특정한 재능이나 소질을 가진 학생을 선발할 필요성은 적다. 따라서 이 사건 동시선발 조항이 자사고를 후기학교로 규정함으로써 과학고와 달리 취급하고, 일반고와 같이 취급하는 데에는 합리적인 이유가 있으므로 청구인 학교법인의 평등권을 침해하지 아니한다.

ㅂ. [X] 이 사건 중복지원금지 조항은 고등학교 진학 기회에 있어서의 평등이 문제된다. 비록 고등학교 교육이 의무교육은 아니지만 매우 보편화된 일반교육임을 고려할 때 고등학교 진학 기회의 제한은 당사자에게 미치는 제한의 효과가 커 엄격히 심사하여야 하므로 차별 목적과 차별 정도가 비례원칙을 준수하는지 살펴야 한다.

ㅅ. [O] 자사고에 지원하였다가 불합격한 평준화지역 소재 학생들은 이 사건 중복지원금지 조항으로 인하여 원칙적으로 평준화지역 일반고에 지원할 기회가 없고, 통학이 힘든 먼 거리의 비평준화 지역의 학교에 진학하거나 학교의 장이 입학전형을 실시하는 고등학교에 정원미달이 발생할 경우 추가선발에 지원하여야 하고 그조차 곤란한 경우 고등학교 재수를 하여야 하는 등 고등학교 진학 자체가 불투명하게 되기도 한다. 이 사건 중복지원금지 조항은 중복지원금지 원칙만을 규정하고 자사고 불합격자에 대하여 아무런 고등학교 진학 대책을 마련하지 않았다. 결국 이 사건 중복지원금지 조항은 고등학교 진학 기회에 있어서 자사고 지원자들에 대한 차별을 정당화할 수 있을 정도로 차별 목적과 차별 정도 간에 비례성을 갖춘 것이라고 볼 수 없다(2019. 4. 11. 2018헌마221).

[정답] ③

150 학교용지부담금과 무상교육에 대한 설명으로 옳지 않은 것을 모두 조합한 것은?

> ㄱ. 의무교육의 무상성에 관한 헌법상 규정은 교육을 받을 권리를 보다 실효성 있게 보장하기 위해 의무교육 비용을 학령아동 보호자의 부담으로부터 의무교육의 모든 비용을 조세로 해결해야 함을 의미한다.
> ㄴ. 의무교육에 필요한 학교용지의 부담금을 개발사업지역 내 주택의 수분양자들에게 부과·징수하는 것은 의무교육의 무상원칙에 위배된다.
> ㄷ. 학교용지부담금을 개발사업자에게 부과하는 법률규정은 개발사업자가 학교용지부담금을 수분양자에게 전가할 것이 분명하다는 점에서 목적 달성을 위한 수단의 적절성을 인정할 수 없고, 국가의 일반적 과제에 대해 개발사업자에게 종국적이고 과도한 책임을 지우는 것으로 피해의 최소성이나 법익균형성도 충족하지 못하므로 재산권을 침해한다.
> ㄹ. 「학교용지 확보 등에 관한 특례법」 제5조 제1항 단서 제5호 중 「도시 및 주거환경정비법」 제2조 제2호 '다목'의 규정에 따른 '주택재건축사업'에 관한 부분이 매도나 현금청산의 대상이 되어 제3자에게 분양됨으로써 기존에 비하여 가구 수가 증가하지 아니하는 개발사업분을 학교용지 부담금 부과대상에서 제외하는 규정을 두지 아니한 것은 평등원칙에 위반된다.
> ㅁ. 의무교육 무상의 원칙이 의무교육을 위탁받은 사립학교를 설치·운영하는 학교법인 등과의 관계에서 이미 학교법인이 부담하도록 규정되어 있는 경비까지 국가나 지방자치단체의 부담으로 한다는 취지로 볼 수는 없다.

① ㄱ, ㄷ
② ㄱ, ㄷ, ㅁ
③ ㄴ, ㄷ, ㅁ
④ ㄱ, ㄴ, ㄷ
⑤ ㄷ, ㄹ

정답 및 해설

ㄱ. [×] 의무교육의 무상성에 관한 헌법상 규정은 교육을 받을 권리를 보다 실효성 있게 보장하기 위해 <u>의무교육 비용을 학령아동 보호자의 부담으로부터 공동체 전체의 부담으로 이전하라는 명령일 뿐 의무교육의 모든 비용을 조세로 해결해야 함을 의미하는 것은 아니므로</u>, 학교용지부담금의 부과대상을 수분양자가 아닌 개발사업자로 정하고 있는 이 사건 법률조항은 의무교육의 무상원칙에 위배되지 아니한다(2008.9.25, 2007헌가1).

ㄴ. [○] 학교용지는 의무교육을 시행하기 위한 물적 기반으로서 필수조건임은 말할 필요도 없으므로 이를 달성하기 위한 비용은 국가의 일반재정으로 충당하여야 한다. 따라서 적어도 의무교육에 관한 한 일반재정이 아닌 부담금과 같은 별도의 재정수단을 동원하여 특정한 집단으로부터 그 비용을 추가로 징수하여 충당하는 것은 의무교육의 무상성을 선언한 헌법에 반한다(2005.3.31, 2003헌가20).

ㄷ. [×] 학교용지부담금을 개발사업자에게 부과하는 것은 학교용지 확보를 위한 새로운 재원의 마련이라는 정당한 입법목적을 달성하기 위한 적절한 수단으로서 교육의 기회를 균등하게 보장해야 한다는 공익과 개발사업자의 재산적 이익이라는 사익을 적절히 형량하고 있으므로 개발사업자의 재산권을 과도하게 침해하지 아니한다(2008. 9.25, 2007헌가1).

ㄹ. [○] 개발사업이 진행되는 지역에서 단기간에 형성된 취학 수요에 부응하기 위하여 학교를 신설 및 증축하는 것은 개발지역의 기반시설을 확보하려는 것이므로, 그 재정을 충당하기 위하여 학교용지부담금을 개발사업의 시행자에게 부과하는 것은, 개발사업의 시행자가 위와 같은 학교시설 확보의 필요성을 유발하였기 때문이다. 학교시설 확보의 필요성은 개발사업에 따른 인구 유입으로 인한 취학 수요의 증가로 초래되므로, 주택재건축사업의 시행으로 공동주택을 건설하는 경우에는 신규로 주택이 공급되는 개발사업분만을 기준으로 학교용지부담금의 부과대상을 정하여야 한다. 이 사건 법률조항이 주택재건축사업의 경우 학교용지부담금 부과대상에서 '기존 거주자와 토지 및 건축물의 소유자에게 분양하는 경우'에 해당하는 개발사업분만 제외하고, 매도나 현금청산의 대상이 되어 제3자에게 분양됨으로써 기존에 비하여 가구 수가 증가하지 아니하는 개발사업분을 제외하지 아니한 것은, 주택재건축사업의 시행자들 사이에 학교시설 확보의 필요성을 유발하는 정도와 무관한 불합리한 기준으로 학교용지부담금의 납부액을 달리 하는 차별을 초래하므로, 이 사건 법률조항은 평등원칙에 위배된다(2013.7.25, 2011헌가32).

〈학교용지 부담금 정리〉

- 수분양자에게 학교용지 부담금 부과: 헌법 제31조 제3항에 위반된다(2005.3.31, 2003헌가20).
- 개발사업자에게 학교용지 부담금 부과: 헌법 제31조 제3항에 위반되지 않는다(2008.9.25, 2007헌가9).
- 가구 수가 증가하지 아니한 개발사업분을 학교용지 부담금에서 제외하지 않은 것: 평등원칙 위반(2013.7.25, 2011헌가32)

ㅁ. [○] 헌법 제31조 제3항의 의무교육 무상의 원칙이 의무교육을 위탁받은 사립학교를 설치·운영하는 학교법인 등과의 관계에서 관련 법령에 의하여 이미 학교법인이 부담하도록 규정되어 있는 경비까지 종국적으로 국가나 지방자치단체의 부담으로 한다는 취지로 볼 수는 없다. 따라서 사립학교를 설치·경영하는 학교법인이 공유재산을 점유하는 목적이 의무교육 실시라는 공공 부문과 연결되어 있다는 점만으로 그 점유자를 변상금 부과대상에서 제외하여야 한다고 할 수 없고, 심판대상조항이 공익목적 내지 공적 용도로 무단점유한 경우와 사익추구의 목적으로 무단점유한 경우를 달리 취급하지 않았다 하더라도 평등원칙에 위반되지 아니한다(2017.7.27., 2016헌바374).

[정답] ①

151 과외교습금지에 대한 설명으로 옳은 것은?

① 헌법재판소는 과외교습금지결정에서 부모의 자녀에 대한 교육권은 비록 헌법에 명문으로 규정되어 있지 않으나 교육을 받을 권리를 보장하는 헌법 제31조 제1항에서 도출되는 권리라고 한다.
② 원칙적으로 모든 과외교습행위를 금지하고 그에 위반된 경우 형사처벌하도록 한 규정은 문화국가원리에 위반되는 것이다.
③ 부모의 자녀에 대한 교육권은 모든 인간이 국적과 관계없이 누리는 양도할 수 없는 불가침의 인권이라기 보다는 국민의 권리이므로 외국인은 그 주체성이 부정된다.
④ 학교교육에 관한 한 국가는 헌법 제31조에 의하여 부모의 교육권으로부터 원칙적으로 독립된 독자적인 교육권한을 부여받음으로써 부모의 교육권보다 우위를 차지하지만, 학교 밖의 영역에서는 원칙적으로 부모의 교육권이 우위를 차지한다.
⑤ 헌법 제31조의 '능력에 따라 균등한 교육을 받을 권리'는 학교교육 밖에서의 사적인 교육영역에까지 균등한 교육이 이루어지도록 개인이 별도로 교육을 시키거나 받는 행위를 국가가 금지하거나 제한할 수 있는 근거를 부여하는 수권규범이다.

정답 및 해설

① [×] 부모의 자녀에 대한 교육권은 비록 헌법에 명문으로 규정되어 있지는 아니하지만, 혼인과 가족생활을 보장하는 헌법 제36조 제1항, 행복추구권을 보장하는 헌법 제10조 및 "국민의 자유와 권리는 헌법에 열거되지 아니한 이유로 경시되지 아니한다."라고 규정하는 헌법 제37조 제1항에서 나오는 중요한 기본권이며, 이러한 부모의 자녀교육권이 학교영역에서는 자녀의 교육진로에 관한 결정권 내지는 자녀가 다닐 학교를 선택하는 권리로 구체화된다(2009.4.30., 2005헌마514).

② [O] 단지 일부 지나친 고액과외교습을 방지하기 위하여 모든 학생으로 하여금 오로지 학원에서만 사적으로 배울 수 있도록 규율한다는 것은 어디에도 그 예를 찾아볼 수 없는 것일 뿐만 아니라 자기결정과 자기책임을 생활의 기본원칙으로 하는 헌법의 인간상이나 개성과 창의성, 다양성을 지향하는 문화국가원리에도 위반되는 것이다(2000.4.27, 98헌가16 등).

③ [×] '부모의 자녀에 대한 교육권'은 비록 헌법에 명문으로 규정되어 있지는 아니하지만, 이는 모든 인간이 국적과 관계없이 누리는 양도할 수 없는 불가침의 인권으로서 혼인과 가족생활을 보장하는 헌법 제36조 제1항, 행복추구권을 보장하는 헌법 제10조 및 '국민의 자유와 권리는 헌법에 열거되지 아니한 이유로 경시되지 아니한다'고 규정하는 헌법 제37조 제1항에서 나오는 중요한 기본권이다(2000.4.27, 98헌가16 등).

④ [×] 자녀의 양육과 교육에 있어서 부모의 교육권은 교육의 모든 영역에서 존중되어야 하며, 다만, 학교교육의 범주 내에서는 국가의 교육권한이 헌법적으로 독자적인 지위를 부여받음으로써 부모의 교육권과 함께 자녀의 교육을 담당하지만, 학교 밖의 교육영역에서는 원칙적으로 부모의 교육권이 우위를 차지한다(2000.4.27, 98헌가16).

⑤ [×] 헌법 제31조의 '능력에 따라 균등한 교육을 받을 권리'는 국가에 의한 교육제도의 정비·개선 외에도 의무교육의 도입 및 확대, 교육비의 보조나 학자금의 융자 등 교육영역에서의 사회적 급부의 확대와 같은 국가의 적극적인 활동을 통하여 사인간의 출발기회에서의 불평등을 완화해야 할 국가의 의무를 규정한 것이다. 그러나 위 조항은 교육의 모든 영역, 특히

학교교육 밖에서의 사적인 교육영역에까지 균등한 교육이 이루어지도록 개인이 별도로 교육을 시키거나 받는 행위를 국가가 금지하거나 제한할 수 있는 근거를 부여하는 수권규범이 아니다(2000.4.27., 98헌가16).

[정답] ②

152 교원지위법정주의에 대한 설명 중 옳은 것(○)과 옳지 않은 것(×)을 올바르게 조합한 것은? (다툼이 있는 경우 판례에 의함)

ㄱ. 교수 정년제를 채택하지 않고 교수 기간임용제를 채택한 것은 헌법 제31조 제6항의 교원지위법정주의에 위배된다.

ㄴ. 교원지위법정주의(헌법 제31조 제6항)에 의하여 입법자가 법률로 정하여야 할 교원지위의 기본적 사항에는 대학 교원의 신분이 부당하게 박탈되지 않도록 하는 최소한의 절차적 보장에 관한 사항이 포함되어야 한다.

ㄷ. 임용기간 만료시에 재임용대상으로부터 배제하는 기준 및 그 사유의 사전통지절차 내지는 부당한 재임용 거부시의 구제절차에 관한 아무런 규정을 두지 않은 구 「사립학교법」 제53조의2 제3항은 교원지위법정주의에 위반되지 않는다는 것이 헌법재판소의 판례이다.

ㄹ. 임용기간이 만료한 대학교원에 대한 재임용거부를 재심청구의 대상으로 명시하지 않은 교원지위향상을 위한 특별법 제9조는 헌법 제31조 제6항 소정의 교원지위법정주의에 위반된다.

ㅁ. 교원 재임용의 심사요소로 학생교육·학문연구·학생지도를 언급하되 이를 모두 필수요소로 강제하지 않는 「사립학교법」은 교원지위법정주의에 위반된다.

① ㄱ(○), ㄴ(○), ㄷ(×), ㄹ(○), ㅁ(○)
② ㄱ(×), ㄴ(×), ㄷ(○), ㄹ(×), ㅁ(○)
③ ㄱ(○), ㄴ(×), ㄷ(×), ㄹ(×), ㅁ(×)
④ ㄱ(×), ㄴ(○), ㄷ(○), ㄹ(○), ㅁ(×)
⑤ ㄱ(×), ㄴ(○), ㄷ(×), ㄹ(○), ㅁ(×)

정답 및 해설

ㄱ. [×] 이 사건 법률조항에 대하여 단순위헌을 선언하는 경우에는 기간임용제 자체까지도 위헌으로 선언하는 결과를 초래하게 되므로, 단순위헌결정 대신 헌법불합치결정을 하는 것이다. 입법자는 되도록 빠른 시일 내에 이 사건 법률조항 소정의 기간임용제에 의하여 임용되었다가 그 임용기간이 만료되는 대학 교원이 재임용 거부되는 경우에 그 사전절차 및 그에 대해 다툴 수 있는 구제절차규정을 마련하여 이 사건 법률조항의 위헌적 상태를 제거하여야 할 것이다(2003.2.27, 2000헌바26).

ㄴ. [O] 교육이 수행하는 이와 같은 중요한 기능에 비추어 우리 헌법은 제31조에서 학교교육 및 평생교육을 포함한 교육제도와 그 운영, 교육재정 및 교원의 지위에 관한 기본적 사항을 법률로 정하도록(제6항) 한 것이다. 따라서, 입법자가 법률로 정하여야 할 교원지위의 기본적 사항에는 교원의 신분이 부당하게 박탈되지 않도록 하는 최소한의 보호의무에 관한 사항이 포함된다(2003.2.27., 2000헌바26).

ㄷ. [X] 객관적인 기준의 재임용 거부사유와 재임용에서 탈락하게 되는 교원이 자신의 입장을 진술할 수 있는 기회 그리고 재임용거부를 사전에 통지하는 규정 등이 없으며, 나아가 재임용이 거부되었을 경우 사후에 그에 대해 다툴 수 있는 제도적 장치를 전혀 마련하지 않고 있는 이 사건 법률조항은, 현대사회에서 대학교육이 갖는 중요한 기능과 그 교육을 담당하고 있는 대학 교원의 신분의 부당한 박탈에 대한 최소한의 보호요청에 비추어 볼 때 헌법 제31조 제6항에서 정하고 있는 교원지위법정주의에 위반된다고 볼 수밖에 없다(2003.2.27, 2000헌바26).

ㄹ. [O] 임기만료 교원에 대한 재임용 거부는 이 사건 「교원의 지위 향상 및 교육활동 보호를 위한 특별법」 조항 소정의 '징계처분 기타 그 의사에 반하는 불리한 처분'에 버금가는 효과를 가진다고 보아야 하므로 이에 대하여는 마땅히 교육인적자원부 교원징계재심위원회의 재심사유, 나아가 법원에 의한 사법심사의 대상이 되어야 한다. 그럼에도 불구하고 이 사건 「교원의 지위 향상 및 교육활동 보호를 위한 특별법」 조항은 이에 대하여 아무런 규정을 하고 있지 아니하므로, 입법자가 법률로 정하여야 할 교원지위의 기본적 사항에는 교원의 신분이 부당하게 박탈되지 않도록 하는 최소한의 보호의무에 관한 사항이 포함되어야 한다는 헌법 제31조 제6항 소정의 교원지위법정주의에 위반된다고 할 것이다(2003.12.18, 2002헌바14 등).

ㅁ. [X] 교원의 신분에 대한 부당한 박탈을 방지함과 동시에 대학의 자율성을 도모한 것이므로 교원 재임용의 심사요소로 학생교육·학문연구·학생지도를 언급하되 이를 모두 필수요소로 강제하지 않는 「사립학교법」은 교원지위법정주의에 위반되지 않는다(2014.4.24, 2012헌바336).

[정답] ⑤

153 외국인의 근로의 권리에 대한 설명 중 옳은 것을 모두 조합한 것은?

ㄱ. 근로의 권리의 내용 중 일할 자리에 관한 권리는 사회권적 기본권의 성격도 갖고 있으나, 외국인 근로자라고 하여 일할 자리에 관한 권리에 대한 기본권 주체성을 부인할 수는 없다.

ㄴ. 기본권 주체성의 인정 문제와 기본권 제한의 정도는 별개의 문제이므로 외국인에게 근로의 권리에 대한 기본권 주체성을 인정한다는 것이 곧바로 우리 국민과 동일한 수준의 보장을 한다는 것을 의미한다.

ㄷ. 외국인 산업연수생이 연수라는 명목하에 사업주의 지시·감독을 받으면서 사실상 노무를 제공하고 수당 명목의 금품을 수령하는 등 실질적인 근로관계에 있는 경우에도 「근로기준법」이 보장한 근로기준 중 주요사항을 그들에게 적용되지 않도록 하는 「외국인산업기술연수생의 보호 및 관리에 관한 지침」은 합리적인 근거가

없으므로 자의적인 차별이다.
ㄹ. 출국만기보험금은 퇴직금의 성질을 가지고 있으나 근로조건의 문제이므로 외국인에게 출국만기보험금을 수령할 권리는 근로의 권리에서 인정된다.
ㅁ. 「노동조합 및 노동관계조정법」상의 근로자성이 인정되는 한, 출입국관리법령에 따라 취업활동을 할 수 있는 체류자격을 받지 아니한 외국인 근로자도 노동조합을 설립하거나 노동조합에 가입할 수 있다.

① ㄱㄴㅁ
② ㄷㄹ
③ ㄴㄷㄹ
④ ㄷㄹㅁ
⑤ ㄱㄹ

정답 및 해설

ㄱ. [✕] 근로의 권리란 인간이 자신의 의사와 능력에 따라 근로관계를 형성하고, 타인의 방해를 받음이 없이 근로관계를 계속 유지하며, 근로의 기회를 얻지 못한 경우에는 국가에 대하여 근로의 기회를 제공하여 줄 것을 요구할 수 있는 권리를 말하며, 이러한 근로의 권리는 사회권적 기본권의 성격이 강하므로 이에 대한 <u>외국인의 기본권 주체성을 전면적으로 인정하기는 어렵다</u>. 그러나 근로의 권리는 '일할 자리에 관한 권리'만이 아니라 '일할 환경에 관한 권리'도 함께 내포하고 있는바, 후자는 자유권적 기본권의 성격도 갖고 있어 건강한 작업환경, 일에 대한 정당한 보수, 합리적인 근로조건의 보장 등을 요구할 수 있는 권리 등을 포함한다고 할 것이므로 <u>외국인 근로자라고 하여 이 부분에까지 기본권 주체성을 부인할 수는 없다</u>. 즉 근로의 권리의 구체적인 내용에 따라, 국가에 대하여 고용증진을 위한 사회적·경제적 정책을 요구할 수 있는 권리는 사회권적 기본권으로서 국민에 대하여만 인정해야 하지만, 최소한의 근로조건을 요구할 수 있는 권리로서 자유권적 기본권의 성격도 아울러 가지므로 이러한 경우 외국인 근로자에게도 그 기본권 주체성을 인정함이 타당하다(2002.11.28, 2001헌바50).

ㄴ. [✕] 기본권 주체성의 인정 문제와 기본권 제한의 정도는 별개의 문제이므로 외국인에게 근로의 권리에 대한 기본권 주체성을 인정한다는 것이 곧바로 <u>우리 국민과 동일한 수준의 보장을 한다는 것을 의미하는 것은 아니다</u>(2016.3.31., 2014헌마367).

ㄷ. [○] 산업연수생이 연수라는 명목하에 사업주의 지시·감독을 받으면서 사실상 노무를 제공하고 수당 명목의 금품을 수령하는 등 실질적인 근로관계에 있는 경우에도, 「근로기준법」이 보장한 근로기준 중 주요사항을 외국인 산업연수생에 대하여만 적용되지 않도록 하는 것은 자의적인 차별이라 아니할 수 없다(2007.8.30, 2004헌마670).

ㄹ. [○] 헌법상 근로의 권리는 '일할 자리에 관한 권리'만이 아니라 '일할 환경에 관한 권리'도 의미하는데, '일할 환경에 관한 권리'는 인간의 존엄성에 대한 침해를 방어하기 위한 권리로서 외국인에게도 인정되며, 건강한 작업환경, 일에 대한 정당한 보수, 합리적인 근로조건의 보장 등을 요구할 수 있는 권리 등을 포함한다. 여기서의 근로조건은 임금과 그 지불방법, 취업시간과 휴식시간 등 근로계약에 의하여 근로자가 근로를 제공하고 임금을 수령하는 데 관한 조건들이고, 이 사건 출국만기보험금은 퇴직금의 성질을 가지고 있어서 그 지급시기에 관한 것은 근로조건의 문제이므로 외국인인 청구인들에게도 기본권 주체성이 인정된다(2016.3.31, 2014헌마367).

ㅁ. [O] 타인과의 사용종속관계하에서 근로를 제공하고 그 대가로 임금 등을 받아 생활하는 사람은 「노동조합 및 노동관계조정법」(이하 '노동조합법'이라 한다)상 근로자에 해당하고, 노동조합법상의 근로자성이 인정되는 한, 그러한 근로자가 외국인인지 여부나 취업자격의 유무에 따라 노동조합법상 근로자의 범위에 포함되지 아니한다고 볼 수는 없다(대판 전합체 2015.6.25., 2007두4995).

[정답] ④

154 근로의 권리에 대한 설명 중 옳은 것(○)과 옳지 않은 것(×)을 올바르게 조합한 것은? (다툼이 있는 경우 판례에 의함)

ㄱ. 근로자에게 그 퇴직금 전액에 대하여 질권자나 저당권자에 우선하는 변제수령권을 인정하는 내용인 구 근로기준법 제30조의2 제2항 및 근로기준법 제37조 제2항은 과잉금지원칙에 위배하여 저당권자의 재산을 침해한다.
ㄴ. 특수경비원의 파업·태업 그 밖에 경비업무의 정상적인 운영을 저해하는 일체의 쟁의행위를 금지하는 경비업법 제15조 제3항이 헌법에 위반되지 아니한다고 판시한 기존판례는 변경되었다.
ㄷ. 청원경찰의 복무에 관하여 「국가공무원법」의 해당 조항을 준용함으로써 노동운동을 금지하는 「청원경찰법」의 해당 조항 중 「국가공무원법」의 해당 조항 가운데 '노동운동' 부분을 준용하는 부분은 헌법에 위반되지 아니한다고 판시한 기존판례는 변경되었다.
ㄹ. 동물의 사육 사업 근로자에 대하여 근로기준법 제4장에서 정한 근로시간 및 휴일 규정의 적용을 제외하도록 한 구 근로기준법은 축산 사업장을 근로기준법 적용 제한의 기준으로 삼고 있어 축산업 근로자들의 근로 환경 개선과 산업의 발전을 저해하고 있다. 따라서 이 조항은 인간의 존엄을 보장하기 위한 최소한의 근로조건 마련에 미흡하여 청구인의 근로의 권리를 침해한다.
ㅁ. 근로조건의 향상을 위한 쟁의행위 가운데 집단적 노무제공 거부행위인 단순파업을 사람의 업무를 방해한 자는 5년 이하의 징역 또는 1천 500만 원 이하의 벌금에 처벌하는 형법 제314조 제1항로 처벌하는 것은 과잉금지원칙에 위배되어 근로자의 단체행동권을 침해한다.

① ㄱ(○), ㄴ(○), ㄷ(×), ㄹ(○), ㅁ(○)
② ㄱ(×), ㄴ(×), ㄷ(○), ㄹ(×), ㅁ(○)
③ ㄱ(○), ㄴ(×), ㄷ(○), ㄹ(×), ㅁ(×)
④ ㄱ(×), ㄴ(○), ㄷ(○), ㄹ(○), ㅁ(×)
⑤ ㄱ(×), ㄴ(○), ㄷ(×), ㄹ(○), ㅁ(×)

정답 및 해설

ㄱ. [O] 이 사건 법률조항은 근로자의 생활보장 내지 복지증진이라는 공공복리를 위하여 담보권자의 담보권을 제한함에 있어서 그 방법의 적정성을 그르친 것이며 침해의 최소성 및 법익의 균형성 요청에도 저촉되는 것이므로 과잉금지의 원칙에도 위배된다고 할 것이다(헌재 1997. 8. 21. 94헌바19).

ㄴ. [X] 청구인들의 심판청구에 대하여는 재판관 이선애, 재판관 이은애, 재판관 이종석, 재판관 이영진은 기각의견이고 재판관 유남석, 재판관 이석태, 재판관 김기영, 재판관 문형배, 재판관 이미선은 위헌의견으로, 위헌의견이 다수이기는 하나, 헌법 제113조 제1항, 헌법재판소법 제23조 제2항 단서 제1호에서 정한 헌법소원심판 인용 결정을 위한 심판정족수에는 이르지 못하므로 이들의 심판청구를 기각하기로 하여 주문과 같이 결정한다[2023. 3. 23. 2019헌마937].

※ 재판관 이선애, 재판관 이은애, 재판관 이종석, 재판관 이영진의 기각의견

심판대상조항은 경비업무의 정상적인 운영을 저해하는 쟁의행위를 금지함으로써 국가중요시설의 안전을 도모하고 국가중요시설의 정상적인 기능을 유지하여 방호혼란을 방지하려는 것이므로 입법목적의 정당성 및 수단의 적합성이 인정된다.

국가중요시설에서 발생할 수 있는 보안 관련 사건의 심각성, 이에 대응하기 위하여 무기 휴대가 가능한 특수경비원 업무의 중요성을 감안하면 경비업무의 정상적인 운영을 저해하는 일체의 쟁의행위를 금지할 수밖에 없고, 그 외 다른 수단들로는 위 목적 달성에 기여할 수 없다. 특수경비원은 단체행동권에 대한 대상조치인 노동조합법상 조정 및 중재를 통하여 노동쟁의에 대한 해결책을 마련할 수도 있다. 따라서 심판대상조항은 침해의 최소성을 갖추었다.

심판대상조항으로 인하여 특수경비원이 받는 불이익이 국가나 사회의 중추를 이루는 중요시설 운영에 안정을 기함으로써 얻게 되는 국가안전보장, 질서유지, 공공복리 등의 공익보다 중대한 것이라고 볼 수 없다. 따라서 심판대상조항은 법익의 균형성을 갖추었다. 그러므로 심판대상조항은 과잉금지원칙에 위배되어 나머지 청구인들의 단체행동권을 침해하지 않는다.

ㄷ. [O] 심판대상조항은 헌법에 합치되지 아니하나 2018. 12. 31.을 시한으로 입법자의 개선입법이 이루어질 때까지 잠정적으로 적용하기로 하여 관여 재판관 전원의 일치된 의견에 따라 주문과 같이 결정한다. 종래 이와 견해를 달리하여 심판대상조항이 헌법에 위반되지 아니한다고 판시한 우리 재판소 결정(헌재 2008. 7. 31. 2004헌바9)은, 이 결정 취지와 저촉되는 범위 안에서 변경하기로 한다(2017.9.28. 2015헌마653).

ㄹ. [X] 축산업은 가축의 양육 및 출하에 있어 기후 및 계절의 영향을 강하게 받으므로, 근로시간 및 근로내용에 있어 일관성을 담보하기 어렵고, 축산업에 종사하는 근로자의 경우에도 휴가에 관한 규정은 여전히 적용되며, 사용자와 근로자 사이의 근로시간 및 휴일에 관한 사적 합의는 심판대상조항에 의한 제한을 받지 않는다. 현재 우리나라 축산업의 상황을 고려할 때, 축산업 근로자들에게 근로기준법을 전면적으로 적용할 경우, 인건비 상승으로 인한 경제적 부작용이 초래될 위험이 있다. 위 점들을 종합하여 볼 때, 심판대상조항이 입법자가 입법재량의 한계를 일탈하여 인간의 존엄을 보장하기 위한 최소한의 근로조건을 마련하지 않은 것이라고 보기 어려우므로, 심판대상조항은 청구인의 근로의 권리를 침해하지 않는다[2021. 8. 31. 2018헌마563].

ㅁ. [X] 심판대상조항은 사용자가 예측하지 못한 시기에 전격적으로 이루어져 사용자의 사업운영에 심대한 혼란이나 막대한 손해를 초래하여 사용자의 사업계속에 관한 자유의사를 제압·혼란시켰다고 평가할 수 있는 집단적 노무제공 거부를 형사처벌의 대상으로 삼고 있다.

이러한 단체행동권의 행사를 금지함으로써 근로자 집단이 받은 불이익은 단체행동권 행사의 시기·방법적 제약으로서 사용자 및 제3자의 기본권 보장이나 거래질서 유지의 공익보다 중대한 것이라 단언하기는 어렵다. 따라서 심판대상조항은 법익균형성 요건도 갖추었다. 그러므로 심판대상조항은 과잉금지원칙을 위배하여 단체행동권을 침해하지 아니한다(2022. 5. 26. 2012헌바66).

[정답] ③

155 공무원의 근로3권에 대한 설명으로 옳지 않은 것은?

① 국회는 헌법 제33조 제2항에 따라 공무원인 근로자에게 단결권·단체교섭권·단체행동권을 인정할 것인가의 여부, 어떤 형태의 행위를 어느 범위에서 인정할 것인가 등에 대하여 광범위한 입법형성의 자유를 가진다.

② 헌법 제33조 제2항은 공무원의 근로자적 성격을 인정하는 것을 전제로 한 규정이다.

③ 공무원인 근로자 중 법률이 정하는 자 이외의 공무원은 노동3권의 주체가 되지 못하므로 노동3권이 인정됨을 전제로 하여 헌법 제37조 제2항의 과잉금지원칙을 적용할 수는 없다.

④ 단체행동권을 보장받는 '사실상 노무에 종사하는 공무원'의 범위를 조례에 위임할 수 있도록 한 「지방공무원법」 조항은 헌법에 위반된다.

⑤ 지방자치단체인 피청구인들이 지방공무원법 제58조 제2항의 위임에 따라 '사실상 노무에 종사하는 공무원의 범위'를 정하는 조례를 제정하지 아니한 부작위에 의하여 청구인들의 근로3권을 침해한다.

정답 및 해설

① [O] 우리 헌법은 제33조 제1항에서 근로자의 자주적인 노동3권을 보장하고 있으면서도, 같은 조 제2항에서 공무원인 근로자에 대하여는 법률에 의한 제한을 예정하고 있는바, 이는 공무원의 국민 전체에 대한 봉사자로서의 지위 및 그 직무상의 공공성을 고려하여 합리적인 공무원제도의 보장과 이와 관련된 주권자의 권익을 공공복리의 목적 아래 통합 조정하려는 것이다. 따라서 국회는 헌법 제33조 제2항에 따라 공무원인 근로자에게 단결권·단체교섭권·단체행동권을 인정할 것인가의 여부, 어떤 형태의 행위를 어느 범위에서 인정할 것인가 등에 대하여 광범위한 입법형성의 자유를 가진다(2008.12.26, 2005헌마971 등).

② [O] 공무원이란 직접 또는 간접적으로 국민에 의하여 선출 또는 임용되어 국가나 공공단체와 공법상의 근무관계를 맺고 공공적 업무를 담당하고 있는 사람들을 가리킨다고 할 수 있고, 공무원도 각종 노무의 대가로 얻는 수입에 의존하여 생활하는 사람이라는 점에서는 통상적인 의미의 근로자적인 성격을 지니고 있으므로, 헌법 제33조 제2항 역시 공무원의 근로자적 성격을 인정하는 것을 전제로 규정하고 있다(2005.10.27, 2003헌바50 등).

③ [O] 헌법 제33조 제2항이 직접 '법률이 정하는 자'만이 노동3권을 향유할 수 있다고 규정하고 있어서 '법률이 정하는 자' 이외의 공무원은 노동3권의 주체가 되지 못하므로, '법률이 정하는 자' 이외의 공무원에 대해서도 노동3권이 인정됨을 전제로 하여 헌법 제37조 제2항의 과잉금지원칙을 적용할 수는 없는 것이다(2007.8.30, 2003헌바51 등).

④ [×] 법 제117조 제1항은 "지방자치단체는 주민의 복리에 관한 사무를 처리하고 재산을 관리하며, 법령의 범위 안에서 자치에 관한 규정을 제정할 수 있다."라고 규정하여 법률의 위임이 있는 경우에는 조례에 의하여 소속 공무원에 대한 인사와 처우를 스스로 결정하는 권한이 있다고 할 것이므로, 사실상 노무에 종사하는 공무원의 범위에 관하여 당해 지방자치단체에 조례제정권을 부여하고 있다고 하여 헌법에 위반된다고 할 수 없다(2005.10.27, 2003헌바50 등).

⑤ [○] 헌법 제33조 제2항과 지방공무원법 제58조 제1항 단서 및 제2항에 의하면 조례에 의하여 '사실상 노무에 종사하는 공무원'으로 규정되는 지방공무원만이 단체행동권을 보장받게 되므로 조례가 아예 제정되지 아니하면 지방공무원 중 누구도 단체행동권을 보장받을 수 없게 된다. 따라서 이 사건 부작위는 청구인들이 단체행동권을 향유할 가능성조차 봉쇄하여 버리는 것으로 청구인들의 기본권을 침해한다(헌재 2009. 7. 30. 2006헌마358).

[정답] ④

156 대학교 교원은 교원의 노동조합 설립 및 운영 등에 관한 법률(이하 '교원노조법'이라 한다) 적용을 배제하는 교원노조법에 대해 법원이 위헌제청하였다. 이에 대한 설명으로 옳지 않은 것을 모두 조합한 것은? (헌법재판소 판례에 따름)

> ㄱ. 초·중·고 교원은 교원노조법을 적용하면서 대학교 교원은 적용을 배제하는 교원노조법의 목적의 정당성은 인정될 수 없다.
> ㄴ. 심판대상조항은 교원노조법이 적용되는 '교원'을 초·중등교육법상의 교원에 한정함으로써 대학 교원의 경우 노조 설립 또는 가입을 할 수 없도록 하고 있는바, 대학 교원의 단결권 제한은 심판대상조항에 의한 구분과 차별취급의 결과에 해당한다고 할 것이므로, 이 사건의 주된 쟁점은 심판대상조항에 의한 차별취급이 평등원칙에 위반되는지 여부이다.
> ㄷ. 공무원 아닌 대학 교원에 대해서는 입법형성의 범위를 일탈하였는지 여부를 기준으로 교육공무원인 대학 교원에 대해서는 과잉금지원칙 준수 여부를 기준으로 나누어 심사하기로 한다.
> ㄹ. 초·중등교원과 달리 대학 교원은 정당가입 및 선거운동 등이 가능하므로, 정치활동 및 각종 위원회, 정부기관 연구 활동 등을 통하여 사회 정책 및 제도 형성에 폭넓게 참여할 수 있고, 노조형태의 단결체가 아니더라도 전문가단체 혹은 교수회 등을 통하여 사회적·경제적 지위 향상을 도모할 수 있다는 점에서 초·중등교원과 구별된다. 따라서 심판대상조항은 합리적인 이유가 있으므로 평등원칙에 위배되지 아니한다.
> ㅁ. 대학 교원의 교원노조가입을 금지하고 있는 「교원의 노동조합 설립 및 운영 등에 관한 법률」은 과잉금지원칙에 위배되어 교육공무원인 교원의 단결권 침해한다.

① ㄱ, ㄷ, ㄹ ② ㄴ, ㄷ, ㅁ
③ ㄱ, ㄹ   ④ ㄱ, ㄹ, ㅁ
⑤ ㄴ, ㄷ, ㄹ, ㅁ

정답 및 해설

ㄱ. [○] 심판대상조항의 입법목적이 재직 중인 초·중등교원에 대하여 교원노조를 인정해 줌으로써 교원노조의 자주성과 주체성을 확보한다는 측면에서는 그 정당성을 인정할 수 있을 것이나, 교원노조를 설립하거나 가입하여 활동할 수 있는 자격을 초·중등교원으로 한정함으로써 교육공무원이 아닌 대학 교원에 대해서는 근로기본권의 핵심인 단결권조차 전면적으로 부정한 측면에 대해서는 그 입법목적의 정당성을 인정하기 어렵고, 수단의 적합성 역시 인정할 수 없다.(2018.8.30, 2015헌가38).

ㄴ. [×] 문제의 선지는 반대의견이다.
법정의견 : 이 사건의 쟁점은 이와 같이 근로기본권의 핵심적인 권리인 단결권조차 인정되지 아니하는 대학 교원에 대한 기본권의 제한이 헌법적으로 정당화될 수 있는지 여부이다. 평등원칙 위배에 관한 제청이유는 초·중등교원과 달리 대학 교원의 단결권 등을 인정하지 않는 것의 위헌성에 관한 주장으로서, 단결권 침해의 위헌성에 대한 주장과 실질적으로 같다고 할 것이므로 별도로 살펴보지 아니한다(2018.8.30, 2015헌가38).

ㄷ. [×] 교육공무원인 대학 교원과 공무원 아닌 대학 교원으로 나누어, 각각의 단결권 침해가 헌법에 위배되는지 여부에 관하여, 공무원 아닌 대학 교원에 대해서는 과잉금지원칙 준수 여부를 기준으로, 교육공무원인 대학 교원에 대해서는 입법형성의 범위를 일탈하였는지 여부를 기준으로 나누어 심사하기로 한다(2018.8.30, 2015헌가38).

ㄹ. [×] 반대의견은 평등원칙에 위배되지 않는다고 보았다.

ㅁ. [×] 심판대상조항은 입법형성의 범위를 벗어난 입법이어서 교육공무원인 대학 교원의 단결권을 침해한다. 심판대상조항은 과잉금지원칙에 위배되어 공무원 아닌 대학 교원의 단결권을 침해한다 (2018. 8.30, 2015헌가38).

[정답] ⑤

제11절 | 인간다운 생활을 할 권리, 혼인과 가족 보호, 보건권, 환경권

157 인간다운 생활을 할 권리에 대한 설명으로 옳은 것은?

① 모든 국민은 인간다운 생활을 할 권리를 가지며 국가는 생활능력 없는 국민을 보호할 의무가 있다는 헌법의 규정은 모든 국가기관을 기속하므로, 그 기속의 의미는 적극적·형성적 활동을 하는 입법부 또는 행정부의 경우와 헌법재판에 의한 사법적 통제 기능을 하는 헌법재판소에 있어서 동일하다.

② 국가에게 장애인의 복지를 위하여 노력해야 할 의무가 있다는 것은 장애인도 인간다운 생활을 누릴 수 있는 사회질서를 형성해야 할 국가의 일반적인 의무를 뜻하는 것이므로, 장애인을 위한 저상버스를 도입해야 한다는 구체적 의무가 헌법으로부터 도출된다.

③ 인간다운 생활을 할 권리규정은 헌법재판에 있어서는 국민소득, 국가의 재정능력과 정책 등을 고려하여 가능한 범위 안에서 최대한으로 모든 국민이 물질적인 최저생활

을 넘어서 인간의 존엄성에 맞는 건강하고 문화적인 생활을 누릴 수 있도록 하여야 한다는 행위의 지침, 즉 행위규범으로서 작용한다.
④ 인간다운 생활을 보장하기 위한 객관적인 내용의 최소한을 보장하고 있는지 여부는 특정한 법률에 의한 생계급여만을 가지고 판단하면 되고, 여타 다른 법령에 의해 국가가 최저생활보장을 위하여 지급하는 각종 급여나 각종 부담의 감면 등을 총괄한 수준으로 판단할 것을 요구하지는 않는다.
⑤ 인간다운 생활을 할 권리의 법적 성질에 비추어 볼 때 그 법규범력이 미치는 범위는 '최소한의 물질적 생존'의 보장에 필요한 급부의 요구권으로 한정될 뿐, 그것으로부터 그 이상의 급부를 내용으로 하는 구체적 권리가 직접 도출되어 나오는 것은 아니다.

정답 및 해설

① [X] 모든 국민은 인간다운 생활을 할 권리를 가지며 국가는 생활능력 없는 국민을 보호할 의무가 있다는 헌법의 규정은 모든 국가기관을 기속하지만, 그 기속의 의미는 적극적·형성적 활동을 하는 입법부 또는 행정부의 경우와 헌법재판에 의한 사법적 통제기능을 하는 헌법재판소에 있어서 동일하지 아니하다(1997.5.29, 94헌마33).

② [X] 장애인의 복지를 향상해야 할 국가의 의무가 다른 다양한 국가과제에 대하여 최우선적인 배려를 요청할 수 없을 뿐 아니라, 나아가 헌법의 규범으로부터는 '장애인을 위한 저상버스의 도입'과 같은 구체적인 국가의 행위의무를 도출할 수 없는 것이다. 국가에게 헌법 제34조에 의하여 장애인의 복지를 위하여 노력을 해야 할 의무가 있다는 것은, 장애인도 인간다운 생활을 누릴 수 있는 정의로운 사회질서를 형성해야 할 국가의 일반적인 의무를 뜻하는 것이지, 장애인을 위하여 저상버스를 도입해야 한다는 구체적 내용의 의무가 헌법으로부터 나오는 것은 아니다(2002.12.18., 2002헌마52).

③ [X] 헌법의 규정이, 입법부나 행정부에 대하여는 국민소득, 국가의 재정능력과 정책 등을 고려하여 가능한 범위 안에서 최대한으로 모든 국민이 물질적인 최저생활을 넘어서 인간의 존엄성에 맞는 건강하고 문화적인 생활을 누릴 수 있도록 하여야 한다는 행위의 지침 즉 행위규범으로서 작용하지만, 헌법재판에 있어서는 다른 국가기관, 즉 입법부나 행정부가 국민으로 하여금 인간다운 생활을 영위하도록 하기 위하여 객관적으로 필요한 최소한의 조치를 취할 의무를 다하였는지를 기준으로 국가기관의 행위의 합헌성을 심사하여야 한다는 통제규범으로 작용하는 것이다(1997.5.29., 94헌마33).

④ [X] 인간다운 생활을 보장하기 위한 객관적 내용의 최소한을 보장하고 있는지의 여부는 「생활보호법」에 의한 생계보호급여만을 가지고 판단하여서는 아니되고 그 외의 법령에 의거하여 국가가 생계보호를 위하여 지급하는 각종 급여나 각종 부담의 감면 등을 총괄한 수준을 가지고 판단하여야 한다(1997.5.29, 94헌마33).

⑤ [O] 인간다운 생활을 할 권리로부터 인간의 존엄에 상응하는 '최소한의 물질적인 생활'의 유지에 필요한 급부를 요구할 수 있는 구체적인 권리가 상황에 따라서는 직접 도출될 수 있다고 할 수는 있어도, 동 기본권이 직접 그 이상의 급부를 내용으로 하는 구체적인 권리를 발생케 한다고는 볼 수 없다고 할 것이다. 이러한 구체적 권리는 국가가 재정형편 등 여러가지 상황들을 종합적으로 감안하여 법률을 통하여 구체화할 때에 비로소 인정되는 법률적 차원의 권리라고 할 것이다(1998.2.27, 97헌가10 등).

[정답] ⑤

158 인간다운 생활을 할 권리에 대한 설명으로 옳지 않은 것은?

① 「산업재해보상보험법」 제4조 제2호 단서 및 「근로기준법 시행령」 제4조가 정하는 경우에 관하여 노동부장관이 평균임금을 정하여 고시하지 아니하는 부작위는 인간다운 생활을 할 권리를 침해한다.

② 소득에 대한 과세는 원칙적으로 최저생계비를 초과하는 소득에 대해서만 가능하므로 법률이 최저생계비는 과세되어서는 아니 된다는 헌법적 요청에 대한 예외를 설정한다면 당연히 저소득층의 인간다운 생활을 할 권리가 침해되었다고 할 수 있다.

③ 기초연금 수급액을 「국민기초생활 보장법」상 이전소득에 포함시키도록 하는 구 「국민기초생활 보장법 시행령」 제5조 제1항 제4호 다목 중 「기초연금법」에 관한 부분이 청구인들과 같이 기초연금을 함께 수급하고 있거나 장차 수급하려는 「국민기초생활 보장법」상 수급자인 노인들의 인간다운 생활을 할 권리를 침해한다고 할 수 없다.

④ 경과실에 의한 범죄행위에 기인하는 보험사고에 대하여 의료보험급여를 제한하는 것이 재산권에 대한 과도한 제한이며, 사회적 기본권으로서의 의료보험수급권의 본질을 침해한다.

⑤ 4·19혁명공로자에게 지급되는 보훈급여의 종류를 보상금이 아닌 수당으로 규정한 국가유공자법 제16조의4 제1항 및 2019년도 공로수당의 지급월액을 31만 1천 원으로 규정한 같은 법 시행령 제27조의4가 정한 수당의 지급월액이 지나치게 과소하여 인간다운 생활을 할 권리를 침해한다고 할 수 없다.

> **정답 및 해설**
>
> ① [O] 「산업재해보상보험법」이 개정되어 행정입법의 작위의무가 발생한 때로부터 이미 30년 정도가 경과되도록 그 의무의 이행이 이루어지지 않고 있는바, 이로 말미암아 고용기간이 극히 짧아 수령임금이 없는 자의 유족으로서 「산업재해보상보험법」상 유족급여 등의 대상인 청구인들은 정당한 유족급여 등을 받게 될 재산권 및 인간다운 생활을 할 권리를 침해당하고 있다(2002.7.18., 2000헌마707).
>
> ② [X] 헌법은 국민 각자가 자신의 생활을 스스로 경제적으로 형성한다는 것을 전제로 하고 있으므로, 국가는 납세자가 자신과 가족의 기본적인 생계유지를 위하여 꼭 필요로 하는 소득을 제외한 잉여소득 부분에 대해서만 납세의무를 부과할 수 있다. 따라서 소득에 대한 과세는 원칙적으로 최저생계비를 초과하는 소득에 대해서만 가능하다. 이는 국민에게 인간다운 생활을 할 최소한의 조건을 마련해 주어야 한다는 사회국가원리의 관점에서 요청되는 것이다. 그러나 <u>법률이 최저생계비는 과세되어서는 아니 된다는 헌법적 요청에 대한 예외를 설정하고 있다고 할지라도 이를 정당화할 수 있는 합리적 사유가 있는 경우에는 그로 인하여 저소득층의 인간다운 생활을 할 권리가 침해되었다고 보기 어렵다</u>(헌재 2006. 11. 30. 2006헌마489).
>
> ③ [O] 이 사건 시행령조항으로 인하여 기초연금수급액이 「국민기초생활 보장법」상 이전소득에 포함된다는 사정만으로, 국가가 노인가구의 생계보호에 관한 입법을 전혀 하지 아니하였다거나 그 내용이 현저히 불합리하여 헌법상 용인될 수 있는 재량의 범위를 명백히 일탈하였다고 보기는 어렵다. 따라서 이 사건 시행령조항은 청구인들의 인간다운 생활을 할 권리를 침해하지 않는다(2019.12.27., 2017헌마1299).

④ [O] 경과실범에 의한 보험사고의 경우에까지 의료보험수급권을 부정하는 것은 기본권 제한에 있어서의 최소침해의 원칙에 어긋나며, 나아가 보호되는 공익에 비하여 침해되는 사익이 현저히 커서 법익균형의 원칙에도 어긋나므로 이는 재산권에 대한 과도한 제한으로서 헌법에 위반된다. 경과실의 범죄로 인한 사고는 개념상 우연한 사고의 범위를 벗어나지 않으므로 경과실로 인한 범죄행위에 기인하는 보험사고에 대하여 의료보험급여를 부정하는 것은 우연한 사고로 인한 위험으로부터 다수의 국민을 보호하고자 하는 사회보장제도로서의 의료보험의 본질을 침해하여 헌법에 위반된다(헌재 2003. 12. 18. 2002헌바1).

⑤ [O] 공로수당은 4·19혁명공로자의 소득수준의 많고 적음에 상관없이 지급되는 금원으로서, 그 지급취지는 공로수당 하나만으로 기존 공공부조체계상으로 마련된 생계급여를 대체할 정도의 지원을 하겠다는 것이라기보다는, 4·19혁명공로자에 대한 예우의 의미로서 그의 생활을 보조하려는 것이다. 국가유공자법상 제공되는 국가유공자에 대한 보훈혜택과 국민기초생활 보장법, 기초연금법에 따른 사회보장 및 생활보장을 고려하면, 이 사건 시행령조항이 공로수당의 지급금액을 월 31만 1천 원으로 정한 것이 지나치게 과소하여 입법재량의 범위를 일탈하여 청구인들의 인간다운 생활을 할 권리를 침해하였다고 볼 수 없다[2022. 2. 24. 2019헌마883].

[정답] ②

159 혼인의 자유에 대한 설명 중 옳은 것을 모두 조합한 것은?

> ㄱ. 민법 제809조 제1항은 "동성동본인 혈족 사이에서는 혼인하지 못한다."라고 하여, 촌수를 불문하고 부계혈족 간의 혼인을 금지한 것은 그 입법목적이 정당하지 않다는 점에서 헌법 제37조 제2항에도 위반된다.
> ㄴ. 8촌 이내의 혈족 사이의 혼인을 금지하고, 이에 위반한 혼인은 무효로 하는 민법은 혼인의 자유를 제한하나 비례원칙을 준수해야한다.
> ㄷ. 동성동본인 혈족 간의 혼인을 금지한다고 하더라도 우리나라의 인구와 성씨의 분포 및 그 구성원의 수에 비추어 볼 때 혼인 상대방을 자유롭게 선택할 기본권을 본질적으로 침해하는 정도에까지 이른다고 할 수는 없다.
> ㄹ. 유전학적 연구결과에 의하더라도 8촌 이내 혈족 사이의 혼인이 일률적으로 그 자녀나 후손에게 유전적으로 유해한지에 대한 과학적인 증명이 있었다고 보기 어려우므로, 유전학적 관점은 혼인의 상대방을 선택할 자유를 제한하는 합리적인 이유가 될 수 없다. 따라서 8촌 이내의 혈족 사이에서는 혼인할 수 없도록 하는 민법 제809조은 입법목적 달성에 필요한 범위를 넘는 과도한 제한으로서 과잉금지원칙에 위배하여 혼인의 자유를 침해한다.
> ㅁ. 금혼조항을 위반한 혼인을 무효로 하는 민법 제815조 제2호는 과잉금지원칙에 위배하여 혼인의 자유를 침해한다.

① ㄱㄴㅁ ② ㄷㄹ
③ ㄴㄷㄹ ④ ㄷㄹㅁ
⑤ ㄱㄴ

정답 및 해설

ㄱ. [○] 민법 제809조 제1항은 "동성동본인 혈족 사이에서는 혼인하지 못한다."라고 하여, 촌수를 불문하고 부계혈족 간의 혼인을 금지하였다. 위 조항에 대하여 헌법재판소는 1997. 7. 16. 95헌가6등 사건에서, '자유와 평등을 근본이념으로 하고 남녀평등의 관념이 정착된 현대의 자유민주주의사회에서 동성동본금혼을 규정한 민법 제809조 제1항은 이제 사회적 타당성 내지 합리성을 상실하고 있음과 아울러 인간으로서의 존엄과 가치 및 행복추구권을 규정한 헌법이념 및 개인의 존엄과 양성의 평등에 기초한 혼인과 가족생활의 성립·유지라는 헌법규정에 정면으로 배치될 뿐 아니라, 남계혈족에만 한정하여 성별에 의한 차별을 함으로써 헌법상의 평등의 원칙에도 위반되며, 그 입법목적이 정당하지 않다는 점에서 헌법 제37조 제2항에도 위반된다.'는 이유로 헌법불합치 결정을 하였고, 위 결정의 주문에 따라 구 민법 제809조 제1항은 1999. 1. 1.부터 효력이 상실되었다(2022.10.27. 2018헌바115).

ㄴ. [○] 심판대상조항은 8촌 이내의 혈족 사이의 혼인을 금지하고, 이에 위반한 혼인은 무효로 하여 '혼인과 가족생활을 스스로 결정하고 형성할 수 있는 자유'(이하 '혼인의 자유'라 한다)를 제한하고 있다. 이러한 제한이 헌법 제37조 제2항이 정한 기본권 제한의 한계 원리 내의 것인지 살펴본다(2022.10.27. 2018헌바115).

ㄷ. [×] 이 사건 법률조항은 헌법 제10조, 제11조 제1항, 제36조 제1항에 위반될 뿐만 아니라 그 입법목적이 이제는 혼인에 관한 국민의 자유와 권리를 제한할 '사회질서'나 '공공복리'에 해당될 수 없다는 점에서 헌법 제37조 제2항에도 위반된다 할 것이다(1997.7.16. 95헌가6 등).

ㄹ. [×] 이 사건 금혼조항으로 인하여 법률상의 배우자 선택이 제한되는 범위는 친족관계 내에서도 8촌 이내의 혈족으로, 넓다고 보기 어렵다. 그에 비하여 8촌 이내 혈족 사이의 혼인을 금지함으로써 가족질서를 보호하고 유지한다는 공익은 매우 중요하므로 이 사건 금혼조항은 법익균형성에 위반되지 아니한다. 그렇다면 이 사건 금혼조항은 과잉금지원칙에 위배하여 혼인의 자유를 침해하지 않는다(2022.10.27. 2018헌바115).

ㅁ. [○] 이 사건 무효조항은 이 사건 금혼조항의 실효성을 보장하기 위한 것으로서 정당한 입법목적 달성을 위한 적합한 수단에 해당한다. 이 사건 무효조항의 입법목적은 근친혼이 가까운 혈족 사이의 신분관계 등에 현저한 혼란을 초래하고 가족제도의 기능을 심각하게 훼손하는 경우에 한정하여 무효로 하더라도 충분히 달성 가능하고, 위와 같은 경우에 해당하는지 여부가 명백하지 않다면 혼인의 취소를 통해 장래를 향하여 혼인을 해소할 수 있도록 규정함으로써 가족의 기능을 보호하는 것이 가능하므로, 이 사건 무효조항은 입법목적 달성에 필요한 범위를 넘는 과도한 제한으로서 침해의 최소성을 충족하지 못한다. 나아가 <u>이 사건 무효조항을 통하여 달성되는 공익은 결코 적지 아니하나, 이 사건 무효조항으로 인하여 제한되는 사익 역시 중대함을 고려하면, 이 사건 무효조항은 법익균형성을 충족하지 못한다. 그렇다면 이 사건 무효조항은 과잉금지원칙에 위배하여 혼인의 자유를 침해한다</u>(2022.10.27. 2018헌바115).

[정답] ①

160 혼인과 가족생활에 대하여 규정하고 있는 헌법 제36조 제1항에 대한 설명 중 옳은 것(○)과 옳지 않은 것(×)을 올바르게 조합한 것은? (다툼이 있는 경우 판례에 의함)

> ㄱ. 자(子)의 성을 정함에 있어 부성주의를 원칙으로 하는 것은 헌법 제10조, 제36조 제1항에 위반된다고 할 수 없다.
> ㄴ. 호주제는 당사자의 의사나 복리와 무관하게 남계혈통 중심의 가의 유지와 계승이라는 관념에 뿌리박은 특정한 가족관계의 형태를 일방적으로 규정·강요함으로써 개인을 가족 내에서 존엄한 인격체로 존중하는 것이 아니라 가의 유지와 계승을 위한 도구적 존재로 취급하고 있는데, 이는 혼인·가족생활을 어떻게 꾸려나갈 것인지에 관한 개인과 가족의 자율적 결정권을 존중하라는 헌법 제36조 제1항에 부합한다.
> ㄷ. 개인의 존엄과 양성평등에 반하는 호주제도는 헌법 제9조의 전통문화 계승·발전을 근거로 그 헌법적 정당성을 주장할 수 있다.
> ㄹ. 혼인 종료 후 300일 이내에 출생한 자를 전남편의 친생자로 추정하는 것이 모(母)의 가정생활과 신분관계에서 누려야 할 인격권, 혼인과 가족생활에 관한 기본권을 침해한다.
> ㅁ. 종합부동산세의 과세방법을 '세대별 합산'으로 규정한 「종합부동산세법」 조항이 혼인이나 가족생활을 근거로 부부 등 가족이 있는 자를 혼인하지 아니한 자 등에 비하여 차별취급하더라도, 과세단위를 정하는 것은 입법자의 입법형성의 재량에 속하는 정책적 문제이므로, 그 차별이 헌법 제36조 제1항에 위반되는지 여부는 자의금지원칙에 의한 심사를 통하여 판단하면 족하다.

① ㄱ(○), ㄴ(○), ㄷ(×), ㄹ(○), ㅁ(○)
② ㄱ(○), ㄴ(×), ㄷ(×), ㄹ(○), ㅁ(×)
③ ㄱ(○), ㄴ(×), ㄷ(×), ㄹ(×), ㅁ(○)
④ ㄱ(×), ㄴ(○), ㄷ(○), ㄹ(○), ㅁ(×)
⑤ ㄱ(×), ㄴ(○), ㄷ(×), ㄹ(○), ㅁ(×)

정답 및 해설

ㄱ. [○] 부성주의 자체는 합헌이나 부가 사망하였거나 부모가 이혼하여 모가 단독으로 친권을 행사하고 양육할 것이 예상되는 경우 혼인의 자를 부가 인지하였으나 모가 단독으로 양육하고 있는 경우 등에 있어서 부성을 사용토록 강제하면서 모의 성의 사용을 허용하지 않은 것은 헌법 제36조 제1항에 위반된다. 이 사건 법조항에 대하여 위헌결정을 선고할 경우 부성주의원칙 자체까지 위헌으로 선언되는 결과를 초래하게 되므로 헌법불합치결정을 선고하되 2007.12.31.까지 잠정적용을 명한다(2005.12.22, 2003헌가5 등).

ㄴ. [×] 호주제는 남계혈통을 중시하여 혼인과 가족생활에서 여성을 부당하게 차별하므로 헌법 제36조에 위반된다. 전통문화도 헌법이념인 개인의 존엄과 양성의 평등에 반하는 것이어서는 안 된다는 한계가 도출되므로 전래의 가족제도가 헌법 제36조 제1항이 요구하는 개

인의 존엄과 양성평등에 반한다면 헌법 제9조(전통문화계승발전)를 근거로 그 헌법적 정당성을 주장할 수 없다(2005.2.3, 2001헌가9 등).

ㄷ. [×] 호주제는 남계혈통을 중시하여 혼인과 가족생활에서 여성을 부당하게 차별하므로 헌법 제36조에 위반된다. 전통문화도 헌법이념인 개인의 존엄과 양성의 평등에 반하는 것이어서는 안 된다는 한계가 도출되므로 전래의 가족제도가 헌법 제36조 제1항이 요구하는 개인의 존엄과 양성평등에 반한다면 헌법 제9조(전통문화 계승·발전)를 근거로 그 헌법적 정당성을 주장할 수 없다(2005.2.3., 2001헌가9).

ㄹ. [O] 민법 제정 이후의 사회적·법률적·의학적 사정변경을 전혀 반영하지 아니한 채, 이미 혼인관계가 해소된 이후에 자가 출생하고 생부가 출생한 자를 인지하려는 경우마저도, 아무런 예외없이 그 자를 전남편의 친생자로 추정함으로써 친생부인의 소를 거치도록 하는 심판대상조항은 입법형성의 한계를 벗어나 모가 가정생활과 신분관계에서 누려야 할 인격권, 혼인과 가족생활에 관한 기본권을 침해한다(헌재 2015. 4. 30. 2013헌마623).

ㅁ. [×] 특정한 조세 법률조항이 혼인이나 가족생활을 근거로 부부 등 가족이 있는 자를 혼인하지 아니한 자 등에 비하여 차별취급하는 것이라면 비례의 원칙에 의한 심사에 의하여 정당화되지 않는 한 헌법 제36조 제1항에 위반된다 할 것인데, 종합부동산세의 과세방법을 '인별 합산'이 아니라 '세대별 합산'으로 규정한 것은 혼인한 자 또는 가족과 함께 세대를 구성한 자를 비례의 원칙에 반하여 개인별로 과세되는 독신자, 사실혼 관계의 부부, 세대원이 아닌 주택 등의 소유자 등에 비하여 불리하게 차별하여 취급하고 있으므로, 헌법 제36조 제1항에 위반된다(2008.11.13, 2006헌바112 등).

[정답] ②

161 혼인과 가족생활에 대하여 규정하고 있는 헌법 제36조 제1항에 대한 설명 중 옳은 것(O)과 옳지 않은 것(×)을 올바르게 조합한 것은? (다툼이 있는 경우 판례에 의함)

> ㄱ. 종합부동산세의 세대별 합산과세제도는 세대별 부동산 보유를 하나의 과세단위로 파악하는 조세정책적 결정이고, 세대원들의 소유명의 분산을 통한 조세회피행위를 방지하여 종합부동산세 부담의 실질적 공평을 도모하려는 것이므로, 조세부담능력을 잘못 파악하였다거나 응능부담의 원칙에 어긋난다거나 헌법 제36조 제1항 또는 제11조 제1항에 위반된다고 보기 어렵다.
>
> ㄴ. 태어난 즉시 '출생등록될 권리'는 헌법에 명시되지 아니한 독자적 기본권으로서, 자유로운 인격실현을 보장하는 자유권적 성격과 아동의 건강한 성장과 발달을 보장하는 사회적 기본권의 성격을 함께 지닌다.
>
> ㄷ. '혼인 중 여자와 남편 아닌 남자 사이에서 출생한 자녀에 대한 생부의 출생신고'를 허용하도록 규정하지 아니한 '가족관계의 등록 등에 관한 법률' 제46조 제2항은 민법상 친생추정을 받는 생모와 그 남편의 혼인 외 출생자에 대한 출생신고가 담보될 수 없을 때 민법상 친생추정에 따른 법적 신분관계의 형성을 벗어나지 않는 범위에서 혼인 외 출생자를 보호하기 위해 생부의 출생신고를 허용함으로써 가족

생활의 자유를 보장하는 것보다 더 중하다고 볼 수 없음으로 과잉금지원칙을 위배하여 생부인 청구인들의 가족생활의 자유를 침해한다.

ㄹ. '혼인 중 여자와 남편 아닌 남자 사이에서 출생한 자녀에 대한 생부의 출생신고'를 허용하도록 규정하지 아니한 '가족관계의 등록 등에 관한 법률'은 혼인 외 출생자인 청구인들의 태어난 즉시 '출생등록될 권리'를 침해한다.

ㅁ. 입양신고서의 기재사항은 일방당사자의 신분증명서를 가지고 있다면 손쉽게 가족관계증명서를 발급받아 알 수 있어 진정한 입양의 합의가 존재한다는 점을 담보할 수 없다는 점에서 입양신고 시 신고사건 본인이 시·읍·면에 출석하지 아니하는 경우에는 신고사건 본인의 신분증명서를 제시하도록 한 '가족관계의 등록 등에 관한 법률'이 입법형성권의 한계를 넘어서서 입양당사자의 가족생활의 자유를 침해한다.

① ㄱ(○), ㄴ(○), ㄷ(×), ㄹ(○), ㅁ(○)
② ㄱ(×), ㄴ(×), ㄷ(○), ㄹ(○), ㅁ(×)
③ ㄱ(○), ㄴ(×), ㄷ(×), ㄹ(×), ㅁ(○)
④ ㄱ(×), ㄴ(○), ㄷ(○), ㄹ(○), ㅁ(×)
⑤ ㄱ(×), ㄴ(○), ㄷ(×), ㄹ(○), ㅁ(×)

정답 및 해설

ㄱ. [×] 이 사건 세대별 합산규정으로 인한 조세부담의 증가라는 불이익은 이를 통하여 달성하고자 하는 조세회피의 방지 등 공익에 비하여 훨씬 크고, 조세회피의 방지와 경제생활 단위별 과세의 실현 및 부동산 가격의 안정이라는 공익은 입법정책상의 법익인 데 반해 혼인과 가족생활의 보호는 헌법적 가치라는 것을 고려할 때 법익균형성도 인정하기 어렵다. 따라서 이 사건 세대별 합산규정은 혼인한 자 또는 가족과 함께 세대를 구성한 자를 비례의 원칙에 반하여 개인별로 과세되는 독신자, 사실혼관계의 부부, 세대원이 아닌 주택 등의 소유자 등에 비하여 불리하게 차별하여 취급하고 있으므로, 헌법 제36조 제1항에 위반된다(2008.11.13, 2006헌바112 등).

ㄴ. [○] 태어난 즉시 '출생등록될 권리'는 '출생 후 아동이 보호를 받을 수 있을 최대한 빠른 시점'에 아동의 출생과 관련된 기본적인 정보를 국가가 관리할 수 있도록 등록할 권리로서, 아동이 사람으로서 인격을 자유로이 발현하고, 부모와 가족 등의 보호하에 건강한 성장과 발달을 할 수 있도록 최소한의 보호장치를 마련하도록 요구할 수 있는 권리이다. 이는 헌법 제10조의 인간의 존엄과 가치 및 행복추구권으로부터 도출되는 일반적 인격권을 실현하기 위한 기본적인 전제로서 헌법 제10조뿐만 아니라, 헌법 제34조 제1항의 인간다운 생활을 할 권리, 헌법 제36조 제1항의 가족생활의 보장, 헌법 제34조 제4항의 국가의 청소년 복지향상을 위한 정책실시의무 등에도 근거가 있다. 이와 같은 태어난 즉시 '출생등록될 권리'는 앞서 언급한 기본권 등의 어느 하나에 완전히 포섭되지 않으며, 이들을 이념적 기초로 하는 헌법에 명시되지 아니한 독자적 기본권으로서, 자유로운 인격실현을 보장하는 자유권적 성격과 아동의 건강한 성장과 발달을 보장하는 사회적 기본권의 성격을 함께 지닌다[2023. 3. 23. 2021헌마975].

ㄷ. [×] 심판대상조항들이 혼인 중인 여자와 남편 아닌 남자 사이에서 출생한 자녀의 경우에 혼인 외 출생자의 신고의무를 모에게만 부과하고, 남편 아닌 남자인 생부에게 자신의 혼인 외 자녀에 대해서 출생신고를 할 수 있도록 규정하지 아니한 것은 모는 출산으로 인하여 그 출생자와 혈연관계가 형성되는 반면에, 생부는 그 출생자와의 혈연관계에 대한 확인이 필요할 수도 있고, 그 출생자의 출생사실을 모를 수도 있다는 점에 있으며, 이에 따라 가족관계등록법은 모를 중심으로 출생신고를 규정하고, 모가 혼인 중일 경우에 그 출생자는 모의 남편의 자녀로 추정하도록 한 민법의 체계에 따르도록 규정하고 있는 점에 비추어 합리적인 이유가 있다. 그렇다면, 심판대상조항들은 생부인 청구인들의 평등권을 침해하지 않는다[2023. 3. 23. 2021헌마975].

ㄹ. [○] 신고기간 내에 모나 그 남편이 출생신고를 하지 않는 경우 생부가 생래적 혈연관계를 소명하여 인지의 효력이 없는 출생신고를 할 수 있도록 하거나, 출산을 담당한 의료기관 등이 의무적으로 모와 자녀에 관한 정보 등을 포함한 출생신고의 기재사항을 미리 수집하고, 그 정보를 출생신고를 담당하는 기관에 송부하여 출생신고가 이루어지도록 한다면, 민법상 신분관계와 모순되는 내용이 가족관계등록부에 기재되는 것을 방지하면서도 출생신고가 이루어질 수 있다.
따라서 심판대상조항들은 입법형성권의 한계를 넘어서서 실효적으로 출생등록될 권리를 보장하고 있다고 볼 수 없으므로, 혼인 중 여자와 남편 아닌 남자 사이에서 출생한 자녀에 해당하는 혼인 외 출생자인 청구인들의 태어난 즉시 '출생등록될 권리'를 침해한다[2023. 3. 23. 2021헌마975].

ㅁ. [×] 이 사건 법률조항은 입양의 당사자가 출석하지 않아도 입양신고를 하여 가족관계를 형성할 수 있는 자유를 보장하면서도, 출석하지 아니한 당사자의 신분증명서를 제시하도록 하여 입양당사자의 신고의사의 진실성을 담보하기 위한 조항이다. 비록 출석하지 아니한 당사자의 신분증명서를 요구하는 것이 허위의 입양을 방지하기 위한 완벽한 조치는 아니라고 하더라도 이 사건 법률조항이 원하지 않는 가족관계의 형성을 방지하기에 전적으로 부적합하거나 매우 부족한 수단이라고 볼 수는 없다. 따라서 이 사건 법률조항이 입양당사자의 가족생활의 자유를 침해한다고 보기 어렵다(2022.11.24. 2019헌바108).

[정답] ⑤

162 보건권에 대한 설명으로 옳지 않은 것은?

① 교도소·구치소에 수용 중인 자를 '국민기초생활 보장법'상 급여의 지급대상에서 제외시킨 것이 인간다운 생활을 할 권리와 보건권을 침해한다고 할 수 없다.

② 의료급여 1종 수급권자에 대한 본인부담금제 및 선택병의원제가 1종 수급권자의 인간다운 생활을 할 권리, 보건권, 평등권 등을 침해한다고 할 수 없다.

③ 건강보험수급권은 재산권에서 보장되는 권리인데 반해 의료급여수급권은 공공부조에 불과하므로 의료급여 수급자와 건강보험가입자는 본질적으로 동일한 비교집단이라고 보기 어렵고 의료급여 수급자를 대상으로 선택병의원제도 및 비급여항목 등을 달리 규정하고 있는 것을 두고, 본질적으로 동일한 것을 다르게 취급하고 있다고 볼 수는 없으므로 이 사건 개정법령의 규정이 청구인들의 평등권을 침해한다고 볼 수 없다.

④ 만성신부전증환자에 대한 외래 혈액투석 의료급여수가의 기준을 정액수가로 한 것은 현행 정액수가제는 재정의 한계를 이유로 외래 혈액투석진료를 받는 수급권자에 대하여 정액수가를 벗어나는 의료서비스를 선택할 수 있는 가능성을 완전히 차단하고 있어 수급권자인 청구인의 의료행위선택권을 침해한다.

⑤ 헌법 제36조 제3항이 규정하고 있는 국민의 보건에 관한 권리는 국민이 자신의 건강을 유지하는 데 필요한 국가적 급부와 배려를 요구할 수 있는 권리를 말하는 것으로서, 국가는 국민의 건강을 소극적으로 침해하여서는 아니 될 의무를 부담 뿐 아니라 적극적으로 국민의 보건을 위한 정책을 수립하고 시행하여야 할 의무를 부담한다는 것을 의미한다.

정답 및 해설

① [O] '형의 집행 및 수용자의 처우에 관한 법률' 및 치료감호법에 의한 구치소·치료감호시설에 수용 중인 자는 당해 법률에 의하여 생계유지의 보호와 의료적 처우를 받고 있으므로 이러한 구치소·치료감호시설에 수용 중인 자에 대하여 '국민기초생활 보장법'에 의한 중복적인 보장을 피하기 위하여 개별가구에서 제외하기로 한 입법자의 판단이 헌법상 용인될 수 있는 재량의 범위를 일탈하여 인간다운 생활을 할 권리와 보건권을 침해한다고 볼 수 없다(헌재 2012. 2. 23. 2011헌마123).

② [O] 의료급여 1종 수급권자에 대한 본인부담금제 및 선택병의원제를 규정한 이 사건 개정법령으로 인해 그 개정 전보다 청구인들의 의료급여 수급권에 다소의 제한이 초래된다 하더라도 이로 인하여 국가가 실현해야 할 객관적 내용의 최소한도의 보장에도 이르지 못하였다거나 헌법상 용인될 수 있는 재량의 범위를 명백히 일탈하였다고 보기 어렵다 할 것이어서, 위 조항들로 인해 1종 수급권자인 청구인들의 인간다운 생활을 할 권리, 보건권이 침해되었다거나 국가가 사회보장, 사회복지증진의무, 생활무능력자 보호의무 등을 위반하였다고 볼 수 없다(2009. 11. 26. 2007헌마734).

③ [O] 건강보험제도는 사회보험으로서 이 제도 하에서는 법이 정하는 요건을 충족시키는 국민에게 가입의무가 부과됨으로써 보험에의 가입이 법적으로 강제되며 보험법적 관계가 당사자의 의사와 관계없이 법률에 의하여 성립된다. 건강보험제도에 따른 건강보험 수급권은 사회보장 수급권의 하나에 속하고 헌법 제34조 제1항에 의한 인간다운 생활을 보장하기 위한 사회적 기본권에 속한다. 보험급여를 받을 권리인 의료보험 수급권은 의료보험법이라는 입법에 의하여 구체적으로 형성된 권리이며 의료보험법상 재산권의 보장을 받는 공법상의 권리이다. 한편 의료급여제도는 생활유지능력이 없거나 경제능력을 상실한 사람들을 대상으로 정부가 의료서비스를 제공하는 공공부조제도로서, 의료급여 수급권은 순수하게 사회정책적 목적에서 주어지는 권리이다. 즉 최저생계비 이하의 빈곤계층 등을 의료급여 수급자로 선정하여 아무런 자기기여 없이 상대적으로 저렴한 비용으로 의료이용을 할 수 있도록 하고 있다. …이러한 양자 간의 차이점을 종합하여 보면 의료급여 수급자와 건강보험가입자는 사회보장의 한 형태로서 의료보장의 대상인 점에서만 공통점이 있다고 할 수 있을 뿐, 그 선정방법, 법적지위, 재원조달방식, 자기기여 여부 등에서는 명확히 구분된다. 따라서 의료급여 수급자와 건강보험가입자는 본질적으로 동일한 비교집단이라고 보기 어렵고 의료급여 수급자를 대상으로 선택병의원제도 및 비급여항목 등을 달리 규정하고 있는 것을 두고, 본질적으로 동일한 것을 다르게 취급하고 있다고 볼 수는 없으므로 이 사건 개정법령의 규정이 청구인들의 평등권을 침해한다고 볼 수 없다.(2009. 11. 26. 2007헌마734).

④ [X] 심판대상조항은 의료급여의 수준이 국가가 실현해야 할 객관적 내용의 최소한도의 보장에도 이르지 못하였다거나, 국가가 국민의 보건권 등을 보호하는 데 적절하고 효율적인 최소한의 조치를 취하지 아니하였다고 볼 수 없다. 심판대상조항은 수급권자인 청구인의 인간다운 생활을 할 권리 내지 보건권을 침해하지 않는다(헌재 2020. 4. 23. 2017헌마103).
⑤ [O] 헌법 제36조 제3항이 규정하고 있는 국민의 보건에 관한 권리는 국민이 자신의 건강을 유지하는 데 필요한 국가적 급부와 배려를 요구할 수 있는 권리를 말하는 것으로서, 국가는 국민의 건강을 소극적으로 침해하여서는 아니 될 의무를 부담하는 것에서 한걸음 더 나아가 적극적으로 국민의 보건을 위한 정책을 수립하고 시행하여야 할 의무를 부담한다는 것을 의미한다(헌재 2013. 9. 26. 2010헌마204등).

[정답] ④

163 공직선거 선거운동 시 확성장치 사용에 따른 소음 규제를 하지 아니한 공직선거법 제79조에 대한 설명 중 옳지 않은 것을 모두 조합한 것은?

ㄱ. 환경권의 내용과 행사는 법률에 의해 구체적으로 정해지므로 환경권 보호를 위한 입법이 없거나 현저히 불충분하여 국민의 환경권을 침해하고 있더라도 헌법재판소에 그 구제를 구할 수 없다.
ㄴ. 생명·신체의 보호와 같은 중요한 기본권적 법익 침해에 대해서는 그것이 국가가 아닌 제3자로서의 사인에 의해서 유발된 것이라고 하더라도 국가가 적극적인 보호의 의무를 진다.
ㄷ. 공직선거 선거운동 시 확성장치 사용에 따른 소음 규제를 하지 아니한 공직선거법 제79조는 과잉금지원칙에 위반하여 환경권을 침해한다.
ㄹ. 국가가 국민의 건강하고 쾌적한 환경에서 생활할 권리에 대한 보호의무를 다하지 않았는지 여부를 헌법재판소가 심사할 때에는 최대한의 보호조치를 취하였는가 하는 이른바 '과잉금지 원칙'의 위반 여부를 기준으로 삼아야 한다.
ㅁ. 공직선거법은 확성장치를 사용할 수 있는 기간과 장소, 시간, 용도 등을 엄격하게 제한하고, 자동차에 부착하는 확성장치와 휴대용 확성장치의 개수도 각 1개로 제한하면서 이로써 국민의 건강하고 쾌적한 환경에서 생활할 권리 보호에 충분하다.
ㅂ. 확성장치의 최고출력 내지 소음 규제기준에 관한 규정을 두지 아니한 것은, 국민이 건강하고 쾌적하게 생활할 수 있는 양호한 주거환경을 위하여 노력하여야 할 국가의 의무를 부과한 헌법 제35조 제3항에 비추어 보면, 적절하고 효율적인 최소한의 보호조치를 취하지 아니하여 국가의 기본권 보호의무를 과소하게 이행한 것으로서, 청구인의 건강하고 쾌적한 환경에서 생활할 권리를 침해한다.

① ㄱㄴㅁ
② ㄷㄹㅂ
③ ㄱㄷㄹㅁ
④ ㄷㄹㅁㅂ
⑤ ㄱㄹㅂ

정답 및 해설

ㄱ. [×] 일정한 경우 국가에 대하여 건강하고 쾌적한 환경에서 생활할 수 있도록 요구할 수 있는 권리가 인정되기도 하는바, 환경권은 그 자체 종합적 기본권으로서의 성격을 지닌다. 환경권의 내용과 행사는 법률에 의해 구체적으로 정해지는 것이기는 하나(헌법 제35조 제2항), 이 헌법조항의 취지는 특별히 명문으로 헌법에서 정한 환경권을 입법자가 그 취지에 부합하도록 법률로써 내용을 구체화하도록 한 것이지 환경권이 완전히 무의미하게 되는데도 그에 대한 입법을 전혀 하지 아니하거나, 어떠한 내용이든 법률로써 정하기만 하면 된다는 것은 아니다. 그러므로 일정한 요건이 충족될 때 환경권 보호를 위한 입법이 없거나 현저히 불충분하여 국민의 환경권을 침해하고 있다면 헌법재판소에 그 구제를 구할 수 있다고 해야 할 것이다.

ㄴ. [O] 헌법 제10조의 규정에 의하면, 국가는 개인이 가지는 불가침의 기본적 인권을 확인하고 이를 보장할 의무를 지고 기본권은 공동체의 객관적 가치질서로서의 성격을 가지므로, 적어도 생명·신체의 보호와 같은 중요한 기본권적 법익 침해에 대해서는 그것이 국가가 아닌 제3자로서의 사인에 의해서 유발된 것이라고 하더라도 국가가 적극적인 보호의 의무를 진다.

ㄷ. [×] 국가가 국민의 건강하고 쾌적한 환경에서 생활할 권리에 대한 보호의무를 다하지 않았는지 여부를 헌법재판소가 심사할 때에는 국가가 이를 보호하기 위하여 적어도 적절하고 효율적인 최소한의 보호조치를 취하였는가 하는 이른바 '과소보호금지 원칙'의 위반 여부를 기준으로 삼아야 한다.

ㄹ. [×] 국가가 국민의 건강하고 쾌적한 환경에서 생활할 권리에 대한 보호의무를 다하지 않았는지 여부를 헌법재판소가 심사할 때에는 국가가 이를 보호하기 위하여 적어도 적절하고 효율적인 최소한의 보호조치를 취하였는가 하는 이른바 '과소보호금지 원칙'의 위반 여부를 기준으로 삼아야 한다.

ㅁ. [×] 확성장치의 최고출력 내지 소음 규제기준에 관한 규정을 두지 아니한 것은, 국민이 건강하고 쾌적하게 생활할 수 있는 양호한 주거환경을 위하여 노력하여야 할 국가의 의무를 부과한 헌법 제35조 제3항에 비추어 보면, 적절하고 효율적인 최소한의 보호조치를 취하지 아니하여 국가의 기본권 보호의무를 과소하게 이행한 것으로서, 청구인의 건강하고 쾌적한 환경에서 생활할 권리를 침해하므로 헌법에 위반된다.

ㅂ. [O] 확성장치의 최고출력 내지 소음 규제기준에 관한 규정을 두지 아니한 것은, 국민이 건강하고 쾌적하게 생활할 수 있는 양호한 주거환경을 위하여 노력하여야 할 국가의 의무를 부과한 헌법 제35조 제3항에 비추어 보면, 적절하고 효율적인 최소한의 보호조치를 취하지 아니하여 국가의 기본권 보호의무를 과소하게 이행한 것으로서, 청구인의 건강하고 쾌적한 환경에서 생활할 권리를 침해하므로 헌법에 위반된다(2019. 12. 27. 2018헌마730).

[정답] ③

2024 출제교수가 선정한 헌법기본권 판례문제 160선

저　　자	황남기
발 행 인	금병희
발 행 처	멘토링
펴 낸 날	2023년 9월 27일 초판 발행

저자와의
협의하에
인지생략

주　　소　서울특별시 동작구 노량진로 16길 30
출 판 등 록　319-26-60호
주문및배본처　02-825-0606
F　A　X　02-6499-3195

I S B N　979-11-6049-283-5　13360
정　　가　**23,000원**

저자와의 협의하에 인지를 생략합니다.
이 책의 무단 전재 또는 복제 행위는 저작권법 제136조 제1항에 의해 5년 이하의 징역 또는 5,000만원 이하의 벌금에 처하거나 이를 병과할 수 있습니다(파본은 교환해 드립니다.).